EICHSTÄTTER STUDIEN

NEUE FOLGE

BAND LII

Peter Paul Bornhausen

Christlicher Rationalismus

EICHSTÄTTER STUDIEN

Im Auftrag von Professoren
der Theologischen Fakultät
der Katholischen Universität Eichstätt
herausgegeben von
Konstantin Maier und Erwin Möde

NEUE FOLGE

BAND LII

Peter Paul Bornhausen
Christlicher Rationalismus

VERLAG FRIEDRICH PUSTET
REGENSBURG

Peter Paul Bornhausen

Christlicher Rationalismus

Anregungen der Philosophie Claude Bruaires (1932–1986)

VERLAG FRIEDRICH PUSTET
REGENSBURG

Bibliografische Information der Deutschen Bibliothek

Die Deutsche Bibliothek verzeichnet diese Publikation in der Deutschen Nationalbibliografie; detaillierte bibliografische Daten sind im Internet über http://dnb.ddb.de abrufbar.

ISSN 0170-9402
ISBN 3-7917-1889-4

Umschlaggestaltung: Martin Veicht, Regensburg
Satz: Katharina Krünes, Augsburg
Druck und Bindung: Friedrich Pustet, Regensburg
Printed in Germany 2004

Vorwort

Vorliegende Arbeit wurde im Wintersemester 2002/2003 von der Theologischen Fakultät der Katholischen Universität Eichstätt als Inaugural-Dissertation angenommen. H. H. Prof. Dr. Alfred Gläßer erstellte nicht nur das Erstgutachten: Er hat die Arbeit angeregt und seinem Schüler ermöglicht, am Thema zu wachsen. Mit Fug nenne ich ihn meinen Doktorvater. Herrn Prof. Dr. Nobert Fischer danke ich für das Zweitgutachten sowie den *Eichstätter Studien* für die Aufnahme in ihre Reihe.

Für mein Studium und darüber hinaus waren die Seminarveranstaltungen bei Herrn Dr. Franz Bader und Frau Dr. Margot Schmidt entscheidend, nicht zuletzt meiner Kommilitonen wegen, Dr. Viki Ranff und Dr. Martin Augustinus Tillmann, der mein Taufpate wurde. Zu unseren abends fortgesetzten Kolloquien *inter pocula* kam Dr. Thomas H. Stark bereichernd hinzu.

Einen Blick in das weite Herz der Kirche gewährte das Dogmatische Oberseminar am Lehrstuhl von H.H. Prälat Prof. Dr. Michael Seybold. Ihm und seinen Mitarbeitern, Herrn Akademischen Oberrat PD Dr. Erich Naab und Frau Dr. Ulrike Wolitz, ein herzliches „Vergelt's Gott!" für diese Lektion.

Danken möchte ich meinen Eltern, Nicole und Dr. Michael Bornhausen, für alles, was sie ihrem katholischen Kuckucksei in die Wiege gelegt haben. Für die besondere Hartnäckigkeit meiner Mutter „Merci Mamou!" Meinem Bruder Stéphane schulde ich mehr als er vermutlich glaubt. Aufnahme wie an Sohnes Statt habe ich bei meinen Schwiegereltern Anneliese und Helmut Fackler gefunden, deren Großzügigkeit jeder Beschreibung spottet. Meiner Frau Almut danke ich für ihre Zuversicht, unseren Kindern Anna Maria, Elisabeth und Anton für das Dulden so mancher Abwesenheit. Nennen will ich schließlich Joseph Bouté, in dem sich verdichtet, was Freunde und Lehrer sein können.

Inhalt

I. Claude Bruaire (1932–1986)

Obwohl man ihn „einen der kraftvollsten Denker in dieser Zeit“ genannt hat,[1] ist Claude Bruaire mittlerweile völlig in Vergessenheit geraten. Zu seinen Lebzeiten galt der französische Philosoph als „schwierig“; Bruaire hat sich mit seinem oft abrupten, dichten Stil einer breiteren Rezeption geradezu widersetzt. Kaum eine Rezension zu seinen Büchern verschweigt den Ärger über das ordentliche Stück Arbeit, das er seinen Lesern zumutet. Das ist wohl der Grund, warum Bruaire im deutschsprachigen Raum gar nicht erst bekanntgeworden ist, denn es ist fast unmöglich, ihn angemessen zu übersetzen.[2]

Ferner ist Bruaire auch deswegen nicht im aktuellen Pantheon der Gelehrten zu finden, weil er in erklärtem Widerspruch zu einigen charakteristischen Strömungen modernsten philosophischen Denkens steht. Sein Eintreten für die Metaphysik als der notwendigen, weil vollständigen Darstellung der Wirklichkeit stößt sich am heutigen Verzicht auf eben diese Vollständigkeit, wobei für Bruaire dieser Verzicht auf einer metaphysischen Vorentscheidung hinsichtlich des Vermögens und der Reichweite philosophisch-vernünftiger Darstellung überhaupt beruht.

Insofern aber einige von Bruaire als Pseudo-Bescheidenheit bloßgestellten Spielarten modernen Denkens bei ihrem Triumphzug durch den philosophisch-theologischen Kosmos ihren Paroxysmus noch nicht erreicht haben, ist nicht damit zu rechnen, daß dem Werk Bruaires großes Interesse zuteil werden wird. Auch deswegen nicht, weil die teilweise unorthodoxe Art und Weise, wie Bruaire Metaphysik betrieben hat, bei einigen Gralshütern klassisch-philosophischer Strömungen starke Vorbehalte geweckt hat.

Die vorliegende Arbeit wird daran nichts ändern und muß es auch nicht. Sie will lediglich Bruaire, dem sie sich verdankt, selber zu Wort kommen lassen. Dafür geben einige Aspekte heutigen Denkens – jenseits wie diesseits des Rheins – seinen originellen Ansätzen vielleicht deutlichere Konturen, als es etwa zu seinen Lebzeiten der Fall war. Hinsichtlich der einen oder anderen grundlegenden Problemfelder war es lohnend und aktuell, diese Ansätze herauszustellen.

[1] X. Tilliette, Le Christ de la philosophie, Paris: Cerf 1990, 104, Anm. 21.

[2] Die Übersetzung eines seiner Werke unter dem Titel „Die Aufgabe, Gott zu denken“ (Freiburg 1973) trifft entscheidende Nuancen nicht, womit das Buch unverständlich bleibt. Aus der deutschen Ausgabe wird nicht klar, wann Bruaire eine Position referiert, die er zu entkräften sucht, und welche Position er selber vertritt. Überraschenderweise wurde Bruaire mit einem Stichwort in der dritten Auflage des „Lexikon für Theologie und Kirche“ (Bd. 2, 708) bedacht. Allerdings erwähnt dieses sein Hauptwerk „L'être et l'esprit“ (1983) mit keiner Silbe. Dafür ist darin der Satz „Seine Religions-Philos. (Le droit de Dieu, P 1974) vertritt die These v. der Befreiung der Vernunft durch die gesch. Religion“ ein leicht abgewandeltes Zitat aus dem Vorwort zu der o. a. deutschen Übersetzung.

Claude Bruaire wurde am 15. Mai 1932 in Paris geboren. Seine Familie stammte ursprünglich aus der Provinz, er wuchs in eher einfachen, bürgerlichen Verhältnissen auf.[3] Zu den prägenden Erfahrungen seiner Generation gehören die Besatzungszeit durch Hitlerdeutschland und das französische Fiasko in Indochina. Bruaire war Stipendiat des angesehenen Collège Stanislas und kam mit 16 Jahren an das Knabenseminar in Versailles. Der begabte Gymnasiast wollte Missionar werden, zog als Alumne nach Paris und durchlebte die für ihn und seine Generation besonders traumatisierenden Ereignisse um den Krieg in Algerien (1954–1962, Staatskrise 1958).

Als Priesteramtskandidat im Séminaire des Carmes hörte er Vorlesungen am Institut Catholique und litt „am Elend einer sklerotischen, eingekapselten Theologie",[4] die in Bruaires Augen nicht viel von Gott verstand und intellektuellem Schwung nicht gerade zuträglich war. Der besonders vom philosophischen Unterricht enttäuschte Claude Bruaire sparte nicht mit Spott und behielt zeitlebens so etwas wie einen Ekel vor dem neuscholastischen Unterricht.[5] Er besuchte oft Gabriel Marcel, der junge Intellektuelle um sich zu scharen pflegte, und fand Gelegenheit, von P. Gaston Fessard SJ in die Lektüre Hegelscher Schriften eingeführt zu werden,[6] was ihn wohl geistig bereichert haben muß, ihm aber das Mißtrauen seiner Kommilitonen und der Oberen eingetragen hat, da er sich nach und nach den Ruf eines gefährlichen Modernisten erwarb.[7] Als er aus dem Krieg in Algerien zurückkehrte, paßte er nicht mehr in das Bild, das man sich von einem künftigen Priester machte.

Nachdem er zum wiederholten Male nicht zur Subdiakonatsweihe zugelassen worden war, verließ Bruaire das Seminar. An der Sorbonne studierte er Philosophie, legte 1960 die für die Anstellung an Hochschulen erforderliche Staatsprüfung *(agrégation)* ab und unterrichtete bis zu seiner Promotion Philosophie an

[3] Vgl. X. Tilliette, In memoriam Claude Bruaire 1932–1986, in: GM 9 (1987) 237–248, 238. Bruaires Familie stammte aus Prades (Haute-Loire).

[4] Tilliette, In memoriam, 242.

[5] Andererseits hörte er am Institut Catholique auch den späteren Kardinal Jean Daniélou SJ, den Plotin- und Marius-Victorinus-Herausgeber Paul Henry SJ sowie den Thomas-Forscher und Konzilstheologen Guy de Broglie SJ.

[6] Marcels Wohnung in Paris war Schauplatz regelmäßiger philosophischer Treffen (die berühmten Vendredi-soirs), an denen auch Fessard – Marcels Beichtvater – mit vielen anderen teilgenommen hat, vgl. H. de Lubac et al. (Hrsg.), Gabriel Marcel-Gaston Fessard. Correspondance 1934–1971, Paris: Beauchesne 1985. Marcel war in diesen Jahren mehr als berühmt, das Hauptwerk von G. Fessard, La Dialectique des Exercices spirituels de Saint Ignace de Loyola, 3 Bde., Paris: Aubier 1956/1966, Lethielleux 1984, las Bruaire später im Privatissimum mit einigen Schülern. Bruaire hat Fessard, der 1978 verstarb, in einer seiner letzten Veröffentlichungen, La dialectique, Paris: PUF 1985 (^{2}1993), ein Denkmal gesetzt. Zu Fessard vgl. M. Sales, Fessard, in: LThK^{3}, Bd. 4 (1995), 1249, ders., Gaston Fessard, in: ChP, Bd. 3 (1990), 487–499, 488: Fessard habe sich bemüht, „das christliche Mysterium auf philosophische Weise ins Denken zu integrieren." Vgl. auch H. Card. de Lubac, Meine Schriften im Rückblick, Einsiedeln 1996, 527–532.

[7] Bruaire hatte nur den Mittwoch nachmittag frei, um Besorgungen zu erledigen, nutzte die Gelegenheit jedoch vornehmlich dazu, zu Fessard zu rennen, um Hegel zu studieren.

einem Gymnasium in Versailles. Am 30. Mai 1964 verteidigte Bruaire seine beiden, bei Paul Ricoeur erstellten Dissertationen.[8]

Das geistige Leben war in Paris seit den Nachkriegsjahren außergewöhnlich rege; breite Resonanz fand das politisch-öffentliche Engagement von Jean-Paul Sartre und Albert Camus, die als Philosophen, Dramaturgen, Romanciers und Journalisten wirkten. In ihren Stammcafés in Saint-Germain-des-Prés wurden Sartre und seine lebenslange Vertraute Simone de Beauvoir zu einer regelrechten Touristenattraktion. Auch nach dem Offenbarwerden der stalinistischen Greuel und trotz der brutalen Niederwerfung des Ungarnaufstands war die Anziehungskraft des Kommunismus auf Intellektuelle noch fast ungebrochen, was Nonkonformisten wie François Mauriac und Raymond Aron schmerzlich zu spüren bekamen. Der Algerienkrieg mit seinen bürgerkriegsähnlichen Auswirkungen polarisierte die Nation in zwei unversöhnliche Lager, deren geistige Barrikaden auch das schon längst nicht mehr homogene katholische Milieu durchzogen. Nach der 1953 beendeten Episode der „Arbeiterpriester", die für das gesellschaftspolitische Engagement vieler Katholiken von damals beispielhaft ist, begegnete die Solidarität christlicher Studentenorganisationen mit ihren verfolgten algerischen Kommilitonen der plötzlichen Auferstehung nationalkonservativer Elemente, wie sie sich vordem um die *Action française* geschart hatten. Von einigen hohen Offizieren unverhohlen angestachelt, die sich im Nationalkatholizismus das ideologische Gegenmittel zu Kommunismus und Rebellion auserkoren hatten, veranstalteten beurlaubte Fallschirmjäger in den Gängen der Sorbonne wahre Prügelorgien im Namen Jeanne d'Arcs.

Nach einer unerwartet glimpflich überwundenen Krise konnte Frankreich ein wenig verschnaufen und wurde wie im übrigen Europa zu einer von Beatles-Songs befriedeten Konsumgesellschaft. Strukturalismus, Psychoanalyse und „Nouveau roman" wirkten mit ihren kühlen Theorien wie Labsal für die ideologiemüden Franzosen und brachten Claude Lévi-Strauss und Michel Foucault, Alain Robbe-Grillet und Jacques Lacan zu Weltruhm. Im Zueinander von Kirche, Wissenschaft und Gesellschaft tragen nicht zuletzt die posthum veröffentlichten Schriften Pierre Teilhards de Chardin und das mit großem Interesse verfolgte Zweite Vatikanische Konzil zu versöhnlichem Optimismus bei.

Die Ereignisse von Mai/Juni 1968 führten den Sturz des charismatischen Generals De Gaulle und einen gesellschaftlichen Umbruch unerhörten Ausmaßes herbei. Die Kirche ihrerseits spiegelte diese Verhältnisse wider, ergriff oft einseitig Partei in gesellschaftspolitischen Konflikten oder stemmte sich dagegen, war jedoch schließlich der unumschränkten Kontestation gegenüber machtlos und leistete damit wider Willen der Entchristlichung weiter Bevölkerungsteile Vorschub. Integristische Bewegungen, welche die scheinbaren Brüche innerhalb

[8] L'affirmation de Dieu. Essai sur la logique de l'existence, Paris: Seuil 1964 (künftig **AD**), Logique et religion chrétienne dans la philosophie de Hegel, Paris: Seuil 1964 (künftig **LR**). Bruaire heiratete eine Ärztin, die Tochter der Philosophin und Marcel-Mitarbeiterin Jeanne Delhomme, vgl. Marcel-Fessard. Correspondance, 317, Anm. 5.

der legitimen Entwicklung der Kirche und ihrer Verkündigung ins Leben gerufen hatten, nahmen diese Herausforderung auf ihre Art und Weise an, bis hin zur Allianz mit rechtsextremen politischen Gruppierungen. Nach 1968 war die Gesellschaft zersplittert und unfähig, den geistigen Herausforderungen moderner Industriestaaten effektiv zu begegnen. Gesellschaft und Kirche waren binnen kürzester Zeit kaum mehr wiederzuerkennen.[9]

Bruaire dagegen ist sich gleich geblieben. Er hat die Auseinandersetzungen mit seiner Zeit nicht gescheut, scheint aber selbst gegen jedwede Strömungen immun und in seinen Hauptaussagen ausgesprochen frühreif gewesen zu sein.[10]

Bruaire nannte Gabriel Marcel seinen Lehrer,[11] dessen Denken in allen Werken Bruaires zahlreiche diskrete Spuren hinterlassen hat, dessen Einfluß besonders aber in dem dezidierten Anspruch, metaphysisches Denken nicht versiegen zu lassen, voll zum Austrag kommt. Seine Quellen und der Anstoß seines Denkens sind in den ersten Arbeiten vor allem aber die durch Fessard zueinander vermittelten Einsichten Maurice Blondels und G. W. F. Hegels.[12] Besonders hervorzuheben ist Félix Ravaissons suggestive Untersuchung über die Gewohnheit, die Bruaire so oft gelesen hatte, daß er sie nahezu auswendig konnte.[13] In „L'affirmation de Dieu" äußert Bruaire seine Absicht, Blondels Ansatz weiterzuverfolgen, nämlich eine der menschlichen Existenz zugehörige Logik nachzuzeichnen. Diese also systematisch angegangene Anthropologie soll als vervollständigte Logik der Existenz die zentralen menschlichen Vermögen in ihrer Artikulation darstellen, die als Logik nur darum auch eine vervollständigende ist, daß sie in der Behauptung, in der Bejahung Gottes mündet und – könnte man sagen – sich dem Übernatürlichen nicht verschließt.[14]

Wenn das Anliegen und die Diktion Blondelschen Ursprungs sind, so verdankt Bruaire vor allem einem originell angeeigneten Hegel das, was sein gesamtes Oeuvre anfangs so sehr charakterisiert, nämlich die dialektische Darstellungsweise: Er identifiziert die Typologie des existentiellen Verhaltens samt den darin implizierten philosophischen Haltungen als Thesen, die als systematische

[9] Vgl. M. Winock, Le Siècle des intellectuels, Paris: Seuil [2]1999, 487–754.

[10] Vgl. Tilliette, In memoriam, 239: „Si quelque chose pouvait tant soit peu tempérer notre chagrin, ce serait sa confidence qu'il estimait avoir dit l'essentiel de ce qu'il avait à dire, notamment dans sa trilogie". Zu Bruaires Frühreife, seiner Konsequenz und der natürlichen Abfolge der Schwerpunkte in seinen Büchern vgl. A. Chapelle, L'itinéraire philosophique de Claude Bruaire : De Hegel à la métaphysique, in: RPFE 115 (1990) 5–12.

[11] In Bruaires Rezension zum Briefwechsel Marcel-Fessard (ArPh 49 [1986] 497–498, 497) heißt es: „Ich hatte das Glück, die Gnade, Gabriel Marcel und Gaston Fessard als einzige Lehrer (maîtres) zu haben."

[12] Vgl. Fessard, La Dialectique, Bd. 1, 6, Anm. 1. Dem schon früher eingesehenen Verhältnis beider Denker geht ausführlich nach P. Henrici, Hegel und Blondel, Pullach 1958, bes. 4, Anm. 4, 23, Anm. 31.

[13] F. Ravaisson, De l'habitude (1838), Paris: Vrin 1984. Vgl. C. Bruaire, La médiation de l'habitude, in: EPh 58 (1984) 467–479.

[14] Bruaire hat Blondel eine eigene Untersuchung gewidmet, Dialectique de L'Action et preuve ontologique, in: RPFE 111 (1986) 425–433. Wertvolle Hinweise zur Tradition, aus der Bruaire schöpft, gibt R. Kühn, Französische Reflexions- und Geistesphilosophie, Frankfurt 1993.

Gestalten das menschliche Selbstverständnis im Laufe der Geschichte geprägt haben. Die drei Prinzipien der Existenz, das sind Freiheit, Streben und Sprache, werden dialektisch gefaßt, das heißt jeweils zu zweien in ein antithetisches Verhältnis zueinander gebracht, aus dem, mangels Vermittlung durch ein Drittes, das Ungleichgewicht der systematischen und historischen Positionen erhellt.[15] Den aufgewiesenen Gegensätzen, deren ruinöse Konsequenzen für den Menschen Bruaire nicht müde wird zu beschreiben, folgt die anhand der Hegelschen Schlußlogik erarbeitete Vermittlung der drei Existenzprinzipien,[16] die ihrerseits von einer originellen Fassung des ontologischen Beweises gekrönt wird.

Die zweite, komplementäre Arbeit über „Logik und christliche Religion in der Philosophie Hegels" führt den – freilich nicht unumstrittenen – Nachweis, daß die Religionsphilosophie als systematischer Angelpunkt das Hegelsche Gesamtwerk beherrscht.[17] Bruaire (und das scheint ihm noch heute den haut-goût seitens der professionellen Katholizität in Frankreich einzubringen[18]) nimmt Hegel als denjenigen ernst, der als Philosoph die tatsächlich ergangene Offenbarung wirklich ernstgenommen hat. Es war aufzuzeigen, daß Hegel der Philosoph war, für den das Absolute sich restlos gezeigt hat und nicht etwa durch den Menschen entschleiert wird.[19]

Bruaires Eigenart war es nun, wie Albert Chapelle es ausdrückt, im Hegelschen Corpus die „Philosophie als die Wahrheit des Christentums und seiner Darstellung des Geistes wiederzuerkennen", und das aus katholischer Perspektive.[20]

Claude Bruaire publizierte rege in vielerlei Veröffentlichungsorganen, meistens seine vor diversen Hegelgesellschaften gehaltenen Vorträge. Einen Schwerpunkt seiner Forschungsarbeit bedingten die von Enrico Castelli im Anschluß an die Bultmann-Kontroverse nach Rom einberufenen Kolloquien.[21]

[15] Vgl. D. Leduc-Fayette, Désir et destin, in: EPh 62 (1988) 289–300, 291.

[16] Vgl. G. W. F. Hegel, Enzyklopädie der philosophischen Wissenschaften (1830), Hamburg 1991, §§ 574–577.

[17] Vgl. A. Chapelle, Présence de Hegel en France : G. Fessard et Cl. Bruaire, in: RPFE 115 (1990) 13–26, 16.

[18] D. Dubarle, Dieu avec l'être, Paris: Beauchesne 1986, 3, macht Bruaire den Vorwurf, die Theologie „verhegelt" zu haben.

[19] Vgl. LR, 13 f., 65 und besonders 182: „prinzipielle Behauptung des Hegelschen Diskurses: Jedes Wissen ist durch die Offenbarung des Absoluten erworben." Vgl. dazu auch J. Brun, La pensée de Hegel selon Claude Bruaire, in: EPh 62 (1988) 309–313, 310.

[20] Chapelle, Présence de Hegel, 18. Chapelle spielt auf die konfessionell gebundene Transformation Hegelschen Denkens durch Bruaire und ihn selbst an. Darin trennen sich beide wie schon Fessard von vielen Hegelinterpreten, daß sie als Philosophen nicht bei Hegels „mißbräuchlicher Lektüre der Kirchengeschichte" (LR, 183) stehenbleiben, sondern sich das Konsistente an Hegels System zu eigen machen, ohne dessen eigentümliche Verzerrungen zu übernehmen. Das erinnert an Blondel, der im Anschluß an die Kontroverse mit dem Philosophiehistoriker É. Bréhier um Realität und Möglichkeit einer christlichen Philosophie eine „katholische Philosophie" angekündigt hatte (Y a-t-il une philosophie chrétienne?, in: RMM 38 [1931] 599–606).

[21] Die Beiträge liegen mit anderen vor in: Pour la métaphysique, Paris: Fayard 1980 (künftig **PM**). Vgl. Tilliette, In memoriam, 238: „Il montrait l'image du philosophe dans la cité. Que de congrès et colloques il a fréquentés! On l'a vu à Curitiba, à Stuttgart, à Moscou, à Helsinki, à Palerme et, souvent, à Rome. Son appartenance aux trois sociétés hégéliennes entraînait des invitations."

Bruaire war es vor allem ein in seinem Glauben begründetes Anliegen, die katholische Kirche intellektuell gegen die korrosiven Meinungen ihrer Gegner und vermeintlichen Freunde zu wappnen. Er sah im Glauben der katholischen Kirche einen „Anstoß“, eine „Anregung“ der philosophischen Vernunft.[22] Einerseits suchte er sich zeitlebens von einer Philosophie abzugrenzen, welche die Theologie zur Philosophie macht, andererseits sah er klar, daß die Offenbarung ihre Inhalte der Vernunft mitteilt, daß sie also Offenbarung der Vernunft ist. Somit kämpft er an zwei Fronten. Einwänden darf allerdings entgegengehalten werden, daß es der Akt des Glaubens selbst verlangt, das Denken zu verwandeln; weswegen sollte man auch ein Denken hegen, das sich durch Verschlossenheit auszeichnet? Ferner geschieht die Aufnahme theologischer Anregungen durch die Philosophie; somit bringt diese nicht das zur Geltung, was sie erst zu entdecken behauptet. So sehr Bruaire die Bezeichnung seines Denkens als „Christliche Philosophie“ ablehnte, war ihm der christliche Zuwachs an Rationalität geeigneterer Ausgangspunkt des Philosophierens als etwa der idealistische Mythos eines bei sich selbst beginnenden Denkens, welches das Absolute nach dem Bild entwirft, das es von sich als Subjekt schon längst hat.

Diesen Zusammenhängen ist besonders die „Philosophie des Leibes“ gewidmet;[23] dort weist Bruaire nach, daß hinter wirklich jeder Anthropologie eine mehr oder weniger deutliche Präkonzeption des Absoluten steckt. Gott und Mensch, die beide gedanklich nicht bis ins Letzte durchdrungen werden können, verweisen gleichwohl – *abyssus abyssum invocat* – aufeinander.[24] An der Darstellung der verschiedenen Fassungen des Leib-Seele-Problems entlang legt die Untersuchung oftmals uneingestandene Prämissen bloß und stellt diesen ein bestimmtes Absolutes entgegen, über das man sich nicht auszuschweigen braucht. Mit dem Ergebnis – der philosophischen Bestimmung des Menschen als Geschöpf – macht Bruaire endlich plausibel, wie Reflexion und Freiheit, Vernunft und Wille sich mit dem Leben des Leibes verbinden, ohne Geist und Natur jeweils auf ihr anderes einzuschränken. Die letztlich doch sehr geheimnisvolle Verwandlung eines intelligiblen, immateriellen Sinnes in leiblich bedingte und nur darin sinnvolle menschliche Laute oder Gesten findet ihre klärende Entsprechung im Gedanken der Menschwerdung Gottes. Mit diesem inkarnatorischen Prinzip werden einseitig materialistische oder evolutionistische Versuche, Personalität zu verstehen, korrigiert. Die „Philosophie du corps“

[22] PM, 127–177 („suscitations chrétiennes de la philosophie“). Bruaire sieht in der durch das Christentum angeregten „ganzen“ Vernunft ein wirksames Gegenmittel zur „reinen“ Vernunft, zur „pseudo-demütigen, bloßen“ Vernunft Kantischer Provenienz, vgl. C. Bruaire, Hegel et le problème de la théologie, in: L. Rumpf et al. (Hrsg.), Hegel et la théologie contemporaine, Genf: Delachaux & Niestlé 1977, 94–98, 94.

[23] Philosophie du corps, Paris: Seuil 1968 (künftig **PC**).

[24] PC, 10: „So kann man sagen, daß der Leib in der Weise verstanden wird, wie das Absolute begriffen ist, selbst wenn Gott geleugnet und Begreifen abgelehnt wird.“ Vgl. J.-F. Marquet, Corps et subjectivité chez Claude Bruaire, in: RPFE 115 (1990) 71–78, 72: „Toute l'oeuvre de Bruaire, en un sens, apparaît comme une confrontation persévérante avec ces deux ‚infracassables noyaux de nuit‘ que sont, aux deux pôles du savoir, le mystère de la Trinité et le secret du corps : deux ténèbres, l'une par excès, l'autre par pénurie de sens“.

zeigt auf, daß man Leben und Tod nicht der Biologie zu überlassen braucht. Vielmehr ist der menschiche Leib mehr als er selbst, weil das Menschsein bei allen seinen leiblichen Bedingungen doch nicht aus der Natur abzuleiten ist. Damit weist das Buch über sich hinaus und bereitet Bruaires Ontologie des endlichen Geistes vor.

Neben Hegel, Blondel und Ravaisson war es F. W. J. Schelling, dem Bruaire die entscheidenden, weil weiterführenden Einsichten verdankt. Davon zeugt nicht nur die kongeniale, fast schon andächtige Einführung in eine Textsammlung Schellings,[25] sondern auch die systematische Durchdringung des zentralen „Primordialbegriffs", der absoluten, unendlichen Freiheit. Zusammen mit Schellings (ebenso christlich angeregtem) Denken der Ewigkeit als der Fülle der Zeiten erlaubt es dieser Begriff des absolut Absoluten, die Philosophie zum adventlichen Unternehmen umzugestalten, denn ein absolut freier Gott überschreitet etwaige „garstig breite" Gräben (Lessing) ohne Mühe.

Von 1967 bis 1972 war Bruaire Assistent am Fachbereich Philosophie der jungen Universität Tours, von 1973 bis 1979 dort Professor für Philosophie.[26] Seine Anthropologie in systematischer Hinsicht beschließt er 1974 mit der „Politischen Vernunft".[27] Das politische Geschehen hat Bruaire stets aufmerksam verfolgt; fraglos finden sich auch im politischen Gestaltungswillen uneingestandene metaphysische Vorurteile, die er mit den bislang bewährten Instrumentarien bloßlegt. Bruaire bringt zentrale Begriffe in Zusammenhang: Freiheit und Gerechtigkeit, Gesellschaft und Staat, Nation, Geschichte und politische Vernunft. Die analytische Methode erlaubt Rückschlüsse auf die Prinzipien der modernen Gesellschaften und erarbeitet Auswege aus den fatalen Alternativen: „Binäre Dialektik der gnadenlosen Gegensätze, die gleichermaßen die Kirche und die Gesellschaft zerstören, wie Integrismus und Progressismus, dogmatischer Fixismus und Kerygma und Anruf, Technokratie (Saint-Simonismus) und Revolution, Materialismus und Theomorphismus".[28]

25 Schelling ou la quête du secret de l'être, Paris: Seghers 1970, 9–83 (künftig **SCH**). Tatsächlich handelt es sich um einen Kommentar einzig der „Weltalter", Bruaires ständiger Lektüre; Tilliette, In memoriam, 242, äußert vorsichtig, vielleicht habe Bruaire die Sache mit „ein wenig zuviel Optimismus gesehen".

26 Seine Berufung erfolgte auf Vermittlung Pierre Mesnards und Henri Gouhiers. Bruaire versuchte wohl, das Klima der Sorbonne in die Provinz zu exportieren. Er rieb sich in Tours heftig an den studentischen Wirren und versicherte sich der Verachtung seiner nicht-philosophischen, meist im politischen Linksextrem beheimateten Kollegen, die ihn für klerikal und reaktionär hielten. In Tours, wo er auch Lehrbeauftragter für Philosophie an der Medizinischen und Rechtswissenschaftlichen Fakultät war, verbrachte er immer nur zwei Tage in der Woche, blieb also bis auf den Mittwoch und Donnerstag in Paris wohnen. Trotz ungünstiger Rahmenbedingungen (die Universität Tours erlebte ihren letzten studentischen Streik erst 1976) gründete Bruaire 1974 eine Forschungsgruppe für Religionsphilosophie, die er bis 1979 leitete. Seine Nachfolger waren J.-F. Marquet und J.-L. Vieillard-Baron. Bruaire übernahm auch oft Referate in beruflichen Weiterbildungskursen für höhere Angestellte verschiedener Wirtschaftsunternehmen.

27 La raison politique, Paris: Fayard 1974 (künftig **RP**).

28 X. Tilliette, La philosophie et l'Absolu, in: RPFE 115 (1990) 79–87, 83. Vgl. auch Tilliette, In memoriam, 245: „Prenant son départ de Clausewitz, Bruaire n'entendait nullement exposer une philosophie de la societé et des societés, encore moins exposer une philosophie de l'histoire, mais amorcer une réflexion en profondeur sur les implications métaphysiques et religieuses du politique et de ses figures. Une tâche que ses maîtres Daniélou et Fessard avaient l'un pressentie et l'autre défrîchée."

Die mit „La raison politique" abgeschlossene systematische Anthropologie Bruaires hat in zehn Jahren das Skelett der Hegelschen Enzyklopädie abgepaust und vervollständigt: Logik, Natur und Geist spiegeln die drei Existenzprinzipien von Sprache, Streben und Freiheit wider. So hat Bruaire zuerst (AD) die Sphäre der Allgemeinheit als vollständige, der Logik ihrer eigenen Prinzipien gehorchende Existenz (Mensch und Gott) dargestellt, dann (PC) die Besonderheit der um ihre natürlichen Implikationen konkretisierten Existenz (Mensch, Natur und Gott), schließlich (RP) die Einzelheit und Aufgipfelung der geschichtlich vermittelten, sozialen Existenz (Mensch und Natur, Mitmensch, Geschichte und Gott). Bruaire führt somit die Momente der Selbstvermittlung des Begriffs bei Hegel als Konfiguration des endlichen Geistes aus, wobei die Anordnung von Allgemeinheit, Besonderheit und Einzelheit aus ihrer systematischen Vermittlung heraus nach ontologischer Begründung in einem Überstieg verlangt.

Ein großer Wurf gelingt Bruaire zuerst aber mit seinem „Recht Gottes".[29] Neben der Beleuchtung heimlicher, metaphysisch-theologischer Vorlieben und uneingestandener Bilder des Absoluten kommt Bruaires zweites Axiom hier voll zum Tragen, nämlich der Abweis eines unerkannten, weil unerkennbaren Absoluten. Mit der Rekonstruktion desjenigen Prozesses, den die Aufklärung gegen Gott geführt und scheinbar gewonnen hat, beleuchtet Bruaire den tieferen Zusammenhang, der zwischen der Gottesfrage und dem Status menschlichen Denkens besteht. Tatsächlich erscheinen doch meistens die mehr oder weniger ehrenhaften Versuche in Theodizee erst, nachdem ein impotenter Gott vorab vor den „Richterstuhl der Vernunft" gezerrt worden war, um ihm dann in weinerlicher Manier die Wahl zwischen demütigenden Exkulpationstechniken oder schlichter Nichtexistenz zu lassen. Anders Bruaire: Er geht – um im Bilde zu bleiben – in Berufung und entlarvt die erigierten Rationalismen an ihren defekten Bildern eines Gottes der Philosophen, an ihren unzureichenden Konzeptionen des Absoluten, und prangert zuvörderst die negativen Spielarten von Metaphysik und Theologie an, die für Bruaire nur auf einen praktischen Atheismus hinauslaufen können, da Gott als der Unnennbare oder Ganz-Andere formal gar nicht von Nicht-Gott zu unterscheiden ist.[30] Bruaire destilliert aus der Gotteskri-

[29] Le droit de Dieu, Paris: Aubier 1974 (künftig **DD**). Bruaire gab Anfang der 70er Jahre die kurzlebige Reihe „L'athéisme interroge" bei Desclée de Brouwer heraus, vgl. X. Tilliette, La théologie philosophique de Claude Bruaire, in: Gr 74 (1993) 689–709, 698: „il (sc. Bruaire) ne le trouvait pas très interrogateur et il déplorait l'absence de plaidoyers athéistiques vigoureux."

[30] „Ce livre veut gagner en appel", wie es auf der Umschlagsrückseite von DD heißt. Vgl. schon AD, 184 ff., 187: „théologie négative – négation de la théologie selon le mot de Brunschvicg." DD, 21 die Einschätzung: „Die Negative Theologie ist die Negation aller Theologie. Ihre Wahrheit ist der Atheismus." Vgl. Tilliette, In memoriam, 242: „Hegel lu à travers Fessard a joué le rôle d'une levée d'écrou, par rapport à une tradition plus ancienne. Dieu est autrement autre, *non-aliud*. Bruaire préserve le droit de Dieu à être et faire moins que Lui-même : c'est l'incarnation possible, c'est la kénose. Mais ici le génial Schelling (pour Fessard c'était Kierkegaard) apporte le correctif nécessaire à l'entreprise hégélienne." Claude Bruaire hat zwei wichtige Arbeiten betreut, die diesen Themenbereich um Denken, Handeln und das vorausgesetzte Absolute betreffen: Y. Labbé, Humanisme et Théologie. Pour un préambule de la foi, Paris: Cerf 1975, sowie D. Folscheid, L'esprit de l'athéisme et son destin, Brüssel: Editions Universitaires 1991.

tik deutlich die Karikatur einer reinen, sich von ihren eigensten Möglichkeiten amputierenden Vernunft heraus und macht mit den konkurrierenden, christlich inspirierten und als solchen kenntlich gemachten Voraussetzungen den Weg für eine positive Philosophie der Religion frei, die heute um so fruchtbarer ist, als sie nicht gleichsam bei Adam und Eva anzufangen braucht, sondern dezidiert bei Vorgaben beginnt, die sie zwar nicht erfunden hat, philosophisch anzuwenden dafür aber in vollem Recht ist.

Ab 1975 nahm Claude Bruaire zuerst als Redaktionsmitglied, dann als Direktor an der Herausgeberschaft der französischen Ausgabe der Internationalen Katholischen Zeitschrift „Communio" teil.[31] Seine supervisorische Aufgabe festigte bestehende Kontakte und erlaubte neue Verbindungen zu katholischen Intellektuellen in Frankreich und Belgien, mit denen er gemeinsam das weiterführte, was ihn zu den Kolloquien Castellis nach Rom gezogen hatte. Aus Bruaires Eindruck heraus, Forschungsgegenstände der Religionsphilosophie und der spekulativen Theologie würden vernachlässigt, erscheinen unter seiner Regie zwei Sammelbände, die im französischsprachigen Raum den bislang letzten Versuch illustrieren, philosophisch-theologische Propädeutik zu den Themen zu liefern, welche die Kirche teilweise bereits desertiert zu haben scheint.[32]

Weiter veröffentlichte Bruaire eine „Ethik für die Medizin", Frucht einer Vorlesungsreihe, die er auf Einladung der Medizinischen Fakultät in Tours gehalten hat.[33] Dort ergänzt er Motive der klassischen Deontologie um die ontologische Verwurzelung und Begründung der ethischen Verpflichtungen einer Person. Die Kürze der Darstellung sowie die Zusammensetzung des Auditoriums aus einem praktisch orientierten Studienfach bedingen die eine oder andere prägnante Formulierung, die Bruaire seinen bündigen Argumenten beilegt. An konkreten Beispielen ärztlichen Handelns entlang konzipiert Bruaire eine Ethik, welche diejenigen Prinzipien anwendet, die sich daraus ergeben, daß der Mensch sich als frei aufgerufene Seinsgabe vorfindet. Er bestimmt die ärztliche Verantwortung als abhängig von einer vollständig ausgeführten, um die Geistigkeit des Menschen unverkürzten und das heißt ontologisch fundierten Anthropologie, was eine wenn,

[31] Vgl. die Sondernummer der „Revue des Deux Mondes" (5 [1996] 61–123) zum Jubiläum der „IKZ". 109 heißt es: „Das erste Jahrzehnt (sc. von „Communio") stellt in etwa die Bruaire-Epoche dar"; 108: „Claude Bruaire hat uns (sc. die Mitarbeiter von Communio) nach und nach diskret die intellektuellen Grenzen des vorkonziliaren Katholizismus erahnen lassen. Er hatte sie gekannt und war einer der wenigen unter seinen Zeitgenossen, der sie – ohne ein großes Drama daraus zu machen – in seiner Jugend überwunden hatte, noch bevor die ‚Institution' sich daran machte." Im Rückblick wird Bruaire als „Vater" der Zeitschrift dargestellt, die ansonsten nur „Großväter" hatte (Daniélou, De Lubac, Le Guillou, Bouyer).

[32] La confession de la foi chrétienne, Paris: Fayard 1977, La morale. Sagesse et salut, Paris: Fayard 1981. Der „Groupe Bruaire" traf sich jährlich zweimal für zwei Tage in Chantilly bei Paris. Das Modell dieser Zusammenkünfte war der 1971 von G. Soulages in Straßburg einberufene Kongreß der Vereinigung „Fidélité et Ouverture", an dem Bruaire teilgenommen hatte, vgl. De Lubac, Meine Schriften im Rückblick, 481 f. Neben Bruaire, der die Teilnehmer rekrutierte und den Verlauf der Tagungen organisierte, beseelte vor allem die Anwesenheit De Lubacs diese intellektuellen Einkehrtage.

[33] Une éthique pour la médecine, Paris: Fayard 1978 (künftig **EM**).

dann selten bedachte Binsenweisheit ist: „Die Alternative ist klar und deutlich. Entweder ist das menschliche Wesen etwas anderes und mehr als der Leib, in dem es lebt, und dann ist nicht alles möglich (...) oder aber nicht, und alles ist erlaubt, ohne jeden Vorbehalt, es sei denn aus wirtschaftlicher Rücksichtnahme.“[34] In diesem Buch entfaltet Bruaire gegen drohende manipulatorische Anwandlungen aller Art die Ergebnisse seiner Anthropologie. Durch die Bestimmung des Menschen als ein sich selbst aufgegebenes Geistwesen, das die Möglichkeit hat, diese Gabe auch zu veruntreuen, gewinnen menschliche Vollzüge an Qualität, die allein ethische Relevanz haben und als solche Akte auch beschrieben werden können. Die Konstellation von „Geist“ und „Sein“ wird unter dem Begriff der „Gabe“ Bruaires weitere Philosophie auch terminologisch bestimmen.[35]

1979 wurde Claude Bruaire an die Philosophische Fakultät der Universität Paris-Sorbonne berufen.[36] Er hielt Vorlesungen über Metaphysik, Moralphilosophie, Politische Philosophie, Anthropologie und Religionsphilosophie, die sich besonders nach den landesweit aufgestellten Programmen des staatlichen Wettbewerbs *(agrégation)* richteten. An seinen Seminarveranstaltungen am Donnerstag abend nahmen auch Kollegen der philosophischen Fakultät teil, die Referate übernahmen; auch bildete sich ein Schülerkreis. Ein Schwerpunkt seiner Forschungstätigkeit waren ungenügend beachtete französische Philosophen des 19. und 20. Jahrhunderts.[37] Zur selben Zeit brachte ihn der damalige Rektor des Institut Catholique, der spätere Kurienkardinal Paul Poupard, in den Verwaltungsrat Bruaires früherer Ausbildungsstätte.

1980 veröffentlichte Bruaire eine Aufsatzsammlung, die seine markantesten Beiträge ab 1964 vereinigt; dieser gab er den programmatischen Titel „Für die Metaphysik“. Obwohl die zumeist für die Castelli-Kolloquien in Rom geschriebenen Beiträge sich zu einem homogenen Ganzen fügen, wirkte das Buch wegen der verschiedenen Schwerpunkte und des zeitlichen Auseinanderreißens der Beiträge doch ergänzungsbedürftig.[38] Die bereits 1974 als „allgemeine Ontologie“ angekündigte Grundlage der Anthropologie, die für die Dauer ihrer Erarbeitung in Wartestellung bleiben mußte,[39] gibt Bruaire erst 1983 mit seinem Hauptwerk „Das Sein und der Geist“ heraus.[40]

34 EM, 36.

35 Zuerst erscheinen diese Grundbegriffe im Aufsatz Pour une ontologie de l’esprit, in: Savoir, faire, espérer : les limites de la raison, Brüssel: Publications des Facultés universitaires Saint-Louis 5 (1976) 63–70.

36 Er hatte sich zuvor auch an die Universität Paris-Nanterre beworben, dort war ihm aber seine Schwiegermutter Jeanne Delhomme vorgezogen worden.

37 Die Ergebnisse der Arbeiten wurden publiziert: Sondernummer „Ravaisson“, in: EPh 58 (1984), Sondernummer „Blondel“, in: RPFE 111 (1986). Geplant waren Arbeiten über H. Taine und E. Renan. Eines der Forschungsvorhaben war das Werk Fessards.

38 Vgl. Tilliette, In memoriam, 246.

39 RP, 9: Seine am Hegelschen Dreischritt von Logik, Natur und Geist erarbeitete Anthropologie ist „Anfangspunkt einer allgemeinen Ontologie, die sie vorzubereiten“ hatte.

40 L’être et l’esprit, Paris: PUF 1983 (künftig **EE**). Der Inhalt des Buches ist in den beiden letzten Kapiteln von PM vorgezeichnet, die Bruaire eigens neu geschrieben hatte. Außerdem findet sich auf der Rückumschlagsseite von PM schon die Ankündigung von EE.

Die Beschreibung der qualitativen Merkmale menschlichen Existierens verlangt von sich aus nach ontologischer Grundlegung; Bruaire dringt zur Metaphysik des Geistes und seiner ersten, göttlichen Ursache vor. Das geistige Subjekt wird durch Selbstannahme der persönlichen Geistsubstanz und vernünftig-freien Vollzug der leiblich-individuierten Existenz gebildet. Die einzelnen Akte des Geistes sind durch dessen eigene, substantielle Reflexivität ermöglicht und spiegeln die pneumatische, reflexiv-expressive Bewegung des Seins aus Geist je wider. Der Mensch ist sich selbst als Gabe, als Sein aus Gabe gegeben, als „ontodologisches" Subjekt vorgegeben.[41] Auf die Gefahr hin, durch die Koppelung von Sein und Geist als „Spiritualist" abgetan zu werden, insistiert Bruaire darauf, daß – wenn der Geist kein Sein hat (und der Geist ist tatsächlich aus dem Befragen des Seins als solchem evakuiert) – die dekadente und auf andere Art „seinsvergessene" Gefahr lauert, den Menschen als die Summe seiner Akte zu definieren, die Natur zum Träger seiner Akte zu krönen, das Subjekt zu verlieren und so den Menschen zum Objekt der Natur zu machen.

Mit der Frische einer zutiefst originellen, Hegel durch Schelling korrigierenden Philosophie widmet sich Bruaire im zweiten Teil von „L'être et l'esprit" der Erläuterung der trinitarischen Entdeckung, im Absoluten kreuzten sich eine Bewegung des vollkommenen Gebens (Vater zum Sohn) und einer vollkommenen Rückgabe (Sohn zum Vater). Der freie Austausch endet nicht im Gleichstand, weil ein dritter Term aus dem Vater für den Sohn und aus dem Sohn für den Vater hervorgeht, der das Zeugen des Vaters und die Zurückwendung des Sohnes bestätigt. Diese unendlich konfirmierende Instanz der absoluten Reflexion ist der Geist.

Bruaire verfaßte noch einen kleinen enzyklopädischen Band über „die Dialektik",[42] der als eigenständiges Werk innerhalb seines „Systems" nicht unterschätzt werden sollte, da er darin die Art und den Gehalt seines Philosophierens darlegt. Das Buch liefert wie eine Zusammenfassung seiner ganzen Philosophie, denn Bruaire komprimiert anhand der Darstellung des Begriffs der Dialektik sein gesamtes Anliegen, nämlich aufzuzeigen, wie die Logik der menschlichen Existenz verlangt, wenn man schon denkt, richtig und zu Ende zu denken.

Ferner liegt die veröffentlichte Abschrift einer längeren Rundfunksendung vor,[43] die sich als Einstieg in Bruaires Denken sehr gut eignen mag, da sie – durch die Beibehaltung des mündlichen Ausdrucks – die Schwierigkeiten umgeht, die sich mitunter aus Bruaires Stil ergeben können. Außerdem kommt Bruaire darin auf alle von ihm behandelten Problemkreise zu sprechen, was die ungeahnte Aktualität seiner Philosophie herausstellt, sei es im Bereich der Anthropologie, der Religionsphilosophie, der Politik oder der Bioethik.

[41] PM, 262, EE, 51. Bruaire ergänzt die klassische Seinslehre um den Begriff der „Ontodologie", mit welchem nicht sehr geglückten Neologismus das Sein als Gabe akzentuiert wird.

[42] La dialectique, Paris: PUF 1985 (künftig **LD**).

[43] La force de l'esprit. Entretiens avec E. Hirsch, Paris: Desclée de Brouwer/Radio France 1986 (künftig **FE**).

Mitte der 80er Jahre entschied sich Claude Bruaire für eine aktivere Teilnahme am politischen Geschehen.[44] Von ihm liegt kein ausdrückliches politisches Bekenntnis vor, allerdings machte er kein Geheimnis aus seinem Mangel an Sympathie für die französische Linke. Daß man ihn nur schwer einordnen kann, ist vielleicht das Merkmal eines aufrechten Geistes.[45] Claude Bruaire starb überraschend am 14. Oktober 1986 an einer Lungenembolie; wenige Monate zuvor war eine Krebserkrankung diagnostiziert worden. Er hinterließ Frau und zwei Kinder. Vor allem hat er ein ungewöhnlich konsequent ausgeführtes Lebenswerk hinterlassen, das es zu würdigen gilt.

[44] Bruaire war Gemeinderat von Prades, vgl. Tilliette, In memoriam, 238: „Lui-même savait ce qu'étaient la gestion et l'administration d'une commune. Il était premier adjoint de la municipalité de Prades en Haute-Loire – pays de son père –, un adjoint aussi efficace que cordial et simple ; il aimait ‚son' village du Guévaudan, il y retournait fréquemment, il y retrouvait ses racines, l'espace, le grand air, la chasse … C'était autre chose qu'un passe-temps. La province profonde et le service public font partie intégrante du portrait de Claude Bruaire, professeur de Sorbonne." Bruaire war Gründungsmitglied des „Institut International de Géopolitique"; dieses Institut wurde von M.-F. Garaud geleitet, die eine konservative Liste zu den Europawahlen aufstellte, vgl. C. Bruaire, Logique de l'alliance, in: Géopolitique I/2 (1983) 32–35.

[45] Vgl. Tilliette, In memoriam, 248: „Bruaire était en outre, de son propre aveu, un hégélien de droite. Mais il était libre et franc, philosophe par métier, par inspiration et par volonté, un tempérament hors de pair et une humanité de forte trempe. Il est donc difficile à cataloguer. La vérité est qu'il détestait les bateleurs, les bavards, les imbéciles, et, dans l'Eglise, les contrits, les girouettes et les sécularistes. Il nous lègue l'énergie de sa pensée et la droiture de sa foi." Sein teilweise energisches Auftreten hat Bruaire die Charakterisierung eingebracht, der John Wayne der Philosophie gewesen zu sein (mdl. Mitteilung von J.-L. Marion, München 27.6.1996).

Bibliographie Claude Bruaire

I. Veröffentlichte Werke

001 L'affirmation de Dieu. Essai sur la logique de l'existence (**AD**), Paris: Le Seuil 1964

002 Logique et religion chrétienne dans la philosophie de Hegel (**LR**), Paris: Le Seuil 1964

003 Philosophie du corps (**PC**), Paris: Le Seuil 1968

004 Schelling ou la quête du secret de l'être (**SCH**), Paris: Seghers 1970

005 La raison politique (**RP**), Paris: Fayard 1974

006 Le droit de Dieu (**DD**), Paris: Aubier 1974 (dt.: Die Aufgabe, Gott zu denken, Freiburg 1973)

007 Une éthique pour la médecine. De la responsabilité médicale à l'obligation morale (**EM**), Paris: Fayard 1978 (dt.: Medizin und Ethik, Düsseldorf 1982)

008 Pour la métaphysique (**PM**), Paris: Fayard 1980

009 L'être et l'esprit (**EE**), Paris: Presses Universitaires de France 1983

010 La dialectique (**LD**), Paris: Presses Universitaires de France 1985 (^{2}1993)

011 La force de l'esprit. Entretiens avec Emmanuel Hirsch (**FE**), Paris: Desclée de Brouwer/Radio France 1986

II. Von Claude Bruaire herausgegebene Werke

012 La confession de la foi chrétienne, Paris: Fayard 1977

013 La morale. Sagesse et salut, Paris: Fayard 1981

III. Aufsätze und Artikel

014 Idéalisme et philosophie du langage, in: Hegel-Jb (1964) 16–26

015 Réflexions sur le Congrès de Salzbourg, in: ArPh 28 (1965) 62–63

016 Connaître Dieu, in: Dieu aujourd'hui. Recherches et Débats 52 (1965) 157–165

017 Logique et non-sens de l'histoire chez Hegel, in: Hegel-Studien, Beiheft 4 (1965 [^{2}1984]) 161–168

018 Négation et dépassement de l'humanisme, in: W. Beyer (Hrsg.), Homo homini homo (FS Drexel), München 1966, 269–293 (mit dt. Übersetzung)

019 Démythisation et conscience malheureuse, in: AF 34 (1966) 383–396 (PM, 71–85, dt.: Entmythologisierung und unglückliches Bewußtsein, in: KuM 4 [1968] 165–176)

020 J. Splett, Die Trinitätslehre G. W. F. Hegels, in: ArPh 29 (1966) 636–637

021 Formalisme et matérialisme, in: RPL 65 (1967) 53–65 (PM, 101–115)
022 Peut-on invoquer une certitude philosophique de l'existence de Dieu?, in: Le doute et la foi. Recherches et Débats 61 (1967) 65–88
023 Certitude, énigme ou mythe du sujet, in: RPL 65 (1967) 226–238 (PM, 86–100)
024 Sens de la peine et non-sens du corps, in: Le mythe de la peine, Paris: Aubier 1967, 323–339 (PM, 191–203)
025 Abstraction juridique et revendication légitime, in: Hegel-Jb (1967) 76–83
026 Liberté du philosophe et révélation, in: L'herméneutique de la liberté religieuse, Paris: Aubier 1968, 297–305 (PM, 131–143, dt.: Freiheit des Philosophen und Offenbarung, in: KuM 5 [1974] 44–50)
027 Leibniz. L'articulation de la logique et de la théologie, in: Leibniz. Aspects de l'homme et de l'oeuvre, Paris: Aubier 1968, 227–235
028 L'enjeu métaphysique de la crise de l'humanisme, in: RIPh 22 (1968) 276–283
029 Réflexions d'un philosophe sur l'avenir de la religion, in: Bulletin saint Jean-Baptiste, Paris 1968, 234–241
030 Profession de foi (wie 029), 246
031 Un Dieu homme?, in: Qui est Jésus-Christ? Recherches et Débats 62 (1968) 185–186
032 L'invention dans le langage religieux, in: L'analyse du langage théologique, Paris: Aubier 1969, 305–312 (PM, 144–155)
033 La mort … et puis après?, in: Problèmes actuels du catholicisme. Recherches et Débats 64 (1969) 170–174
034 Vérité et liberté, in: Chercher la vérité. Recherches et Débats 66 (1969) 236–242
035 Le problème éthique de la culture, in: Axes (1970) 11–17
036 L'enjeu politique d'une réflexion sur l'éternité, in: RPL 68 (1970) 473–482 (PM, 216–227)
037 Hegel et l'athéisme contemporain, in: RIPh 24 (1970) 72–80
038 Introduction. Athéisme et philosophie, in: L'athéisme dans la philosophie contemporaine, Tournai: DDB 1970, 7–22 (PM, 15–32)
039 Politique et métaphysique, in: ScEs 22 (1970) 139–147
040 Le problème de Dieu dans l'explication de l'erreur, in: L'infaillibilité, Paris: Aubier 1970, 73–90 (PM, 156–165)
041 Etat hégélien et société sans classes, in: Hegel et Marx. La politique et le réel, Poitiers 1970, 9–13
042 Leibniz et la critique hégelienne, in: StLeib. Suppl. V (1971) 116–123
043 Qu'est-ce qu'affirmer Dieu?, in: Résurrection 36 (1971) 123–129
044 Justice et eschatologie, in: Herméneutique et eschatologie, Paris: Aubier 1971, 247–254 (PM, 204–215)
045 Pour un christianisme inventif, in: Fidélité et ouverture, Paris: Mame 1972, 147–149

046 Témoignage et raison, in: Le témoignage, Paris: Aubier 1972, 141–149 (PM, 166–177)
047 L'homme, miroir de Dieu, in: RIPh 26 (1972) 345–354 (PM, 33–44)
048 Au procès de Dieu, in: RThPh 23 (1973) 289–295
049 Critique du soupçon : idéologie et philosophie, in: Démythisation et idéologie, Paris: Aubier 1973, 165–172 (PM, 116–126)
050 Les ordres de justice, in: EPh 47 (1973) 141–144
051 Le sacré et l'apparence, in: Le sacré, Paris: Aubier 1974, 113–120 (PM, 233–242)
052 La dialectique et l'Esprit absolu, in: Hegel-Jb (1974) 51–54
053 Une lecture du „Journal métaphysique", in: RMM 79 (1974) 343–346
054 La servitude et le temps mutilé, in: Temporalité et aliénation, Paris: Aubier 1975, 67–72 (PM, 183–190)
055 Le nouveau défi du paganisme, in: RCI Communio 1/1 (1975) 28–33
056 Sécularisation et demandes d'esprit, in: Herméneutique de la sécularisation, Paris: Aubier 1976, 249–255 (PM, 243–252, dt.: Säkularisierung und geistige Forderung, in: KuM 9 [1977] 165–169)
057 Politique et miséricorde, in: RCI Communio 1/6 (1976) 18–22
058 Dieu sait souffrir, in: RCI Communio 1/7 (1976) 93
059 Pour une ontologie de l'esprit, in: Savoir, faire, espérer : les limites de la raison, Brüssel: Publications des facultés Saint-Louis 5 (1976) 63–70
060 Philosophie du développement et développement de la philosophie, in: Filosofia e desenvolvimento I (1976) 47–61
061 Le divin et Dieu, in: Filosofia e desenvolvimento II (1976) 20–23
062 L'épreuve de la rationalité philosophique, in: EPh 51 (1977) 131–136
063 Primat de l'économie et chances de la philosophie, in: EPh 51 (1977) 259–266
064 Le droit du concept chez Blondel et Bergson, in: Blondel, Bergson, Maritain, Loisy, Löwen: Peeters 1977, 31–36
065 La tentation communautaire, in: RCI Communio 2/2 (1977) 2–5
066 Hegel et le problème de la théologie, in: L. Rumpf et al. (Hrsg.), Hegel et la théologie contemporaine, Genf: Delachaux & Niestlé 1977, 94–98
067 Avant-propos, zu: La confession de la foi chrétienne, Paris: Fayard 1977 (wie 012), 1–2
068 L'épreuve philosophique nécessaire, in: La confession (wie 012/067), 83–90
069 L'intériorité et la pensée contemporaine, in: Recherches et expériences spirituelles, Notre-Dame de Paris 1978, 13 S.
070 La justice et le droit, in: RCI Communio 3/2 (1978) 2–4
071 Sciences humaines et anthropologie philosophique, in: EPh 52 (1978) 151–155
072 A Ética e as Ciências Médicas, in: Presença Filosofica 4 (1978) 51–55
073 La foi chrétienne et la science aujourd'hui, in: Revue des travaux de l'Académie des Sciences morales et politiques, 1979, 567–593

074 L'odyssée psychologique de la liberté, in: Hegels philosophische Psychologie, Hegel-Studien, Beiheft 19 (1979) 183–189
075 Satan, actif et vaincu, in: RCI Communio 4/3 (1979) 2–3
076 Transmettre la foi à l'intelligence, in: RCI Communio 4/4 (1979) 2–3
077 Le don de Dieu, in: RCI Communio 4/5 (1979) 2–3
078 Le Dieu de l'histoire, in: RCI Communio 4/5 (1979) 5–7
079 Crucifié pour nous, in: RCI Communio 5/1 (1980) 2–3
080 Violence à l'esprit, in: RCI Communio 5/2 (1980) 2–3
081 En attendant la résurrection des corps, in: RCI Communio 5/3 (1980) 2–3
082 L'opium des fausses religions, in: RCI Communio 5/4 (1980) 2–3
083 L'esprit du corps, in: RCI Communio 5/6 (1980) 2–3
084 Préface, zu: Y. Labbé, Le Sens et le Mal. Théodicée du Samedi Saint, Paris: Beauchesne 1980
085 Etica social y ontologia del espiritu, in: Anuario Filosofico 13/1 (1980) 65–72
086 Introduction, zu: La morale. Sagesse et salut, Paris: Fayard 1981 (wie 013), 5–12
087 Sacrifice et privilège, in: RCI Communio 6/4 (1981) 2–9
088 De l'invention comme fidélité, in: RCI Communio 6/5 (1981) 2–7
089 Hegel et Kierkegaard, in: J. Brun (Hrsg.), Kierkegaard. Obliques, Paris: Borderie 1981, 167–175
090 Pouvons-nous y croire?, in: RCI Communio 7/1 (1982) 2
091 L'esprit n'est pas l'ennemi de la chair, in: RCI Communio 7/2 (1982) 2–3
092 Création et inspiration, in: RCI Communio 7/6 (1982) 2–3
093 La philosophie du droit et le problème de la morale, in: H.-G. Gadamer (Hrsg.), Hegels Philosophie des Rechts, München 1982, 94–102
094 Problème de la métaphysique et „conversion", in: AF 51 (1983) 121–126
095 Logique de l'alliance, in: Géopolitique 2 (1983) 32–35
096 Rembourser l'avortement? Non!, in: RCI Communio 8/1 (1983) 92–95
097 Réminiscence du concept et mémoire de la révélation, in: P.-Ph. Druet (Hrsg.), Pour une philosophie chrétienne, Paris/Namur: Lethielleux 1983, 137–152
098 Le pluralisme des consciences et la liberté de l'infini, in: RCI Communio 8/2 (1983) 2–4
099 L'histoire et le divin. Autour de l'oeuvre du Cardinal de Lubac, Notre-Dame de Paris 1983, 8 S.
100 Sedet ad dexteram Patris, in: RCI Communio 9/1 (1984) 5–9
101 La médiation de l'habitude, in: EPh 58 (1984) 467–479
102 Absolu, in: Encyclopaedia Universalis France, Bd. 1 (1984), 51–54
103 Philosophie et spiritualité, in: DSp XII/1 (1984), 1377–1385
104 Hegel (Georg Wilhelm Friedrich) 1770–1831, in: Encyclopaedia Universalis France, Bd. 9 (1985), 159–164
105 Il reviendra dans la gloire, in: RCI Communio 10/1 (1985) 7–8

106 La prière du chrétien, in: RCI Communio 10/4 (1985) 4–6
107 A quoi bon la politique?, in: L'enjeu-France 2 (1986) 56–57
108 Dialectique de l'Action et preuve ontologique, in: RPFE 111 (1986) 425–433
109 L'être de l'esprit et l'Esprit Saint, in: RCI Communio 11/1 (1986) 70–75
110 Gabriel Marcel-Gaston Fessard. Correspondance (1934–1971), in: ArPh 49 (1986) 497–498
111 Réflexions d'un philosophe, in: AAVV., Des motifs d'espérer? La procréation artificielle, Paris: Cerf 1986, 71–82
112 Idéologie et spiritualité, in: GM 9 (1987) 227–236
113 L'être de l'esprit, in: Encyclopédie philosophique universelle, Bd. I (1989), 34–38

II. „Christlicher Rationalismus". Metaphysik und Apologetik bei Cl. Bruaire

Der Titel „Christlicher Rationalismus" ist einem 1988 von Xavier Tilliette über Bruaire veröffentlichten Aufsatz entnommen, in welchem dieser sogleich bemerkt, Bruaire selber hätte gewiß wegen der mißverständlichen Nähe zum „Christentum der Vernunft" Lessingschen Angedenkens die Stirn gerunzelt und wenn, dann den Ausdruck „metaphysischer Rationalismus" vorgezogen. Mit „christlichem Rationalismus" habe er Bruaire durchaus vom Rationalismus der Aufklärung unterscheiden wollen und statt dessen die „große Rationalität" gemeint, welche sich das Christentum selbst als Weg gebahnt habe und die bei Blondel und Fessard, den unmittelbaren Vorgängern Bruaires, aufscheine. Auch hält Tilliette bereits 1993 diesen Titel für „wenig glücklich" gewählt und spricht fortan nurmehr von Bruaires „philosophischer Theologie".[1]

Allerdings birgt diese Ausdrucksweise ein mögliches Mißverständnis: Es haftet dem, was man unter „philosophischer Theologie" oder „philosophischer Gotteslehre" zu verstehen hat, eine bemerkenswerte Unschärfe an, je nachdem sie als philosophische, oder aber als theologische Disziplin vereinnahmt wird. So versieht Wilhelm Weischedel in seiner Untersuchung über den „Gott der Philosophen" die unterschiedlichsten Systeme mit diesem Namen. Freilich weiß er um die oftmals unbewußten, dafür aber „bestimmten Voraussetzungen", aus denen „jeder philosophische Entwurf" erwächst, reserviert jedoch die eigentliche philosophische Bedeutung eines solchen Unternehmens für ein „radikales Fragen", das diese bestimmten Voraussetzungen nicht ohne weiteres hinnimmt, sondern „durch sie alle hindurch zum Nullpunkt" vorzudringen sucht.[2] Daher kann sich Weischedel auch nicht mit den konfessionell gebundenen religionsphilosophischen Versuchen anfreunden, wenn diese (protestantischerseits) ihren Ursprung im Glauben nehmen, oder aber (katholischerseits) ihre „letzten Antworten und Klarheiten, die dem philosophischen Bemühen versagt bleiben, in der Offenbarung und im Glauben aber geschenkt sind, entgegennehmen".[3]

[1] X. Tilliette, Le rationalisme chrétien de Claude Bruaire, in: EPh 62 (1988) 315–322, 315; ders., La théologie philosophique, 705. Einen „rationalisme chrétien" hat Etienne Gilson den Ansatz Anselms von Canterbury genannt, L'esprit de la philosophie médiévale, Paris: Vrin 1932, 34.

[2] W. Weischedel, Der Gott der Philosophen, Bd.1, München ^{2}1985, 32.

[3] H. Fries, Die katholische Religionsphilosophie der Gegenwart, Heidelberg 1949, 386; vgl. Weischedel, Der Gott der Philosophen, 3 ff., 7; noch deutlicher wird Weischedels Ablehnung eines jeden materialen Apriori in philosophicis, wenn er die zentrale These von M. Theunissen, Hegels Lehre vom absoluten Geist als theologisch-politischer Traktat, Berlin 1973, diskutiert: Hegel habe zwar durchaus post Christum natum sein System geschaffen, doch zu behaupten, er habe den nichtwissenden Glauben in ein glaubendes Wissen aufheben wollen, beruhe auf der Überzeugung, Leben, Leiden und Sterben Christi seien mehr als nur facta bruta, nämlich „Heilstatsachen". Das anzuerkennen sei aber „Sache des Glaubens" (314), womit Weischedel elegant den unphilosophischen Standpunkt umschreibt.

Dem von Weischedel eingeforderten Kriterium, bis zuletzt philosophisch zu bleiben, genügt Bruaire augenscheinlich, wenn er etwa am Schluß der „affirmation de Dieu" seinem eigenen Entwurf bescheinigt, als philosophischer nicht weiter gelangen zu können.[4] Somit entspricht er der im fundamentaltheologischen Denken der Gegenwart gebräuchlichsten Verfahrensweise, nämlich mit Hilfe nur allgemein zugänglicher menschlicher Erfahrung, auf philosophische Weise eben die Offenheit menschlichen Verstehens für die in Jesus Christus ergangene Selbstoffenbarung Gottes zu etablieren. Sein Versuch einer korrekten Positionierung der Philosophie angesichts der Möglichkeit einer Offenbarung fügt sich gut in das Programm einer *demonstratio religiosa* ein und vermag somit in extenso auch „die Verantwortlichkeit des Menschen für den Glauben wie für den Unglauben und damit die Vernünftigkeit und die intellektuelle Redlichkeit des Glaubens" herauszustellen.[5] Die Sinnspitze des philosophischen Unterfangens, die Identifizierung Jesu Christi als Erfüllung menschlicher Aspirationen entzieht sich damit der Beurteilung nach dem Richtmaß eines „radikalen Fragens", um so mehr, als sie gar nicht mehr beansprucht, philosophisch zu sein.

Die philosophische Theologie eines Claude Bruaire bleibt bei aller gläubigen Indienstnahme, ja selbst mit apologetischer Zielsetzung der Philosophie verpflichtet. Weil er sich des genuin philosophischen Charakters seiner Arbeit bewußt ist, kann er sich auch gelassen dem möglichen Vorwurf aussetzen, so etwas wie „versteckte Apologetik, bzw. verschämte Theologie" zu betreiben.[6] Auffallend ist, daß dieses am ehesten als apologetisch zu qualifizierende Werk Bruaires sich ausschließlich in den Bahnen philosophischer Erörterung zu bewegen sucht. Überzeugungskraft gewinnt er durch die Aufnahme des klassischen apologetischen Verfahrens, mit natürlichen Mitteln, ohne Rekurs auf außerphilosophische Information, die Verwiesenheit des Menschen auf Gott zu etablieren. Doch wird die Anerkenntnis dieser Verwiesenheit nicht dem Belieben anheimgestellt: „Gott oder nichts, dessen Behauptung oder Verweigerung, die unserer Natur entsprechende Haltung oder die, welche uns zum armseligen Opfer ihrer vereinzelten Prinzipien macht."[7]

Seit Blondel hat diese philosophische Methode, die man eine Apologetik der Schwelle genannt hat, breiten Eingang in die Fundamentaltheologie gefunden. Weil sie philosophisch bleibt und ihre Zielsetzung nicht verschweigt, eignet sie sich gut für das Anliegen, methodisch die Vernünftigkeit des christlichen Anspruchs

[4] AD, 283: „Pour aller plus loin, la philosophie est impuissante." Bruaire bezeichnet sein christliches Bekenntnis ebd. ausdrücklich als außerphilosophisch.

[5] W. Kasper, Der Gott Jesu Christi, Mainz 1982, 97, 96 (natürliche Theologie ist Reflexion auf Verstehensvoraussetzungen des Glaubens). Vgl. auch O. Muck, Philosophische Gotteslehre, Düsseldorf 1983, 60: „Wird die Klärung auf der Grundlage denkender Verarbeitung allgemein menschlicher Erfahrung gesucht, also auf philosophischem Weg, dann spricht man von rationaler, natürlicher oder philosophischer Theologie oder Gotteslehre."

[6] AD, 19 f. Zur Disposition stellt Bruaire allein „le contenu proposé et la conviction qu'il sera capable d'entraîner".

[7] AD, 21.

zu prüfen und dessen Vernehmbarkeit aufzuweisen. Auf diesem Terrain begegnet der Glaube den legitimen Ansprüchen menschlicher Vernunft, sei es um sich selbst zu verstehen oder um sich anderen verständlich zu machen. Damit knüpfen ein Blondel oder ein Bruaire an eine große Tradition an. Es wird ja natürliche Theologie als „systematisch reflektierte Gotteserkenntnis“ verstanden, „die der Mensch durch seine natürliche Vernunft erreicht, und zwar vor und ohne Offenbarung und Glaube im übernatürlichen Sinn“, die also „in völliger Unabhängigkeit der positiven Offenbarung und dem Glauben vorausgeht.“[8] Die Leistungskraft menschlicher Vernunft wird dahingehend gewürdigt, daß sie auch zu einer Erkenntnis Gottes prinzipiell zu gelangen imstande sei. Vaticanum I stellte fest: „Gott, aller Dinge Grund und Ziel, kann mit dem natürlichen Licht der menschlichen Vernunft aus den geschaffenen Dingen mit Sicherheit erkannt werden“ (DS 3004). Scheinbar folgerichtig wird dann behauptet, mit dieser Einsicht würde noch nichts darüber ausgesagt, ob eine spezielle Offenbarung tatsächlich stattgefunden habe, womit dem Menschen die Freiheit belassen wird, die Offenbarung zu akzeptieren, wie es Gott belassen wird, sich tatsächlich zu offenbaren. Mit der Legitimität natürlicher Theologie wird sogleich auch ihre Grenze betont. Angesichts der Unableitbarkeit der göttlichen Selbstmitteilung bedarf es zu deren adäquater Erkenntnis eines neuen Anfangs, klassisch gewendet: eines neuen Formalobjekts. Somit ist „unentschuldbar“, wer die Reichweite natürlich-rationaler Gotteserkenntnis geringachtet (Röm 1,20), gleichwohl ihre Grenzen genauso wenig mißachtet werden dürfen: Gnoseologisch ist der Glaube für genuin theologische Aussagen konstitutiv.

Im Anschluß an Blondel und das, was man „Nouvelle théologie“ genannt hat, ist versucht worden, durch die Erhellung menschlicher Existenzbedingungen die wesentliche Ausgerichtetheit des Menschen auf das Übernatürliche hin zu erweisen. Die „Idee eines unbestimmten Übernatürlichen“ sei dem Menschen eigen, welche aber ihre „spezifischen Bestimmungen nur durch die Konfrontation mit dem als historisches Phänomen aufgenommenen christlichen Gegebenen empfängt.“[9] Bruaire übernimmt diese Ansätze und stellt heraus, daß die „affirmation de Dieu“ eine konsequente und logische Haltung ist, da sie der Verfaßtheit des Menschen zugehört. Die Pointe seines Verfahrens ist es aber, den Erweis der Vervollständigung menschlichen Existierens durch den Gott des Evangeliums zu bringen, was dessen historische Offenbarung voraussetzt. Bruaire spricht ausdrücklich von einer „souveränen Freiheit, die fähig ist, sich zu manifestieren.“[10] Der konkreten Existenz des Menschen als geistiges und leibliches Wesen entspricht auch ein konkretes Gottes-

[8] G. Kraus, Gotteserkenntnis ohne Offenbarung und Glaube?, Paderborn 1987, 25.

[9] C. Troisfontaines, L’étude philosophique du christianisme suivant Maurice Blondel, in: AAVV., Miscellanea Albert Dondeyne, Löwen 1974, 93–106, 100 (im Anschluß an die Blondel-Interpretation H. Bouillards).

[10] AD, 277. Es ist fraglich, ob tatsächlich die Metaphysik sagen kann, „daß Gott sich manifestieren kann, ohne schließen zu können, daß er es getan hat“ (AD, 278), wenn diese Metaphysik nicht zuvor die von Bruaire selbst in Anschlag gebrachten „Anregungen des Christentums“ (PM, 127) gehört hat.

bild. Bruaires wiederholte Attacken gegen ein unbestimmtes Absolutes, auf das man sich als Philosoph kaprizieren möchte, bringen auf philosophische Weise zur Geltung, daß die „als bloßer Monotheismus vorgetragene Gotteslehre nicht in der Lage (ist), einen haltbaren Begriff Gottes zu entwickeln“.[11] Das wurde auch diesseits des Rheins erkannt: Nicht nur auf ein allgemeines Transzendentes, sondern auf ein speziell von Gott ergehendes Wort der Offenbarung sei die Vernunftnatur des Menschen ausgerichtet.[12]

Die allgemeine Zustimmung, der sich dieses Denken im Frankreich des 20. Jahrhunderts versichern durfte, wird wohl der deutschsprachigen Spielart versagt bleiben: Ihre innere Plausibilität wird durch eine bestimmte Auffassung dessen, was natürliche Theologie sein soll, wieder ausgehöhlt, weil die Reflexion auf die menschlichen Verstehensvoraussetzungen, die ja erst im Licht der ergangenen Offenbarung an Stimmigkeit gewinnen, unter Hinweis auf den Gnadencharakter dieser Offenbarung so tut, als ob diese noch gar nicht stattgefunden habe. Das befremdende Resultat aus dieser religionsphilosophischen Unklarheit, die das jeweils philosophische oder theologische nicht recht zuzuordnen weiß, kann etwa wie folgt zusammengefaßt werden: „Um der Ungeschuldetheit der Gnade willen müsse die Vernunft aber auch mit der Möglichkeit eines endgültigen Schweigens Gottes rechnen.“[13]

Während nun Blondels Ansatz durchaus kein „Denken aus theologischen Wahrheiten und aus Vorentscheidungen ist, sondern ein Nachdenken über diese Wahrheiten und Entscheidungen, und zwar aus philosophischen Motiven und mit philosophischen Mitteln,“[14] wurde eine ernsthafte Rezeption durch einen unbewußten, rationalistischen Affekt verunmöglicht: Der Christ hat – will er philosophieren – von einer ergangenen Offenbarung zu abstrahieren. Anscheinend hat sich (trotz gegenteiliger Behauptungen) noch kaum die Erkenntnis durchgesetzt, daß die eingangs erwähnte Unschärfe, die den Begriff der philosophischen Theologie kennzeichnet, mit einer Unterteilung der Wirklichkeit in zwei voneinander getrennte Bereiche zusammenhängt.[15] Man hat beispielsweise

[11] F. Wagner, Was ist Religion?, Gütersloh 1986, 585 f.

[12] Vgl. K. Rahner, Hörer des Wortes, München [2]1963, 30 (Dynamik des „aus seinem ursprünglichen Wesen heraus schon [...] auf das geschichtliche Vorkommnis einer Offenbarung, wenn eine solche sich ereignen sollte“, gerichteten Menschen).

[13] A. Gläßer, Von der Apologetik zur Fundamentaltheologie, in: Ders. (Hrsg.), Veritati et Vitae, Bd. 1, Regensburg 1993, 43–72, 59 mit Anm. 49, vgl. Rahner, Hörer des Wortes, 30, 213, 215. Der Denkfehler vermischt allgemeine Heilserwartung und persönliches Kommen Gottes, vgl. DD, 98: „Chercher Dieu, tenter d'accéder à sa présence, est un mouvement unilatéral de l'homme. C'est pourquoi aucune contemplation, aucune extase de l'esprit humain, ne peuvent être rencontre de Dieu en personne. En personne, ce qui veut dire aussi en parole. Une religion ‚naturelle‘ appréhende le divin, à l'intime de la conscience ou au sublime de la nature, point Dieu lui-même.“

[14] Henrici, Hegel und Blondel, 182.

[15] Vgl. Kasper, Der Gott Jesu Christi, 102: „Dieses ‚Zwei-Stockwerke-Schema‘ von natürlicher und übernatürlicher Theologie kommt nämlich lediglich zu einem relativ unverbundenen Neben- und Übereinander beider Ordnungen; es leistet aber keine wirkliche Vermittlung. Es bleibt sogar insofern dem Geist der Aufklärung verhaftet, als es die natürliche Theologie abstrakt ungeschichtlich entwickelt und deren heilsgeschichtliche Einbettung verkennt.“

gesagt, daß die traditionelle philosophische (natürliche, rationale) Theologie ihr unbestimmtes Gottesbild mit Hilfe der historisch wirksam gewordenen christlichen Botschaft präzisiert.[16] Aber ist so etwas tatsächlich nachvollziehbar?

Michael Eckert hat darauf hingewiesen, daß die auf den ersten Blick so harmonisch verlaufende Entsprechung der christlichen Antwort auf das Fragen des Menschen nicht ganz konsistent wirkt, es sei denn man abstrahiere vom „geschichtliche(n) Horizont der philosophischen Reflexion der natürlichen Theologie“. Die von ihm inkriminierte Inkonsistenz besteht darin, statt, „wie Schleiermacher, von der geschichtlichen Wirklichkeit des von der Offenbarung bestimmten Menschen, d.h. vom Glauben aus zu einer philosophischen Reflexion der im Glauben schon immer ‚enthaltenen‘ Voraussetzungen des Offenbarungsglaubens zu gelangen“, „den umgekehrten Weg“ zu gehen, „gleichsam die Begründung einer ‚natürlichen Religion‘ von einer natürlichen Theologie her“ zu suchen.[17] Einer natürlichen Theologie wird somit von Eckert eine Absage erteilt, wenn sie versuchen wollte, unter Absehung von Offenbarung und Glaubenslicht so etwas wie einen illusorischen Ort der Begegnung mit dem Atheismus zu schaffen.

Auch die klassischen *praeambula ad articulos fidei,* so sehr sie eine *notitia dei naturalis* in Anspruch nehmen, sind nicht unabhängig von ganz bestimmten Begriffen, welche das abendländische Denken gerade der Vermittlung durch die jüdisch-christliche Tradition verdankt, wenngleich diese im Laufe ihrer philosophischen Aufnahme gewiß auch transformiert worden ist. Diese stete Wechselwirkung nicht durchschaut zu haben, ist Kern der berüchtigten Hellenisierungsthese, hinter der eine kaum versteckte antimetaphysische Haltung steckt. Man will nicht wahrhaben, daß die „griechische Philosophie seitens der christlichen Denker nur insoweit rezipiert worden ist, wie sie als begriffliches Instrumentarium zur Darstellung einer mit dem Christentum selbst notwendig gesetzten metaphysischen Struktur geeignet schien“, und daß somit eine „Christianisierung des Griechischen und eben nicht eine Hellenisierung des Christlichen stattgefunden hat“.[18] Die gravierenden Mißverständnisse werfen ein bezeichnendes Licht auf die Ängstlichkeit nicht nur seitens der Theologie, sondern auch auf die Sorgen der um ihre Eigenständigkeit fürchtenden Philosophen. Aber die „geistesgeschichtliche Situiertheit konkreter Philosophie beeinträchtigt keineswegs ihren Status und Anspruch als Philosophie. Schon gar nicht läßt sich darum

[16] Vgl. P. Henrici, Gotteslehre I. Philosophisch, in: LThK^3, Bd. 4 (1995), 922–923, 923, mit Verweis auf die Enzyklika *Sapientia christiana* (1890), in der Leo XIII. die philosophische Gotteslehre der allgemeinen Seinslehre (Metaphysik) zuweist.

[17] M. Eckert, Gott – Glauben und Wissen. Friedrich Schleiermachers philosophische Theologie, Berlin 1987, 26f. Vgl. Kasper, Der Gott Jesu Christi, 94: „So wie von der Frage her die Antwort erst verständlich ist, so bringt umgekehrt die Antwort erst endgültiges Licht in die Frage.“

[18] H. R. Schlette, Strukturen des Christlichen, philosophisch, in: Aporie und Glaube, München 1970, 102–121, 106.108 (über C. Tresmontant, La métaphysique du christianisme et la naissance de la philosophie chrétienne, Paris: Seuil 1961). Die von A. Ritschl 1881 eingeführte These von der „Hellenisierung“ des Christentums lebt in den verschiedensten Entwürfen (Bultmann, Barth) weiter, deren kleinster gemeinsamer Nenner die antimetaphysische Einstellung ist.

Philosophie etwa dadurch als solche bestimmen, daß man sie (fast schon zwanghaft) von jeglichen christlichen Implikationen zu reinigen versucht."[19] Die philosophische Frage nach Gott ist nicht konturenlos: Die bis heute wirksame Gestalt des Gottesverständnisses ist eher als „Modifikation der jüdischen wie auch der griechischen oder anderweitiger Gottesgedanken im Lichte der Geschichte Jesu zu verstehen".[20] Soll also eine Art metaphysischer Propädeutik der Selbstexplikation des Glaubens zugesellt werden, dann sollte diese nicht so tun, als entließe ein als tabula rasa verstandenes Subjekt genau die Fragen, auf die der christliche Glaube Antworten hat.[21]

Die Bestimmung der philosophischen Theologie und der mit ihr verbundenen Denkwege als „natürliche" gleicht einem Verwirrspiel. Mit philosophischer Theologie sollte vielmehr ein der Theologie zugehöriges, notwendiges und philosophisches Denken gemeint sein, das der Selbstexplikation des christlichen Glaubens gerade dadurch dient, daß es philosophisch bleibt. Damit kommt man Bruaires Ansatz etwas näher: Die Bezeichnung seines Denkens als philosophische Theologie trifft nämlich dann nicht zu, wenn es damit in einen Bereich verwiesen werden soll, den man – im Gegensatz zum übernatürlichen Bereich der Offenbarungswahrheiten – „natürlich" zu nennen pflegt. Sein Ansatz, gerade die Anregungen des Christentums zum Schlüssel seines Philosophierens zu machen, verbietet es, sein Werk einer philosophischen als natürlichen Theologie zuzuordnen.

Die seit Karl Barth unerledigte und darum regelmäßig wiederauflebende Diskussion[22] um den Stellenwert natürlicher Theologie leidet an einem mißverständlichen Entweder-Oder einander ausschließender Parteinahmen: Für die einen ist sie schlicht Ausdruck menschlicher „Selbstrechtfertigung",[23] für die anderen – das ist der rationalistische Irrtum – Vollzug einer Offenbarung und Glaube vor- und übergeordneten Instanz. Dieser Streit um die richtige Position hat eine lange Geschichte: Er berührt eine wichtige Unterscheidung aus der dogmatischen Gnadenlehre, die – um besser die Ungeschuldetheit der Gnade zu unterstreichen – die Wirklichkeit in Natur und Übernatur aufgespalten hat. Philosophie als natürliches Vermögen wurde dadurch einem schillernden Naturbegriff zugewiesen und dem supranaturalistischen Offenbarungsdenken entgegengesetzt. Dieses Denken hat aber bewußt zweierlei vermischt: Die dogmatisch-fachliche Betrachtung des Menschen *in puris naturalibus,* der als „geistbegabte Kreatur (auch) nicht zur Anschauung Gottes bestimmt gewesen sein

[19] J. Splett, Freiheits-Erfahrung, Frankfurt 1986, 75.

[20] W. Pannenberg, Grundfragen systematischer Theologie II, Göttingen 1980, 140. Vgl. auch J. Habermas, Nachmetaphysisches Denken, Frankfurt 1988, 23 (Unmöglichkeit, zentrale Begriffe wie etwa den der Menschenrechte ohne Rekurs auf jüdisch-christliche Tradition zu behandeln).

[21] Das erinnert an Charles M. Schulz' Peanuts-Cartoon: „Jesus Christ is the answer ... but what was the question?"

[22] Vgl. M. Kappes, „Natürliche Theologie" als innerprotestantisches und ökumenisches Problem, in: Cath 49 (1995) 276–309.

[23] K. Barth, Kirchliche Dogmatik II/1, Zürich 1940, 151, vgl. E. Jüngel, Gott als Geheimnis der Welt, Tübingen 1977, 209.

könnte“,[24] und die mehr fundamentaltheologische Ansicht, daß natürliche Theologie „nur so weit christliche Gestalt bewahren (wird), als in ihr Kreatur stets nur so auch als Natur begriffen wird, daß zuerst und zuletzt Natur als Kreatur verstanden wird.“[25] Doch auch mit der Betonung der durch „Kreatürlichkeit“ zugleich ausgesagten Hinordnung der Vernunft auf Vollendung durch den dreifaltigen Gott bleibt diese Vernunft wenig konkret. Katholische Theologie hat zwar stets auf der Leistungsfähigkeit menschlicher Vernunft beharrt, doch dabei einem folgenschweren Mißverständnis Vorschub geleistet: Aus Sorge, die Selbstmitteilung Gottes als absolut freie Tat zu bewahren, die auch nicht hätte stattfinden können, ist ein Konstrukt geschaffen worden, ohne daß man in genügender Weise kenntlich gemacht hätte, daß die wirkliche Vernunft „für den Theologen die übernatürlich erhobene Vernunft, nicht irgendein abstraktes Vermögen im Sinne der ‚natura pura‘“ ist.[26]

Das Mißbehagen an dem skizzierten Kosmos wie aus zwei Stockwerken ist neueren Datums. Für einen Thomas von Aquin etwa profitiert die Philosophie von der Vollendung, die sie durch die Theologie erhält, und Etienne Gilson konnte sich für „das Schauspiel der philosophischen Fruchtbarkeit des sich manifestierenden Christentums“ bei Thomas begeistern.[27] Zu Recht, doch hatte sich die altkirchliche Einbeziehung der Philosophie in die Theologie hinein um ein Lippenbekenntnis verschoben, wodurch der Philosophie nurmehr ein Platz außerhalb der Theologie zugewiesen wurde.[28] Das philosophische Unternehmen war auf den Bereich *sine fide* reserviert und somit den Autonomiebestrebungen der Philosophie schon der Boden bereitet. Und dabei hatte das hochmittelalterliche, dezidiert christliche Denken als Gegenstand des natürlichen Vermögens der menschlichen Vernunft nicht etwa den Gott der aristotelischen Physik gefaßt,

[24] J. Alfaro, Natura pura, in: LThK^2, Bd. 7 (1962), 809–810, 810; vgl. H.U. von Balthasar, Karl Barth, Einsiedeln ^{4}1976, 280 f. (dogmatische Gewißheit richtet sich gegen Baius, der „aus der schwebenden Zuordnung von Natur und Übernatur […] ein von der Natur aus erschließbares, erzwingbares, als strenge Forderung [debitum] vorzutragendes Recht auf Gnade“ ableiten wollte).

[25] G. Söhngen, Natürliche Theologie, in: LThK^2, Bd. 7 (1962), 811–816, 814; vgl. auch Kasper, Der Gott Jesu Christi, 95 (Zusammengehörigkeit von Schöpfungsordnung und Heilsordnung), 101: Es „wird deutlich, daß die Natur ganz um der Gnade willen ist; sie ist deren äußerste Voraussetzung, wie umgekehrt die Gnade die innere Voraussetzung, das Worumwillen der Natur ist. Deshalb ist die Natur kein eigenständiger, in sich abgeschlossener und aus sich vollendbarer Wirklichkeitsbereich. Sie ist dynamisch über sich hinaus auf eine Erfüllung ausgerichtet, die sie sich selber nicht geben kann, die sie vielmehr allein durch die Gnade erhält. Erst durch die Gnade erlangt die Natur ihre eigentliche Bestimmung.“ Die Natur ist eben nicht abstrakt, sondern auf Übernatur hin erschaffen, sie ist „de facto ordinata ad finem supernaturalem“ (Thomas von Aquin, Comp. theol., 104, Contra gent., 3, 57).

[26] L. B. Puntel, Das Verhältnis von Philosophie und Theologie, in: J. Rohls, G. Wenz (Hrsg.), Vernunft des Glaubens (FS Pannenberg), Göttingen 1988, 11–41, 23: „Dieser fundamentale – theologische! – Sachverhalt findet hinsichtlich der hier behandelten Thematik kaum Beachtung in der Theologie.“ Vgl. B. de Sailly (= M. Blondel), Comment réaliser l'Apologétique Intégrale : Thèses de rechange? ou Point d'Accord?, Paris 1913, 180: natura-pura-Lehre ist „psychologisch falsch, philosophisch und theologisch ruinös“ (zit. bei A. E. van Hoof, Logik des Christseins jenseits des Rationalismus, in: A. Raffelt et al. [Hrsg.], Das Tun, der Glaube, die Vernunft, Würzburg 1995, 96–115, 110).

[27] Vgl. Thomas von Aquin, STh I 1, 8 ad 2; Gilson, L'esprit de la philosophie médiévale, 319.

[28] Vgl. W. Pannenberg, Theologie und Philosophie, Göttingen 1996, 28.

sondern vielmehr den der Genesis und des Exodus![29] Trotz der dann im 13. Jahrhundert erfolgten disziplinären Trennung von Philosophie und Theologie und der damit einhergehenden Zuweisung der Philosophie in den natürlichen, der Theologie in den übernatürlichen Bereich, hatte das Denken des Christen immer einen Vorsprung, sowohl formaler als auch materialer Art, gegenüber einem Denken, das als chimärische Robinsonade hätte gelten müssen.[30]

Insofern sie also durch die göttliche Offenbarung habilitiert ist, gelingt es der menschlichen Einsicht, ihr eigenes rationales Vermögen voll zu entwickeln,[31] so daß erst nachdem der theologische Diskurs stattgefunden hat, man daran gehen kann, einen natürlichen Diskurs zu schaffen (wobei man sich allerdings über den Informationsvorsprung auszuschweigen pflegt, der allein philosophische Theologie ermöglicht und falsche Alternativen zu umgehen erlaubt).[32] Die Verschleierung dieses Sachverhalts hat es einem Ockham erlaubt, aus der Opposition von Natur und Gnade den fatalen erkenntnistheoretischen Schluß zu ziehen, man philosophiere dann am besten, wenn man ganz auf sich zurückgeworfen sei. Die Verungültigung menschlichen Wissens durch den ganz anderen Gott führte zu einer immensen Profilierung der natürlichen Vermögen im nicht-metaphysischen Bereich, was einerseits den Siegeszug neuzeitlich-quantifizierenden Denkens vorbereitet, andererseits aber mit dem Zorn Luthers die Metaphysikfeindlichkeit protestantischer Theologie heraufbeschworen hat.[33] Die Aufteilung der gesamten Wirklichkeit in Übernatur und Natur verschob sich unmerklich zu einer „Entgegensetzung von Offenbarung und Vernunft bzw. Offenbarungsreli-

[29] Gilson, L'esprit de la philosophie médiévale, 97 u. ö. spricht von „Exodusmetaphysik". Vgl. M.-D. Chenu, Introduction à l'étude de saint Thomas d'Aquin, Paris: Vrin 1950, 275: „Si chargé qu'il soit de métaphysique, le traité de Dieu-un a pour objet le Dieu de la Genèse, non celui de la Physique, le Dieu d'Abraham, d'Isaac et de Jacob, qui nous enverra le Christ"; E. Pousset, Une relecture du traité de Dieu dans la „Somme théologique" de saint Thomas, in: ArPh 39 (1976) 67–89, 86: „Le discours thomiste *de Deo* est une compréhension rationnelle du Dieu créateur de la tradition judéo-chrétienne". Zur Abgrenzung und Überschneidung von Philosophie resp. natürlichem Vermögen und Theologie im Traktat *De Deo uno* bei Thomas vgl. auch Dubarle, Dieu avec l'être, 270, 341.

[30] Vgl. Hegel, Enzyklopädie § 77, Anm.: „Anselmus sagt dagegen: Negligentiae mihi videtur, si postquam confirmati sumus in fide, non studemus, quod credimus, intelligere (Tractat. Cur Deus homo)." Daß Hegel genau diesen Standpunkt des *credo, ut magis intelligam* eingenommen hat, belegt E. Brito, Dieu et l'être d'après Thomas d'Aquin et Hegel, Paris: PUF 1991, 46: „Puisqu'il s'agit en réalité d'une raison théologique, il faut la (sc. la Raison d'après Hegel) confronter, non pas à la doctrine de saint Thomas sur les limites de la connaissance de Dieu pour la raison naturelle, mais à celle de la connaissance de Dieu ‚par grâce'."

[31] Vgl. Brito, Dieu et l'être d'après Thomas d'Aquin et Hegel, 15f.

[32] Vgl. A.Gesché, La médiation philosophique en théologie, in: Miscellanea Albert Dondeyne, 75–91, 89 („natürlicher" Diskurs findet erst nach Persolvierung des theologischen statt); von Balthasar, Karl Barth, 278–335 (Unmöglichkeit einer rein natürlichen Theologie); Kasper, Der Gott Jesu Christi, 105f. (Glaube begründet natürliche Theologie als nur relativ eigenständige Größe); M. Bieler, Karl Barths Auseinandersetzung mit der analogia entis und der Anfang der Theologie, in: Cath 40 (1986) 229–245, 236 (erst Offenbarung macht „echte natürliche Gotteserkenntnis wieder möglich"); G.L. Müller, Hebt das Sola-fide-Prinzip die Möglichkeit einer natürlichen Theologie auf?, in: Cath 40 (1986) 59–96, 73 (Theologie entwirft sog. philosophische Theologie aus ihrem eigenen Prinzip), 81 (christliche Theologie entwirft natürliche Theologie).

[33] Vgl. T. Rentsch, Metaphysikkritik, in: HWP, Bd. 5 (1980), 1280–1289, 1281f.

gion und Vernunftreligion“,[34] weil die schlecht beratene *theologia naturalis* ihren Ansatz als „remoto Christo“ zu kaschieren suchte, aus welcher Düperie sich konsequent alle antimetaphysischen Affekte ergeben haben.[35]

Diese wenig plausiblen Versuche haben das Verhältnis von Natur und Übernatur samt der ihnen zugewiesenen Disziplinen von Philosophie und Theologie erheblich belastet, statt es zu klären. Noch dazu hat sich die Situation um einen grundlegenden Umstand verschärft: Die metaphysiklose Sonderzugangsweise des Glaubens zu seinen Gegenständen bedingt auf der anderen Seite eine Selbstbeschränkung der Philosophie auf rein diesseitige Erkenntnis. Damit hat sich der auf eine erkenntnistheoretische Ebene übertragene Gegensatz von Natur und Übernatur durch ein Selbstmißverständnis potenziert, das in der „völlig ungeklärten und oberflächlichen – ja, man möchte beinahe sagen: einer mythologischen – Vorstellung von ‚Vernunft‘“ begründet ist.[36] Das Ende der Metaphysik als Zäsur unter diesen also ursprünglich gnadentheologischen Hiatus hat Kant vollzogen, als dieser das Wissen aufgehoben sehen wollte, „um zum Glauben Platz zu bekommen“, wobei Wissen sich auf „das neue Wirklichkeitsverständnis“ bezieht, das „Wirklichkeit auf das den Erfahrungswissenschaften Zugängliche beschränkt“.[37] Diese Option für den gleichsam sublunaren Bereich hängt allerdings stark von der Annahme ab, daß der Intellekt über einen ganz bestimmten Verfügungsbereich hinaus zu schweigen habe. „Daß aber der Intellekt über die empirisch kontrollierbare Sinnenwelt hinauszudenken unfähig sei, ist gar kein philosophischer Satz, auch wenn ihm bei Kant eine so zentrale Bedeutung zukam: hängt er doch gänzlich von der im übrigen falschen These ab, der Sündenfall habe die natürliche Denkfähigkeit stark zerstört.“[38] Diese bemerkenswerte religiöse Vorgabe des Kantischen Erkenntnismodells führt über die

[34] M. Seckler, Was heißt Offenbarungsreligion?, in: Vernunft des Glaubens, 157–175, 165; vgl. ders., Der Begriff der Offenbarung, in: HFTh, Bd. 2 (1985), 60–83.

[35] Vgl. R. Sohm, Kirchengeschichte im Grundriß, Berlin [8]1893, 29 f.: „der natürliche Mensch (ist) ein geborener Feind des Christentums (...) ein geborener Katholik.“ Hier hat die kirchenrechtliche Kontroverse um Gesetz und Evangelium ihren Ursprungsort.

[36] Puntel, Das Verhältnis von Philosophie und Theologie, 22.

[37] Muck, Philosophische Gotteslehre, 184; vgl. M. Theunissen, Negative Theologie der Zeit, Frankfurt 1991, 27 (Metaphysik als spekulatives Hinausschießen „über das sicher Wißbare“). Vgl. DD, 81: „Qu'on le veuille ou non, Kant inaugure la manière habituelle de juger aujourd'hui. C'est lui qui nous a autorisé à renvoyer au passé mort la métaphysique, c'est-à-dire la pensée sans le confort de la vérification.“

[38] H. Deku, Quod deus sit, in: Wahrheit und Unwahrheit der Tradition, St. Ottilien 1986, 43–73, 49. Schon in den „Gedanken von der wahren Schätzung der lebendigen Kräfte“ von 1746 klagt Kant die „herrschende Neigung derer“ an, die „über die engen Schranken unseres Verstandes“ hinaus „die menschliche Erkenntnis zu erweitern suchen, ohne der menschlichen Unvollkommenheit Rechnung zu tragen“ (I. Kant, Werke, Bd. 1, Darmstadt [5]1983, 42). Vgl. DD, 80, PM, 48: „Außerdem es nicht einfach ist, eine verdorbene Natur zu bemühen, ohne irgendeine metaphysische oder religiöse Hypothese anzunehmen, ist schlecht verständlich, wie der Autor der Kritik ihr entrinnen konnte.“ Vgl. auch G. Chantraine, Luther et les fondements de la morale, in: La morale (013), 273–293, 292: „il conviendrait d'examiner à nouveau si l'impératif catégorique de Kant n'est pas la forme philosophique de la doctrine luthérienne de la loi. S'il l'était, on n'hésitera pas à conclure que toute réflexion, même philosophique, sur le fondement de l'obligation morale, doit remonter jusqu'à sa source théologique.“

Frage, wodurch Kant denn zur Ausnahme von der gemeinsamen Regel geworden wäre, zu den Prinzipien der Philosophie, die sich mit unkontrollierten Voraussetzungen schlecht vertragen. War bei Descartes der Beginn der Erkenntnis „bei einer absolut anfänglichen Situation maßgebend“ und an die Beseitigung aller Vorurteile gekoppelt,[39] geht die Spontaneität des philosophischen Aktes bei Kant auf die Herstellung gesetzlicher Beziehungen zwischen den Erscheinungen und daher mit der Erfordernis seiner empirischen Gewährung einher. In der ausschließlichen Relevanz experimentell ausgewiesenen Sprechens wird damit „der Bezugsrahmen der Welterfahrung, der sonst mit dem Gottesgedanken verknüpft und durch ihn konstituiert war, nun als Ausdruck der menschlichen Subjektivität und also anthropologisch umgedeutet“.[40]

Die Exaltierung der Philosophie als weltanschaulich neutrale, sich selbst befördernde Wissenschaft hat schließlich die Beziehung zum Glauben und seiner Theologie dahingehend verunmöglicht, daß von Metaphysik oder natürlicher Theologie kaum mehr die Rede ist. So nimmt es denn nicht wunder, daß eine „natürliche Theologie der Philosophen“[41] von philosophischer Seite als „Standpunktsphilosophie“ (Husserl) verdächtigt wird, die wegen ihres Positums von der eigentlichen Philosophie abgründig verschieden bleibe. Von theologischer Seite wird aber derselben Disziplin einer natürlichen Theologie vorgeworfen, sie versuche Gott zu deduzieren und falle der Offenbarung gleichsam ins Wort.[42] Innerhalb der aufgestellten Trennung von Natur und Übernatur, welcher Trennung die von Philosophie und Theologie entspricht, scheint man nur noch die Wahl zwischen zwei großen Unterstellungen zu haben: Entweder man philosophiere aus metaphysischen Vorlieben – das sind unphilosophische Vorurteile – heraus, oder man wolle „im Vorgang zur immerhin geschehenen Offenbarung Gottes deren Vernünftigkeit“ erweisen.[43]

Bruaire nun umgeht souverän die Klippen, die überkommene Lehren bis in die Philosophie hineingetragen haben. Man läuft aber Gefahr, sich den Zugang zu seinem Denken zu versperren: Der Zwiespalt, in dem man begriffen ist, will man seine Ansätze würdigen, stammt möglicherweise aus der Reiterierung naiver Dichotomien, die er schlichtweg ignoriert, weil er sie schon für längst erledigt hielt.[44] Zwar ist also Bruaire Philosoph, nicht aber in dem Sinne, daß sein

[39] F. Kaulbach, Erkenntnis/Erkenntnistheorie, in: TRE, Bd. 10 (1982), 144–159, 144.

[40] Pannenberg, Theologie und Philosophie, 185.

[41] W. Pannenberg, Systematische Theologie I, Göttingen ^{2}1988, 120.

[42] Vgl. Rentsch, Metaphysikkritik, 1288.

[43] E. Jüngel, Das Dilemma der natürlichen Theologie und die Wahrheit ihres Problems, in: Entsprechungen: Gott – Wahrheit – Mensch, München 1980, 158–177, 176.

[44] Vgl. De Lubac, Meine Schriften im Rückblick, 47 (Brief an Blondel vom 3. April 1932): „Ich stelle zunächst fest: kein kirchliches Dokument verpflichtet zum Glauben an den realisierbaren Stand einer ‚reinen Natur‘, in dem der Mensch eine bloß natürliche Schicksalsbestimmung gehabt hätte. Ein solcher Stand wäre, so meint man, unlösbar mit dem Glauben an die Ungeschuldetheit der Gnade verbunden. Nun aber scheint mir diese Verbindung nicht so unauflösbar zu sein. Wird nämlich die Möglichkeit der reinen Natur verneint, so ist man nicht deshalb schon zur Aussage verpflichtet: ‚Weil Gott die menschlichen [sic] Natur erschaffen hat, ist er es dieser Natur (oder sich selber) schuldig, ihr ein übernatürliches Ziel zu gewähren‘, wenn es auch der Wahrheit entspricht, zu sagen: ‚Weil Gott der menschlichen Natur ein übernatürliches Ziel gewähren will, deshalb erschafft er sie‘.“

Denken sich auf einen hermetisch abgeriegelten natürlichen Bereich beschränkt. Mag es auch nach Vermischung der philosophischen und theologischen Genera klingen, Bruaire gibt einem Hegel oder einem Schelling recht, „die Einfriedungen des Mysteriums zu durchbrechen gewollt zu haben“.[45] Als Philosoph teilt er ihre Gewißheit hinsichtlich der Kraft des Wortes und der Rede und vertraut prinzipiell auf die vollkommene Großzügigkeit des Absoluten, das nicht absolut wäre, verweigerte es sich der philosophischen Erhellung. Bedingung seiner begrifflichen Einholung ist das Absolute freilich selbst, das sich mit seinem Erscheinen der Vernunft aussetzt und sie ihrer Beschränkung enthebt. Diese Befreiung der Philosophie erschöpft sich mitnichten in der Anerkenntnis der Möglichkeit der ergangenen Offenbarung: Die absolute Freiheit des Absoluten, die sich nicht in das Jenseits denkerischer Grenzen verbannen läßt, bekräftigt die Freiheit der Philosophie und regt sie unendlich an. Somit erfüllt Bruaire den universellen Anspruch der Vernunft um so besser, als dieser sich mit dem universellen Anspruch der Offenbarung trifft. Daß es also „eine Analogie zwischen unserem philosophischen Diskurs und dem Wort Gottes gibt, die es zu hören erlaubt, bedeutet keinerlei Absetzung des einen durch die Manifestation des anderen, sondern bewahrt im Gegenteil den Wert und die Autonomie des philosophischen Bemühens.“[46]

Seine Sorge um die Autonomie der Philosophie samt ihrer notwendigen Pluralität ist auch der Grund, warum es Bruaire ablehnte, sich einer wie auch immer gearteten „christlichen Philosophie“ zuordnen zu lassen. Für das neuzeitliche Auseinanderreißen des in Glaube und Denken geteilten Bewußtseins[47] ist das Schicksal der christlichen Philosophie symptomatisch: Das Wort „war sie philosophia, so war sie nicht christiana, war sie christiana, so war sie nicht philosophia“ verweist seit den 30er Jahren weltweit so etwas wie christliche Philosophie an psychische Dispositionen.[48] Es kann der Sache aber deswegen nicht dienlich

[45] EE, 160. Vgl. J.-F. Marquet, Le philosophe devant le mystère de la Trinité, in: EPh 62 (1988) 323–327, 324, R. Spaemann, Die Frage nach der Bedeutung des Wortes „Gott“, in: IKaZ 1 (1972) 54–72, 66f.: „Die Neuscholastik hat im Gegenzug gegen die spekulative Philosophie des deutschen Idealismus streng darauf bestanden, die Philosophie auf den Traktat ‚De Deo uno‘ zu beschränken, den Traktat ‚De Deo trino‘ aber strikte der Offenbarungstheologie zu reservieren. Die Unterscheidung von Glaube und Wissen, die dahinter steht, war aber steril, weil sie von der Annahme ein für allemal fixer Grenzen zwischen beiden ausgeht. Sie hatte zum Beispiel keine Verständnismöglichkeit für das, was Anselm meinte mit dem credo ut intelligam, auf das Hegel sich berief. So sehr Glaube und Wissen zwei verschiedene Akte des Menschen bleiben, so sehr ist doch die jeweilige Grenze zwischen beiden fließend, das heißt geschichtlich bedingt“.

[46] LR, 182; vgl. PM, 142 f.

[47] Vgl. G. Picht, Glaube und Wissen, München 1991, 13: „Glaube ist für die heutige Zeit der Oberbegriff für das, was niemand weiß, Wissen der Oberbegriff für das, was niemand glaubt.“ In einer Welt zu glauben, in einer anderen zu denken, das ist schizophren, PM, 133, 139, Au procès de Dieu (048), 290: „Puisque, par nécessité, il est interdit à Dieu de composer avec nos vies, il faut croire dans un monde et penser dans un autre.“

[48] Vgl. K. Barth, Kirchliche Dogmatik I/1, Zürich 1932, 4; H. M. Schmidinger, Philosophie, christliche, in: HWP, Bd. 7 (1989), 886–898, 893. Die Kontroverse um die Möglichkeit einer christlichen Philosophie wurde im französischsprachigen Raum durch den Philosophiehistoriker Bréhier angestoßen, Y a-t-il une philosophie chrétienne?, in: RMM 38 (1931) 133–162. Unter demselben Titel wurde in derselben Zeitschrift ein Antwortschreiben Blondels an den Herausgeber veröffentlicht (599–606).

sein, so einfachhin von „christlicher Philosophie“ zu sprechen, noch kann Bruaire schlicht mit Josef Pieper ein „christlich Philosophierender“ genannt werden,[49] weil Claude Bruaire selbst das „Unwohlsein des christlichen Philosophen“ ausdrücklich als „unsere tägliche Bedrängnis“[50] gewürdigt hat. Er hütete sich vor der Charakterisierung seines Denkens als „philosophia christiana“, weil er sich schlechthin als Philosoph verstanden hat und weil die Denomination als „christlicher Philosoph“ nicht nur nahelegt, ein solcher philosophiere aus metaphysischen Vorlieben und unphilosophischen Vorurteilen heraus, sondern daß er neben dieser bestimmten Art und Weise zu philosophieren auch keine andere neben sich dulde.[51]

Seine Gratwanderung zwischen den theologischen Anregungen und ihrer philosophischen Aufnahme hat Bruaire sich nicht leicht gemacht. So sehr die wechselseitige Indifferenz des Religiösen und des Philosophischen zu verwerfen ist, weil sie aus der philosophischen Freiheit ein unschuldiges Spiel macht, das philosophisch relevante Anstöße aus unphilosophischen Gründen mißachtet, so sehr mißtraute er einer „théologie honteuse“ unter dem Deckmäntelchen der christlichen Spekulation. Er zitiert zwar das Blondelsche Wort über die Dogmen, welche nicht nur offenbart, sondern auch offenbarend seien, wollte es aber nicht zulassen, daß das Philosophieren sich auf eine Logik Gottes reduziert und so – wie bei Hegel – Philosophie und Theologie ununterscheidbar macht. Die Stimulierung der Philosophie durch das, was sie nicht erfunden hat, macht aus ihr keine verkappte Theologie und entscheidet auch nicht über den Ausgang der philosophischen Erkundung: „Weder ist die Philosophie bloße Präambel des Glaubens, noch ist die Offenbarung Vorahnung einer philosophischen Erobe-

1936 mischte sich H. de Lubac in die Debatte ein (Sur la philosophie chrétienne, in: Recherches dans la foi, Paris: Beauchesne 1979, 127–152); E. Gilson gab für eine christliche Philosophie die Minimaldefinition, eine solche brauche nur den Schöpfungsbegriff zu enthalten (La possibilité philosophique de la philosophie chrétienne, in: RSR 32 [1958] 168–196). Hilfreicher ist die These Tresmontants, christliche Philosophie sei das „Zutagefördern der entsprechenden (sc. metaphysischen) Implikate“ der christlichen Lehre (Schlette, Strukturen des Christlichen, philosophisch, 108).

[49] Vgl. J.-L. Vieillard-Baron, La notion d'esprit dans la philosophie chrétienne de Claude Bruaire, in: EPh 62 (1988) 301–308. Bedenkenswert ist allerdings Piepers Aussage, es könne „sehr wohl kommen, daß am Ende der Geschichte die Wurzel aller Dinge und die äußerste Bedrohung der Existenz – und das heißt doch: der spezifische Gegenstand des Philosophierens – nur noch von denen in den Blick genommen werden, welche glauben“ (Über die Schwierigkeit heute zu glauben, München 1974, 303, zit. bei J. Card. Ratzinger, Glaube, Philosophie und Theologie, in: Wesen und Auftrag der Theologie, Einsiedeln 1993, 11–25, 25).

[50] PM, 133 („gêne quotidienne“), vgl. PM, 139f. („malaise du philosophe chrétien“), FE, 117 („il n'est pas si facile d'être philosophe et croyant“) u. ö.

[51] Vgl. LR, 145 u. ö. Vgl. Tilliette, Le rationalisme chrétien, 318: „Le tort de Hegel est exactement lié à son triomphe : une philosophie qui montre ‚la raison contenue dans la religion‘, qui ‚n'explique qu'elle en expliquant la religion‘. Donc la raison spéculative est théologique en son fond, l'univocité du philosophique et du théologique est une atteinte à l'un et à l'autre et une métabase, et surtout cette réciprocité est exclusive, la philosophie du christianisme, les deux s'éclairant mutuellement, est la philosophie, toute la philosophie. Elle épuise le christianisme qui l'épuise à son tour. Elle ne laisse pas place à d'autres interprétations spéculatives du christianisme, à d'autres philosophies de la religion fécondées par la Révélation.“

rung.“[52] Er hält am grundlegenden Unterschied beider Disziplinen fest und weist ihre Vermischung ab, weil sie zum Hegelschen Exklusivismus führt, der keiner anderen Philosophie und keiner anderen Theologie Platz läßt.[53]

Bruaires Denken läßt sich auch nicht unter ein Stichwort wie „religiöse Philosophie“ zusammenfassen. Bei seiner Philosophie handelt es sich um Philosophie schlechthin, da die Anstöße, auch wenn sie tatsächlich religiösen Ursprungs sind, von der Philosophie als solcher aufgenommen und nachgedacht werden können und sollen, ohne daß zwangsläufig ein persönlicher Glaubensakt ins Spiel kommen muß. Insofern ein Philosoph aber tatsächlich glaubt, ist ihm mit seinen Anregungen der Glaube zugleich selbst der rationellen Kritik ausgeliefert. Aber das bedeutet umgekehrt auch, „daß sein Glaube von sich aus Fragen und etwaige Antworten auf sein philosophisches Fragen anregt. Das bedeutet schließlich, daß die Hoffnung, durch die der Schwung des Glaubens zieht, die intellektuelle Suche und geistige Energie belebt. Letztlich ist für den gläubigen Philosophen die Vernunft eine Prüfung des Glaubens und gleichzeitig der Glaube eine Chance, eine Weise das zu regenerieren, was er so autonom wie möglich zu denken versucht.“[54]

Die Überwindung der traditionellen Grenzen zwischen den theologischen und philosophischen Gegenstandsbereichen setzt die denkerische Anerkenntnis begrifflicher Vorgaben voraus, die jede Erkenntnisweise durchziehen. Mit einem rein punktuell vorgestellten Anstoß ist es daher noch nicht getan: Die Begriffe, wenngleich sie von ihrer theologischen Aktualisierung abgelöst werden, behalten einen Sinn, dem gegenüber die Philosophie nicht frei ist. In der Anerkenntnis dieser begrifflich faßbaren Inhalte erreicht das philosophische Denken die ihm eigene Dimension. So ist das Offenbarte auch das, was die Philosophie sagt und sagen muß, „nämlich daß das Absolute Freiheit ist. Es stimmt, daß die Philosophie es nur sagt, weil das Christentum sie angeregt hat, sie darüber befragt hat. Aber ich glaube, daß die Philosophie in der Autonomie ihres begrifflichen Bemühens dahin gelangt und dann erkennt, daß sie durch die Religion stimuliert ist.“[55] Der Anstoß der Philosophie durch die Glaubensinhalte ist nicht legitim dadurch, daß die Philosophie über sich hinauswächst. Vielmehr gewinnt die

[52] PM, 140. Vgl. Liberté du philosophe et révélation (026), 304 f.: „Le père Tilliette m'a reproché au fond de faire une théologie honteuse, en tout cas d'emprunter à la théologie une rationalité de surcroît, de faire, enfin, une théologie camouflée. Mais je crois que la philosophie comme telle, doit pouvoir aller jusque là, autrement elle sera toujours le balbutiement préalable à la théologie, et je crois qu'elle le peut, et qu'elle n'a jamais fait que cela, au moins obscurement.“

[53] Vgl. LR, 182: „le propos hégélien est d'exclure toute entreprise rationnelle séparée de la révélation, laquelle doit engendrer la substitution définitive d'une Logique absolue de l'être divin manifeste à toute ontologie philosophique dont elle résout les antinomies traditionnelles, annulant les interrogations par des réponses satisfaisantes. Il en résulte une doctrine d'univocité (...) selon Hegel, le message chrétien ne présuppose pas une philosophie particulière, mais nous apporte, en son germe évangélique, la philosophie que le théologien explicite, toute la philosophie, reléguant dans l'erreur dialectique les systèmes non chrétiens.“

[54] FE, 117.

[55] Liberté du philosophe et révélation (026), 297.

Philosophie durch die Anregungen des Glaubens Klarheit über ihr anfängliches Fragen: „Die ewige Freiheit ist erschienen und meine Unwissenheit eröffnet sich der Erinnerung des Ursprungs, die aus einer jeden Philosophie eine Reminiszenz macht.“[56]

Exkurs: Erkenntnis und Wirklichkeit

Die Äußerungen Bruaires über das Wechselverhältnis, das religiöse Anstöße und philosophisches Denken unterhalten, gewinnen auf der Grundlage seiner Auffassung von Erkenntnis an voller Plausibilität. Seine Erkenntnistheorie versucht die apriorischen Denkgesetze in ein rechtes Verhältnis zu den unverfügbaren Seinsprinzipien zu setzen, das heißt den ontologischen Status des Denkens zu klären, ohne die erfaßte Wirklichkeit zum bloßen Material – oder gar zum Produkt – menschlich-quantifizierender Herrschaft zu degradieren.

Ontologie ist für Bruaire zunächst nichts weiter, als die ausgeführte Gestalt der Metaphysik. Metaphysik ist ein Fragen, das ganz allgemein darauf zielt, das Sein zu wissen, das Sein all dessen, was erscheint. Metaphysik fordert somit ein ontologisches Wissen, das sich nicht mit der Aufzählung und Beschreibung der Phänomene begnügt.[57] Es verlangt nach Einsicht in das, was wahrhaft ist. Und das, was wahrhaft ist, wird von Bruaire als eine Einheit von Sprache und Sache bestimmt: Wahrheit ist die „Identität des Seins und seines Wissens“.[58] Freilich ist diese Wahrheit nicht unmittelbar gegeben, „für uns geht das Wahre seinem Wissen voraus.“[59] Diese Vorläufigkeit des Wahren ist gleichwohl in einer begrifflichen Sprache und durch sie zu erreichen, durch den rationalen Diskurs: Zur Wahrheit zu gelangen erfordert seitens der Einsicht, daß sie sich dem vernünftigen Grund der Sprache hingibt.[60] Insofern es auf das, was ist, verwiesen ist, und insoweit es sich diesem angleicht, ist das Denken ontologisch.

[56] SCH, 15.
[57] Vgl. PM, 2: „la formulation de l'interrogation métaphysique en question qui porte sur l'être, comme l'exigence d'un savoir ontologique irréductible à toute science phénoménologique.“ Für Bruaire unzutreffend ist daher die Charakterisierung der Ontologie als rein formale „Logik von sein“, die sich neutral „in der Haltung der phänomenologischen ‚Epoché‘“ bewegt, demgegenüber „metaphysisches Fragen in bestimmter und notwendiger Entschiedenheit darauf aus ist, an- und vorzugeben, worin der bestimmte ‚Sinn‘ von Sein bestehe“ (A. Diemer, Einführung in die Ontologie, Meisenheim/Glahn 1959, 170). Die Rede von einer „Ontologie, die unmetaphysisch verfaßt sein kann“ (Theunissen, Negative Theologie der Zeit, 27) trägt dem Denken M. Heideggers Rechnung, vgl. Sein und Zeit (1927), Tübingen [15]1984, 3 f., 35 f. Wenn dagegen F. van Steenberghen, Ontologie, Einsiedeln 1953, 28, bündig erklärt, die Namensgebung der „Wissenschaft vom Sein unter den Titeln Ontologie, auch allgemeine Metaphysik, oder noch kürzer Metaphysik“ sei „ohne sachliches Gewicht“, kommt man Bruaires Verständnis näher.
[58] LD, 10.
[59] Réminiscence du concept et mémoire de la révélation (097), 138.
[60] LD, 10: „la vérité ne se livre ni instantanément ni directement. Il lui faut le chemin du langage conceptuel, il nous faut, par là, accéder à l'être dans et par le discours rationnel. Dès lors, parvenir à la vérité exige de l'intelligence qu'elle se donne au *logos*“.

Das hat neben der ersten Voraussetzung, daß Sprache das Vermögen ist, das, was ist auszudrücken, zur Bedingung, daß die Seinsweise dessen, was wirklich ist, über die Wege des Wissens entscheidet. Akt und Verfahren des Erkennens muß sich dem angleichen, was da erkannt werden soll, was wiederum bedeutet, daß das Sein nicht unbestimmbar ist, sondern eine Verwandschaft mit der Sprache unterhält, die das Sein auf begriffliche Weise aufnimmt. Begriffliche, das heißt vollständige und vor allem gültige Erkenntnis ermöglicht das in sich bestimmte Sein selbst.[61] Nur wegen dieser Bestimmtheit läßt sich das Sein auch in bestimmter Weise ausdrükken. „Wenn das, was ist, unbestimmt wäre, so wäre es gewiß unaussprechlich und der Sprache nicht zugänglich. Aber genauso wäre es vom reinen und einfachen Nichts ununterscheidbar, mit dem man es vollkommen zu identifizieren hätte. Wenn wir also die Wahrheit dessen wollen, das ist, können wir das Sein allein durch unser Vermögen des Bestimmten, des Distinkten, des Definierten, das heißt durch die Sprache aufnehmen.“[62] Wohl wissend, daß jede Erkenntnis nur partielle Aspekte der Wirklichkeit zu erfassen in der Lage ist, geht Bruaire davon aus, daß die Sprache doch mehr auszudrücken vermag, als nur das, was erscheint. Metaphysik ist für ihn wesentlich Seinsgedächtnis, die Entdeckung der Gegenwärtigkeit des Seins in den Phänomenen. Als begriffliches Denken ist es mit dem Sein ursprünglich schon verbunden. „Wenn es gezwungenermaßen eine Voraussetzung des philosophischen Denkens gibt, dann die notwendige Bestimmung des Begriffs zum Sein durch die ursprüngliche Intimität des einen zum anderen.“[63]

Dieses begriffliche Denken ist die Bedingungsmöglichkeit dafür, durch die sich verflüchtigende Phänomenalität hindurch und in ihr das Sein doch zu finden. Allerdings ein mit sich gleichbleibendes Sein, das einen bestimmten Sinn hat: Nur die nicht-materielle Idealität der Idee „nimmt das Sein in Wahrheit in der *begrifflichen* Sprache auf, weil der Begriff nichts anderes (…) ist als die in unseren Aussagen verstandene Idee.“[64] Die Idee ist das, was sich dem Denken aufdrängt, wenn es die Dinge mit einem Sinn belegen will. Sie ist auch das, was den Dingen zugrunde liegt und ihnen Wirklichkeit verleiht. „Das mit sich Identische und unaufhörlich Unveränderliche dessen, was ist, das ist die ursprüngliche Wurzel dessen, was wir denken, wenn wir wirklich denken.“[65]

61 Dagegen sucht der „ontologische Nihilismus“ (PM, 6) um so mehr Sinngebungen auszumachen, als es für diesen keinen Sinn des Wahren gibt. Der methodische Imperativ hermeneutisch-phänomenologischen Denkens sanktioniert die Unerreichbarkeit/Unaussprechlichkeit des Seins. Vgl. V. Hösle, Ontologie und Ethik bei Hans Jonas, in: D. Böhler (Hrsg.), Ethik für die Zukunft, München 1994, 105–125, 117: „intrinsische Schwäche der phänomenologischen Methode: Der phänomenologische Zugang zum Wesen einer Sache entbehrt jeden Kriteriums, das ihn befähigen mag, eine Vollständigkeit der eigenen Beschreibung zu beanspruchen.“

62 LD, 11. Vgl. EE, 27 und Anm. 1 mit Verweis auf Hegel, Enzyklopädie §§ 250–258 (Nichtigkeit des Seins ohne vereinigende, innere Reflexivität).

63 EE, 21.

64 LD, 11. Vgl. EE, 21: „L'idée ne conduit ma lecture des phénomènes du monde, décelant pour la conception l'un dans le multiple, l'intelligible dans le sensible, qu'en étant reconnaissance de l'être, déjà vu, contemplé dans son essence immuable. Le concept n'est lui-même qu'en nous reconduisant à l'être, en son indéfectible identité dont il réserve et préserve, en son intelligibilité propre, la lumière intelligible.“

65 Réminiscence du concept et mémoire de la révélation (097), 141.

Bruaire macht einen geistig-reflexiven Grundzug in der Wirklichkeit selbst aus, der es allein erlaubt, Erkanntes zu logifizieren; dieser Grundzug hat an der Logizität des menschlichen Geistes Anteil.[66] Denn phänomenale Verschiedenartigkeit impliziert ein vereinigendes Prinzip: Nur was mit sich eins sein kann, ist. „Das Eine macht das Sein, normiert seine Identität, konstituiert seine Subsistenz", es „bestimmt die Form und die Existenz: Das Sein hat kein Sein ohne seine vereinigende Reflexion".[67] Die einfachste ontologische Instanz ist die unauslöschliche Identität, der Widerstand gegen das Vergehen in phänomenaler Äußerlichkeit. Das in der Natur vorausgesetzte Prinzip, das er als „organische Einheit, vereinigte intime Struktur" und „innere Finalität" beschreibt, wird im geistigen Leben als „dessen Reflexion und konstituierende Bekehrung, (als) Akt seiner Substanz" erfahren.[68] Mit der Hervorhebung dieses in der Natur vorausgesetzten, vereinigenden Prinzips wehrt er eine Sprengung der Einzelerkenntnisse ab.[69] Weil es durch das gemeinsame Prinzip der Reflexion eine Entsprechung von Erkenntnis und Erkanntem gibt, somit die Logik Seinsbestimmungen trägt, braucht Bruaire auch nicht (idealistisch) das Sein aus logischen Prinzipien abzuleiten. Der Mensch ist, weil seine Rede einen ontologischen Grund hat, „Wiederentdecker partieller Logizität in den empirischen Dingen."[70] Wenn dem nicht so wäre, müßte der Mensch statt dessen als Urheber seiner Begriffe angesehen werden, womit aber nicht mehr verständlich wäre, warum er dann keine durchdringende Erkenntnis seiner Gegenstände besitzt. Das stärkste Argument für diesen platonisch inspirierten Realismus ist die Defektibilität unserer Erkenntnis.

Es entläßt also das, was ist, gleichsam selbst die fundamentalen Kategorien, die wir in uns als Prinzipien wiederfinden.[71] Das Sein selbst hat einen Sinn, der

[66] LD, 9: „Car les voies du savoir sont peut-être celles-là même qu'emprunte le réel pour être ce qu'il est." Die Philosophie „est parente de l'enfantement douloureux par quoi le réel est ce qu'il est, souvent dans l'obscur secret de sa manifestation."

[67] EE, 27. Vgl. FE, 41: „L'être des choses est à cause de ça beaucoup plus inconsistant. L'être d'esprit c'est ce qui assurément est, parce que l'être des choses est toujours décomposable, n'a pas sa loi interne d'unité, et par conséquent à lui seul s'évente comme une poussière infinitésimale."

[68] EE, 27. Vgl. Problème de la métaphysique et „conversion" (094), 123: „l'être n'a pas d'être sans sa réflexion".

[69] EE, 27. Vgl. G.W. Leibniz, Discours de Métaphysique (1686), Hamburg 1985, 24: „celuy qui meditera sur la nature de la substance (...) trouvera, que toute la nature du corps ne consiste pas seulement dans l'étendue, c'est à dire dans la grandeur, figure et mouvement, mais qu'il faut necessairement y reconnoistre quelque chose, qui aye rapport aux ames, et qu'on appelle communement forme substantielle". Zum „noyau d'être" (PM, 258) vgl. Leibniz. L'articulation de la logique et de la théologie (027), 232. Das „vinculum substantiale" erregte schon das Interesse Blondels, vgl. P. Henrici, Maurice Blondel als Leibniz-Schüler, in: StLeib. Suppl. V (1971) 156–168. Vgl. auch I. Kant, Kritik der reinen Vernunft (1787), Hamburg 1976, B 594: „Denn das in sich selbst ganz und gar nicht gegründete, sondern stets bedingte, Dasein der Erscheinungen fordert uns auf: uns nach etwas von allen Erscheinungen unterschiedenem, mithin einem intelligiblen Gegenstande umzusehen, bei welchem diese Zufälligkeit aufhöre."

[70] A. Gläßer, Verweigerte Partnerschaft?, Regensburg 1991, 95, Anm. 29.

[71] Vgl. Réminiscence du concept et mémoire de la révélation (097), 139: „nous avons en nous les propositions principielles qui naissent des catégories fondamentales de ce qui est." LD, 13: „Pourtant jamais le sens est arbitraire ou irréel et tout indique qu'il vient de l'être, comme son expression originaire. Ou bien, selon le beau mythe du *Phèdre,* tout se passe comme si nous avions contemplé les Réalités dont notre intelligence garde mémoire dans leurs Idées."

als ontologischer aller hermeneutischen Sinngebung vorausgeht. Bruaire beschreibt das reflektierende Prinzip der Wirklichkeit als die ontologische Voraussetzung auch des Denkens. Denn wie durch begrifflichen Druck verlangt das Sprechen nach dem Sein, nach seiner Wahrheit; es verlangt danach, seinen ontologischen Ursprung wiederzufinden. Und mit der Entdeckung des in sich bestimmten Seins, über das es ein transzendentales Urteil fällt, deckt sich auch das Subjekt selbst im Medium des begrifflichen Denkens auf. Erkenntnis ist immer Wiedererkenntnis, ein Wiederfinden seiner selbst im ursprünglichen Wahren.[72] Der begriffliche Sinn läßt sich freilich erst in der bewußten Aufnahme des reflexiven Wirklichkeitsprinzips erfahren. Das, was unserem Innersten zugrunde liegt, ist gerade wegen dieser Nähe nicht unmittelbar bekannt, sondern erfordert seine Übersetzung in diskursive Ausdrücklichkeit. Einerseits gibt es somit diejenige notwendige Reflexion, die Sein und Denken durchzieht und ohne unser Zutun stattfindet. Andererseits können wir willentlich über den Ursprungsort reflektieren, aus dem all unser Denken stammt: „Ort dessen, was das Sein in sich selbst und für sich selbst ist.“[73]

Die Entdeckung des Seins in dessen Phänomenen geschieht in einer Wiedererkenntnis: Das Seinsgedächtnis ist anamnetisch. Für Bruaires Philosophieverständnis ist daher besonders der Begriff der *Reminiszenz* charakteristisch: Unter Reminiszenz versteht Bruaire den rationalen Diskurs, insofern dieser Seinsgedächtnis ist, Erinnerung an den eigenen Ursprungsort.[74] Die Erstellung eines Begriffs ist wegen dieser originären Intimität weniger „Produkt“ der Subjektivität des Menschen, sondern „Erinnerung an jenes, was einst unsere Seele gesehen“.[75] Dieses Denken ist nur unter der Voraussetzung möglich, daß die Begriffe nicht nur sich selbst, sondern auch ihr anderes, das Sein aussagen: Die Zuordnung des Begriffs zum Sein wurzelt in der ursprünglichen Nähe des einen zum

[72] Vgl. Deku, Einiges über Wahrheit, in: Wahrheit und Unwahrheit der Tradition, 107–114, 107: *„Erkenntnis ist geradezu diese Neukonstruktion der Welt im Raum der Begrifflichkeit oder ‚Sprache‘* (wo z.B. der Substanz unmittelbar ein symbolisch repräsentierendes Substantiv zugeordnet wird), *und zwar mit der Absicht, die Dinge so zu begreifen und auszusprechen prout sunt (wie sie sind)*, gemäß der Definition des Isaac Israeli (die aber von Avicenna stammt …) *veritas est adaequatio intellectus et rei“.*

[73] Réminiscence du concept et mémoire de la révélation (097), 139. Am deutlichsten wird das am Beispiel der Sprache, wenn wir einen Sinn ausmachen, statt nur Lärm zu vernehmen. „Il y a là une réflexion de l'être sensible en sens intelligible. (Etre – réflexion – concept : c'est aussi le statut de la logique de Hegel)“ (ebd., 142).

[74] Vgl. LD, 12: „La réminiscence signifie que le langage rationnel est mémoire de l'être où il a, pour ainsi dire, son lieu de naissance.“ Bruaire kommentiert Hegel, Enzyklopädie § 465 („Intelligenz ist wiedererkennend“): „La présupposition de la vie naturelle pour l'esprit libre n'ayant sens que par la position de la Nature qui n'est point notre oeuvre, mais celle de l'Esprit, en son Idée absolue, le devenir psychologique de notre esprit est un retour dont nous n'avons pas décidé l'aller … Si bien que le savoir de soi du penser, acquis au rivage intellectuel de notre liberté, n'est re-connaissance (§ 465), retrouvaille de nous-mêmes, qu'en étant objectivement action de grâce“ (L'odyssée psychologique de la liberté [074], 185). Mit „action de grâce“ spielt Bruaire vielleicht auf Fénelon (1651–1715) an, dessen Wort „La nature est la grâce prévenante“ (De l'existence de Dieu, XCII) Ravaisson (De l'habitude, 53, Anm. 61) anführt.

[75] Platon, Phaidros 249 c, vgl. Phaidon 74 a.

anderen.[76] Als ontologisches Denken sagt das begriffliche Sprechen sich selbst und das bezeichnete Sein gleichermaßen aus, dem es verwandt und gleichwesentlich ist. Das bedeutet, daß Sprache und Sache seinshaft aufeinander hin- und zugeordnet sind, wobei der Sache selbst ein Sinn innewohnt, den die Sprache auszusagen fähig ist. Philosophie als begriffliches Denken ist Reminiszenz des Seins, Auffindung des Sinnes, der einzelnen Phänomenen ihre Einsichtigkeit verleiht und es erlaubt, sie in ein systematisches Ganzes einzufügen.

Allerdings ist diese Erinnerung einem bestimmten, unverfügbaren Sinn verpflichtet, den Bruaire mit Hegel die „Notwendigkeit des Begriffs" nennt. Diese Notwendigkeit des Begriffs zwingt sich der diskursiven Analyse auf, läßt Subjektivität wie Geschichtlichkeit des Erkennenden schweigen und setzt sich gegen dessen Meinungen und Vorurteile durch. Eine Erfahrung ist nur dadurch einsichtig, „daß sie den eindeutigen Sinn aktualisiert, dessen Anlaß zur Reminiszenz sie ist und dem sie das Wesentliche ihrer Bedeutungen verdankt. Nach dem Beispiel des *Phaidon* entdecken wir die Gleichheit nicht in den sinnlichen Dingen: Die gleichen Dinge sind ungleich, nur die in ihrem Begriff bewahrte ‚Gleichheit an sich' ist die Gleichheit."[77] Anders gesagt: Die Philosophie gibt sich nicht ihre eigenen methodologischen Regeln und konstruiert nicht ihre Begriffe. „So wenig wir die Logik erfinden, so wenig können wir über den begrifflichen Sinn entscheiden. Weder aus persönlicher Entscheidung, noch aus gemeinsamer Übereinkunft. Die Ideen sind immer älter als wir und zwingen sich unseren Gedanken jedesmal dann auf, wenn wir den Dingen einen Sinn geben wollen."[78] Das vorausgesetzte Wissen, das in der menschlichen Einsicht als Notwendigkeit durchscheint, ist ein Wissen um das, was ist, nicht ein Wissen bloß um die Form des Wahren. Diese Reminiszenz impliziert eine mehrfache, ontologische, logische und chronologische Vorläufigkeit: Wenn nämlich das Wahre

[76] EE, 21 mit Anm.: Die ursprüngliche Nähe („présence intime originaire") des Seins zum Begriff findet ihre spekulative Vermittlung im ontologischen Beweis, der die Notwendigkeit für den Begriff übersetzt, das Sein auszusagen. „Ontologische Reminiszenz und ontologischer Beweis stehen somit in einem Verhältnis wechselseitiger Bestätigung." Vgl. G. W. F. Hegel, Der ontologische Beweis (1831), in: Vorlesungen über die Philosophie der Religion III. Die vollendete Religion, Hamburg 1995, 274: „Das Sein soll verschieden von dem Begriff sein; man glaubt daran festhalten zu können als subjektiven, als endlichen, aber die Bestimmung des Seins ist am Begriff selbst (…) Der Begriff hat so das Sein an ihm selbst (…) es ist bloße Meinung, wenn man das Sein vom Begriff entfernt zu haben glaubt. Wenn Kant sagt, man könne aus dem Begriff die Realität nicht herausklauben, so ist da der Begriff als endlich gefaßt."

[77] EE, 21. Vgl. EE, 20f.: „Mais précisément, la réminiscence conceptuelle exclut au principe de son acte la découverte du ‚sens' qui serait innocent et distant de l'être. C'est bien pourquoi elle délaisse les jeux exégétiques et herméneutiques qui se complairaient dans la confection de significations, dans l'ostension de multiples ‚vrais sens', présupposant l'impossibilité d'un ‚sens vrai'. C'est bien ce que nous dit Platon dans la prestigieuse allégorie du *Phèdre.* L'idée ne conduit ma lecture des phénomènes du monde, décelant pour la conception l'un dans le multiple, l'intelligible dans le sensible, qu'en étant reconnaissance de l'*être, déjà vu,* contemplé, dans son essence immuable. Le concept n'est lui-même qu'en nous reconduisant à l'être, en son indéfectible identité dont il réserve et préserve, en son intelligibilité propre, la lumière intelligible."

[78] LD, 13. Vgl. EE, 20 mit Hinweis auf die „termes kantiens", womöglich „Denken ist das Erkenntnis durch Begriffe" (Kant, Kritik der reinen Vernunft, B 94).

seinem Wissen vorausgeht, ist jedes Denken zur Anerkenntnis bestimmter logischer Notwendigkeiten gezwungen, die beileibe nicht bloß formal sind. Was als wahr entdeckt wird, ist schon von jeher vorhergekannt, als Wahrheit dessen, was ist. Und die Erkenntnis der Logizität des Seins geschieht durch Wiedererkenntnis. Reminiszenz hat die Bedeutung, „reines Gedächtnis ihrer selbst im Lebendigsten ihres Bewußtseins zu sein.“[79] Unmittelbar ist die Erinnerung nicht, wenngleich ihre diskursive Aufdeckung sehr diskret ist: Reminiszenz ist die unscheinbare Vermittlung des gewissesten Wissens und gleichzeitig das scheinbar am wenigsten Vermittelte. „Intuition, im Sinne des Wissens ohne Distanz, des ontologischen Sinnes von dem, was ist, diese Intuition ist in der Unvermitteltheit ihrer selbst durch Vermittlung der Reminiszenz.“[80] Anläßlich einer Erfahrung ist der Begriff Reminiszenz, Wiedererkenntnis des Seins, zu dem er hinführt, nicht so sehr Erfindung, als vielmehr Auffindung von Sinn, der allein der Erfahrung ihre Einsichtigkeit gibt.[81] „Diese Erfahrung des Apriori übersetzt sich unwiderleglich (Notwendigkeit des Begriffs) als ein Apriori des Wissens. Das Wissen ist zugleich ‚apriorisch‘ und materiell“.[82]

Bruaire deklariert weiters eine formelle Homologie, nicht eine bloße Analogie der Begriffsreminiszenz und des Offenbarungsgedächtnisses: Philosophie und Theologie haben jeweils für sich ihre Voraussetzungen, und zwar diejenigen eines jeden vernünftigen Aktes. Es gibt in dem einen wie dem anderen Bereich eine Art Primärerkenntnis, wobei durch die im Glauben geschenkten, „neuen“ Prinzipien die Art und Weise, wie der Mensch immer schon erkennt, nicht an Eigentümlichkeit verliert, um so weniger, als sich der Anfang des philosophischen Denkens kaum durch einen Nullpunkt definiert. Auch für den Glauben ist die Wahrheit vorläufig, auch der Glaubensakt ist eine Reflexion des Wissens auf sich selbst, denn er hat ebenso die Struktur der bewußt-reflexiven Aufnahme dessen, was ihm vorgegeben ist. Denken und Glauben haben beide ein schlechthin Vorgegebenes, das nach seiner diskursiven Aufnahme verlangt und vermeintliche nicht-sprachliche Annäherungen an das Vorgegebene in ein suspektes Licht rückt. Reminiszenz des Begriffs wie auch Gedächtnis der Offenbarung implizieren eine diskursiv vermittelte Erfahrung des Apriorischen: „Erfahrung des Apriorischen, nicht aber Apriori der Erfahrung.“[83]

(Ende des Exkurses)

[79] Réminiscence du concept et mémoire de la révélation (097), 144.

[80] Ebd., 143.

[81] Vgl. Gilson, La possibilité philosophique, 188: „L’appréhension intellectuelle de l’*esse,* à partir de l’expérience sensible, le (sc. l’homme) laisse en présence d’un objet qui, dans sa pensée, transcende la pensée.“

[82] Réminiscence du concept et mémoire de la révélation (097), 140.

[83] Ebd.: „Remarquons en outre que cette thèse est antikantienne. A mon avis, on ne peut être à la fois kantien, philosophe et théologien chrétien : il faut choisir deux des trois.“

Bruaire versteht unter Rationalität den zu seiner vollen Wirksamkeit befreiten Vernunftvollzug. Diese Befreiung geschieht durch Anregungen: Sind einmal die Scheuklappen abgelegt, gewinnt die Philosophie durch die Anstöße, die sie empfangen hat, eine Dimension wieder, die man ihr abgesprochen hatte. „Die theologische Anregung des von jeder äußeren Autorität befreiten Denkens ist der reflexive und kritische Anlauf für eine philosophische Erneuerung, die Forderung nach Wahrheit ist."[84] Gerade die Belebung durch die Offenbarung führt die Philosophie auf ihr ureigenstes Terrain zurück, wo sie in voller Selbständigkeit verfährt, ohne daß die Mißachtung alter Denkverbote neue Berührungsängste zu schüren braucht. „Die Freiheit des Philosophen besteht darin, das, was er schöpft, in Frage zu stellen, wissend, daß er niemals das Geschöpfte setzen wird."[85] Dabei sind die Anstöße für die Philosophie primär begrifflicher Natur; ihr theologischer Ursprung tritt hinter den begrifflichen Gehalt zurück. Dieses begriffliche Medium erlaubt es der Philosophie, Glaubensinhalte *(fides quae)* ihrem allgemeinen Anspruch nach als philosophisch relevante Wirklichkeit zu qualifizieren. Vom Glaubensakt selbst *(fides qua)* kann die Philosophie absehen, auch wenn sie dieser Vergegenwärtigung ihre wesentlichen Anstöße verdankt. Sind die Anstöße einmal erfolgt, wendet sich die Philosophie den Begriffen allein zu, die sich kraft ihrer eigenen Notwendigkeit möglichen Verfälschungen gegenüber durchsetzen. „Die begriffliche Vermittlung kann die Vermittlung des Gedächtnisses der Offenbarung voraussetzen, in dem Sinne, in dem Blondel uns sagte, was dem Glauben gegeben sei, müsse auch als dem Denken gegeben betrachtet werden. Wenn also der Theologe das philosophische Denken nicht verbieten kann, sondern sich daran erproben muß, muß umgekehrt auch anerkannt werden, daß das philosophische Denken dem Gegebenen der Offenbarung keine prinzipiellen Verbote konstruieren kann."[86]

Gerade weil die Philosophie ihr Niveau wiedergefunden und damit ihre Selbständigkeit gesichert hat, kommt sie der Theologie nicht als artfremde Hilfe zugute, wenn der Glaube sich und seine begrifflichen Implikationen der kritischen Prüfung ausliefert. Die Wahrheitsinstanz des freien Denkens ist ein Imperativ der schöpferischen theologischen Treue, „welche die rein philosophische, ganz und gar spekulative und vorbehaltlose Befragung befreit und entgrenzt."[87] Auch

[84] EE, 112. „C'est bien pourquoi la philosophie ne s'est jamais remise en marche, sinon à l'incitation d'une religion. Elle s'épuise, autrement, dans la fastidieuse exégèse de ses vieux textes, désertant l'effort conceptuel. Elle ne vaut plus une heure de peine." Vgl. PC, 86: „Que la vérité, en effet, se manifeste d'elle-même et ne soit pas le fruit de notre effort d'attention, que celle-ci, expliquera bien Malebranche en la définissant ‚prière naturelle', se réduise à faire tout ce qui dépend de soi pour qu'advienne ce qui n'en dépend pas, ne dispense pas d'une autre exigence, impliquée *et* contradictoire : que pour être connue, la vérité soit *reconnue.* Qu'est-ce que reconnaître, sinon un assentiment qui est consentement, adhésion, et qui transgresse, par conséquent, l'accueil muet et passif, redonne droit de regard et de parole à notre subjectivité?"

[85] Liberté du philosophe et révélation (026), 298.

[86] Réminiscence du concept et mémoire de la révélation (097), 150f. Zur Infantilität, Gott den Zutritt zum Menschen untersagen zu wollen, vgl. auch DD, 16–22 („Le Dieu interdit").

[87] EE, 110.

der Theologe muß der Tatsache zu entsprechen suchen, daß die Gabe der Offenbarung unausschöpflich ist und daher nach seiner steten Erfindungsgabe verlangt (Erfindung im Sinne von Auffindung: *inventio crucis).* Im Unterschied zur Philosophie, deren Begriffe einen vorgefundenen Sinn von seinem Ursprung ablösen und für sich aktualisieren, bezeichnet Bruaire das theologische Bemühen einer denkerischen Wiederaufnahme des Glaubensgutes als „memoriale Aktivität der Sprache Gottes“.[88] Die Theologie gründet in der Bewegung des sich offenbarenden Gottes und hat Anteil an der Sprache Gottes über sich selbst. Darin wird die unzurückführbare Besonderheit der theologischen Vernunft und ihre formelle Trennung von der Philosophie deutlich, daß diese sich ihrerseits nicht innerlich vom belebenden Gedächtnis der Offenbarung nährt. Dafür entläßt die vergegenwärtigte Rede Gottes selbst die Forderung nach begrifflicher Wiedererkenntnis: Indem sich die Theologie der Philosophie aussetzt, vollbringt sie sich selbst. In der unveräußerlichen Aufgabe der Theologie als Wiedererweckung „der Glaubenseinsicht im Schmelztiegel des belebten Gedächtnisses der Offenbarung“ kreuzt sich der philosophische Zugriff mit dem Glaubensakt. In dieser lebendigen Spannung entsteht der theologisch und philosophisch gleichermaßen relevante Diskurs über Gott. Nicht nur findet sich die Philosophie in diesem Element wieder, sie trifft über ihre eigentliche Aufgabe auch wiederum mit dem Gedächtnis des Wortes zusammen. Die Philosophie fällt so mit einer unveräußerbaren Dimension des spekulativen Denkens der Theologie ineins: *fides quaerens intellectum.* Religionsphilosophie ist somit gleichermaßen *genitivus subjectivus et objectivus* und bezeichnet „die doppelte, mühsame Reflexion eines Denkens ab eines religiösen Gegebenen, die aber auch vorbehaltlos die kritische Prüfung der metaphysischen Implikationen desselben Gegebenen ist.“[89]

Die kritische Aufgabe des Fragens, die aus dem Hören des Wortes entsteht, wird so in einem ersten Moment der Reflexion auf das Skandalon der Offenbarung stoßen, in einem zweiten Moment – denn das Denken darf nicht stehenbleiben, wo es ihm bequemt (der wahre Skeptiker kniet ja in der Kirche) – wird es zur freien spekulativen Vermittlung und Reflexion der Notwendigkeit des Begriffs. Bruaire belegt das am Beispiel schlechthin: Mit der Menschwerdung Gottes wird eine philosophische Debatte über Unendlichkeit und Endlichkeit ausgelöst, an deren Ausgang nicht nur der Anspruch der Offenbarungsreligion hängt. Die Behauptung der Inkarnation Gottes in Jesus Christus stößt sich zuerst an dem, was man von der gegenseitigen Ausschließlichkeit beider Sphären zu wissen vermeinte. Dann bewirkt die begrifflich eingeholte Anregung eine Kritik der Vorurteile, welche die Philosophie in bezug auf das Absolute hegen mag. Ferner erkennt die Philosophie in der christlichen Behauptung nicht nur die absolute Freiheit des Absoluten, sondern entdeckt zugleich auch die eigene Voraussetzung: Sie be-

[88] EE, 109. Vgl. PM, 144, De l'invention comme fidélité (088).
[89] EE, 110. „Et la spécificité irréductible de la raison théologique ne reconduira à la séparation formelle d'avec la philosophie, que par réanimation de l'intelligence de la foi au creuset de la mémoire vivifiée de la révélation, mémoire vérificatrice de la fidélité éprouvée.“

merkt den Zusammenhang zwischen dem, was ihr zu denken aufgegeben ist, und dem reflektierenden Denken selbst. In der Reflexion des Denkens über sich selbst wird eine strikte Homologie mit dem Gehalt der Offenbarung aufgefunden: „Daß das Unendliche das Unbegrenzte ist, ohne vom Endlichen ausgeschlossen zu sein, das es verneint, ist das, was das Denken in seiner kritischen und erneuernden Anstrengung auf formelle Weise von sich selber weiß. Das spekulative Denken ist ein Akt der Überwindung überkommener Begrifflichkeiten, nicht als Flucht zum Unbegreiflichen, sondern als reinigende Entblößung von den Vorurteilen, welche die begriffliche Notwendigkeit verfälschen oder absetzen."[90]

Bruaire weist der Philosophie eine für die Theologie konstitutive Rolle zu. Die Theologie hat sich nicht vom philosophischen Denken zu befreien; im Gegenteil ist sie zu ihrem eigenen Tun allein durch die Philosophie befähigt. Es gibt bei der Sprache über Gott einen Moment, wo der Theologe sich in den Stand der reinen Philosophie begeben muß. In diesem spekulativen Imperativ ist der Theologe reiner Philosoph: Er ist momentan ohne Stütze einer positiven, historischen oder exegetischen Theologie und befindet sich innerhalb der Spannung einer vernünftigen Wiederaufnahme, die als philosophisch zu charakterisieren ist, so sehr sie auch ihren Platz inmitten der Theologie einnimmt. Daher begleitet den Theologen auch der Philosoph als solcher, sofern dieser nur die an sein Denken ergehende Anregung der Offenbarung hört. Der theologische Akt seinerseits mißt sich mit und an der begrifflichen Notwendigkeit. So ist die Befreiung wechselseitig: Im Falle des Christentums belebt die Botschaft des Absoluten als Subjekt und Person, das sich in die Geschichte hinein manifestiert, die Philosophie solcherart, daß sie fähig wird, das Absolute so zu fassen, wie es diesem entspricht. Dieses Erfassen, wiewohl es durch die Botschaft der Religion angestoßen wurde, geschieht aber in philosophischer Weise, auf der Ebene des begrifflichen Denkens. Dann befruchtet die rein philosophische Arbeit die theologische, das spekulative Denken gibt dem Glauben neue Einsicht, und die Vernunft wird diskursives Denken der Offenbarung, da göttliches Wort und spekulatives Denken zusammengehen. So bekräftigen sich für Bruaire die Freiheit des Glaubens und die des Philosophen wechselseitig: Man ist als Philosoph um so freier, „als man einer Religion anhängt, die durch ein Verhältnis von Freiheiten konstituiert ist, das die vollkommene göttliche Freiheit eingerichtet hat." Und deswegen muß und kann der Theologe dem Philosophen das Recht lassen, „frei den unerschöpflichen Reichtum zum Ertrag zu bringen, der dem Begreifen verheißen ist, wenn deutlich wird, daß – wie bei ihm selbst – die unausweichliche absolute Voraussetzung die Freiheit Gottes ist."[91] Es haben somit Theologie und diese Philosophie denselben Ursprungsort. Das wird das Augenmerk darauf lenken, daß eine Philosophie, die aus anderen Prinzipien den Glauben verteidigen wollte, sich dem Verdacht aussetzt, eine Ideologie zu begünstigen, die sie eigentlich bekämpfen müßte.

[90] EE, 113.
[91] PM, 142 f.

Bruaires Anspruch, schlichtweg Philosoph zu sein und doch so weitläufigen Gebrauch des Offenbarungsgutes zu machen, mag unsere Denkgewohnheiten stören. Zu ungewohnt ist die Selbstverständlichkeit, mit der er manche jahrhundertealte Querelen umgeht, wer nun wem die Schleppe nachträgt oder die Fackel voran. Beide, Theologie wie Philosophie, sind *ancillae Domini* (Lk 1,38), Mägde desjenigen, schon vorab identifizierten Mysteriums, das beide in Gang setzt und beider Freiheit bewahrt. Die freie Aufnahme und Prüfung der philosophischen Implikate des christlichen Glaubens setzt die Selbstoffenbarung Gottes in Jesus Christus wie deren Vergegenwärtigung voraus, wobei im übrigen nicht einzusehen ist, „wie der, der an die Wahrheit der Offenbarung glaubt, sich auch nur einen Augenblick vorstellen kann, daß sein Glaube nicht gefestigt aus dieser Probe kommen wird. Wenn er nur einen Augenblick daran zweifelte, zweifelte er sofort und ausdrücklich an der Wahrheit dessen, was er glaubt.“[92] Bruaire macht sich das Programm der *fides quaerens intellectum* zu eigen. Er macht geltend, daß „das Licht des Glaubens das einer Wahrheit ist, die nach ihrer Gewißheit sucht“,[93] doch darf das im Glauben Erkannte sich auch der philosophisch-begrifflichen Einsicht prinzipiell nicht entziehen. Weder kann die Aufgabe der begrifflichen Erkenntnis, besser: Wiedererkenntnis dem Akt und der Sprache des Glaubens erspart werden, noch darf der philosophischen Vernunft des Christen eine Freiheit vorenthalten werden, ohne die sie verkümmern muß. Ohne Gott findet sich die Philosophie der Luft beraubt, die sie zum Atmen braucht. So ist es nicht wahr, daß das menschliche Bewußtsein an der Schwelle Gottes stirbt, ganz im Gegenteil ist das Absolute Leben und Aufbruch der Philosophie.[94] Denn die Metaphysik beginnt mit dem Problem der Andersheit, mit der Andersheit all dessen, was ist. „Die Andersheit ist das philosophische Aufwachen.“[95] Anfang und Ende der Philosophie ist daher Suche nach der absoluten Andersheit, das heißt „Gesuch Gottes“.[96] Bruaires Philosophie ist daher nicht zuerst religiöse, sondern Philosophie überhaupt, Philosophie die willens ist, ihren metaphysischen Anspruch nicht versiegen zu lassen, wo sie einmal ihr eigenes Niveau erreicht hat.

Die christliche Religion setzt sich selbst der begrifflichen Strenge des freien Denkens aus, wobei sich die Philosophie durch die Begegnung mit der Offenbarung von ihrer grauen, säkularen Kette löst und als zu ihrer vollen Wirksamkeit befreite Rationalität die wirkliche Einsicht des Glaubens garantiert. Daher konnte mit Fug behauptet werden, Bruaire vertrete die „Befreiung der Vernunft

[92] Réminiscence du concept et mémoire de la révélation (097), 150.

[93] L'épreuve de la rationalité philosophique (062), 133: „Car la lumière de la foi est celle d'une vérité qui quête sa certitude, du connu qui doit être reconnu.“

[94] Bruaire richtet sich mehrfach gegen M. Merleau-Ponty, für den sich Absolutes und Freiheit des Menschen gegenseitig ausschließen, vgl. Phénoménologie de la perception, Paris: Gallimard 1945, 496 ff., Sens et non-sens, Paris: Nagel ^{5}1966, 167 („La conscience métaphysique et morale meurt au contact de l'absolu“), vgl. PC, 139, PM, 191–203, DD, 124 ff. u. ö.

[95] FE, 82.

[96] Ebd.

durch die geschichtliche Religion."[97] Seine Philosophie ist nicht eine solche, die sich der Rationalität des christlichen Glaubens verschließt und nur dann philosophisch zu bleiben vermeint, wenn sie sich für entscheidende, historisch wirksame Anstöße taub stellt.[98]

Bruaires Ansatz ist eine rein philosophische Aufnahme genuin theologischer Inhalte, insofern diese historisch wirksam geworden sind und prinzipiell einer philosophischen Prüfung unterworfen werden dürfen. Denn allerdings geht seine „Philosophie von der Vernunft allein aus und gebraucht also eine Methode, welche die der Überlegung ohne Verweis auf irgendeine Autorität ist. Die Philosophie kann frei über den entscheidenden Beitrag des Christentums reflektieren, den keine menschliche Vernunft erfinden könnte".[99] Um es deutlich zu sagen: Bruaires Denken geht sehr wohl *sola ratione* vor, was selbstverständlich eine Art Spontanphilosophie ausschließt, die glaubt, das Denken entließe sich selbst. „Das ‚Erkenne dich selbst' ist niemals gezwungen, sich in einem sterilen Subjektivismus zu erschöpfen. Der andere läßt sich an sich selbst erfahren und erkennen, unter der Bedingung des Verzichts, ihm das Gesetz meines Wissens vorzuschreiben."[100]

Diese Äußerungen haben weitreichende Konsequenzen für den Fragenkomplex um Autonomie und Beginn der Philosophie. Bruaire versteht sein Philosophieren ja nicht als ein von der Theologie vollkommen losgelöstes und ihr äußerlich bleibendes Unterfangen. Aus dem Dilemma, das daraus entsteht, die Philosophie rein aus sich selbst beginnen zu lassen, während die Theologie wegen ihres Positums von der Philosophie abgründig verschieden bleibt,[101] könnte eine Unterscheidung heraushelfen, die Bruaire stets voraussetzt: Die Philosophien haben stets die Anregungen der Religionen aufgenommen und sie auf einer rein begrifflichen Ebene kritisch erprobt. Indem Bruaire säuberlich Quellen und Anfang der Philosophie auseinanderhält,[102] vermag er der Philoso-

[97] R. Scherer, Einführung zur dt. Ausgabe von DD, Die Aufgabe, Gott zu denken, 5.

[98] Vgl. M. Blondel, L'Action (1893), Paris: PUF 1973, 392: „On prétend que la seule notion de révélation ne supporte pas la discussion rationnelle. Et l'on ne supporte pas que cette conclusion négative soit discutée : sous prétexte de respect, le libre examen refuse même l'examen. – On s'impose à l'égard du dogme une muette réserve que le dogme ne demande pas, que le dogme condamne."

[99] Vieillard-Baron, La notion d'esprit dans la philosophie chrétienne de Claude Bruaire, 305.

[100] SCH, 15 f. Subjektivismus mündet stets in Unzufriedenheit, daher die Sympathie für ein Christentum, das lebensumwandelnd sein soll und als permanenter existentieller Aufruf verstanden wird, vgl. B. Brecht, Die Frage, ob es einen Gott gibt (Geschichten vom Herrn Keuner), in: Kalendergeschichten, Reinbek 1953, 128: „Einer fragte Herrn K., ob es einen Gott gäbe. Herr K. sagte: ‚Ich rate dir, nachzudenken, ob dein Verhalten je nach der Antwort auf diese Frage sich ändern würde. Würde es sich nicht ändern, dann könnten wir die Frage fallenlassen. Würde es sich ändern, dann kann ich dir wenigstens noch so weit behilflich sein, daß ich dir sage, du hast dich schon entschieden: Du brauchst einen Gott.'"

[101] Vgl. M. Heidegger, Phänomenologie und Theologie (1927), in: Wegmarken, Frankfurt 1967, 50.

[102] Vgl. FE, 105. Siehe auch W. Pannenberg, Metaphysik und Gottesgedanke, Göttingen 1988, 15: „Treffender (sc. als Heidegger) hat schon Hegel gesagt, daß Philosophie geschichtlich immer im Zusammenhang mit Religion stehe und die zuvor in der Religion in Erscheinung getretene Wahrheit auf den Begriff bringe." Vgl. auch P. Ricoeur, Finitude et culpabilité, Bd. 1, Paris: Seuil 1960, 24 („sources de la philosophie" und „point de départ de la philosophie"), ders., Philosophieren nach Kierkegaard, in: M. Theunissen et al. (Hrsg.), Materialien zur Philosophie Sören Kierkegaards, Frankfurt 1979, 579–596, 584. Vgl. auch S. Strasser, Jenseits von Sein und Zeit, Den Haag: Nijhoff 1978, 248 (Philosophie ihrem Wesen nach Reflexion auf eine nicht-philosophische Erfahrung).

phie den Autonomiestatus zu belassen, ohne sich in Fragen nach dem Beginn des Philosophierens aus sich selbst verfangen zu müssen.

Statt Bruaire gleich den Ausverkauf philosophischen Denkens oder eine Vermischung philosophischer und theologischer Genera vorzuhalten, könnte der Ausdruck, bei dem er stehengeblieben ist, die Rede von den „christlichen Anregungen der Philosophie“ oder „theologischen Anregungen des freien Denkens“,[103] als originelle Alternative zu einem stets aktuellen Mißverständnis dienen, das in einer Unklarheit über den Status der authentischen Vernunft besteht. Zwar hat sich das philosophische Denken von Vorurteilen zu befreien, anders ist es nicht ohne seine bestimmten Anstöße, ohne seine Voraussetzungen. So ist das Absolute auch nicht die Voraussetzung der Philosophie, wenn es nicht sogleich ein auf eine bestimmte Art und Weise gedachtes Absolutes ist. Die Philosophie ist immer auch historisch und niemals abstrakt. Sie ist eine Reflexion auf begrifflich faßbare Inhalte, die sie nicht erfunden hat, die sie aber auffinden kann. Man muß wohl als Philosoph alles in Frage stellen, doch ist darauf zu achten, „daß man dem Sinn gegenüber nicht frei ist. Will man dem Sinn gegenüber frei sein, dann will man ohne Voraussetzung sein, de facto hat man damit eine Voraussetzung.“[104] Eine sich dahingehend mißverstehende Religionsphilosophie läuft Gefahr, sich auf eine Phänomenologie zu reduzieren, die auf einer anderen Metaphysik aufgebaut ist und vielleicht gar nicht mit dem zu vereinbaren ist, was da gedacht werden soll.

Aus dem christlichen Dogma entlehnt Bruaire teilweise die Elemente zu seinem Philosophieren, die ihm durch ihre Originalität und Nicht-Widersprüchlichkeit geeignet erscheinen, dieses Philosophieren zu befördern.[105] Bruaire aber nimmt dann für sich in Anspruch, mit der durch die christliche Offenbarung informierten Vernunft zu philosophieren, ohne deswegen gleich aufzuhören, Philosoph zu sein. Er besteht darauf, Philosoph zu sein, und bricht seinen Diskurs ab, wenn er die Philosophie, wie er sie versteht, an ihre Grenze angelangt sieht. Schwerlich wird man ihm immer bis an diese Grenze folgen wollen, läßt man sich nicht zuvor auf folgende Überlegung ein: Nach der historisch ergangenen, von der Kirche und ihrer Theologie vergegenwärtigten Botschaft Gottes von sich selbst ist es widersprüchlich, von diesem „Zuwachs an Rationalität“[106] zu abstrahieren, so als ob man nur dann philosophierte, wenn man diese Aufgabe, Gott nachzudenken, tunlichst ignoriert und Philosophie nur dann zu betreiben glaubt, wenn man den Kopf in Selbst- und Letztbegründungssand steckt. In solch einem Falle entledigte sich die Philosophie der ihr ureigensten Aufgabe,

[103] PM, 169, 176 f., EE, 112.
[104] Liberté du philosophe et révélation (026), 299.
[105] Vgl. PM, 140 f.: „Quand le philosophe se pose la question : ‚Que m'apporte la révélation qui puisse prendre place dans mes interrogations, dans mon discours spéculatif?‘ il tente de recueillir du dogme quelque détermination supplémentaire de l'absolu qui, une fois reconnue son originalité et établie sa non-contradiction, viendrait prendre rang dans la liste des attributs divins.“
[106] PM, 142 („surcroît de rationalité“).

nämlich die Gesamtheit dessen, was ist, auf ihr Woher und Woraufhin zu befragen, und überdies täuschte die Philosophie sich und die anderen in bezug auf ihr eigenes Beginnen.

Zu diesem Fragenkomplex gehört auch das bislang aktuellste Detail: Das Vernunftmoment innerhalb des theologischen Denkens ist oft eingeklagt worden, wobei aber eine eigentümliche Unsicherheit über das Philosophische an diesem Vernunftmoment verbleibt. So sollte beispielsweise Theologie „direkte und autonome Beziehungen“ zu profanen Erfahrungswissenschaften unterhalten, ohne der Vermittlung der Philosophie zu bedürfen,[107] anders wurde gewähnt, „daß die Theologie ihre Beziehung zu anderen Wissenschaften nicht findet ohne die Dazwischenkunft der Philosophie, nicht ohne die Schaltstelle und das Medium, welches die Philosophie darstellt.“[108] Die entscheidende Frage, ob – ja oder nein – eine ganz bestimmte Philosophie konstitutiver und inhärierender Bestandteil einer Theologie ist, oder Philosophie weiterhin aus- oder danebengeschaltet bleibt, wird neuerdings einer Präzisierung zugeführt. An Karl Rahners Ansicht, durch die übernatürliche Indienstnahme der Philosophie habe sich die Frage nach ihrer Rolle als „reine Philosophie als konkret vom Menschen vollzogene“[109] nunmehr überlebt, beklagt Hansjürgen Verweyen, durch den Ausfall erstphilosophischer Letztbegründungsversuche habe man die „Unmöglichkeit einer methodisch autonomen Philosophie“ sanktioniert.[110] An dieser Debatte ist auffallend, wie sehr der Status der Philosophie auf die reine, das heißt vom Glauben bloße Vernunft festgemacht wird. Rahner geht aus theologischer Perspektive zu Recht von der übernatürlichen Prägung der Vernunft aus, unterliegt dabei aber dem Irrtum, das könne dann keine Philosophie mehr sein. Verweyen macht die konstitutive Rolle der Philosophie für die Theologie geltend, wobei er wiederum diese Rolle einer historischen Vernunft zuweist, die zwar strukturell mit der wahren, erleuchteten Vernunft identisch ist, sich aber wegen ihrer methodischen Autonomie von der entscheidenden Information beschneiden muß, wodurch Verweyen den Anschein erweckt, sich in einen Heiden zurückverwandeln zu wollen.[111] Spannungsreich stellt sich dar, wie Verweyen einerseits um die verstockte Vernunft *ante* oder *praeter Christum* weiß, andererseits gerade von ihr als autonomer philosophischer Vernunft erwartet, „einen unumstößlichen Begriff von letztgültigem Sinn zu ermitteln.“[112]

[107] K. Rahner, Zum heutigen Verhältnis von Philosophie und Theologie, in: Schriften zur Theologie, Bd. X, Zürich u. a. 1972, 70–88, 85.

[108] L. Scheffczyk, Die Theologie und die Wissenschaften, Aschaffenburg 1979, 268. Vgl. P. Kaiser, Philosophie und Theologie, in: R.M. Hübner et al. (Hrsg.), Der Dienst für den Menschen in Theologie und Verkündigung (FS Bisch. Brems), Regensburg 1981, 19–31.

[109] Rahner, Zum heutigen Verhältnis, 71.

[110] H. Verweyen, Gottes letztes Wort, Düsseldorf 1991, 168.

[111] Verweyen, Gottes letztes Wort, 61: „Der Fundamentaltheologie muß daran liegen, jene zwar erst im Glauben entdeckte, aber dennoch schon vor dem Glauben wirksame wahre Vernunft zu rekonstruieren, weil sie es offenbar ist, die es dem Menschen ermöglicht, in der Begegnung mit Christus seine eigene, eigentliche Wahrheit zu erkennen.“

[112] Verweyen, Gottes letztes Wort, 86.

Treffender ist Bruaires Illustration des Schnittpunktes von Philosophie und Theologie durch das Bild vom „bekehrten Heiden". Der philosophierende Christ bleibt als Philosoph doch ein Heide, denn es gibt im Glaubensakt selbst „eine Rechnung, die man mit sich selber zu begleichen hat, mit einer verschlossenen Rationalität."[113] Doch die Energie, die es nun braucht, um die verbleibenden Fragen zu lösen, der Antrieb der Reflexion der Vernunft auf sich selbst entstammt dem Glaubensakt, der immer fraglich bleibt. Jeder Christ kennt „in seiner geschichtlichen Existenz die Spannung zwischen dem Heiden und dem Christen. Ein wirkliches Problem verbleibt. Es stellt sich logisch dar, nicht subjektiv: Wie kommt dem Glauben das Licht zu, das ihn erleuchtet? Ist es in der Weise einer vorhergehenden Gewißheit, die ihre Wahrheit entdeckt und sich daran bestätigt, oder – umgekehrt – ein Wort der Wahrheit, das immer nach einer versicherten Gewißheit in der Seele sucht? Will man nicht der Offenbarungsbehauptung widersprechen, muß man dem christlichen Glauben die zweite Weise zuerkennen. Was im Glauben erkannt ist, muß wiedererkannt werden, und darum kann der Glaube jedes Risiko eingehen, wenn sein Akt untrennbar ist von der Erwartung der Bestätigung seines Inhalts als gewisse Rationalität."[114]

Bruaire bezeichnet das Denken des Christen als „Erwartung des Gottes, den sein Glaube kennt."[115] Der Christ bringt die für die Philosophie besten Voraussetzungen mit, denn Vernunft und Zeugnis sind solidarisch: Wenn „der Zeuge Gottes die vollkommene Freiheit Gottes zu behaupten kommt und unsere Verbote widerruft, dann ist er im vollen Recht der Vernunft und respektiert allein vollständig den Sinn."[116] Der Mut der Vernunft zielt darauf hin, „den Sinn der ausgeübten Vernunft und die Kraft des Vernünftigen in der absoluten Freiheit zu bezeugen"[117] Und der Zeuge Gottes ist der, „der die Vernunft bezeugt, der sie mit aller Freiheit bezeugt, mit aller verlangten Gratuität, damit die Autonomie des Sinns nicht kompromittiert, sondern konfirmiert wird."[118] „Wenn die Philosophie notwendigerweise das Absolute denkt, welches die Religion Gott nennt, und zwar als ihre Problematik und als Wissen, dessen sie allein fähig ist, so ist

[113] L'épreuve de la rationalité philosophique (062), 134: „Question à la rationalité d'une pensée qui prétend garder inaltérée l'idée de Dieu dans sa révocation du Dieu fait homme, du Dieu sauveur." Vgl. L'épreuve philosophique nécessaire (068), 85: „le chrétien ne saurait être qu'un païen converti. Et la vie du chrétien qu'une inlassable conversion du monde et de soi."

[114] L'épreuve philosophique nécessaire (068), 86. G. Fessard, La division de la théologie et la dialectique du Païen et du Juif, in: De l'actualité historique, Bd. 1, Paris: DDB 1960, 243–291, skizziert anhand der Dialektik des Heiden und des Juden, die im Schema des bekehrten Heiden kulminiert, eine Geschichte der Erkenntnistheorie, vgl. Sales, Gaston Fessard, 490; vgl. auch LD, 118: „Durch die übernatürliche Geschichte des Heiles Gottes sind die natürlich-menschlichen Beziehungen zur göttlichen Sohnschaft bekehrt, die sie bestätigt und von ihrer tödlichen Entgegensetzung befreit."

[115] L'épreuve de la rationalité philosophique (062), 132: „Mêlé à la pâte humaine, les questions communes des hommes sont les siennes (sc. du païen converti qu'est le chrétien) comme leur vie, et sa pensée demeure attente du Dieu que connaît sa foi, depuis la ténèbre de la commune ignorance où la lumière du Christ n'a point de zone pure."

[116] DD, 66; vgl. PM, 166.

[117] DD, 150.

[118] PM, 177.

und bleibt sie in schwierigem aber unaufgebbarem geistigen Austausch mit der Religion. Sie (sc. die Philosophie) ist deren vernünftiger Probierstein, selbst dann, wenn sie sich an ihr (sc. der Religion) erneuert. Sie trägt das Licht eines jeden Menschen, der auf die Welt kommt, um wiederzuerkennen, was zu kennen die Religion behauptet.“[119]

Die der christlichen Theologie eigene Thematik kann durchaus Gegenstand philosophischer Erörterung werden. Das mag Kopfschütteln verursachen: Handelt es sich noch um Philosophie, wenn ihr wesentlicher Anstoß aus der nur im Glauben einsichtigen Wesensoffenbarung Gottes stammt? Mag Bruaires Denken auch Ausdruck seines Glaubensaktes sein, seine Aufnahme des Glaubensgutes beansprucht, rein philosophisch zu sein. Gegen einen ähnlichen Versuch wurde eingewandt, daß selbst wenn das christliche Dogma sich keiner Einsicht verschlösse, ganz im Gegenteil als Text allen verfügbar wäre, so könnte doch das, was es in Wahrheit bedeutet, nur innerhalb „der gekreuzigten Erfahrung des liebenden Glaubens“ verstanden werden. Theologische Bedenken gelten also nicht bloß einer möglichen Vereinnahmung durch die Philosophie auf ihrem Gebiet, sondern vielmehr einer Verfälschung dessen, was zwar als Dokument vorliegen mag, sich aber dem Zugriff der bloßen Vernunft entzieht.[120] Damit ist aber nicht hinreichend klar, wie die zum Verfälschen neigenden Instanzen sich doch immerhin anregen lassen können, und zwar durch philosophisch relevante Implikationen des Glaubensgegenstandes. Der Hinweis auf die möglichen Verfälschungen des Glaubensgutes verfehlt nicht nur den Status der menschlichen Vernunft, er widerspricht sogar der christlichen Erfahrung selbst (*„tolle, lege“*). Auch wenn Theologie und Philosophie nicht dasselbe sind, gibt es doch zwischen beiden keine Inkommunikabilität.[121] Diese grundsätzliche Kritik verkennt auch, daß die Philosophie in der Offenbarung nicht ihren Abschluß findet, sondern mit ihr womöglich erst beginnt. Scheinbar weiß sie nichts mit einem Philo-

[119] EE, 204.

[120] G. Lafont, Le philosophe et la promesse (Rez. zu Y. Labbé, vgl. [084]), in: RTL 14 (1983) 356–371, 371. Weiter heißt es: „Que Dieu soit amour et Trinité peut bien être écrit sur le papier ; si la raison s'empare de cet écrit, elle en perd le sens.“

[121] Vgl. L. Elders, Geheimnischarakter und Rationalität in der Trinitätslehre nach Thomas von Aquin, in: J. Stöhr (Hrsg.), Der dreifaltige Gott und das Leben des Christen, St. Ottilien 1993, 74–87: Das Glaubensmysterium geht sicherlich weit über den natürlichen Verstand hinaus, ist aber gerade nicht unerkennbar, weil die Vernunft ja immerhin zeigen kann, „daß es keinen Widerspruch gibt zwischen dem, was Gott geoffenbart hat und den eigenen Forderungen und evidenten Erkenntnissen“ (82). Die „klare Begründung dieser Unerkennbarkeit“ (81) aus der rein geschöpflich vermittelten Erkenntnis wird die gewünschte Widerspruchsfreiheit kaum etablieren können. Im übrigen „ce serait une erreur de croire que pour Thomas notre connaissance concrète résulte seulement de l'expérience sensible“ (Brito, Dieu et l'être d'après Thomas d'Aquin et Hegel, 33): „Mens antequam a phantasmatibus abstrahat, sui notitiam habitualem habet, qua possit percipere se esse“ (De Veritate, q. 10, a. 8, ad 1). Thomas war kein reiner Aristoteliker, und Aristoteles sollte man wiederum kein Wort Lockes unterschieben: „Nihil in intellectu quod non fuerit ante in sensu“ (gegen das Leibniz schon eingewandt hatte: „Nisi intellectus ipse“). Vgl. Hegel, Enzyklopädie § 8: „Es ist ein alter Satz, der dem *Aristoteles* fälschlicherweise so zugeschrieben zu werden pflegt, als ob damit der Standpunkt seiner Philosophie ausgedrückt sein sollte: ‚nihil est in intellectu, quod non fuerit in sensu‘“.

sophen anzufangen, der glaubt. Sie überfordert ihn mit verlangten Nachweisen seines neuen, übernatürlichen Glaubenslebens und setzt die Philosophie hintan. Plausibler ist die Annahme, daß die Möglichkeit einer Offenbarung nur von denjenigen Philosophen aufgezeigt worden ist, für die eine Offenbarung bereits ergangen war. Nur derjenige Philosoph, der sich von einem reineren Begriff des Absoluten anregen läßt und die Möglichkeit einer Offenbarung kraft ihrer Nicht-Widersprüchlichkeit erweist, wird überhaupt versuchen, sich bei einem Philosophen Gehör zu verschaffen. Auch wenn dieser nicht dieselben Anregungen an sich herangelassen hat, kann er – wegen des beiden gemeinsamen rationalen Forums – ihn doch verstehen. Dieses Forum betritt der Gläubige auch selbst, um sich Rechenschaft über den eigenen Glauben zu geben. Wird dieses Forum nicht anerkannt, dann gerät die Offenbarung leicht in den Bereich der Esoterik hinein, die Offenbarung wird mit Unmitteilbarkeit belegt, sie wird *contra rationem* und unverständlich. Im übrigen greift das Argument der Verfälschung des *donum fidei* durch philosophische Instanzen nicht, es sei denn, die Theologie beanspruchte für sich, das Mysterium zu durchdringen. „Setzt sich denn der Glaube ernsthaft der Vernunft aus? Mutmaßt er nicht notwendigerweise über ihre Wahrheit, damit die Prüfung ehrlich sei? Und wenn nicht, ist er kein Glaube in der Schwebe, im Zweifel, dem Risiko des Unglaubens ausgesetzt? Falsches Problem, so glauben wir, es sei denn, daß der Glaube auf illusorische Weise die Schau antizipierte, die ihn auslöschen würde.“[122]

Der christliche Glaube kann sich schon wegen seines universalen Anspruchs nicht einer Prüfung durch die Vernunft entziehen, um so weniger, als man sich ja mit Bruaire von der Instanz einer „reinen Vernunft“ distanzieren kann. „Der christliche Glaube steht und fällt damit, daß er universal kommunikabel ist.“[123] Eine zu schroffe Unterscheidung von Philosophie und Theologie ist von einem gewissen Vernunftbegriff abhängig und erscheint sehr gewollt.[124] Die angeblich salomonische Unterscheidung von Philosophie und Theologie führt – macht man aus ihr eine allzu scharfe Trennung – zu einer Entgegensetzung von Mensch und Gott und ist schlichtweg billig. Vielleicht dürfte mittlerweile wenigstens klar geworden sein, daß man theologischerseits Bruaires Denken nicht den philoso-

[122] L'épreuve de la rationalité philosophique (062), 133.

[123] Kasper, Der Gott Jesu Christi, 98 f.: „Der Christ muß deshalb den Glauben nicht nur vor sich selbst verantworten, sondern allen Menschen Rechenschaft geben von seiner Hoffnung (1 Petr 3,15). Das ist vom Wesen der Sache her gar nicht anders möglich, als daß der Glaube Bezug nimmt auf das, was allen Menschen gemeinsam ist und was sie als Menschen über alle Kulturen hinweg verbindet: ihre Vernunft (…) Wer von der Wahrheit des Glaubens wirklich überzeugt ist, der traut es dem Glauben auch zu, mit seinen intellektuellen Bestreitungen fertigzuwerden.“ Dieses „Fertigwerden“ weist Kasper der natürlichen Theologie zu, wenn sie „die innere Vernünftigkeit des in sich und aus sich selbst begründeten Glaubens“ erweist. Das bedeutet, daß natürliche Theologie vom Glauben entlassen wird, um dem Unglauben zu begegnen, nicht aber umgekehrt. Rechenschaftsgabe ist eine übrigens sehr philosophische Angelegenheit, vgl. Platon, Phaidon 76 b, 95 d, 101 d, Aristoteles, Metaphysik 1025 b 10.

[124] Zu den „siamesischen Zwillingsbrüdern“ Rationalismus und Fideismus wie zur „selbstgemachten“ Unterscheidung von Glaube und Vernunft vgl. F. Brunner, De l'opposition prétendue entre la philosophie et la théologie, in: StPh 45 (1986) 21–41.

phischen Status absprechen kann, ohne gleich Gefahr zu laufen, aufklärerisch-naive Dichotomien zu reiterieren.

Es scheint übrigens bislang nicht aufgefallen zu sein, was für verheerende Konsequenzen daraus entstehen, Philosophie unreflektiert natürlichem Denken, Theologie dafür dem übernatürlichen Bereich zuzuweisen. Menschliche Annäherung an den lebendigen Gott wird durch die Behauptung der Vernunftjenseitigkeit mystifiziert. Die stereotype Einschärfung der traditionellen Dichotomie von Vernunft und Glaube leidet an der Beschränkung des vernünftigen Vermögens auf begrenzte Dimensionen des Wirklichen wie an der Kryptisierung des offenbaren Gottes. Dabei ist das Christentum die Religion des manifesten Gottes, der sich menschlich-vernünftigem Zugriff eben nicht eifersüchtig entzieht, sondern restlos erschließt. Bruaire identifiziert den Gott der Philosophen und vertraut daher auf die vollkommene Großzügigkeit des Absoluten, das nicht absolut wäre, enthielte es Dunkelheit, Neid, Verweigerung und Geiz in sich. Für Bruaire steht vielmehr fest, daß sich das Mysterium selbst dem Denken preisgegeben hat. Und daher ginge der Glaube seines Anspruchs verlustig, Wahrheit zu verkünden, verschlösse er sich der philosophischen Prüfung; er würde nur seinen Unglauben attestieren. „Der Fideismus ist nicht ein Zuviel an Glauben, er ist ein Zuwenig.“[125] Bruaire bedauerte den Theologen, der alle Rationalität verläßt, und war sich sehr sicher, daß allein die volle Autonomie des Philosophen die wirkliche Einsicht des Glaubens garantiert, weil der Glaube die Rationalität dadurch aufschließt, daß er sich ihr ausgeliefert hat.

Verschiedentlich ist eingeräumt worden, daß Philosophie, zumal eine Religionsphilosophie „im Extremfall sogar vollständig identisch sein (könne) mit einer Theologie, ohne aufzuhören, Philosophie zu sein“.[126] Bei Bruaire könnte man lernen, daß eine philosophisch-theologische Formeinheit noch keine formale Theologie zu sein braucht; vielmehr erfahren Philosophie und Theologie durch ihre Begegnung jeweils für sich eine qualitative Ausweitung.[127] Damit fügt sich Bruaires Programm in ein Desiderat fundamentaltheologischer For-

[125] L'épreuve de la rationalité philosophique (062), 133; vgl. L'épreuve philosophique nécessaire (068), 86: „Il en résulte que la pensée du christianisme trahit l'épiphanie de sa Révélation quand elle se réserve et se refuse, si peu que ce soit, au négatif de la critique comme à la rationalité spéculative. La fausse humilité qui se refuse à pénétrer, avec toutes les armes offertes par le Créateur, les profondeurs de l'Esprit révélé, ne dissimule que l'arrogance d'une foi défigurée, emmurée dans le clos intérieur“. Vgl. J. Simon, Zur philosophischen Ortsbestimmung theologischer Wissenschaft von ihrem Gegenstand her, in: ThQ 157 (1977) 204–207, 205: „In bezug auf diesen Glauben wäre, vom Gegenstand her, gerade das Sich-Zurückziehen aus dem Logischen als der Vermittlung zur Welt auch der anderen Menschen Zeichen des Unglaubens und nicht einer besonderen Glaubenssicherheit und Genügsamkeit.“

[126] M. Seckler, Theologie, Religionsphilosophie, Religionswissenschaft, in: ThQ 157 (1977) 163–176, 173; auch Seckler spricht in bezug auf die aktuelle „bizarre Situation“ von „Relikte(n) einer vergangenen Zeit“, die „nicht konsequent genug beseitigt wurden“ (164).

[127] Vgl. ebd., 171: „Der christliche Universalismus des Glaubens ist ja gerade auf Ausweitung bedacht, und zwar nicht nur auf quantitative Ausweitung der Gruppe auf Weltkirche und Menschheitsreligion, sondern auf qualitative Ausweitung in der Begegnung des biblischen Logos mit dem Vernunftlogos.“

schung ein, nämlich einige Aspekte um den Status der theologischen Erkenntnislehre zu klären. Bisweilen scheint ein fruchtbares Miteinander von Philosophie und Theologie dadurch verhindert zu werden, daß so getan wird, als ob für den Philosophen noch nie die Rede von einer Offenbarung gewesen sei. Vollends problematisch ist der Anspruch, das zu behaupten sei philosophisch. Deswegen mutet es wie ein Betrug an, wenn weiterhin versucht wird, „natürliches“ Denken in so etwas wie einen „neutralen“ Bereich zu belassen. Bei der allzu prinzipiellen Würdigung intellektiver Fähigkeiten gerät die geschichtliche Art und Weise, wie ihre Vollzüge konkret vermittelt und geprägt wurden, leicht aus dem Blick. Metaphysisches Fragen innerhalb theologisch motivierten Denkens war immer einer Transformation unterworfen, über die dann doch nicht Aufschluß gegeben wurde. Doch statt mit der solcherart durch die Offenbarung befreiten, ganzen Vernunft zu philosophieren, ließ sich christliches Denken weiterhin auf den Bereich der „bloßen Vernunft“ verpflichten, in welchem metaphysikfreien Raum es noch heute seine Rückzugsgefechte auszuführen pflegt. Mahnungen, sich philosophisch von Offenbarung und Glaube anregen zu lassen, bleiben ungehört.[128]

Deswegen kann auf mißverständliche oder engführende Bezeichnungen wie „philosophische Theologie“ oder „christliche Philosophie“ verzichtet werden. Der Ausdruck „Christlicher Rationalismus“ hat dagegen den Vorzug, für den Rationalismus als solchen entlarvend zu sein: Dieser stellt sich als ein wegen seiner vermeintlichen Selbstgenügsamkeit geschrumpfter Vernunftgebrauch dar, der daher auch nur blutleere Karikaturen entläßt und damit das genaue Gegenteil der „ganzen Vernunft“ ist. Nur die „ganze“, also für wesentliche Anstöße offene Vernunft ist das Element, in dem die Philosophie zu sich selber findet und dadurch die Theologie erfüllt. Das schließt nicht aus, daß die Philosophie nicht so sehr äußerlich von dem angeregt wird, was das Christentum glaubt, als vielmehr innerlich von der Hoffnung lebt, die den denkerischen Nachvollzug des Christentums durchzieht.[129]

„Christlicher Rationalismus“ entspricht gut Bruaires Ansatz, zum Ausgangspunkt seines Denkens die „christliche Provokation“ zu nehmen, welche die Vernunft herausfordert.[130] Als „christliche Anregung der Philosophie“ liefert sich die Offenbarung dem Denken aus, nicht aber der „schmalbrüstigen Vernunft des Rationalismus“,[131] denn diese sieht gerade angesichts des reflexiven Überschusses der christlichen Offenbarung ihre stillschweigenden Voraussetzungen zu-

[128] Vgl. die Enzyklika *Aeterni Patris* Leos XIII., in: ASS 11 (1878/79) 98 ff.: „qui philosophiae studium cum obsequio fidei christianae conjugunt, ii optime philosophantur.“

[129] Hegel et le problème de la théologie (066), 96 („la raison seule“ vs. „toute la raison“); vgl. PC, 265: Eine durch das Christentum angeregte Frage „demeure philosophique, car elle ne souscrit pas à ce que le christianisme donne à croire, mais à ce qu'il donne à penser, même si elle est vivifiée par ce qu'il donne à espérer.“

[130] DD, 87, 107.

[131] Tilliette, Le rationalisme chrétien, 320: „La raison va-t-elle relever le défi (sc. de la révélation)? Certainement pas la raison malingre du rationalisme qui rapetisse tout ce qu'il touche.“

sammenbrechen. Diesen Zusammenbruch aber hat die Philosophie zu leisten. Vor der „ganzen Vernunft“, der „vollbrachten Rationalität“[132] erscheint die Offenbarung als wesentlicher Anstoß für die Vernunft, ihr ureigenstes Fragen weiterzubefördern, da die wahre Vernunft und mit ihr die Philosophie immer durch das andere ihrer selbst belebt wird.

Für Bruaire fallen das unbedingte Recht Gottes, all das zu sein, was er ist, und die Rechte der Vernunft zusammen, so daß es Sache der Theologen ist, dem Philosophen sein Recht zu lassen, wie Sache der Philosophen, die Rationalität zu erneuern und sie vom Ballast überkommener Denkverbote zu befreien. Die theologische Anregung des freien Denkens kann die Philosophie in einem Prozeß der Erneuerung in Gang setzen. „Die Religionen sind immer der Motor gewesen, der die Philosophien losgeschickt hat. Die Philosophien haben nie innoviert, es sei denn durch das Aufnehmen der Anregungen der Religionen, selbst wenn (die Philosophien) sie auf der rein begrifflichen Ebene aufnehmen und sie gleichzeitig kritisch erproben. Die Religionen geben der Philosophie zu denken“.[133]

[132] DD, 111: durch den Zusammenstoß mit der Offenbarung „le rationalisme, et tous ses préjugés, éclate et se dissout“.
[133] FE, 105.

III. Logik der Existenz

Mit seiner Dissertation über die „affirmation de Dieu“ als Einforderung der menschlichen Existenz erschließt sich Bruaire das denkerische Terrain, das er nicht mehr verlassen wird. Der Darstellungsweise und den berührten Themen nach steckt er fast ganz und gar schon in seinem ersten Buch. Zum einen ist die „Behauptung Gottes“ eine Anwendung dessen, was Bruaire an der jahrelangen, von Fessard angeleiteten und mit dem üblichen Handbuchwissen kaum übereinstimmenden Lektüre der Hegelschen Schriften gelernt hat. Zum anderen lotet er – hier den Ansatz Blondels weiterführend – den logisch implizierten Gottesbezug menschlichen Existierens aus. In diesem metaphysischen Fragenkreis gewinnt Hegel sozusagen durch Blondel, Blondel wiederum durch Hegel an eigentümlicher Schärfe. War bereits zu Blondels Lebzeiten die besondere Affinität der „Action“ zu Hegels „Phänomenologie des Geistes“ bemerkt worden,[1] so beabsichtigt Bruaire nun, das Blondelsche Vorgehen um eine In-Beziehung-Setzung zu Hegels ausgeführtem System, wie es besonders in der Gestalt der „Enzyklopädie der philosophischen Wissenschaften“ vorliegt, zu ergänzen. Der Ansatz, Blondels Analyse der übernatürlichen Implikationen des menschlich-natürlichen Tuns mit Elementen der Hegelschen Konfiguration des Absoluten zu verbinden, dient hier dem Zweck, „eine Logik der Existenz aufzudecken, die uns über die Behauptung Gottes entscheiden lassen kann“.[2]

Anders als bei Blondel, dessen immanent verlaufende Existenzerhellung zwar glänzend darstellt, daß der Mensch über sich hinausweist, aber vielleicht nicht genügend das Christentum als konkrete Inspiration des eigenen philosophischen Denkens kenntlich gemacht hat (was den Anlaß für vielerlei Mißverständnisse gegeben hat), nimmt Hegels System im Kern den reflexiven Überschuß der christlichen Offenbarungsreligion auf und entfaltet die metaphysischen Implikationen des Christentums. Beide Ansätze verbindet Bruaire zu einem neuen Versuch, wobei die durch das Christentum angeregte Transformation des Denkens auf die französische Tradition der Philosophie des Geistes trifft und an deren Realismus anzuknüpfen sucht. Gewährsmann dieses Unterfangens ist Félix Ravaissons kleines, aber dichtes Buch über die Gewohnheit; Ravaissons refle-

[1] Außer der von Fessard, La Dialectique, 6, Anm. 1, überbrachten Bemerkung V. Delbos' vgl. auch das Selbstzeugnis Blondels, Lettres philosophiques, Paris: Aubier 1961, 18: „Le rythme trinitaire de Hegel me plaît fort“, zit. bei J. C. Scannone, Sein und Inkarnation, Freiburg 1968, 71. Allerdings hat Blondel (Lettres philosophiques, 71) A. Lasson gegenüber zugegeben, vor Abfassung der „Action“ „allzuwenig gelesen“ zu haben (vgl. Scannone, Sein und Inkarnation, 61).

[2] AD, 19. Dem Vorwurf, damit „versteckte Apologetik, bzw. verschämte Theologie“ (AD, 19 f.) zu treiben, setzt sich Bruaire gelassen aus. Bruaire sagt gleich zu Anfang, die Behauptung würde zuletzt bejaht werden (Behauptung und Bejahung klingen in „affirmation“ mit), doch ist Apologetik hier wie in Blondels „Action“ nur ein Nebeneffekt, der den philosophischen Charakter des Buches nicht berührt. In diesem Sinne hat Blondel, Lettres philosophiques, 18, gesagt: „philosophie et apologétique, c'est tout un“.

xionsphilosophische Methode suchte ja – im Anschluß an Aristoteles – durch den Aufstieg vom Bedingten zur höher gelegenen Bedingung den Weg des Seins zurückzuverfolgen, aus dem Bewußtsein, Leben und Materie stammen. Bei der Untersuchung der Verbindung von Geist und Natur im Menschen, wie sie besonders in der Analyse der Gewohnheit deutlich wird, wollte Ravaisson die Dichotomie von Realität und Idealität „durch eine bereits hinter der Willensleistung begonnene Einheit“[3] überwunden sehen. Bruaires „Behauptung Gottes“ ist daher als ein Versuch zu verstehen, der die „Immanenzmethode“ Blondels um die Erörterung der positiven Existenzmerkmale bei Ravaisson und die systematische Darstellung bei Hegel ergänzt. Als Versuch, der der Stimmigkeit menschlichen Existierens gewidmet ist, bindet er die Ergebnisse der drei Denker zu einer korrekten Positionierung der menschlichen Existenz angesichts der Möglichkeit Gottes zusammen.

Die Erörterung der Frage, ob die Annahme der Existenz Gottes nun menschlichem Existieren gemäß ist oder nicht, macht Bruaire allerdings von der vollständigen, das heißt ihrer eigenen Logik entsprechenden Existenz des Menschen abhängig. Die philosophische Gottesfrage entspricht nicht defektem, um seine wesentlichen Elemente verkürztem Menschsein, sondern greift nur, wenn die Existenzprinzipien einander richtig zugeordnet sind und ihrem logischen Aufbau gehorchen. Das reicht etwas tiefer als die Versuche, das den Menschen Übersteigende bloß aus seinen Mängeln und Sehnsüchten heraus zu begründen: Die Behauptung Gottes ist eine logische und konsequente Haltung nur für diejenige Existenz, die ihrer eigenen, stimmig verfaßten, also logischen Ordnung adäquat ist.

Die Frage, die Bruaire eingangs in plagiierter Blondelscher Redundanz stellt, ist die, ob „ja oder nein, die Behauptung Gottes (…) unserem Leben einen Sinn verleiht“.[4] Wenn nun die Prinzipien der Existenz zum Zweck ihres Zusammenwirkens in einer Ordnung der Bestimmtheit verfaßt sind, wenn also die menschliche Natur einer Form und Logik gehorcht, dann stellt sich – neben der Frage, ob integres Leben außerhalb dieser Bestimmtheit möglich sei – auch die Frage nach Gott, ob dessen Behauptung der logischen Anordnung der Existenz gemäß ist oder nicht. Die Gesamtheit der menschlichen Existenz, die sich Bruaire darzustellen anschickt, fußt auf drei Vermögen, die die menschliche Natur begründen: Sprache *(langage)*, Freiheit *(liberté)* und Streben *(désir)*.[5] Der Mensch definiert sich als freies und vernünftiges Lebewesen und erhebt sich als solches aus der bloßen Naturordnung: „Die Freiheit ist das Gegenteil einer Natur und eine Herausforderung an die Notwendigkeit. Was die Vernunft angeht, so wissen wir,

[3] Kühn, Französische Reflexions- und Geistesphilosophie, 52 f.
[4] AD, 9; vgl. Blondel, L’Action, VII: „Oui ou non, la vie humaine a-t-elle un sens, et l’homme a-t-il une destinée?“
[5] Diese drei Vermögen sind eine Konstante bei Bruaire, vgl. DD, 130: „mit der Freiheit, der Sprache, dem Streben haben wir die drei Prinzipien, die drei für unsere Existenz konstitutiven Vermögen (puissances)“; zuletzt noch EE, 75–83. Vgl. Leduc-Fayette, Désir et destin, 290.

daß sie niemals Zwang ausübt. Der Mensch ist das Wesen, das sich von der Natur abhebt.“[6] Somit sind Freiheit und Sprache Vermögen, die dem menschlichen Geist seine Gestalt geben. Diese Vermögen garantieren, daß der Mensch auch tatsächlich Träger seiner eigenen Vollzüge ist und nicht vielmehr die Natur dafür bemühen muß.

Allerdings sind aber gerade Freiheit und Vernunft des Menschen „auf unentrinnbare Weise mit Kräften verbunden, die nicht von ihm abhängen und die für die mindeste seiner Entscheidungen unverzichtbar sind“.[7] Die vernünftig-freie Existenz wird im natürlichen Streben verankert, das insofern beherrschendes Prinzip der Existenz ist, als es ohne dieses Streben weder zum Vernunftgebrauch noch gar zum Ausüben einer wirklichen Freiheit kommen kann.[8] Durch diese Verwurzelung im natürlichen Sein wird eine abstrakte Lokalisierung menschlichen Existierens nicht zuungunsten der gerade erst aufgewiesenen Geistigkeit des Menschen verhindert; mit der Betonung des Strebens als natürlicher Energie, ohne die geistige Akte gar nicht denkbar wären, wird der Gegensatz von Natur und Geist um der konkreten Existenz willen entschärft. Die menschliche Aktivität bezieht ihre Identität aus der real-seinshaften Zuordnung des natürlichen Strebens zu den vernünftig-freien Artikulationen. Als für die Kohärenz menschlichen Existierens konstitutives Vermögen nimmt das Streben somit allerdings an der höheren Einheit des Menschen als Geistwesen teil.

Im Unterschied zu den meisten Existentialanalysen geht Bruaires „Versuch über die Logik der Existenz“ nicht von den vernünftig-freien Vollzügen aus,

[6] AD, 10.

[7] AD, 10 f. Vgl. Ravaisson, De l'habitude, 57: „En toute chose, la nécessité de la Nature est la chaîne sur laquelle se trame la liberté. Mais c'est la chaîne mouvante et vivante, la nécessité du désir“; vgl. La médiation de l'habitude (101), 476: „Ce qui fait réussir l'intelligence plus qu'elle ne peut, la volonté plus qu'elle ne veut d'elle-même, c'est le désir. Désir qui s'accomplit dans l'amour, la grâce : quelque chose se fait en nous dont on n'est pas capable.“

[8] Dieses Streben stellt Bruaire in die Reihe illustrer Varianten, die aber wegen ihres willentlichen, d. h. bewußten Charakters die Sache nicht treffen. Vgl. AD, 32, Anm. 14: „Blondel gebraucht einen Begriff, die Tat, die sowohl die Betätigung einer befördernden Macht bezeichnet, als auch diese Macht selbst, der gegenüber wir den Ausdruck des Strebens bevorzugen.“ Vgl. Blondel, L'Action, 19: „ce sont toujours les actes qui manifestent ou l'accord ou la discordance de la double volonté, volontaire et voulue, qu'implique tout mouvement réfléchi, toute attitude délibérée de l'homme“. Das mit „Streben“ Gemeinte trifft Blondel, L'Action, 327: „elle n'est pas maîtresse de se borner.“ Zum „doppelten Willen“ vgl. Scannone, Sein und Inkarnation, 114 f. mit Anm. 29 (Lit!). Bruaire selbst optiert, um seinen Begriff des Strebens zu verdeutlichen, für Ravaissons „volonté immédiate“, vgl. AD, 19, Anm. 5: „Wir werden diesen Terminus des Willens übernehmen, um das natürliche Streben kennzuzeichnen, welches von der Freiheit bestimmt und in praktische Vernunft informiert ist.“ Vgl. auch La médiation de l'habitude (101), 472. Mit diesem Streben ist Wille nur insofern gemeint, als es nicht Gegenstand unseres Willens ist, ob wir überhaupt wollen oder nicht; Hintergrund dieses Strebens ist weniger die „bloße Sucht oder Begierde, d. h. blinder Wille“ bei F. W. J. Schelling (Philosophische Untersuchungen über das Wesen der menschlichen Freiheit [1809], Sämmtliche Werke, Bd. 7, Stuttgart 1860, 333–416, 363), als vielmehr Ravaissons Aristotelismus, bzw. die Entdeckung des Waltens des Geistes in der Natur, vgl. La médiation de l'habitude (101), 473: „il arrive quelque chose de plus par la mise en forme de cette trame mouvante sur quoi se tisse notre existence et qui, du fond de la nature, est l'esprit.“

sondern vom Streben, das deren belebende Grundlage ist. Es ist nur folgerichtig für die Überlegung selbst, mit dem zu beginnen, was sie überhaupt erst in Gang setzt: Das Streben ist Sprache und Freiheit solcherart zugeordnet, daß der menschliche Geist, der in diesen Vermögen aufscheint, ohne dieses Streben gar nicht gesucht werden könnte.[9] Dieses von Bruaire eingeführte Prinzip des Strebens ist der Angelpunkt des ganzen Werkes. Anders als Sprache und Freiheit, die in anderen Zusammenhängen eingehender erörtert werden, widmet Bruaire zu Beginn der „Behauptung Gottes" dem Streben seine ganze Aufmerksamkeit. Mit diesem Vermögen beginnt alles, auch die Philosophie, denn das Streben selbst ist jedem bewußten Beginn voraus: „Der Mensch ist Mensch nicht nur, weil er denkt und spricht, sondern sofort wenn in ihm der Drang entsteht, der ihn zu handeln, zu denken und zu entscheiden treibt, und in seinem Sein eine unendliche Suche nach Befriedigung einsetzt."[10] Strebte der Mensch nicht, so würde er weder denken noch handeln. Wird dieses Streben bei der Erörterung von Sprache und Freiheit ausgeklammert, bleiben alle menschlichen Vollzüge abstrakt. Daher soll auch die gesamte Frage nach einer mit Gott verbundenen Logik der Existenz mit diesem Streben wiederaufgenommen werden.[11]

Bruaire bezeichnet dieses Streben als in zweifacher Richtung unbestimmt: Hinsichtlich seines Ursprungs weist es hinter den Strebenden zurück, ist ihm und aller bewußten Artikulation in Freiheit und Sprache immer vorgegeben und somit paradoxerweise subjektlos, wenngleich von jedem subjektiven Existenzvollzug schlechterdings nicht wegzudenken. Objektlos ist das Streben, weil selbst der Versuch, es näherhin zu erfassen, wieder dieser bewegenden, ganzheitlichen Kraft gehorcht, dem „anonymen und allgemeinen Streben", das unaufhörlich auf ein Erstrebtes aus ist, ohne jemals zum Ziel zu kommen und ohne versiegen zu können.[12] Somit ist dieses Streben der bewußt aufgenommenen Existenz immer schon voraus. Mit der Hervorhebung des Strebens gelingt es Bruaire, gleichermaßen die konkrete Bestimmtheit der Existenz wie

[9] Vgl. AD, 110. Vgl. Leduc-Fayette, Désir et destin, 290 („Le premier objet que la réflexion examine est précisément celui qui la suscite"), Tilliette, La théologie philosophique, 690 f. Bruaires Doktorvater veröffentlichte zwei Jahre zuvor einen diesem Streben bei Ravaisson gewidmeten Beitrag: P. Ricoeur, Nature et Liberté, in: Existence et Nature, Paris: PUF 1962, 125–137. Vgl. auch ders., Le volontaire et l'involontaire, Paris: Aubier 1949, 278 f., 309–313.

[10] Négation et dépassement de l'humanisme (018), 276. Dort heißt es weiter: „Darum muß jeder Versuch, den vollständigen und wirklichen Stand des Menschen wiederherzustellen, die Befriedigung des Strebens einschließen, ohne welches wir der eigenen Belebung beraubt und entweder auf das Tier zurückgeführt oder mit dem Engel gleichgesetzt wären." Vgl. AD, 13, 27.

[11] Das trifft sich mit dem leitenden Motiv bei Blondel, vgl. F. Lefèvre, L'itinéraire philosophique de M. Blondel, Paris: Aubier 1928, 66 (Rehabilitierung des „Konkreten"), zitiert bei Henrici, Hegel und Blondel, 23 f. (Würdigung des „Positiven").

[12] AD, 13. „Weiters ist der Gedanke eines Objekts des Strebens inadäquat, weil er die Haltung eines Subjekts nahelegt, die dem anonymen und allgemeinen Streben fehlt." Vgl. AD, 27 (das Streben ist nicht mit den animalischen Bedürfnissen gleichzusetzen, es „transzendiert den sinnlichen Appetit"), AD, 16 (das Streben ist „diese Macht ohne Subjekt", „diese Bewegung ohne Objekt, die unaufhörlich das Bewußtsein durchdringt").

auch ihre eigentümliche Unverfügbarkeit herauszustellen: Die Universalität des Strebens ist eine solche der vollkommenen Durchdringung eines jeden Menschen, die „tätige Suche des unbegrenzten Seins, das sich auf das Ganze der Bestimmungen ausdehnt, durch die das Streben besondere Gestalten annimmt.“[13]

Als „Schweigen und Kraft, Dunkelheit und Schicksal“ ist das Streben das aus den Tiefen der Natur aufströmende Fundament der Sprache; wiewohl es selber keine Ausdrucksfähigkeit besitzt, „erschafft es die Energie, welche das Wort hervorruft und aktualisiert.“ Die unverfügbare Energie des Strebens gibt jeder Bewegung erst den Anstoß. Kraft seiner eigentümlichen Unbestimmtheit speist das Streben die Sprache, die ihren Ursprung nicht in der Natur hat. „Wenn also das Streben bemerkt, wenn es nur benannt werden kann, dann durch eine Sprache, die einer anderen Ordnung angehört, während sie gleichzeitig – wie unsere Freiheit – mit ihm verbunden ist, wenigstens durch die Suche nach Wahrheit und die Forderung nach Entwicklung, die sie beinhaltet.“[14]

Mit „Sprache“ ist das artikulierte, das heißt sprachlich verfaßte und in seinem Ausdruck bestimmte Denken benannt, der nicht anders denn sprachlich bestimmte „Hort der Vernunft“.[15] Denken ist nicht ohne Sprache; Bruaire bindet den Vernunftgebrauch eng an das leiblich bedingte Ausdrucksvermögen. Den „Dialog der Seele mit sich selbst“ statt dessen in eine Art immaterieller Schau zu verlagern, hieße die lebendige Konkretheit des Denkens verkennen, „das ohne das Leben des eigenen Fleisches nicht geboren werden und sich nicht entwickeln könnte.“[16] Die hier nur gestreifte Eigenart der Sprache zeigt sich daran, daß der an sich immaterielle Sinn einer Rede nicht ohne ein materielles Gewand erscheint. Dieses inkarnatorische Prinzip öffnet den existentiell begrenzten Horizont auf die Logoshaftigkeit der gesamten Wirklichkeit hin, der menschliches Denken zugeordnet ist. Über das Zusammengehen von Laut und Sinn im mindesten Wort entscheidet der Sprechende nicht, auch nicht über das Notwendige, das Sinnhaftigkeit auszeichnet. Der Sinn der Sprache hängt zwar an ihren bewußten Aktualisierungen, ist jedoch nicht aus diesen abzuleiten. In der erfinderlosen Sprache liegt ein der konkreten Existenzaufnahme

[13] AD, 13 mit Anm. 2. Bruaire gibt in allen seinen Büchern den „fundamentalen Bestimmungen der formalen Ontologie: Einzelheit, Besonderheit und Allgemeinheit“ (RP, 118) breiten Raum, vgl. PC, 66 mit Anm. 2.

[14] AD, 14. Vgl. PC, 44: „le désir ne transfigure la nature qu'en demeurant dans son ordre, car son énergie est puisée à la même source que celle des besoins. S'il est vrai que son avènement est contemporain de la naissance du langage, sans lequel il n'aurait point de destinée spirituelle et auquel il convient par son indétermination qui l'apprête à l'universalité, son être énergétique s'oppose à l'idée, au logos intelligible qu'il fait vivre cependant.“

[15] Vgl. EE, 57: „pensée sise dans le langage“. Zur widersprüchlichen Annahme eines nicht- oder vorsprachlich verfaßten Denkens vgl. PC, 21.

[16] Idéalisme et philosophie du langage (014), 16. Bruaire verortet die Entstehung idealistischen Denkens in der Versuchung, sich von der sprachlich verfaßten Ordnung unabhängig zu machen, mit der absurden Konsequenz, daß der vermeintlich authentische philosophische Akt sich nicht mitteilen könnte, ohne sich zu verraten.

schlechthin Vorgegebenes, das aller bewußten Artikulation logisch schon voraus ist.

Sprache und Streben reichen aber für den persönlichen Existenzvollzug nicht aus. Erst in Verbindung mit der Freiheit wächst sich die von der unpersönlichen und allgemeinen Energie des Strebens getragene Universalität der Sprache zu willentlichen Akten aus, die innerhalb des unbegrenzten Horizonts des möglichen Erstrebten eine besondere Auswahl setzen. Im Vollzug des Freiheitsvermögens wird das Streben bestimmt und dessen natürliche Energie von der ausgeübten Vernunft aufgefangen. Persönliche Akte sind somit im Freiheitsvermögen begründet. Streben und Sprache werden vom Menschen vorgefunden; sie ermöglichen erst seine bewußten Akte und verweisen ihn daher sowohl an ein Ursprünglicheres wie auch über sich selbst hinaus. Insofern begründet von den drei Vermögen einzig die Freiheit den subjektiven Existenzvollzug. Nur die Freiheit ist Privileg des einzelnen Subjekts.[17]

Mit Streben, Sprache und Freiheit sind alle Elemente der Existenz benannt. Diese drei Vermögen organisieren sich untereinander und konstituieren somit erst in ihrem Zusammenhang die mögliche Logik der Existenz. Daher will Bruaire – anstatt die drei Existenzprinzipien wie ein Chemiker zu isolieren und bloße Definitionen anzustellen – sie in ihrem Zusammenhang darstellen. Denkt man nämlich die gegenseitige Verbindung von Streben, Sprache und Freiheit von diesen Elementen selbst her, entstehen sofort Widersprüche. Die Vermögen, die sich im Existenzvollzug auf so selbstverständliche Weise ergänzen, stehen mit ihren dynamischen Eigengesetzlichkeiten für sich genommen jeweils in entgegengesetztem Verhältnis zueinander. Ihr Zusammenwirken, so sehr es im konkreten Leben vorausgesetzt werden muß, ist im Grunde völlig unwahrscheinlich. Es ähnelt der Schaukelbewegung einer Waage, die durch das Übergewicht der einen Waagschale ihr Gleichgewicht verliert und durch Beschwerung wiederum der anderen Waagschale nicht wiedergewinnen kann. So widerspricht etwa das Streben der Freiheit, es zerstört sich oder aber löst die Freiheit auf, „sobald diese auftritt, um ihm eine bestimmte Gestalt zu geben."[18] Durch die vernünftige Wahl eines Zieles, also dem Zusammenwirken von Sprache und Freiheit, wird das Streben verwirklicht, und wie dieses sich kraft seiner Unbegrenztheit und Allgemeinheit vom erreichten Ziel löst und unbefriedigt weitersucht, wird die einzelne und endliche Freiheit, da sie diese Bewegung nicht ihre eigene nennen kann, das Streben zu leugnen trachten. Der Bereich ist betreten, in dem die drei noch unvermittelten Vermögen – bevor die Logik der Existenz in ihrer Vollständigkeit dargestellt werden kann – notwendigerweise in dialektische Gegensätze geraten und stets zu Lasten der Existenz

[17] AD, 15, und Anm. 3. Für die Einzelheit des Subjekts und die persönliche Einheit ist von den drei Prinzipien allein die Freiheit konstitutiv. Vgl. Leduc-Fayette, Désir et destin, 294. Ähnlich schon bei G. Marcel, Du refus à l'invocation, Paris: Gallimard 1940, 46.

[18] AD, 14: „Le désir est contradictoire si, destiné à la liberté pour acquérir forme précise, il se détruit ou la dissout dès qu'elle intervient pour lui donner une figure déterminée."

in die verheerenden Konsequenzen der je verabsolutierten Positionen abdriften, so „als ob der Mensch eine Geschichte baute, deren List ihn zum Gegenteil seiner Absichten entführte.“[19]

Der dialektische Teil der „Behauptung Gottes“ liefert mit der Beschreibung, wie Streben und Freiheit, Freiheit und Sprache sowie Sprache und Streben sich nach und nach entgegenstehen, wechselseitig ausschließen und einander wieder aufrufen, einen Schlüssel nicht nur zum Verständnis existentiellen Scheiterns, sondern auch der mannigfaltigen Irrungen der Geistesgeschichte.[20] Bruaire stellt die Struktur und mechanische Abfolge der Erstarrungen dar, die in theoretischer Behauptung und praktischer Haltung immer wieder eingenommen worden sind und werden. Die dialektischen Positionen übersetzen die Wechselwirkungen der Prinzipien der Existenz, die „logischen Armaturen“ existentiellen Verhaltens, die Gefahr laufen, wegen des Übergewichts eines ausschließlich betonten Prinzips in ihr Gegenstück und somit in die zwangsläufig nächstfolgende dialektische Etappe umzukippen.

Zunächst stehen jeweils zwei Prinzipien in einem Verhältnis des gegenseitigen Durchdringens und des Gegensatzes zueinander. Sie bestimmen sich wechselseitig, heben aber gerade deswegen einander auf, weil jede Bestimmung das von ihr Bestimmte negiert *(omnis determinatio est negatio)*. In dieser Perspektive wird etwa die Freiheit nicht durch die Disziplinierung des Strebens erhoben, sondern wird in dem Maße schwinden, in dem sie das Streben zurückdrängt. Der Ausschluß eines Prinzips zieht immer den des anderen nach sich. Das ruft das bislang unwesentliche, nur verdeckt agierende Prinzip hervor, dessen Betonung wiederum zur Negation des anderen Elements führen muß usw. Die neue Dialektik der einander ausschließenden Haltungen erleidet nach dem Durchlaufen ihrer jeweils folgenden Momente dasselbe Schicksal, bis der dialektische Prozeß sich in der Wiederkehr seines Beginns erschöpft hat. „Das Schema, das diese Bewegung artikuliert, ist einfach und löst sich in drei aufeinanderfolgende Dia-

[19] AD, 20, vgl. AD, 100, Anm. 2, 134, Anm. 17. Mit der ausdrücklichen Wertung der Dialektik als eine die Einsicht in das Zueinander der Existenzvermögen bloß vorbereitende Methode, in der die Hegelsche Logik eben nicht aufgeht, wirkt Bruaire einer verbreiteten Meinung entgegen, für die Dialektik bei Hegel „These, Antithese und Synthese“ bedeute. Diesen „extravaganten Irrtum“ (LD, 46) hat besonders K. Marx in seiner Polemik gegen Proudhon (Misère de la philosophie [1847], Paris: Gallimard 1963, 75 ff.) befördert. Dialektik gehört für Hegel aber zum abstrahierenden und urteilenden Verstand, der Synthesen eben nicht erreicht. Was sollte im übrigen eine das Widerspruchsprinzip mißachtende Synthese von These und Antithese sein? Dialektische Gegensätze würden durch ihre etwaige Synthese keinesfalls versöhnt werden, sondern nur die Krönung der ihnen eignenden Unsinnigkeit erfahren. Zum dialektischen „Schaukelsystem“ vgl. LD, 6 ff., 46; Hegel, Enzyklopädie § 81 (Logik beendet als definitive Wissenschaft die Dialektik der bloßen Verstandesbestimmungen). Auch Henrici, Hegel und Blondel, 36, sieht „in dieser allzuviel beachteten ‚Dialektik‘ in der Tat nur eine Vorbereitungsstufe für die eigentliche Einsicht“.

[20] Die Idee, einseitige Haltungen mittels dieser dialektischen Methode durchzuleuchten, wobei diese historisch wirksamen Positionen noch durchaus virulent sein können, verdankt sich Fessard, der seit „Pax nostra. Examen de conscience internationale“ (Paris: Grasset 1936) bis hin zu der Aufsatzsammlung „De l'actualité historique“ (1960) auf fruchtbare Weise dem philosophischen Kern der zeitgeschichtlichen Widersprüche nachgegangen ist, vgl. Sales, Gaston Fessard, 489–491.

lektiken auf, wobei jede die andere einführt (...) Man findet in dieser Reihenfolge:

1) *Die Dialektik des Strebens und der Freiheit.* Reduzierung der Freiheit auf das Streben, dann des Strebens auf die Freiheit. Aufkommen der Sprache.

2) *Die Dialektik der Freiheit und der Sprache.* Die wesentliche Freiheit muß die Sprache auf sich zurückführen, sie aus sich deduzieren. Gegenläufige Reduzierung der Freiheit auf die Sprache und Übergang zum Streben, das wieder auftaucht.

3) *Die Dialektik der Sprache und des Strebens.* Rückführung des Strebens auf die Sprache und, umgekehrt, der Sprache auf das Streben. Schließlich Rückkehr zur Freiheit."[21]

Bruaire nennt die zeitlosen Aberrationen, die den jeweiligen dialektischen Erstarrungen entsprechen, beim Namen: „Neugierde und Wille zur Macht", wenn sich das nicht zu befriedigende, unbeschränkte Streben nach und nach alles unterwirft und als entfesselte, unpersönliche Kraft die Freiheit schließlich so sehr entgrenzt, daß sie fast schon dämonische Züge annimmt.[22] Weil die Realisierung eines Zieles jedoch zur Bestimmung des eigenen Wollens zwingt, Selbstbestimmung darum das Totalitäre am Streben einzukassieren trachtet, das Streben überhaupt aber keine Setzung endlicher Freiheit sein kann, kommt es über die Versuchung, sich selbst in insulärer Autarkie zu begründen, zur Anwandlung, das Streben ganz und gar versiegen zu lassen. Diese Fatalität beschreibt Bruaire als „Humanismus und abstrakte Freiheit": Der Mensch, der alles, was er selbst nicht ist, von sich ausschließt und nur an seiner eigenen Quelle trinken will, wird sich durch die Angleichung des Strebens an seine Freiheit jedoch kaum als autonomes Subjekt setzen können, sondern vielmehr sterilisieren.[23]

Ohne das Streben, das die einzelne Freiheit transzendiert, bleibt jedes Wollen unwirksam. Weil das Streben aber gleichzeitig der Freiheit als Selbstbestimmungsinstanz widerspricht und darum ausgeschlossen wird, sucht die Freiheit um der eigenen Wirklichkeit und Wirksamkeit willen nach einer Bedingungsmöglichkeit, die in ihr selber gründe. Damit kommt die ausgeübte Vernunft mit ihrer weltverwandelnden Kraft auf den Plan. Insofern Bewußtsein aber Voraus-

[21] AD, 96. Zusammenfassungen bei Leduc-Fayette, Désir et destin, 291, A. Cugno, Le désir de Dieu dans „L'affirmation de Dieu" de Claude Bruaire, in: RPFE 115 (1990) 27–33, 29. Vgl. die Analyse des widerrufenen und besiegten Willens („Konflikt") bei Blondel, L'Action, 325 ff.

[22] AD, 22–33. Die Haltung „Alles, und zwar gleich" ist Kennzeichen eines pubertären Entwicklungsstadiums und hat als Besessenheit der einzelnen Freiheit durch das totalitäre Streben in Nietzsche ihren „unvergleichlichen Zeugen" (AD, 25). Vgl. Négation et dépassement de l'humanisme (018), 273: „le désir est quête indéfinie, exigence indéterminée et illimitée qui transit la liberté humaine, mais celle-ci peut décider de se faire coextensive à l'appétit et d'être volonté de puissance infinie."

[23] AD, 34–48. „Die Freiheit konstituiert die totale Bestimmung ihres Strebens: Das Erstrebte ist gewählt, das Streben ist ihr angepaßt und sie wählt sich als strebende" (AD, 36). Neben J.-P. Sartre werden auch die stoische Ataraxie und der Buddhismus als Beispiele für eine Freiheit angeführt, die „zwischen einer illusorischen, einfachhin vorgestellten Selbstgenügsamkeit und dem schlichtweg einfachen Tod" oszilliert (AD, 48). Vgl. Négation et dépassement de l'humanisme (018), 270–273 (mit dem ausgelöschten Streben ist der Mensch vom erosionslosen Stein nicht mehr zu unterscheiden), Leduc-Fayette, Désir et destin, 292.

setzung der eingeforderten Selbstgenügsamkeit ist, setzt sich sofort die Dialektik von Freiheit und Sprache in Gang. Es kommt zu dem, was Bruaire „Beherrschung des Wortes und Urteilsphilosophie" nennt, das ist die verkürzende Annahme eines reinen Bewußtseins, aus welchem *Cogito* die logische Struktur der Sprache gleichsam emanierte.[24] Um nicht wie zuvor im allgewaltigen Streben einzugehen, deduziert die Freiheit die Universalität der Sprache aus sich selbst. Das geht aber nur über die willkürliche Trennung von Denkakt und Mitteilung, wobei letztere eine Konzession an gesellschaftliche Konventionen sein soll, die dem Bewußtsein äußerlich bleibt, das selbst unausdrücklich ist und gerade darin die abstrakt-universale Bedingung jeder möglichen Erfahrung darstellt. Da nun aber der Denkakt selbst die Form einer Selbstmitteilung hat, wenn er nicht als logisches Monstrum gelten soll (unbewußtes Bewußtsein), wäre die einzig konsequente Haltung die, gar nicht zu denken, um der Einklammerung durch die allgemeingültige Vernunft zu entgehen. Das bringt den „Willen zum System" hervor: Weil die abstrakte Freiheit Sprache gleichzeitig annehmen und sich ihr verweigern muß, mit ihrem Unbedingtheitsanspruch aber weder das eine noch das andere kann, ist sie schier gezwungen, sich selbst als bloßes Organ der allumfassenden Vernunft zu verstehen. Das wiederum setzt eine in der Einheit der Vernunft durchgängig bestimmte Wirklichkeit und das Ende der durch so etwas wie einen absoluten Geist rekapitulierten Geschichte voraus, in der alle Differenzen und ineins damit auch jede einzelne Freiheit resorbiert sind.[25] Weil sich nun die einzelne Freiheit nicht behaupten kann, ohne das Notwendige an der Vernunft wieder an Entscheidungen und subjektive Urteile zu binden, gleichzeitig aber die Entwicklung des Systems zu seiner eigenen Vollendung hin nicht aus der Vernunft selbst zu begründen ist, bedingt das Verschwinden der Freiheit das Aufkommen des Strebens.

Im neuen dialektischen Register nehmen sich Sprache und Streben als ganzheitliche Kategorien aus, wobei die eine sich durch Bestimmtheit, die andere dafür durch Unbestimmtheit auszeichnet. In ihrem unvermittelten Gegenüber – die Freiheit ist als unwesentliche zurückgestellt – heben sich Sprache und Streben wie Vollendung und Bewegung gegenseitig auf, wie Vergangenheit und Zukunft ohne Gegenwart. Um mit dem Streben zusammenzugehen und ihre eigene Realisierung zu garantieren, muß sich die Sprache die unaufhörliche Entwicklung des Strebens aneignen, Geschichte somit nicht als ein Vergangenes integrieren, sondern als ein Künftiges. Das führt zur Besessenheit der Sprache durch das

[24] AD, 49–62. L. Brunschvicg (Modalité du Jugement, Paris: Alcan 1897) dient als Beispiel für diese „Spontaneität des Cogito": Der Begründer des universitären Rationalismus in Frankreich hat in Weiterführung der Kantischen Transzendentalen Analytik die Position verfochten, Denken sei Urteilen. Motiv dieser Reduzierung ist die Verankerung des Denkens im Freiheitsakt, was unweigerlich Antinomien nach sich zieht, „die nicht die der reinen Vernunft sind, sondern des reinen Urteils, welches die Vernunft resorbiert" (AD, 59).

[25] AD, 62–70. Als Typen dieser Haltung sind Spinoza und Hegel mit ihrer fast schon gierigen Suche nach absolutem Wissen zu nennen, ebenso wie Rousseau, A. Comte und Marx, die unter den Partisanen systematischer Rationalisierungen immer wieder Anhänger finden.

Streben, was seine Gestalt zuerst in prophetischer, dann aber in magisch-performativer Rede findet.[26] Allerdings sind solche Praktiken (trotz vielleicht beeindruckender Voraussagen) immer esoterisch und an die Person des Propheten oder Magiers gebunden, was der allgemeinen Dimension der Sprache widerspricht und mit dem grundlegenden Individualinteresse des Scharlatans die maskierte Freiheit zutage fördert, die ihrerseits vom Streben durchdrungen ist und Sprache lediglich instrumentalisiert. Was hier nach Wahrsagerei und Hexerei klingt, ist unschwer als Beweggrund des Demagogen zu erkennen, der über der Berauschtheit an der eigenen Rede seinen politischen Ehrgeiz nicht vergißt. Der dialektische Gegenpart zu „Prophetischer Rede und Magie" stellt sich als Variante des früheren Machtwillens dar: „Ästhetizismus und Verführung"[27] beschreibt die Unterwerfung und Pervertierung der Sprache durch das Streben, etwa in der künstlerischen Haltung, die sich selbst als bloßes Sprachrohr der eigenen Inspiration versteht und deren machtvolles Drängen mit seherischen Relikten liturgisch anzurufen weiß (das *Veni Creator Spiritus* der Kunstreligion). In der Maßlosigkeit des Erhabenen scheint allerdings weniger höheres Seelenleben durch als vielmehr das totalitäre Streben, das als reine Gestaltungskraft jeder Formgebung nur widersprechen kann und einen natürlichen Höhepunkt einzig in völliger Bedeutungslosigkeit fände. Jede Stufung gibt sich hier die Blöße, nichts anderes zu sein als eine Entscheidung, aus dem einfachen Grund, daß jeder menschliche Ausdruck seine Belebung aus dem fundamentalen, bei Bedarf willkürlich arretierten Streben bezieht, formale Logik nicht ausgenommen, die – wie jede *ars* – auch ihre Schamanen hat. Um sich als Kunst aber nicht dem Streben preiszugeben, das für die Freiheit zu groß ist, bleibt ihr und jeder Weise ihres Engagements nur das Schweigen als Ausweg oder – die häufiger anzutreffende Variante von Gleichgültigkeit und Unverbindlichkeit – wertloses Geschwätz. Skeptische Attitüde und Provokation in Kunst oder Gesellschaft dienen jedoch vorrangig der eigenen Selbstdarstellung und werden fraglos als Auswirkungen schlecht gemeisterter Egozentrik gelten. Selbstsucht aber ist mit dem vom Streben regierten Machtwillen gleichzusetzen, der sich mit seinen ästhetischen Posen lediglich Anerkennung und Unterwerfung anderer Freiheiten durch Verführung sichern will.

Wirkliche Bestätigung wird die Freiheit nicht finden, da sie sich dem Streben ausgeliefert hat, das gar nicht zu befriedigen ist. So enthält das Scheitern der letzten Dialektik schon den Wiederbeginn der ersten, und ein Ende dieser Selbstverstümmelung ist nicht abzusehen. Diese allgemeinen Typologien sind um so realer, als sie alle ihre Entsprechung in der Politik haben: „So drückt sich die ab-

[26] AD, 71–81. Der Übergang von Prophetie zu Magie vollzieht sich entsprechend der Unterwerfung der Sprache durch das Streben: Überwiegt das Streben gegen die vollendete Vernunft, ist nicht mehr Erkenntnis das Ziel, sondern allein die Tat, die keine Regeln mehr kennt. Je mysteriöser, desto besser. Biblische Propheten, die „Vergangenes und Zukünftiges vereinen, um Gegenwärtiges zu definieren" fallen nicht in dieses Register (AD, 76, Anm. 35).

[27] AD, 81–91.

strakte Freiheit im anarchischen Individualismus genauso wie im nationalistischen Isolationismus aus, der Wille zur Macht im Ehrgeiz des Tyrannen wie in den hegemonialen Leidenschaften, der Primat des Urteils in der Herrschaft der Meinung, der Wille zum System in Technokratie und Etatismus. Überdies stellt sich die prophetische und magische Sprache in den Ideologien dar, in der politischen Hypnose durch die ‚Magie des Wortes'. Schließlich gefällt sich der ohnmächtige Ideologe in Ästhetizismus, und die Verführung geschieht im Rückgriff auf die demagogische Lüge, auf den politischen Betrug."[28]

Diese Positionen, die sich aus der defekten, weil zu sich selbst und ihren Elementen unvermittelten Existenz ergeben, sind durchaus real und stellen wirkliche Gefahren dar. Daher ist es nicht nur denkerisch geboten, sondern geradezu vital, diese Dialektik der einander ausschließenden Haltungen richtig zu gewichten: nicht als spielerisches Korsett, das wie ein Prokrustesbett nur von außen an die sinnlich erfahrbare Existenz herangetragen würde, sondern als Geburtstätte „wirklicher existentieller Sackgassen".[29] Jede Haltung gehorcht ihrer eigenen logischen Struktur. Diese in tatsächlichen oder typologisierten Positionen aufscheinenden Eigengesetzlichkeiten ermöglichen es erst, existentielles Scheitern als solches nachzuvollziehen, ohne sich auf eine letztlich beliebige Beschreibung menschlicher Grundhaltungen beschränken zu müssen, die gar keine Kriterien für ihre Darstellung zu liefern imstande ist. Ferner bietet die dialektische Darstellungsweise einen Verständnisschlüssel für die Abfolge der epochalen Stile, an denen das historisch wirksame Selbstverständnis der Menschen abzulesen ist. (Man ist übrigens durchaus eingeladen, diese Perioden mit ihrem Wechsel und ihrer Gleichzeitigkeit an sich selbst und in der heutigen Zeit wiederzuerkennen.) Möglichen Einwänden, den beschriebenen Dialektiken entspreche nichts Wirkliches auf der Seite des Lebens, erwidert Bruaire: Sie „stellen das Fundament und die allgemeine Struktur der tatsächlichen Haltungen dar, welche immer weniger rein, mehr vermischt und weniger entschieden sind (...) Es sind die logischen Armaturen des Verhaltens, die es in ihrer wesentlichen Allgemeinheit offenzulegen gilt. Ob wir wollen oder nicht, wir sind alle versucht, sie anzunehmen, und so auch gezwungen, uns ihre Verwandlungen zu eigen zu machen."[30]

Über ihre Gefährdungen und ihr gebrochenes Innenverhältnis hinaus verlangt die Existenz nach Vermittlung ihrer Prinzipien, bei gleichzeitiger Wahrung deren jeweils eigener Dynamik und Ausgleich bestehender Spannungen. Diese Vermittlung können aber weder die Prinzipien selbst, noch Denkansätze leisten, die selber zu den dialektischen Entgegensetzungen gehören und sie verursachen, beispiels-

[28] RP, 138.

[29] Leduc-Fayette, Désir et destin, 291. Beispielsweise hat A. Keller in seiner Rezension zu AD (ThPh 42 [1967] 261–263, 263) eingewandt, „daß hier weniger die Begriffsstruktur aus der Realität entwickelt als vielmehr die sicher nicht schlecht beobachtete Wirklichkeit in eine vorgegebene logische Ordnung eingepaßt worden sei."

[30] AD, 21, 82. Vgl. Henrici, Hegel und Blondel, 36 (Hegelsche Dialektik als „planmäßig durchgeführte Aporetik").

weise dadurch, daß sie vom Streben immer nur das auszusagen wissen, was die Freiheit unterwirft oder die Sprache ausschließt. Erst die Spekulation (das „Positiv-Vernünftige" im Unterschied zum Negativen an den Entgegensetzungen), die sich an die Dialektik der „Behauptung Gottes" anfügt, zieht Schlußfolgerungen aus dem jeweiligen Scheitern. Indem sie vom Ungleichgewicht der ruinösen Entgegensetzungen ihren Ausgangspunkt nimmt, den wechselseitigen Ausschluß der drei Existenzprinzipien aber nicht vergißt, sondern vielmehr überblickt, behandelt die spekulative Philosophie die Logik der Existenz im eigentlichen Sinn.[31]

Es soll Bruaire durch die dreifache Anordnung der drei Vermögen gelingen, die gegensätzlich wirkenden Kategorien in ein Zueinander der Kohärenz zu bringen, da jedem antinomischen Paar das in der dialektischen Darstellung unterschlagene Prinzip als Vermittlungsinstanz zugesellt wird, ohne das Schwergewicht der Entgegensetzungen bloß zu verlagern. Das Grundschema dieses syllogistischen Verfahrens (gr. *syllogismós,* „Zusammensetzung", lat. *conclusio,* „Schluß") ist bekannt: „Wenn A von jedem B und B von jedem C ausgesagt wird, muß A von jedem C ausgesagt werden."[32] Die entscheidende Achse an dieser logischen Figur ist der Mittelbegriff, der den Übergang des einen Extrems zum anderen bewirkt. Darin gleicht er einem Knoten, der gegensätzliche Terme aber nur dadurch zusammenschließen wird, daß er ihren Gehalt jeweils zu sich bestimmt und damit ihre wechselseitige Verzahnung gewährleistet, ohne sie in schönster Tautologie einfach miteinander gleichzusetzen. Das erst dürfte Vermittlung heißen.

Mit der Rolle des Mittelbegriffs ist aber auch das grundlegende Problem der Syllogistik benannt: Während die Extreme durch den Mittelbegriff zueinander vermittelt sind und in dieser Relativität nicht eigens ausgewiesen zu werden brauchen, stellt sich die jeweilige Verbindung der Extreme zum Mittelbegriff selbst als recht willkürliche Erfindung dar, wenn diese Verbindung nicht wiederum die vermittelnde Form des logischen Schlusses hat. Ein wirklicher Schluß hängt also seine Prämissen nicht an Empirie oder Intuition, sondern erweist seine Legitimität als dreifacher. Die Wirklichkeitsvermittlung eines logischen Schlusses vereinigt in zirkulärer Weise zwei andere Schlüsse in sich, wobei das Resultat als das eigentliche Fundament der Kreisbewegung anzusehen ist.

Diese Aufgabe, Wirklichkeit aus sich zu begreifen, leisten die Syllogismen, die Hegels Philosophie wie Goldfäden durchziehen.[33] Der sattsam bekannte Einwand gegen Hegels System, dieses leite Wirklichkeit aus Logik ab, ist dagegen

[31] AD, 101ff. Vgl. Hegel, Enzyklopädie § 82: „Das Spekulative oder Positiv-Vernünftige faßt die Einheit der Bestimmungen in ihrer Entgegensetzung auf, das Affirmative, das in ihrer Auflösung und ihrem Übergehen enthalten ist."

[32] Aristoteles, Erste Analytik 25 b. Die beanspruchte Geltung des Schlusses erschöpft sich natürlich nicht in der Anordnung von A, B und C. „Rien n'est plus contraire à la pensée d'Aristote qu'un formalisme logique" (LD, 27).

[33] Vgl. A. Léonard, La structure du système hégélien, in: RPL 69 (1971) 495–524, 504: „Da sich für Hegel jede wirklich vernünftige Realität als ein System mit drei Momenten darstellt, wird man sie in der Form eines Schlusses (syllogisme) artikulieren können, wobei jeder der drei betroffenen Terme sukzessiv die Rolle des großen Extrems, des mittleren Terms und des kleinen Extrems spielen wird, so daß der vollständige Prozeß keinerlei Partialität mehr hat."

ein Vorurteil und setzt für sich selbst wohl voraus, daß zwischen Vernunft und Realität kein Zusammenhang bestehe und daß die Wirklichkeit an sich unbestimmt sei. Diese Kritik verortet den Ursprung aller Bestimmungen in der Abstraktion eines reinen Bewußtseins, das sich selbst und seine Welt entwirft, ohne aber letztlich Rechenschaft davon geben zu können, wie subjektive Unbestimmtheit objektive Selbst- und Welterfahrung begründen kann und warum das Subjekt sich selbst und seine Welt nicht ganz und gar begreift. Daß der Abweis systematischer Wirklichkeitserfassung sich selber überfordert und via argumentativer Selbstverabschiedung dann trotzdem zum System führt, ist mit den dialektischen Figuren bereits angeklungen.

Bei Hegel gewinnt die logische Form ihren Wert vielmehr allein durch ihren Inhalt, der sich als vorausgesetzte Realität vernünftig anordnet. Logische Prinzipien können überhaupt nur als Seinsprinzipien Geltung beanspruchen, weswegen Hegels ausgeführtes Gesamtsystem, das in der „Enzyklopädie" zu seiner endgültigen Form gefunden hat, auch nicht Allgemeinheit, Besonderheit und Einzelheit als begriffslogische Bestimmungselemente anführt, sondern die inhaltlich-realen Momente von Logik, Natur und Geist, in deren syllogistischer Anordnung die Wirklichkeit selbst sich ihrem Gehalt nach darstellt.[34] Selbstverständlich ist diese Darstellung in sich dreifach gegliedert, wobei die einzelnen Schlüsse sich wiederum mit Hegels Teilphilosophien kreuzen, die entsprechende logische Strukturen aufweisen, die „Wissenschaft der Logik" natürlich, aber auch die „Phänomenologie" und die religionsphilosophischen „Vorlesungen". Vor diesem syllogistischen Hintergrund, besonders aber wegen der drei (in ihrer letzten Deutung umstrittenen) Schlüsse, welche die „Enzyklopädie" beenden, ist allerdings die Entsprechung zur formalen Ebene mehr als nur oberflächlich, bzw. stellt sich diese Ebene gar nicht mehr als so „formal" dar. Interessanterweise weichen nun aber die korrespondierenden Leserichtungen der Schlüsse in einem entscheidenden Moment jeweils voneinander ab, weswegen sie auch nicht einfachhin miteinander gleichzusetzen sind. Gerade das könnte jedoch für das gesamte System von Bedeutung sein: Wenn die Schlüsse darum nicht exakt deckungsgleich sein sollten, weil sie sich wechselseitig rekapitulieren und darin erst Erkenntnis und Wirklichkeit definitiv zusammengehen, müßten zum Verständnis des Ganzen auch die verschiedenen Vermittlungswege zueinander in Beziehung gebracht werden. Dadurch bekämen auch die Elemente der Erkennt-

[34] Es ist vielleicht nützlich, die bündige Zusammenfassung von W. Kern, Hegel, in: LThK², Bd. 5 (1960), 56–59, 57f. anzuführen: „Seine Auslegung im Reich der reinen Idee der ‚Logik' ist gleichsam die ‚Darstellung Gottes, wie er in seinem ewigen Wesen oder vor der Schöpfung der Natur u. eines endlichen Geistes ist'. Gemäß der dialekt. Grundformel der Einung des Selbst mit sich in seinem Anderen entläßt die absolute Idee die materielle Natur aus sich: als das Andere ihrer selbst, als das Prinzip der selbstentfremdeten Äußerlichkeit im Nebeneinander des Raums u. Nacheinander der Zeit, das sich in je höheren Naturgestalten organisiert (Naturphilosophie). Im menschl. Bewußtsein ringt sich der Geist durch die Stufenformen seiner individuellen u. gemeinschaftl. Kultivierung, bes. im Staat, sodann in Kunst u. Religion, empor zum alle Wirklichkeit erwirkenden, vollendeten philos. Denken seines Beisichseins in allem Anderen seiner selbst (Philosophie des Geistes)."

nisgeschichte einen wirklich systematischen Stellenwert. Entgegen vielfacher Behauptungen gingen dann in Hegels Philosophie jedenfalls weder die Ebene der Vorstellung mit ihrem religiösen Gehalt, noch Geschichte als Entwicklungsmomente des vollendeten Systems völlig unter.

Das ist bereits an der dreifachen syllogistischen Anordnung

Logik – N a t u r – Geist
Natur – G e i s t – Logik
Geist – L o g i k – Natur

abzulesen, deren drei Elemente in jedem Schluß an jeweils anderer Stelle zu stehen kommen, wo sie mit ihrer neuen Rolle auch eine neue Bestimmung erfahren. Damit geraten auch alle Setzungen der „Idee" unweigerlich in die Rolle einer effektiven Voraussetzung. Weiterhin ist besonders auffallend, daß der zweite Schluß mit den jeweiligen Mittelbegriffen ein Kreuz bildet, in dessen Zentrum der Geist sich als die Achse ausnimmt, um die sich das gesamte System dreht. Während dieser im ersten Schluß am Ende erscheint (das ist die Gliederung der „Enzyklopädie" selbst[35]) und damit die Entwicklung beschließt, die von der Entäußerung einer abstrakten Vernunfttotalität in das bloße Nebeneinander der Natur und über dieses hinaus zur Konkretion der vollendeten Vernunft in der Geschichte reicht, gelingt diese Bewegung, in der sich Anfang und Ende verbinden, nur dadurch, daß der Geist im zweiten Schluß Logik und Natur zu Objektivität und endlichem Bewußtsein vereint, dessen geschichtliche Ausprägungen (oder besondere Gestalten) er durchdringt und zur Vollendung treibt (das ist der Gang der „Phänomenologie des Geistes"[36]). Zuletzt ergreift sich die in der Setzung des Geistes konkretisierte Logik als Resultat: Im dritten Syllogismus entledigt sie sich aller Umkleidungen und erscheint als „sich wissende Vernunft", das heißt als definitiver Logos, dessen geschichtlicher Durchbruch doppelt begriffen wird, was die Offenbarung des Geistes in der Natur bewirkt und so die Einheit des Wirklichen und des Vernünftigen realisiert. Das berührt die trinitätslogischen Schlüsse der geoffenbarten Religion aufs engste, die den Weg der göttlichen Idee vom Abstrakten zum Konkreten nachzeichnen. Bemerkenswerterweise beschreibt Hegel in seiner Religionsphilosophie diesen Gang analog zur Begriffsentwicklung in der „Wissenschaft der Logik", mit dem vielleicht entscheidenden Detail, daß im Unterschied zu den drei Schlüssen am Ende der „Enzyklopädie" die Stellung der Extreme bei gleichbleibendem Mittelbegriff wechselt.

[35] Vgl. Hegel, Enzyklopädie § 18: „Die Idee aber erweist sich als das schlechthin mit sich identische Denken und dies zugleich als die Tätigkeit, sich selbst, um für sich zu sein, sich gegenüber zu stellen und in diesem Andern nur bei sich selbst zu sein. So zerfällt die Wissenschaft in die drei Teile: I. Die *Logik,* die Wissenschaft der Idee an und für sich, II. Die *Naturphilosophie* als die Wissenschaft der Idee in ihrem Anderssein, III. Die *Philosophie des Geistes,* als der Idee, die aus ihrem Anderssein in sich zurückkehrt."

[36] Vgl. Idéalisme et philosophie du langage (014), 25: „on remarque que cette structure Nature-Esprit-Logique correspond à celle de la *Phénoménologie de l'Esprit* qui est bien l'histoire du connaître subjectif, le passage progressif de la conscience naturelle au savoir absolu, à l'Idée logique. On remarque également que l'ordre de cette *Science de la Logique* : Etre, Réflexion de l'Essence, Concept-Idée, répète ce même syllogisme."

Als mediatisierte Einheit von Wirklichkeitsbestimmung (Logik – Natur – Geist) und Bewußtsein (Natur – Geist – Logik) eröffnet der dritte Schluß einen Ausblick auf die vollendete und wirksame Wahrheit. Damit hängt das gesamte System allerdings schon am mittleren Syllogismus, der auf der horizontalen wie auf der vertikalen Ebene die bestimmende Gegenwart des Geistes zum Ausdruck bringt: Zum einen ist der Geist der dynamische Hintergrund menschlicher Kulturleistungen, zum anderen das Movens der einen, absoluten Geschichte von ihrem Ursprung hin zu ihrer Vollendung. Gleichzeitig kreuzen sich absolute und menschliche Geschichte in ein und demselben Punkt. Dieser Punkt, der nicht aus dem Erkenntnisgang deduziert werden kann, den die „Phänomenologie" als stetes Scheitern beschreibt, sondern ein historisches Ereignis sein muß, bezeichnet den Beginn eines grundlegenden Umschlagens, in dem sich das absolute Reflexionsgeschehen (Negation der Logik in Natur und Negation dieser Negation durch den Geist) im menschlichen Bewußtsein einholt, das sich wiederum im absoluten Selbstwissen entgrenzt. Von diesem Umschlagen sind somit auch die sukzessiven Gestalten des Geistes betroffen, wenn sie einander voraussetzend zu ihrer letzten Wahrheit drängen, in der sich der Geist durchsetzt. Das berechtigt zu der Annahme, daß Hegels System offensichtlich nicht nur Anleihen an der Idee eines sich selbst differenzierenden Absoluten macht, sondern überdies auch dem historisch wirksamen Vorstellungsgehalt dieser Idee einen entscheidenden Platz zuweist.

Exkurs: Bruaires Interpretation der Hegelschen Schlußlogik

Bruaire veröffentlichte gleichzeitig mit der „Behauptung Gottes" eine ergänzende Dissertation über „Logik und christliche Religion in der Philosophie Hegels". Ihre zentrale These ist der innere Bezug von Logik und Philosophie des Christentums: Hegels gesamtes System impliziert die Gestalt der christlichen Theologie und will selbst diese Theologie sein. Für Hegel eröffnet das Christentum eine vollständige Erkenntnis des in sich bestimmten Absoluten und gibt vorbehaltlos Aufschluß über das Innerste des dreifaltigen Gottes: „Die Hegelsche Logik des Absoluten stellt dar, was Gott sein muß, um sich offenbaren zu können, aber die Offenbarung selbst ist es, die diesen Gehalt liefert. Mit anderen Worten ist für Hegel diese Logik in der christlichen Logik enthalten."[37] Damit gehört die Logik selbst zum Offenbarungsgeschehen. Als Transkription der Versöhnung Gottes mit seiner Schöpfung zeichnet sie den Verwandlungsgang der absoluten Idee nach, die sich aus Entäußerung und Anderssein zurückerhält und als Begriff selbst versteht. „Absolute Religion und absolute Logik sind in sich identisch; die eine manifestiert Gott, die andere formuliert diese Manifestation in philosophi-

[37] LR, 21. „Hegel comprend la révélation comme un acte de Dieu pour nous, qui ne pourrait être simultanément la manifestation de sa vie, de sa nature propre, s'il n'était conforme à l'acte éternel de Dieu pour lui-même" (LR, 17).

scher Rede".[38] Als Logik des Absoluten stellt die begriffene Offenbarung die absolute Logik in unserer Sprache dar. Diese Wiederaufnahme der Logik des Absoluten ist das Logische schlechthin. Im Schnittpunkt ihres wechselseitigen Begreifens gehen göttliche Idee und Gottes- und Welterkenntnis zusammen, wobei Bestimmung und Betrachtung der Wirklichkeit einander rekapitulieren.[39] Somit kreuzt sich die Logik der göttlichen Selbstvermittlung *ad intra et extra* mit der Geschichte der Erkenntnis des sich offenbarenden Gottes. Genau diesen Chiasmus hat Hegel in seiner Theorie des Schlusses beschrieben, in der die Logik kulminiert. Das System als ganzes hat also offensichtlich eine theologische Bedeutung, die nicht überlesen werden sollte. „Nicht nur bildet diese Logik die begriffliche Grundlage der Rede über den offenbaren Gott und sie liefert dieser nicht nur ihre spekulative Anordnung, sondern behauptet, das ewige göttliche Wort selbst zu übersetzen. Mehr noch, sie fügt sich in die trinitarische Theologie ein und bezeichnet die universelle göttliche Idee, das persönliche Leben des Vaters."[40]

Bruaire richtet bei seiner Hegelinterpretation besonderes Augenmerk auf die vollendete Form des Hegelschen Denkens, die in der „Enzyklopädie" vorliegt. Deren drei Teile: „Logik", „Naturphilosophie" und „Philosophie des Geistes" sind der realphilosophische Niederschlag der drei „Sphären" der absoluten Idee. Diesen drei Sphären entsprechen begriffslogisch die Allgemeinheit der an sich seienden Idee (Logik), die Besonderheit der für sich seienden Idee in ihrer Andersheit und Entäußerung (Natur), und die Einzelheit der auf sich aus ihrem Anderssein zurückkehrenden, sich selbst unter Einschluß der anderen Sphären rekapitulierenden, an und für sich seienden und somit vollständig bestimmten Idee (Geist).[41] Hegel zeichnet die Entwicklung der sich nach ihrer Entäußerung selbst ergreifenden Idee als Geist nach, welches Ergreifen in der spekulativen Schluß-

[38] LR, 17, vgl. LR, 87, 94, 111.

[39] Hegel, Die vollendete Religion, 107: „Daß diese Idee die absolute Wahrheit ist, dies ist dann Resultat der ganzen Philosophie; in seiner reinen Form ist es das Logische, aber ebenso Resultat der Betrachtung der konkreten Welt." Vgl. F. Ulrich, Logik der Existenz und Offenbarung, in: ZPhF 23 (1969) 249–275, 259: „Die ‚Logik' ist demnach der Form und dem Inhalt nach Sprachgestalt und Sprach-Akt des Absoluten im Endlichen und des Endlichen im Absoluten." Vgl. LR, 78: „Il y a donc parallélisme entre connaissance religieuse et détermination interne de Dieu. Nous ne connaissons Dieu en soi que s'il est pour nous, mais cette connaissance est vraie, ontologique et adéquate, car il est pour nous ce qu'il est en soi, à condition qu'il se révèle lui-même et manifeste sa nature. Ceci est fondamental pour Hegel : quand Dieu vient dans le monde pour se dire, quand nous reprenons ce dire dans notre verbe, c'est identiquement Dieu qui se connaît en nous et Dieu qui est connu de nous."

[40] LR, 181. J. Splett, Die Trinitätslehre G. W. F. Hegels, Freiburg 1965, 78, charakterisiert die Logik als „die Darstellung der spekulativen Wahrheit dessen, was die christliche Dogmatik als ‚immanente Trinität' bezeichnet". Die „ewige Idee" ist allerdings um ihre Realität verkürzt, abstrahiert man von ihr Schöpfung und Offenbarung; dann ist auch die immanente Trinität verloren, denn „was in der Idee ist, ist ewiges Moment, ewiges Bestimmen derselben" (Hegel, Die vollendete Religion, 199), vgl. LR, 71.

[41] Vgl. G. W. F. Hegel, Wissenschaft der Logik. Die Lehre vom Begriff (1816), Hamburg 1994, 205: „Die Idee ist der adäquate Begriff, das objektive Wahre oder das Wahre als solches. Wenn irgend etwas Wahrheit hat, hat es sie durch seine Idee, oder etwas hat nur Wahrheit, insofern es Idee ist." Vgl. Theunissen, Hegels Lehre, 316. Vehemente Kritik an der Identifizierung der „formalen Momente des Begriffs (Allgemeinheit, Besonderheit, Einzelheit) mit den inhaltlich-realen von ‚Logischem, Natur und Geist'" bei B. Lakebrink, Kommentar zu Hegels „Logik", Bd. 2, Freiburg 1985, 324 f.

logik ihren Kulminationspunkt erreicht.[42] Nachdem sich die Idee als Natur konkretisiert, verlebendigt und als endlicher Geist „bewährt" hat, holt sie sich selbst in der Philosophie (sc. der Philosophie Hegels) als absoluter Geist ein und ist als Wirklichkeit und Ziel von allem die zirkulär-zwingende Erfüllung dessen, was in ihr angelegt war.[43] Dieses dann vollständig erkannte und erkennende Absolute ist als Einheit aller Bestimmungen der lebendige Begriff: Selbstbewußtsein, das sich „als Akt bestimmt und so seinen eigenen Logos formt, gleichermaßen das Wesen durch seine Allgemeinheit manifestiert, die Differenz in der Form der Besonderheit und seine Rückkehr in den Akt des Setzens durch seine Einzelheit."[44]

Vom Logischen, das als Anfang dieser Bewegung gleichwohl in jedem Moment der Entfaltung der Idee anwesend ist, zum absoluten Geist, der Prinzip und „inneres Werdeziel" *(Entelechie)* dieser Entfaltung ist, führt der Vermittlungsweg über die Sphäre der Andersheit (Natur), zu der auch die Erkenntnisgeschichte gehört. Die Theorie der drei Schlüsse am Ende der „Enzyklopädie" nimmt in Angriff, die entäußerte Idee in der unendlich angeregten Betätigung der endlichen Sphäre in dem Moment nachzuzeichnen, in dem die zirkuläre Bewegung sich durch die entscheidende Anregung des Christentums als absolute Idee selbst ergreift.[45] Hegel zeichnet den Moment dieses versöhnenden Über-

[42] Vgl. Léonard, La structure du système hégélien, 502f.: Die Entwicklung führt von Subjektivität über Objektivität in Absolutheit, wobei „die Wahrheit des subjektiven Geistes und – auf ihrem Gipfel – der menschlichen Freiheit (also) die Objektivität des Rechts und der Geschichte ist. Und die Wahrheit der Geschichte der Welt ist das freie Wissen von sich des absoluten Geistes in der Kunst, der Religion und der Philosophie." Vgl. Hegel, Enzyklopädie § 553: „Der Begriff des Geistes hat seine Realität im Geiste. Daß diese in der Identität mit jenem als das Wissen der absoluten Idee sei, hierin ist die notwendige Seite, daß die an sich freie Intelligenz in ihrer Wirklichkeit zu ihrem Begriffe befreit sei, um die dessen würdige Gestalt zu sein. Der subjektive und der objektive Geist sind als der Weg anzusehen, auf welchem sich diese Seite der Realität oder der Existenz ausbildet." Vgl. auch G.W.F. Hegel, Phänomenologie des Geistes (1807), Hamburg 1952, 530: „Gott ist allein dem spekulativen Wissen erreichbar und ist nur in ihm und ist nur es selbst, denn er ist der Geist und dieses spekulative Wissen ist das Wissen der offenbaren Religion."

[43] Vgl. Idéalisme et philosophie du langage (014), 24: „la science définitive se déploie selon un ordre, Logique-Nature-Esprit qui suppose que la Nature a été totalement vaincue, et que, résorbée dans l'Idée logique, elle peut être réitérée, repensée comme l'objectivité de l'Idée pour elle-même, alors que l'Esprit dont la réflexion, la médiation, assurait le retour de la Nature à l'Idée dans le langage, apparaît pour lui-même dans sa plénitude d'acte, restituant à l'Idée la vie, l'animation, la réalité complète, pour la faire Idée éternelle dans l'Esprit."

[44] LR, 37. Die Allgemeinheit bleibt in der Sphäre der Besonderheit präsent, denn „si le particulier diffère, c'est pour être rapporté en totalité, comme attribution complète à l'unicité conceptuelle, à l'universalité dans sa singularité. En fait, le concept se retrouve en totalité dans chacun de ses trois moments" (ebd.). Vgl. Hegel, Die Lehre vom Begriff, 148: „Das, was vermittelt ist, ist selbst wesentliches Moment seines Vermittelnden, und jedes Moment ist als die Totalität der Vermittelten." Ebd., 305: „Sie (sc. die absolute Idee) ist selbst der reine Begriff, der sich zum Gegenstand hat und der, indem er sich als Gegenstand [habend] die Totalität seiner Bestimmungen durchläuft, sich zum Ganzen seiner Realität, zum System der Wissenschaft ausbildet und damit schließt, dieses Begreifen seiner selbst zu erfassen, somit seine Stellung als Inhalt und Gegenstand aufzuheben und den Begriff der Wissenschaft zu erkennen."

[45] Vgl. L'odyssée psychologique de la liberté (074), 183: „le terme psychologique coïncide avec l'instauration, en l'histoire mondiale, d'un sens effectif neuf de l'existence humaine. Instauration qui est le fait exclusif du christianisme et qui inspire la conversion de l'être, décidée, maîtrisée, à l'autonomie spirituelle. C'est, en effet, le christianisme qui apprend à chacun sa ‚valeur infini' (sic), toute

schlagens in die Sphäre des absoluten Geistes in den drei Schlüssen nach. Dort kommt die Korrespondenz der die endliche Sphäre aufgipfelnden Realphilosophien mit der Selbstentwicklung des Begriffs zur absoluten Idee in einer umgekehrten Parallelisierung zu stehen. Hegels Realphilosophien allerdings stehen schon ausdrücklich im Kontext der christlichen Religion, weswegen auch im Moment des versöhnenden Überschlagens „Staatsmacht, Religion und die Prinzipien der Philosophie in Eins zusammenfallen", und zwar als Wirkung „des *an sich* absolut freien und in der Tätigkeit seines Befreiens seine Wirklichkeit habenden Geistes".[46] Die Theorie der drei Schlüsse bringt dann besonders den Gehalt der christlichen (= absoluten) Religion in engsten Zusammenhang mit der Gesamtsystematik der Logik. Das erlaubt in rückschließender Deutung der immanenten und ökonomischen Trinität Einblicke in den Aufbau der Begriffsentwicklung, wie auch umgekehrt der Ablauf der begrifflichen Selbstexplikation seine Entsprechung in der göttlichen Selbstbestimmung und Vermittlung hat.

Bruaire geht von der Tatsache aus, daß „bei Hegel das rein Logische die Form des geoffenbarten Gottes ist".[47] Hegels Aussage beherzigend, daß der Inhalt der Philosophie und der Religion derselbe ist und die Philosophie sich selbst und die Religion gleichzeitig expliziere,[48] interpretiert er die Hegelsche Logik als „Form der ganzen Rede über Gott, als Struktur des geoffenbarten göttlichen Lebens selbst und als ein Moment des Inhalts dieser Offenbarung".[49] Die drei Schlüsse, welche die „Enzyklopädie" beenden, werden dafür in Anspruch genommen, das gesamte Hegelsche System – bis hin zur Religionsphilosophie, ja von ihr her – zu vollenden. In der Zuordnung der spekulativen Schlußlogik der „Enzyklopädie" (dreifacher Schluß von Logik, Natur und Geist als Vollendung der absoluten Idee) zu den drei Sphären (Allgemeinheit, Besonderheit, Einzelheit) der geoffenbarten Religion sieht Bruaire den Schlüssel zum gesamten

personne se sait par lui capable du divin (...) il ne s'agit point pour lui (sc. Hegel) de repérer une concordance de fait entre une étape psychologique et une novation historique, mais de démontrer que la nécessité qui trame l'éveil et l'épreuve de la liberté est l'unique voie de l'Esprit manifeste dans le christianisme. A distance de l'artifice apologétique, cette identité n'a de sens que si le devenir psychologique de la liberté de l'esprit, soumis à la détermination conceptuelle, présuppose l'Absolu de l'Esprit dont la puissance n'est manifeste que dans l'abnégation victorieuse par laquelle il s'efface en Nature."

46 Hegel, Enzyklopädie § 552, Anm. Vgl. Chapelle, Présence de Hegel en France, 13–26.

47 LR, 61.

48 G. W. F. Hegel, Vorlesungen über die Philosophie der Religion I (Der Begriff der Religion), Hamburg 1993, 63. Vgl. Johannes Scotus Eriugena, De praedestinatione I, 1 (PL 122, 358 A): „Conficitur inde veram esse philosophiam veram religionem, conversimque veram religionem esse veram philosophiam."

49 LR, 61. Das bedeutet, daß die Philosophie bei Hegel nicht den Status eines „natürlichen" Denkens hat und somit auch nicht an einem solchen gemessen werden darf. Die Hegelsche Vernunft ist die konkrete Existenz der göttlichen, absoluten Wahrheit und insofern theologische Vernunft, vgl. Brito, Dieu et l'être d'après Thomas d'Aquin et Hegel, 46, A. Chapelle, Hegel et la religion, Bd. 2, Paris: Éditions Universitaires 1967, 70 ff. Sie ist somit verwirklichender Bestandteil der Offenbarung selbst, vgl. Hegel, Die vollendete Religion, 269: „Diese Versöhnung ist die Philosophie. Die Philosophie ist insofern Theologie. Sie stellt die Versöhnung Gottes mit sich selbst und mit der Natur dar, daß die Natur, das Anderssein an sich göttlich ist und daß der endliche Geist, teils an ihm selbst dies ist, sich zur Versöhnung zu erheben, teils in der Weltgeschichte zu dieser Versöhnung kommt, diese Versöhnung hervorbringt."

System.[50] Die drei Schlüsse der geoffenbarten Religion, die den einen Schluß der absoluten Vermittlung des Geistes mit sich selbst ausmachen, beziehen sich auf die in der „Vollendeten Religion" eingeführten drei Momente der „heilige(n) Dreieinigkeit".[51] Die Ordnung, welche das Göttliche in sich ist, findet ihre Entsprechung in der logischen Darstellung menschlicher Sprache,[52] so daß Bruaire folgendermaßen identifiziert:

Logik – Natur – Geist
= Allgemeinheit – Besonderheit – Einzelheit
= Vater – Sohn – Geist.

Die Pointe des spekulativen Begriffsschlusses ist, daß im Laufe seines Verfahrens „jedes Moment als Begriffsbestimmung selbst das Ganze und der vermittelnde Grund wird."[53] Das bedeutet, daß Bruaire nicht platterweise etwa den Vater im herkömmlichen Sinne der Logik gleichsetzt oder „Geist" als dritte göttliche Person identifiziert.[54] Die logischen Momente des Begriffs wie auch die Elemente der absoluten Idee und nicht zuletzt die drei göttlichen Personen bedürfen nach seiner Interpretation der dreifachen syllogistischen Vermittlung, bei der jeder der drei intervenierenden Terme jeweils zu einem der drei Extreme und zur Mitte beider wird. Das bedeutet, daß der jeweils dritte Schluß, etwa Geist – Logik – Natur, die Einheit der vermittelten Beziehungen Logik – Natur – Geist und Natur – Geist – Logik ist.[55]

Bruaire behauptet, daß es Hegels Anliegen gewesen sei, die Erscheinung Gottes in Christus aufzuzeigen und die Konsequenzen aus der Selbstoffenbarung Gottes als Dreifaltigkeit zu ziehen. „Das Wesen Gottes ist nicht geoffenbart, wie es begriffen wird, es wird begriffen, wie es geoffenbart wird, wie es ist."[56] Hegels

[50] Vgl. LR, 111: „l'interprétation proposée, qui fait interférer les syllogismes de l'idée absolue avec ceux de la religion révélée".

[51] Hegel, Die vollendete Religion, 201.

[52] LR, 104, Anm. 56: Die ontologische Ordnung des Göttlichen „wird in umgekehrter Richtung durch die logische Darstellung wiederaufgenommen, die sie in unsere Sprache übersetzt."

[53] Hegel, Enzyklopädie § 187; vgl. LR, 56: „signification théologique de la théorie du syllogisme : le concept, qui se remembre en se déployant organiquement par ces trois médiations qui s'impliquent mutuellement, c'est le sujet absolu ressaisissant et reconduisant en son sein l'être déterminé qu'il pose."

[54] Bei aller Zustimmung kritisiert Theunissen, Hegels Lehre, 311, Anm. 32, aber Bruaire (und Fessard) dahingehend, daß sie den Begriff des Geistes „von vornherein und ein für allemal auf die dritte Person der Trinität" festlegten. Allerdings gibt Theunissen keinen Aufschluß darüber, welche die von ihm inkriminierten Stellen aus LR wären. Ganz im Gegenteil läßt Bruaires Hegel-Interpretation keinen Zweifel daran, daß der Schluß des Geistes (Geist – Vater – Sohn) als Einheit der beiden vorangegangenen Schlüsse (Vater – Sohn – Geist und Sohn – Geist – Vater) die absolute Personalität Gottes als Geist konstituiert, vgl. LR, 79: „die trinitarische Theologie müßte gemäß der Hegelschen Logik nicht einen, sondern drei Schlüsse bilden".

[55] LR, 83–112. Das gilt genauso für die Syllogismen Einzelheit – Allgemeinheit – Besonderheit als Einheit von ABE und BEA und Geist – Vater – Sohn als Einheit von VSG und SGV; die Konsequenzen für die Trinitätsspekulation sind erheblich, vgl. EE, 159–193. Anschaulich ist dieses System aus drei Schlüssen nachgezeichnet bei F. Wagner, Zum Verhältnis von Religionsphilosophie und „Wissenschaft der Logik" am Beispiel der Trinitätslehre, in: Was ist Theologie?, Gütersloh 1989, 257–285.

[56] LR, 69; vgl. LR, 182: „affirmation de principe du discours hégélien : tout savoir est acquis par la révélation de l'Absolu".

Anspruch sei es gewesen, die christliche Religion in eine streng philosophische Sprache zu bringen, um zwingend nachzuweisen, daß die syllogistische Anordnung der Trinität die allein mögliche Logik ist. Die absolute Idee ist Gott als Geist, sie bezeichnet ausschließlich die Dreifaltigkeit der göttlichen Personen. Als „ewiges Werk der göttlichen Versöhnung" hinterläßt die syllogistische Anordnung, wie sie in Gott stattfindet, ihre „exemplarische Spur in der menschlichen Vernunft durch die Annahme der christlichen Offenbarung in unserer Sprache."[57] Die Entfaltung des Begriffs entspricht dieser vollkommenen Organisation: Die Syllogistik ist die der Offenbarung Gottes, Gott selbst entsprechende, von Gott selbst in Gang gesetzte Form der Logik. Für Bruaire ist die Trinität der Hintergrund aller Hegelschen Triaden. Logik, Offenbarung und Gottesreich seien bei Hegel eins. Bruaire identifiziert den vollständig bestimmten Begriff mit der absoluten Idee, der nichts anderes entspricht als der in seiner Gemeinde vergegenwärtigte Schöpfer- und Erlösergott, wie sehr ihn Hegel ansonsten auch verfehlt haben mag.

Wenngleich nun darüber Konsens herrscht, daß in Hegels System „theologische Motive bei der Formulierung einer solchen Theorie eine beträchtliche Rolle gespielt haben",[58] gar eine „opinio communis" darüber vorhanden zu sein scheint, „daß ein intimer Zusammenhang beider Formen der Schlüsse bestehe",[59] wird Bruaires Versuch, „die Schlüsse der Religion und die der Philosophie in der Leserichtung ihrer Figuren zueinander im umgekehrten Verhältnis"[60] darzustellen, als gewaltsame Interpretation aufgefaßt, die zwar spekulativ anregend, wenigstens aber weder Hegels eigenem Anliegen entspreche, noch mit dessen eigenen Texten in Einklang zu bringen sei.

Die von den gängigen Lehrbüchern abweichende, theologische Hegel-Lektüre Bruaires stößt sich besonders an dem wenig hinterfragten Axiom, Hegel habe die Religion im „absoluten Wissen" aufgehoben sehen wollen, daß überdies nicht unproblematisch sei, wie der Inhalt der Vorstellung – die Religion in der „Phänomenologie" – zum Inhalt des Begriffs werden könne.[61] Diese Einwände berücksichtigen nicht, daß bei Hegel zuvor die Philosophie ihre maßgeblichen Anregungen von der Religion des offenbaren Gottes empfangen hat, so daß die Religionsphilosophie „sich zum gegebenen Inhalt derselben nicht nur setzend, sondern immer

[57] LR, 54; vgl. LR, 111: „Die Offenbarung ist also Vermittlung der Logik, die sich bemüht, den Status des geoffenbarten Seins auszusagen."

[58] R.-P. Horstmann, Einleitung, in: Ders. (Hrsg.), Seminar: Dialektik in der Philosophie Hegels, Frankfurt ^{2}1989, 9–30, 22.

[59] W. Jaeschke, Die Religionsphilosophie Hegels, Darmstadt 1983, 134.

[60] R. Heede, Die göttliche Idee und ihre Erscheinung in der Religion, Münster 1972, 315. Vgl. LR, 104, Anm. 56: „l'ordre du divin, ontologique, est repris en sens inverse par l'exposé logique qui le traduit en notre langage."

[61] Zu dem Einwand vgl. Abstraction juridique et revendication légitime (025), 82: „Nous retenons le passage de l'Esprit subjectif à l'Esprit objectif en délaissant leur principe et leur fondement qu'est l'Esprit absolu, oubliant que l'ordre véritable est inverse de l'ordre d'exposition et qu'il faut commencer par la fin, c'est-à-dire l'Idée absolue, au sens précis que Hegel lui confère à la fin de l'*Encyclopédie,* l'Absolu éternel, divin." Vgl. J. Colette, Bulletin de philosophie contemporaine. Hegel, in: RSPhTh 49 (1965) 705–719, 707: „Mais la voie qui mènera de la représentation au concept n'est pas primitive ; autrement dit, la logique précède la *Phénomenologie* (comme le montre l'*Encyclopédie)*".

auch voraussetzend verhält."[62] In Bruaires Interpretation nimmt die „Philosophie" bei Hegel zwar die Bedeutung einer Erkenntnis der absoluten Wahrheit an, in der das Religiöse aber deswegen gerade nicht resorbiert und das Mysterium Gottes nicht als überkommene Vorstellung des endlichen Wissens annuliert wird, über dessen Grenzen Hegel ohnehin geschritten war. Für Hegel ist die Philosophie „der christlichen religiösen Erkenntnis gegenüber kein höheres Stadium, sondern ihre Bestätigung, ihre Vollendung in der intimen Vereinigung mit dem dreifaltigen Gott."[63] In der Philosophie wird „das in dem Inhalte Verschiedene" „zum selbstbewußten Denken erhoben", wo Vernunft und Erfahrung im Wissen Gottes *(genitivus subjectivus et objectivus)* zusammenfallen.[64] Hegels System suggeriert tatsächlich das „abgeschaffte Geheimnis", doch nur insofern, als die endgültige Gestalt der Logik „Gott alles in allem" (1 Kor 15,28) meint.

(Ende des Exkurses)

Die Schlüsse, die Bruaire zur Darstellung der vollständigen Logik der Existenz verhelfen, lassen die „logischen Armaturen" wieder erscheinen, bereichert jedoch um den bislang ausgeschlossenen, mittleren Term: „Einander nachfolgend findet man die drei untrennbaren Syllogismen, welche die drei in den drei Dialektiken zerbrochenen Relationen wiederherstellen:

Freiheit – S p r a c h e – Streben
Sprache – S t r e b e n – Freiheit
Streben – F r e i h e i t – Sprache."[65]

[62] Ulrich, Logik der Existenz und Offenbarung, 252. Vgl. Theunissen, Hegels Lehre, 78 („Hegel proklamiert [...] eine Philosophie, welche die Wirklichkeit, statt sie a priori zu deduzieren, als ein geschichtliches Faktum hinnimmt"), 364 (Hegel gründet „seine ganze Philosophie auf die durch Jesus an sich schon vollbrachte Versöhnung"). Jaeschke, Die Religionsphilosophie Hegels, 97f., verfehlt bei aller Akribie die Intention Hegels, die aufklärerischen Positionen Lessings und Kants zu überwinden. Hegels „Selbstverständnis" entspricht nicht, daß die Wahrheit der Idee „keinesfalls an geschichtliche Erweise geknüpft" werden darf, ansonsten Philosophie „nicht die letztbegründende Wissenschaft" wäre. Philosophie ist nicht daran gebunden, den „garstig breiten Graben" (Lessing) nicht zu überschreiten. Die Weigerung, Begriff und Idee zu identifizieren, bleibt hinter der spekulativen Durchdringung von Vernunft und Wirklichkeit zurück, befördert ein naives Geschichtsverständnis und entspringt letztlich dem rationalistischen Vorurteil, bei der theologischen Begründung der Philosophie ginge dieser „ihr philosophischer Charakter" verloren, weil „ihre Vernünftigkeit auf etwas von ihr nicht Kontrolliertes" gründete, was „Hegels Philosophiebegriff" widerspräche. Das sehr wohl von Hegel „vorausgesetzte Faktum" überschreitet, will man es „begreifen", die „Kompetenz der Philosophie" Jaeschkes, nicht die Hegels.

[63] LR, 100. „On pourrait dire qu'il s'agit de vision béatifique"; vgl. PM, 25: „quoi qu'on pense de ce système spéculatif, qui, dès maintenant, se montre capable, en tous cas, de remettre la théologie en mouvement, ce qui est peut-être le plus stimulant, ce qui s'annonce comme un défi au philosophe, c'est qu'en prétendant à rien d'autre, mais à rien moins, qu'exposer la logique absolue de l'absolu, telle que Dieu lui-même la dit en se manifestant dans la révélation *chrétienne,* il veut rester *philosophe,* jusqu' à nommer ‚philosophie', au terme de l'*Encyclopédie,* l'unité de la connaissance et de la présence intuitive, ce que la tradition nomme vision béatifique." Niemals hat Hegel behauptet, absolutes Wissen von einem endlichen Ausgangspunkt aus erobert zu haben. Vom absoluten Wissen spricht er nur andeutungsweise, „selon la traditionnelle perspective de la vision béatifique" (EE, 94, Anm. 1).

[64] Hegel, Enzyklopädie § 572, vgl. auch § 564 Anm. Vgl. Hegel et le problème de la théologie (066), 96f., Chapelle, Hegel et la religion, 72: „Par la connaissance que Dieu en l'homme se donne

Bruaire begeistert sich überhaupt nicht für den Hegelschen Kreislauf der „absoluten Reflexion“ und verfolgt nicht weiter das in der Geschichte immanente und sich darin vollendende absolute Wissen des Geistes um sich selbst. Ihn interessieren vielmehr die konkreten Beziehungen des Menschen zu seiner Geschichte und zur Natur, und gerade diese haben in der Philosophie Hegels keine Eigenständigkeit. Letztlich bringt sich Hegel dadurch um die Früchte seines Denkens, daß sich mit der Konsistenzlosigkeit der Welt als bloßes „Durch“ auch der Gott verflüchtigen muß, wenn zu dessen vollständiger Bestimmung auch vollbestimmte, wirkliche Einzelheiten gehören. Ferner hält Bruaire selbst Hegels Darstellung der absoluten Reflexion für unzureichend: Die göttliche Reflexion ist nicht bloße Rückkehr zu ihrem Ausgangspunkt, sondern weist unendlich hinter diesen zurück. Hegels Reflexion des absoluten Geistes ist nur die halbe Wahrheit! Kurz, Bruaire übernimmt zwar die „logische Kohärenz der Hegelschen Systematizität“, legt aber den Akzent mehr auf die Gültigkeit des Reflexionsmodells als Vermittlungssystem auch für die konkrete Existenz endlicher Wesen. So ist es für das systematische Anliegen selbst notwendig, „die spekulative Konstruktion von den vielfachen Behauptungen zu lösen, die der Autor (sc. Hegel) zu ihr macht“.[66] Das macht aus der Logik aber noch keine beliebige Spielerei: Die Konfiguration des endlichen Menschen verlangt selbst nach systematischer Anordnung der positiven Existenzmerkmale und ist daher mehr als ein bloßes Hexeneinmaleins. Die syllogistische Struktur, durch die ein Ganzes wirklich verstanden wird, stellt eine kohärente Ordnung des vollständigen Menschseins dar, insofern sie die Existenzprinzipien nicht nur richtig zueinander in Beziehung setzt, sondern auch ausschließende Fehlbestimmungen zu erklären in der Lage ist.

Statt des Hegelschen Geistes als substantielle und bewußte Reflexion des göttlichen Wesens und seiner Vollzüge erscheint bei Bruaire an zentraler Stelle das Streben, das den geistigen Vermögen erst Wirklichkeit verleiht. Mit dem Streben soll hier die „wirkliche Lebensweise des Menschen“ zu ihrem Recht kommen, zu dessen konkreter Freiheit und Vernunft auch die relativierenden Instanzen von Zeitlichkeit und Geschichtlichkeit gehören. Um über die konstitutive Rolle der Gottesfrage entscheiden zu können und gleichzeitig auch den Unwägbarkeiten der Existenz gerecht zu werden, will Bruaire „sich nicht auf den Geist beziehen, sondern auf das Streben, das ihn durch die Sprache verfolgt“.[67]

de soi, l'homme en soi-même prend connaissance de Dieu par Dieu. Ainsi Dieu, se connaissant en l'homme, en soi connaît l'homme ; l'homme se connaît connu de Dieu et connaît Dieu en cette connaissance de soi.“

[65] AD, 111.

[66] LR, 182; vgl. Chapelle, L'itinéraire philosophique de Claude Bruaire, 6. Vgl. DD, 131 („vollkommene Anordnung dieser dreifachen Vermittlung unserer drei konstitutiven Vermögen“). Bruaire wollte sich keineswegs als „Hegelianer“ mißverstanden wissen. Für ihn gilt, was schon Fessard diesem Etikett entgegenhielt: „Ich hoffe, Sie beschuldigen mich nicht, ein Hegelianer zu sein. Ich bin ein völliger Anti-Hegelianer“ (Sales, Gaston Fessard, 493).

[67] AD, 110; vgl. Tilliette, La théologie philosophique, 691. Zum Folgenden vgl. DD, 124–133, A. Léonard, Pensées des hommes et foi en Jésus-Christ, Paris: Lethielleux 1980, 234–243.

Der „Syllogismus der Freiheit“ (Freiheit – Sprache – Streben) zeigt auf, daß die Sprache hier der nicht nur logische, sondern existentielle Mittelbegriff ist, der allein aus der verhängnisvollen Antinomie der beiden einander widerstrebenden Kräfte befreien kann. In der Reflexion als der sprachlichen Sammlung des freien Subjekts im Vollzug seines Vernunftvermögens verbindet sich die Unabhängigkeit der Freiheit mit der Möglichkeit, dieser Unabhängigkeit auch Ausdruck zu verleihen, wobei diese Ausdrücklichkeit nach innen – für das reflektierende Subjekt – wie nach außen – als Rede und Handlung – vom Streben befördert wird. Mit der Sprache wird die freie Einzelheit bewahrt, ohne sie im Nichts einer reinen Innerlichkeit belassen zu müssen. Zuvor verdammte sich die Freiheit zur Untätigkeit, um nicht vom Streben aufgelöst zu werden. Nun ergreift die Freiheit „in sich selbst diesen Akt der Rede, der sie mit der allgemeinen Ausdrucksform verbindet und nach außen manifestiert.“[68] Mit der Sprache werden ferner beide Aspekte der Freiheit miteinander vermittelt, nämlich positive Expressivität und negative Reflexivität in ein und derselben alternierenden Bewegung zu sein, kraft der sich die Selbstwerdung des Subjekts inmitten des Strebens vollzieht. Das im dialektischen Gegensatz problematisch gewordene Verhältnis von Freiheit und Streben löst die Sprache, weil diese erst „verallgemeinert und verwirklicht; das sind zwei Akte, welche das Streben und die Freiheit vergebens in ihren jeweiligen Sphären zu schaffen trachteten“.[69] Ihre Konkretion als Sprache eines Landes und eines einzelnen hebt ihre universale Dimension nicht auf: Die allgemeine Sprache erscheint in besonderer Gestalt, als *universale concretum,* das Allgemeinheit und Bestimmtheit in sich vereinigt. Daß sie an den leiblichen, sinnlich manifesten Ausdruck gebunden ist, macht die inkarnatorische Eigenart der Sprache aus. Sie ist „der Pakt zwischen Mensch und Natur; sie vereinigt das Streben mit der Freiheit“.[70] Diese gelungene Vermittlung konkretisiert erst die Existenz, sie liegt allen Vollzügen zugrunde und führt sie dem Phänomen der Zeit zu. Denn mit der konkreten Existenz kommt das wesentlich Endliche der Freiheit ans Licht, das ihre Wirklichkeit garantiert, weil sich das Subjekt über seine aktuellen Vollzüge hinaus ausspannt und zur bewußten Gegenwart seiner selbst zwischen Gedächtnis und Vorwegnahme findet. Das ermöglicht authentisches Handeln und gibt der Zeit erst ihren Sinn: Die Sprache stellt ein zerbrechliches Gleichgewicht zwischen der steten Fluchtbewegung des Strebens über sich hinaus und dem Rückzug der Freiheit auf sich selbst her. Dieses Gleichgewicht ist auch der Garant für die Kontinuität des Selbst. „Sprache schafft ‚Gegenwart‘ und diese ist Bedingung der Möglichkeit für die Vermittlung von ‚Sinn und Zeit‘.“[71] Ferner ist die Sprache nicht nur die Mitte zwischen einzelner Freiheit und fundamentalem Streben; sie führt auch alle ebenso

[68] AD, 116. Vgl. Blondel, L'Action, 117 (Reflexion als „énergie réfléchie“).

[69] AD, 118.

[70] AD, 121. Vgl. Dialectique de l'Action et preuve ontologique (108), 429: „l'énergie volontaire s'offre, au présent de l'acte conscient, comme liberté. Liberté qui n'est pas sans pensée rationnelle, ni celle-ci sans la vie de la motion volontaire qui s'y rend lumineuse.“

[71] Ulrich, Logik der Existenz und Offenbarung, 270.

vermittelten Menschen zueinander. Dieses Zueinander schlägt sich kraft der gemeinsamen Sprache als kollektives Gedächtnis im einzelnen nieder, womit sich die Zeitlichkeit der Freiheit in die Dimension des Geschichtlichen überführt.[72]

Der „Syllogismus der Sprache" (Sprache – Streben – Freiheit), der den vorangegangenen in sich enthält, stellt die Sprache dar, die im „geringsten Wort die ganze Sprache inwendig enthält, sofern man es nicht willentlich seiner nächsten Bestimmungen ermangeln läßt, die es mit der Einheit des Vernünftigen verbinden."[73] Das mindeste Wort ist universal kraft seiner Einsichtigkeit; es reißt den Sprechenden mit sich, weil auch Subjektivität dem eindeutigen Sinn der Rede verpflichtet ist. Damit begründet die Bestimmtheit der Worte die Ausrichtung der subjektiv geführten Sprache auf ihre universale Dimension hin und vereint dadurch auch alle Menschen miteinander. Als ausdrücklicher Sinn ist die Sprache zugleich präzise Bestimmtheit und Bestimmung des subjektiven Denkens. Die Freiheit knüpft an diese Entwicklung an und gewinnt darin ihre Effektivität, während sie gleichzeitig an den Sinn und dessen Notwendigkeit gebunden bleibt, über den die Freiheit nicht verfügt. Dem steht die leibliche Verfassung des Menschen nicht entgegen: Um ihrer Wirklichkeit willen bedarf die Sprache eines Subjekts. Die subjektive Aufnahme der Sprache setzt aber das Zusammengehen von materialem Laut und Bedeutung im Wort schon voraus. Als subjektiv aktualisierte „Fleischwerdung" errichtet die „vollständige und originäre Interpenetration von Sinn und Materie" in der Sprache die Einheit des vernünftigen Subjekts.[74] Und darin ist wiederum das Streben impliziert. Um sich zu konkretisieren und weitergeführt zu werden, muß die Sprache schon von einer Spannung belebt sein, die zum Ausdruck drängt. Ohne diese Kraft käme es weder zum vernünftigen Austausch noch zur Präzisierung der eigenen Aufmerksamkeit. Das Streben durchdringt das sich in der Sprache frei bestimmende Subjekt. Eine Art „Aufhebung" der Sprache durch die einzelne Freiheit bewirkt in der Vermittlung des Strebens die Konvergenz von endlicher Sprache und absolutem Logos in der konkreten Existenz. Denn das unaufhörliche Streben ermöglicht nicht nur die für den Ausdruck notwendige Spannung, sondern setzt sich kraft der bewirkten Vermittlung als „kontinuierliche Suche nach Gewißheit fort, die Fülle der Wahrheit wäre."[75] Durch das Streben bewegen sich die einzelnen Freiheiten zum in

[72] Vgl. EE, 81: „Médiation de la pensée habitant notre langage. Par la pensée, la liberté personnelle a sa réflexion, son indépendance, son intériorité spirituelle. Elle est ainsi défi absolu au monde, à ses nécessités, à ses sollicitations, à ses aliénations, à ses circonstances. Par la pensée, la liberté s'engage lucidement, élabore son projet d'action, installe la raison exercée dans le non-sens du cours du monde."

[73] AD, 136.

[74] AD, 137. Vgl. Négation et dépassement de l'humanisme (018), 274 (Sprache als „réflexion de l'Esprit transfigurant le son en sens, le corps en âme, l'être en concept, ravissant la matière à l'Idée").

[75] AD, 140. Das Wort als „Hort des Manifesten und Heimat des Allgemeinen" (AD, 139) impliziert Leiblichkeit, ohne die es keinen Ausdruck gäbe. Ferner muß in der Sprache „eine Art von Anwesenheit eines absoluten Logos oder ihre Relation zu ihrer eigenen vollkommenen Entfaltung" (ebd.) anerkannt werden, die nicht der einzelnen Freiheit zugehört; deren Proprium wäre eher ein sich verweigerndes Schweigen. Damit wird jede bloße Subjekt-Objekt-Relation hinfällig: „Dieses Schema schließt uns in Absurditäten ein, die nichts Geheimnisvolles haben" (AD, 137).

Wahrheit vollendeten Wort, von dem allein die Sinnhaftigkeit der Existenz zu erwarten wäre. Diese Ausrichtung transzendiert den in der willentlichen Aufnahme der Zeitlichkeit geschichtlich gewordenen Menschen und gebiert die eine Geschichte aller Menschen.[76] „So versöhnt und erlaubt das Streben die Gegenseitigkeit der Sprache und der Freiheit. Es verbindet sich mit der Universalität der Rede, entspringt in einer einzelnen Freiheit, die sie verwirklichen soll, vereint das Vernünftige mit der Vernunft und garantiert dem Menschen die im Werden begriffene Einheit der Logik und der Freiheit".[77]

Bruaire bestimmt das Verhältnis von Streben, Sprache und Freiheit zu den Dimensionen der Zeit (Syllogismus der Freiheit) und der Geschichte (Syllogismus der Sprache): „Der erste Syllogismus bringt den zweiten in Anschlag: Die Freiheit ist nur dann effektiv in der Zeit, wenn sie ihre Zeitlichkeit in die Sprache einführt, sie hat jedoch nur dann ihre Wahrheit in der Geschichte, wenn sie ihre Geschichtlichkeit in das Streben einbringt."[78] Freiheit und Sprache ermöglichen Geschichte, weil die Freiheit in der Gemeinschaft derer erscheint, die durch den der Sprache innewohnenden Sinn verbunden sind. Das Wort ist es, „das von dem jeden Menschen durchdringenden Streben belebt ist, das jedes Bewußtsein im Verfolgen eines gemeinschaftlichen Werkes mit den anderen verbindet."[79]

Die Relation Freiheit-Sprache, „die Geschichte als einen für alle und jeden gemeinsamen Sinn ermöglicht, verwirklicht diesen Sinn nicht, läßt die Logik nicht als gemeinsame Geschichte existieren, weil sie durch eine unbestimmte Bewegung vermittelt ist, welche die Menschen nur für eine unbegrenzte Geschichte ohne vorhersehbares Schicksal vereinigt, was jede Schlußfolgerung immer hinfällig macht."[80] Oder aber die „einzig mögliche Schlußfolgerung ist folgende: Durch das Streben, das Sprache und Freiheit verbindet, könnte sich eine durch die Allgemeinheit der Sprache vereinte Geschichte vollenden – unter der Bedingung, daß das Ende und die Befriedigung des Strebens von woanders her geleistet würden –, aber ihr Sinn und ihre vollständige Logik bleiben für den Philosophen rein hypothetisch."[81]

[76] Vgl. EE, 82: „Médiation du désir, de son energie spirituelle. Par le désir, notre pensée s'anime en quête de vérité, faisant craquer tout système clos d'idées immobiles. Par le désir, la liberté s'ouvre à son autre, brise son mur d'isolement, trouve l'énergie de l'action, l'efficace de son vouloir."

[77] AD, 141. Vgl. Dialectique de l'Action et preuve ontologique (108), 430: „parce que la volonté est en retard sur elle-même quand la détermination du voulu est infiniment débordée par l'infini du voulant, de même nos certitudes sont inadéquates à leur propre vérité."

[78] AD, 148. Vgl. EE, 82: „Ainsi seulement l'existence cesse de s'abîmer en l'intime mémoire narcissique et de se dérober au présent pour s'enivrer de l'avenir. Ainsi seulement l'histoire de chacun, délestée de passéisme et délivrée des mythologies et utopies idolâtrant l'Histoire anonyme, redevient la trame effective de nos vies."

[79] AD, 149.

[80] AD, 151f. „La mémoire de l'humanité et celle de l'individu ne sauraient s'identifier dans un même discours que si toutes deux étaient closes et récapitulaient un itinéraire formellement identique, que si l'on pouvait substituer au désir commun un Esprit unique, singulier et universel, liberté absolue et langage absolu" (AD, 152).

[81] AD, 152. Aus dem unauslöschlichen Streben ergibt sich kein schlüssiges Argument für eine wirkliche Sinnfülle, vgl. DD, 85: „Der Durst erzeugt nicht das Wasser, sondern sein Trugbild."

Die Sprache ist einerseits die Verheißung vollbrachter Vernunft, andererseits ist es vergeblich, wirklich vollendeten Sinn erreichen zu wollen, weil die Bewegung des Strebens unauslöschlich ist. Daher hat der „Syllogismus des Strebens" (Streben – Freiheit – Sprache), der die beiden vorangegangenen Schlüsse voraussetzt und zu einer Einheit verbindet, die Aufgabe, zwischen zwei Unendlichen, dem in Wahrheit vollendeten Wissen und der unersättlichen Kraft, die den Menschen trägt, zu vermitteln. Dazu erweist sich aber die einzelne Freiheit als zu schwach. Endliche Freiheit kann die absolute Vollkommenheit der Sprache nicht mit der unendlichen Befriedigung des Strebens vereinen. Was könnte das allen gemeinsame Streben mit einem für alle verbindlichen Sinn verbinden? Bruaire formuliert als Antwort einen ontologischen Gottesbeweis:

„– In seinem Sprechen erstrebt der Mensch, das absolute Wort zu erreichen.

– Weder dieses Streben totalitären Wesens, noch diese Sprache allgemeiner Form können *durch* unsere Freiheit verbunden werden, denn diese ist vereinzelt und zu deren Verbindung relativ.

– Diese Verbindung ist also *gegeben,* unserer Freiheit gegeben, damit diese ihre effektive Rede führen kann.

– Diese Verbindung kann jedoch wegen der einander entgegengesetzten Züge des Strebens und der Sprache nur aufgrund der Vermittlung einer Freiheit bewirkt werden.

– Da diese Freiheit in ihrer Existenz und ihrer Kraft zu ihnen nicht relativ sein kann, ist sie eine absolute Freiheit, ist Gott. Gott ist es, der unsere Freiheit die Vollkommenheit des Wissens erstreben läßt."[82]

Überzeugungskraft gewinnt das Argument einerseits durch die Ohnmacht der endlichen Freiheit, Streben und Sprache miteinander zu vermitteln. Andererseits ist diese Vermittlung für die Existenz unabdingbar, zumal ihre Wirklichkeit im tatsächlichen Existenzvollzug vorausgesetzt werden muß.[83] Geht man von der Existenz aus, taucht das Argument als Implikat des konkreten Menschseins auf. Eine absolute Freiheit erscheint als mittlerer Term des Schlusses und somit auch als Ursprung des Strebens und der Sprache in uns, als *schöpferische Vermittlung.*[84] Das Argument ist der Seinsordnung der menschlichen Existenz, in der allgemeines

[82] AD, 165. „l'Absolu, liberté, est sujet. Le Dieu-objet est bien exclu" (AD, 185).

[83] Vgl. AD, 166: „Le nerf de l'argumentation réside dans *l'impuissance* à médiatiser par elle (sc. la liberté finie) seule désir et langage, ces deux dimensions étant trop grandes pour elle, jointe à la *nécessité* d'une médiation par la liberté de la relation désir-langage, et à la *réalité* de cette relation, manifeste au moindre exercice du discours."

[84] Die „Fähigkeit der Prinzipien, sich zu vereinigen, zu verbinden, zu organisieren" (DD, 131), wird von einer anderen, absoluten Freiheit geleistet. Insofern gibt sich Gott „zu begreifen, bevor er sich selbst in effektiver Begegnung gibt" (DD, 90). Auch bei Blondel kommt der Austrag zwischen wollendem und gewolltem Willen in „einer Art von ontologischem Argument" zu stehen (L'Action, 334 f.). Die Transzendenz der *Action* im Handeln macht, daß – um sich selbst zu wollen – man mehr als sich selbst wollen muß. Für die Reflexion bedeutet das einen „Überschuß des Denkens im Inneren meines Denkens", was an „das berühmte *magis quam cogitari possit* Sankt Anselms" denken läßt (Dialectique de l'Action et preuve ontologique [108], 432, vgl. auch EE, 95). Die Entdeckung eines aktuell Unendlichen in der Seinsordnung des endlichen Geistes findet in der Erkenntnisordnung des unvollkommenen Geistes ihren Ausdruck als Idee der Vollkommenheit.

Streben und absoluter Logos zueinander finden, unentbehrlich. Am Ende der spekulativen Untersuchung „ist die Existenz Gottes ontologisch behauptet. Nicht durch Deduktion der Existenz aus dem begriffenen Wesen, sondern als schlußfolgerndes Begreifen *(saisie terminale)* der absoluten Freiheit“, weil diese in der ursprünglichen Verbindung des Strebens und der Sprache impliziert ist.[85]

Sehr weit ist die Logik damit allerdings nicht gediehen, denn sie kann nicht sagen, was es mit der absoluten Freiheit auf sich hat, auch wenn noch so klar ist, daß sie am Ursprung der endlichen Freiheit steht. Die Logik der Existenz weist über sich hinaus und verlangt nach metaphysischer Benennung.[86] Bruaire widmet den dritten, metaphysischen Teil seines Buches daher der Erörterung dessen, was dem behaupteten Absoluten und der diesem zugehörigen logischen Haltung entsprechen muß. Dazu wird gleichermaßen ontologisches wie theologisches Denken bemüht, da es erstens um die Beziehung der menschlichen Existenz zum göttlichen, absoluten Sein geht, zweitens eine Erkenntnis des göttlichen Wesens unabdingbar ist, um *a parte Dei* diese ontologische Beziehung des Menschen zu Gott genauer fassen zu können. Die entscheidende Frage lautet: Kann dieser Beziehung Ausdruck verliehen werden?

Bruaire warnt davor, die metaphysische Suche nach den innerlichen Bestimmungen Gottes wegen allzu großer Vorbehalte fallen zu lassen; seine fast schon sprichwörtliche Abneigung gegen jede Art von negativer Theologie kommt bereits hier voll zum Tragen. Die „zum System erhobene Absurdität“[87] ist wegen ihrer Negation einer jeden Bestimmung Gottes eine Rede „über das, was nicht Gott ist, über den Nicht-Gott, über die Natur und den Menschen.“[88] Tatsächlich impliziert die Negation der Rede *über* Gott die Negation der Rede *an* Gott, was dessen vollständige Behauptung illusorisch macht. Wenn die Rede über Gott keine metaphysische Bestimmung Gottes zuläßt, verstummt sofort auch die exi-

[85] AD, 168. Insofern steigt der Beweis nicht unerlaubt von der Sphäre des Denkens in die der Existenz über. Der Beweis gehört zur strebenden Existenz, denn die ontologische Behauptung erfolgt durch die Beziehung der Idee des Absoluten zum unbegrenzten Streben und seiner Forderung nach absolutem Wissen der Idee, vgl. DD, 83 ff. Die Entdeckung, nicht selbst „die lebendige Verbindung des Strebens und der Einsicht in uns“ (PM, 64) hergestellt zu haben, erfolgt auch nicht durch einen *Deus per se notus,* weil dieses Wissen spekulativ vermittelt ist. Freilich vollzieht sich diese Vermittlung „im Akt der ontologischen Reminiszenz“ (EE, 91). Das Vorwissen um den eigenen Ursprung ist „bestimmte, informierte Erwartung“ (EE, 92) und wird mittels des ontologischen Arguments wiedererkannt, womit das Argument tatsächlich auch *sola ratione* vorgeht. Ferner etabliert das ontologische Argument nur, daß Gott ein Jemand ist, nicht aber, wer er ist, vgl. PM, 65: „C’est pourquoi la certitude de l’existence de Dieu se couple de celle de son absence, le discours positif sur l’absolu de l’impuissance à connaître sa personne, à éprouver son propre Verbe, à moins qu’Il ne vienne nous apprendre les voies qu’il faut emprunter pour espérer le rejoindre en son secret.“

[86] AD, 172: Bloße Logik „ist unfähig, einen stabilen und befriedigenden Existenzmodus zu erbringen, weil sie am Ende einen Übergang zur Ontologie einschließt (…) Eine Struktur ist gegeben, eine Form, nicht jedoch die Bestimmung eines Seins, nicht der Sinn einer effektiven Haltung. Der Zugang zum metaphysischen Bereich ist also unabdingbar“.

[87] AD, 186.

[88] Ebd. Vgl. AD, 188: „Tout ce qui peut être dit empruntera sens et forme au discours sur l’homme et, cherchant à atteindre l’au-delà, ne concernera qu’une idole conçue monstrueusement sur l’image et au moyen du verbe de l’homme.“

stentiell notwendige Rede an Gott, es sei denn, man verwechselte Gott mit der unendlichen Reiteration dessen, was er nicht ist. Wenn die Behauptung Gottes für die Vollständigkeit der Existenz notwendig ist, darf sie keinesfalls an der Schwelle des Unsagbaren verstummen. Beläßt man es statt dessen bei einem unbestimmten Absoluten, dem man etwa auf sentimentale Weise anhängen möchte, wird die Logik der Existenz gesprengt, und der Mensch findet sich wieder den zerstörerischen Gestalten der Dialektik preisgegeben: „Der Unbekannte kann angerufen werden, der Unerkennbare läßt das Wort versiegen."[89] „Vor allem verschwindet notwendigerweise die Möglichkeit einer Rede Gottes über sich selbst, die einer Offenbarung seiner Natur, wenn Gott als unbestimmtes Absolutes ausgesagt wird, und nicht nur als der Ganz-Andere, was nur eine der Konsequenzen davon ist. Nicht, daß seine souveräne Freiheit in Frage gestellt würde, aber weil er nichts über sich zu sagen hätte, weil er nichts *an sich* ist."[90] Ein Absolutes, das keine Bestimmungen trägt, kann nicht behauptet werden und verunmöglicht damit nicht nur jede Metaphysik: Es kann nicht das Absolute sein, das am Ursprung der endlichen Existenz steht und sich als solches der Vernunft zeigt. Ein in sich verschlossener Gott braucht den Menschen nicht zu interessieren. Er interessiert sich sicherlich nicht für den Menschen, und es ist mehr als fraglich, ob sich denn dieser Gott selber interessiert.

Bruaire macht auch im metaphysischen Bereich Haltungen aus, welche die menschliche Existenz bedrängen müssen. Besonders eindringlich schildert er das Phänomen der „Verweigerung Gottes" und biegt es über den religionspsychologischen Befund auf seinen dialektischen Grund zurück. Die mit der Rede vom „Ganz-Anderen" getroffene absolute Differenzierung erledigt das Streben als genuin menschliches Vermögen. Der Unnennbare läßt einen Riß entstehen, vor dem das Streben keine Wahl hat: „Ein einziges Sein ist möglich, und es ist nicht unseres, darum ist es das allein erstrebenswerte."[91] Gott als Ziel des Strebens wird damit unversehens auch zum subjektiven Ursprung dieser Kraft, woraus eine klare Alternative resultiert: Wenn allein erstrebt wird, daß Gott sei, dann soll der Mensch nicht sein, aus dem einfachen Grund, daß kein vom Absoluten getrenntes Sein bestehen kann. Mit dieser Verlagerung des Strebens in Gott schlägt aber das Verhältnis um. Weil das Streben eben nicht versiegt, erstrebt der Mensch nun sich selbst als Absolutes.[92] Das Streben nach Gott übersetzt sich in der Konsequenz der Unbestimmtheit Gottes als Streben, selbst Gott zu sein: Das Streben nach absoluter Freiheit gebiert den praktischen Atheismus, den Humanismus ohne Gott. „So

[89] AD, 189.
[90] AD, 190.
[91] AD, 196.
[92] Das schlägt sich in den vielfältigen „Tribunalisierungen" der Lebenswirklichkeit nieder. Diese Legitimationszwänge entstammen Theodizeemotiven und produzieren via „Sollenshypertrophie" Seinsvermiesung, vgl. O. Marquard, Hegel und das Sollen, in: Schwierigkeiten mit der Geschichtsphilosophie, Frankfurt ^{2}1982, 37 ff., ders., Der angeklagte und der entlastete Mensch in der Philosophie des 18. Jahrhunderts, in: Abschied vom Prinzipiellen, Stuttgart 1981, 39–66, ders., Entlastungen. Theodizeemotive in der neuzeitlichen Philosophie, in: Apologie des Zufälligen, Stuttgart ^{2}1996, 11–32.

zerstört der Begriff des unbestimmten Absoluten unter dem Eindruck des unauslöschlichen Seinsappetits endgültig die Beziehung zwischen Mensch und Gott."[93]

Bruaire entlarvt diejenige Haltung, die glaubt, sich vor dem Absoluten als ein Nichts an Erkenntnis verstehen zu müssen, als „Pseudo-Demut": Sie unterstreicht überhaupt nicht die göttliche Majestät, vielmehr verweist sie Gott in seine Schranken. Aus alleiniger Sorge, die absolute Irrelativität Gottes, das heißt die nur oberflächlich erfaßte Transzendenz Gottes zu bewahren, wird gewiß der Begriff der absoluten Freiheit Gottes verfehlt. Bruaire untersucht statt dessen, welche Konsequenzen sich aus dem Zusammengehen von göttlicher Freiheit und Bestimmtheit ergeben. Absolutheit und Transzendenz Gottes müssen dafür mit seiner Freiheit als Prinzip immer zusammengedacht werden: „Die Freiheit muß sich bestimmen können und doch das sich bestimmende Absolute bleiben, so daß Gott zugleich das einzig sowohl freie als auch absolute Subjekt ist."[94] Ein bestimmtes Absolutes ist wesentlich frei, wenn die Freiheit des Absoluten die seiner Selbstbestimmung ist. Die absolute Andersheit, die zum Prinzip göttlicher Gleichgültigkeit erhoben wird, ist daher überhaupt keine Implikation des Absoluten, sondern das, von dem Gott sich befreien können muß, wenn er tatsächlich absolut frei ist. „Gott behält die absolute Herrschaft seiner selbst, die Fülle seiner Unabhängigkeit inmitten der Relativierung, die er sich selber gibt, weil er deren Initiator, Ursprung und Aktualität bleibt."[95] Gottes Transzendenz macht nur dann Sinn, wenn sie eine relative ist, nicht jedoch die einer indifferenten Notwendigkeit, denn sie ist ein Akt Gottes für den Menschen und jedes geschaffene, endliche Sein. Die Möglichkeit einer Selbstrelativierung Gottes widerspricht nicht dem Begriff der Transzendenz, dem – im Gegensatz zum absoluten Charakter der göttlichen Freiheit – keine Notwendigkeit zukommt. Ein absolut freier Gott ist frei, Beziehungen zum Menschen zu unterhalten und die Vollständigkeit seiner Existenz zu ermöglichen.

Bruaire weist die Überlegenheit der solcherart positiv verfahrenden Metaphysik gegenüber den Spielarten negativer Theologie auf, welche „das Resultat eines prinzipiellen Rationalismus ist, der über die göttliche Freiheit mutmaßt und deren Vermögen verschleiert."[96] Nicht, daß nun Gott im Modus der Notwendig-

[93] AD, 199. „Die Sprache, welche die Konsequenzen für den Menschen aus der Unbestimmtheit Gottes zieht, ist bloß Ausdruck eines praktischen Atheismus" (AD, 201). Vgl. LR, 34: „schließt man Gott vom Menschen aus, setzt man ihn dem Menschen gleich". Korrelat dieser Gleichsetzung ist freilich der Tod des Menschen: Nur im Tod findet die Relativierung durch die Natur ihr Ende, nur der Selbstmord vermag sich dieses Ende zu eigen zu machen. Bruaire illustriert diesen Sachverhalt an zwei literarischen Gestalten, deren Streben nach absolut freiem, d. h. unbestimmtem Sein nur im Selbstmord befriedigt wird, der das Ende aller Relativierungen zeichnet: Kirilov in Dostojewskijs „Dämonen", dessen Freitod Motive bei Stendhal (einzige Entschuldigung Gottes ist dessen Nichtexistenz) und Nietzsche (Gott ist an seinem Mitleiden gestorben) verwebt, und Tchen in „La condition humaine" von A. Malraux (AD, 217f., vgl. EE, 125 und EM, 45f.).

[94] AD, 222. Beide Sätze, „das Absolute ist frei" und „die Freiheit ist absolut" müssen einander korrigieren: „Das Scheitern der Metaphysik wird immer das Resultat des inneren Widerspruchs einer der beiden isolierten Thesen sein" (ebd.).

[95] AD, 223.

[96] AD, 225.

keit deduziert würde, kann die Metaphysik doch daran gehen, eine Relation zwischen Gott und Mensch zu erörtern, deren Initiative allerdings bei Gott allein liegt. Seinen metaphysischen Versuch glaubt Bruaire jedoch rechtfertigen zu dürfen, weil der Philosoph über eine Realität verfügt, deren Existenzlogik er formulieren kann: die des Menschen. Aus der Erhebung der qualitativen Merkmale menschlichen Existierens drängt das philosophische Fragen ganz von selbst in den Bereich der Metaphysik, denn die Wirklichkeit des menschlichen Seins ist eine reale Möglichkeit, der das Wort Gottes entspricht: Die Dynamik der menschlichen Existenz weist auf die Erwartung *(attente)* einer göttlichen Selbstoffenbarung hin, die als Anregung des Menschen *(suscitation)* die Anrufung Gottes *(invocation)* ermöglicht.[97]

Der Erweis der metaphysischen Möglichkeit der menschlichen Sprache im Gott-Mensch-Bezug bleibt an die Bedingung gebunden, daß am Ursprung der Rede an Gott – der effektiven Behauptung Gottes – das Wort Gottes selbst steht, das heißt die göttliche Selbstaussage. Der Ausgangspunkt der Relation Gott-Mensch ist die Freiheit des bestimmten Gottes, der die menschlich-freie Anrufung anregt und inspiriert.[98] Nachdem diese Struktur etabliert ist, geht Bruaire noch einen Schritt weiter: Wenn Gott sich offenbaren kann, dann nur, weil er in sich selbst bestimmt ist. Er hat eine „Natur", ein „Angesicht", „eine notwendige Bestimmung seines Seins, die ihm immer die Möglichkeit einer Sprache zu uns gibt."[99] Gott ist für sich und in sich selbst *Logos,* ewiges Wort. Denn wenn Gott „nicht zu sich spricht, kann er nicht zu uns sprechen. Wenn er nicht zu uns sprechen kann, ist seine Freiheit nicht souverän."[100] Der Art und Weise, wie Gott sich zum Menschen verhält, entspricht sein Verhältnis zu sich selbst.

Der Gedankengang ist hier aber nicht weiter als zuvor das ontologische Argument gediehen: Die spekulativ aufgezeigte Entsprechung von endlichem und unendlichem Sein scheint jeder wirklichen Grundlage zu entbehren, so lange Gottes absolute Freiheit diese Analogie nicht offenbart. Daß jedoch dieses göttliche Fundament der Einheit menschlicher Vermögen nur in der Sphäre der bloßen Option verbliebe, vor der man philosophisch indifferent verharren könnte, ist Bruaire zuwenig. Entweder optiert man für den Gott, der sich offenbaren kann, und vermag so die Erfüllung der menschlichen Erwartungen zu erhoffen, oder aber man unterwirft sich von neuem den verheerenden Konsequenzen des unbestimmten Absoluten, dessen rationalistische Prinzipien eben nicht die menschliche Existenz bewahren.

Somit kann ein Wissen um Gott metaphysisch aus dem Existenzvollzug begründet werden. Es ist kein Vorgriff auf Offenbarung notwendig, der anstelle von metaphysischer Gotteserkenntnis Supranaturalismus ohne natürlichen Be-

97 Vgl. Tilliette, La théologie philosophique, 695: „où l'on reconnaît en Bruaire l'auditeur de Gabriel Marcel". Vgl. S. Plourdre, Vocabulaire philosophique de Gabriel Marcel, Montréal: Bellarmin 1985, 66–76.

98 Vgl. PM, 149: „le régime de l'attention est ici d'attente préformée, celle d'un parler qui va sourdre d'une mémoire active."

99 AD, 243.

100 AD, 245.

zug und Fideismus ohne Vernunftbezug heißen würde. Daß die maßgebliche Anregung dem Christentum entstammt, ändert daran nichts: Dank dieser Anregung erreicht die Vernunft ihr eigenes Niveau, nicht aber die Offenbarung selbst. Die Freiheit „informiert das Streben in ein Streben nach Gott, mittels der Erkenntnis der Möglichkeit einer Sprache Gottes, deduziert aus der Analyse der absoluten Freiheit, die das Wort in Gott und die Unendlichkeit seines Seins impliziert."[101] Dieses informierte Streben versetzt die Freiheit in die Erwartung Gottes, der einzigen Alternative zur Existenz in Verzweiflung, um so mehr, als die Sprache des Menschen zum Gott der Erwartung hin geöffnet ist: Etwas kann zu Gott gesagt werden, als Bitte, sich zu zeigen. Diese „Sprache an Gott wird der reine Ausdruck des Strebens nach Gott sein, gerichtet an die souveräne Freiheit, die fähig ist, sich zu manifestieren".[102]

Die Erkenntnis der Unfähigkeit der menschlichen Freiheit, zwischen dem Streben nach Gott und der Sprache an Gott zu vermitteln, „überbestimmt die spekulative Behauptung des dritten Syllogismus."[103] Diese Freiheit, die Einsicht in ihre Endlichkeit gewonnen hat, überläßt es der Freiheit Gottes, die gesuchte Verbindung von Streben und Sprache herzustellen, die allein die Existenz befriedigen kann.

„Um weiter zu gelangen, dazu ist die Philosophie unfähig."[104] Keine weitere Deduktion vermag die tatsächliche Offenbarung zu ersetzen. Bruaire hat allerdings auf metaphysische Weise Tatsachen geklärt, die Voraussetzung von Religion, Offenbarung und Theologie der ergangenen und im Glauben angenommenen Offenbarung sind.

[101] AD, 273. Vgl. Tilliette, La théologie philosophique, 695: „Dieu peut se différencier, se relativiser. L'éclairage de la Révélation nous le suggère, mais on se tient sur le terrain de la possibilité."

[102] AD, 277. „So ermöglicht die Sprache über Gott eine Sprache an Gott, die aber reine Ansuchung bleibt, ein Gebet um eine Offenbarung, wie und weil die Metaphysik sagt, daß Gott sich manifestieren kann, ohne schließen zu können, daß er es getan hat, es tut oder es notwendigerweise tun wird" (AD, 278).

[103] AD, 282.

[104] AD, 283. Vgl. DD, 151: „Provoquée par les assertions d'une religion historique, la raison philosophique reconnaît le plein droit de Dieu en recouvrant complètement ses propres droits. Alors notre liberté réanime ses exigences dans l'affirmation lucide de ses pouvoirs. Mais cette affirmation n'est dernier mot philosophique qu'en se constituant demande de sa propre confirmation."

IV. Das Absolute. Bruaire und der Gott der Philosophen

Um den Atheismus ist es ein wenig stiller geworden. Das liegt aber weniger am Zusammenbruch der politischen Systeme mit zur Religion erhobenen Gottlosigkeit und schon gar nicht am allgemein konstatierten Erwachen einer diffusen Religiosität. Daß der Atheismus mittlerweile leiser geworden ist, liegt vielmehr schlicht daran, daß er in dem Maße schwinden muß, in dem sein Gegenstück, die Religion, verschwunden ist. Denn wo kein Gott behauptet wird, braucht sich der Atheist auch nicht als solcher zu deklarieren: Er hat keine Herausforderung mehr vor sich.[1]

Der Atheismus ist keine abstrakte Angelegenheit; er ist an eine ausdrückliche Leugnung gebunden. „Jede Gegnerschaft kämpft noch in Abhängigkeit von dem, den sie befeindet."[2] Weil diese Negation somit eine bestimmte Art und Weise betrifft, wie man sich Gott vorstellt oder ihn zu denken versucht, gibt es das Phänomen des Atheismus nur innerhalb einer bestimmten theistischen Tradition, die wiederum von ihrer Verbindung mit einer bestimmten Religion nicht abzulösen ist.[3] Der Atheismus steht und fällt mit dem präzisen Anspruch, den er bestreitet; insofern hat er eine spezielle Metaphysik zu seiner Bedingung. Wenn aber „der Atheist gar nicht leugnet, nicht einmal mehr in die Diskussion mit irgendeinem Glauben eingetreten ist, wenn die Idee Gottes in keinerlei Weise, weder in seinem Denken noch in seinem Suchen präsent oder vorausgesetzt ist, dann ist für ihn selbst sein Atheismus nur ein sinnloses Wort, mit dem ihn eine Religion versieht, die er schlichtweg ignoriert."[4] Das Schweigen seitens seiner atheistischen Kritiker müßte das Christentum stutzig machen: Es ist wohl das sicherste Zeichen für das geringe Gewicht, das ihm noch verbleibt.

In diesem Zusammenhang sind auch die Versuche, Einwände atheistischer Religionskritik für die Theologie fruchtbar zu machen, mittlerweile verstummt. Trotzdem einige Bestseller noch vor wenigen Jahren hohe Auflagenzahlen erreichten, haben sich die vielfältigen Ansätze wie von selbst überlebt, die im Gespräch mit der Bestreitung Gottes eine positive Herausforderung zu finden glaubten. „Zur Ernüchterung in dieser zu unkritischen positiven Wertung des

1 Vgl. J. Améry, Atheismus ohne Provokation, in: Widersprüche, Frankfurt 1980, 23–33, 28: „Der agressive Atheismus kann unbesorgt abdanken, da der Glaube schon abgedankt hat."

2 Splett, Freiheits-Erfahrung, 31.

3 Vgl. AD, 184: „Même si Dieu est nié, une anthropologie athée se comprendra par la réponse à la question : quel Dieu est nié?" Zur Abhängigkeit des Atheismus von einem ganz bestimmten Gottesbegriff vgl. K. Marx, Pariser Manuskripte (1844), in: Die Frühschriften, Stuttgart ^{6}1971, 216. Vgl. auch K. Marx, F. Engels, Werke (MEW), Berlin 1960 ff., Ergbd. I, 545 (Notwendigkeit der Überwindung des Atheismus wegen der impliziten Position Gottes).

4 Athéisme et philosophie (038), 10, PM, 16. Vgl. FE, 74: „On ne trouve plus personne qui se dise athée, non pas parce que l'athéisme a disparu, mais parce qu'il n'a plus besoin de se prononcer, dans l'exacte mesure où ce besoin était avivé par la présence d'une religion massive qui défiait, en quelque sorte, l'athéiste sur son terrain."

Atheismus hat die realistische Erkenntnis beigetragen, daß die eigentliche Schwierigkeit gegenüber dem Glauben an Gott weniger im Anwachsen einer entschieden atheistischen Geistesverfassung zu suchen ist als in einem Agnostizismus, dem gerade die menschlichen Voraussetzungen zu entschwinden drohen," um vom Wort „Gott" „und vom Wort Gottes überhaupt noch betroffen zu werden."[5] Die ehemals vehemente Religionskritik wäre so mittlerweile einer Gleichgültigkeit gewichen, der sich die Frage nach Gott scheinbar gar nicht mehr stellt. Ein Symptom dafür – eher denn als ein Indiz dagegen – mag das offenkundige Abgleiten der Religion zur bloßen Privatsache oder ihre Degradierung zur einzeltherapeutischen Maßnahme sein.[6]

Auch Bruaire macht für unsere Zeit eine sehr weit verbreitete Geisteshaltung aus, die er freilich genauso als Atheismus brandmarkt. Darf man, in der Perspektive des oben Gesagten, nun wieder Hoffnung schöpfen? Kaum, denn dieser „massive und gleichgültige Atheismus, den wir heute kennen",[7] ist eine schleichende, unausdrückliche Variante des vormals militanten Atheismus, die daher nicht zum Negativbeweis für was auch immer taugt. Das, was man besser als gewandelten Agnostizismus[8] bezeichnen wird, durchzieht nahezu alle Lebens- und Wissensbereiche: *etsi Deus non daretur* läßt es sich gut leben und noch besser forschen, wobei – was das Forschen angeht – das Wissenschaftsideal die Laborsituation zu sein scheint.[9]

[5] W. Breuning, „Gott": Fragen der Theologie an die Philosophie, in: J. Möller (Hrsg.), Der Streit um den Gott der Philosophen, Düsseldorf 1985, 17–35, 23 mit Verweis auf H. R. Schlette, Vom Atheismus zum Agnostizismus, in: Ders. (Hrsg.), Der moderne Agnostizismus, Düsseldorf 1979, 207–223.

[6] So konfessionsübergreifend die Einschätzung bei F. Wagner, Zur gegenwärtigen Lage des Protestantismus, Gütersloh 1995, 11–17, mit Verweisen auf die Analysen von J. Habermas, Legitimationsprobleme im Spätkapitalismus, Frankfurt 1973, 113 (Religion ist heute „nicht einmal mehr Privatsache"), und N. Luhmann, Die Ausdifferenzierung der Religion, in: Gesellschaftsstruktur und Semantik, Bd. 3, Frankfurt 1989, 259–357, 349: „Man kann geboren werden, leben und sterben, ohne an Religion teilzunehmen; und auch wenn die Religion sagen wird, daß dies alles in Gottes Welt geschieht, kann der einzelne dies schadlos ignorieren."

[7] PM, 16. Vgl. DD, 16: „il apparaît que cette question (sc. de l'homme, à quoi une religion comme le christianisme prétend répondre) ne se pose même plus à beaucoup de nos contemporains, et de moins en moins." Ebd. bezeichnet Bruaire die zeitgenössische Situation als „irréligion massive", vgl. FE, 73: „Dans notre société il y a de moins en moins de place pour Dieu dans les préoccupations des hommes, c'est ce qu'on appelle l'irréligion."

[8] Dieser gewandelte Agnostizismus unterscheidet sich vom „doktrinäre(n) Agnostizismus (der so genau zu wissen glaubte, was wir nicht wissen)" (J. Splett, Leben als Mit-Sein, Frankfurt 1990, 15). In der Verurteilung des harten, positivistischen Agnostizismus waren sich die Kirche (vgl. DS 3004) und die Bolschewiken einig, vgl. W.I. Lenin, Werke, Berlin 1960 ff., Bd. 14, 122: „Agnostiker ist ein griechisches Wort: *a* bedeutet griechisch *nicht, gnosis – Wissen.* Der Agnostiker sagt: Ich weiß nicht, ob es eine objektive Realität gibt, die durch unsere Empfindungen widergespiegelt, abgebildet wird, ich erkläre, daß es unmöglich ist, dies zu wissen ... Hieraus folgt die Verneinung der objektiven Wahrheit durch die Agnostiker und die Toleranz, die spießerhafte, philiströse, feige Toleranz gegenüber der Lehre von Waldteufeln, Hausgeistern, katholischen Heiligen und ähnlichen Dingen."

[9] Vgl. O. Marquard, Über die Unvermeidlichkeit der Geisteswissenschaften, in: Apologie des Zufälligen, 98–116, 103: Die „Neutralisierung der geschichtlichen Herkunftswelten gelingt im Labor, nicht aber im Leben". Vgl. RP, 58: „Nul n'ignore, pourtant, que le prix payé par les sciences pour se constituer est une abstraction méthodique, qu'il faut mettre la liberté et l'historicité entre parenthèses pour conformer l'homme aux objets d'investigation."

Die Forderung allerdings, „das Gebiet sicheren Wissens nicht mit Behauptungen zu überschreiten“,[10] bereitet hauptächlich der müßigen Spekulation der Metaphysiker ein Ende, die von jeher im Streit um die Gottesbeweise zu gipfeln pflegte. Weise abwägend, was wirklich gewußt werden kann, empfiehlt sich dieser Agnostizismus als Schiedsrichter, der den vormals kakophonen Streit der Philosophen um ihren Gott durch die Verpflichtung auf ein neues Credo beendet, das etwa wie folgt lautet: „Bei Realaussagen, die über das Reale in Form entweder des Sinnenhaften oder der Erscheinungen oder des Endlichen oder des Quantifizierbaren oder des Verifizier- bzw. Falsifizierbaren hinausgehen, ist keine Möglichkeit mehr für ein erkenntnismäßiges Ja oder Nein gegeben.“[11]

Insofern scheint also die heutige Situation wenigstens einem Patt zu gleichen, mit dem man eigentlich leben kann. Denn wenn sich philosophisch weder die Existenz noch die Nichtexistenz Gottes begründen lassen kann, stellt dieser Agnostizismus „light“ weder für Kirche noch für Theologie eine Gefährdung dar. Akademisch gewendet heißt das: Eine jede Disziplin verbleibt in ihrem eigentümlichen Sprachspiel und kommt der anderen nicht in die Quere.[12]

So übt sich die Philosophie in Selbstbescheidung, denn alle „außertheologischen Wissenschaften müssen ihre Ergebnisse in der Tat so vortragen, daß sie gegenüber der Gottesfrage zunächst einmal neutral sind; die Geltung ihrer Thesen muß unabhängig von der Frage der Existenz Gottes gesichert sein.“[13] Es wäre stark ideologieverdächtig, sich an dieses Programm, „Gott nicht beweisen“, doch (fast) „alles ohne ihn erklären“ zu können (Lalande) bzw. zu müssen, nicht halten zu wollen – und unphilosophisch obendrein. Das, wovon Philosophie ja befreien soll, nämlich Meinung und Vorurteil, würde, so scheint es, sonst zum Prinzip des Denkens erhoben. Da man Erkenntnis weithin als „technische Leistung und bemächtigende Bewältigung auffaßt“,[14] hält man nicht nur theologischerseits, sondern auch generell nichts davon, sich einen Gott beweisen zu

[10] G. Patzig, Agnostizismus, philosophisch, in: RGG³, Bd. I (1956), 175, zit. bei J. Splett, Agnostizismus, in: HRGF (1986), 7–10, 8, mit der Feststellung, der Agnostizismus habe sich „ausgebreitet und scheint so etwas wie eine Grundstimmung der Gegenwart zu bilden.“ Vgl. ders., Agnostizismus, in: LThK³, Bd. 1 (1993), 241: „Der A. selbst aber ist wohl die Grundstimmung in Ges., Wiss. und Philosophie.“

[11] K. Kremer, Die Problemsituation, in: Ders. (Hrsg.), Um Möglichkeit oder Unmöglichkeit natürlicher Gotteserkenntnis heute, Leiden: Brill 1985, 1–30, 9.

[12] Vgl. A. Kreiner, Ende der Wahrheit?, Freiburg 1992, 498: „Die sprachspieltheoretische Isolierung verweist den Glauben in eine ‚linguistische Nische‘, in der er sein Sonderdasein ungestört und einigermaßen geduldet fristen kann.“

[13] N. Fischer, Die philosophische Frage nach Gott, Paderborn 1995, 250 f. Diesen „konstitutive(n) Anspruch der Wissenschaften“ (ebd.) einzulösen wird allerdings schwer sein, „da nicht einmal die Mathematik vom Menschen erfunden, sondern immer nur gefunden oder entdeckt werden kann, so daß ein Mathematiker zwar Atheist sein mag, die Mathematik selber jedoch nicht ohne Gott Bestand und Überzeugungsgewicht besitzt: absolute Verkettungen lassen sich eben nicht von einem kontingenten Geist konstituieren“ (Deku, Die Konkurrenzlosigkeit des Christentums, in: Wahrheit und Unwahrheit der Tradition, 359–376, 360).

[14] J. Splett, Agnostizismus, in: SM, Bd. I (1967), 54.

lassen.[15] Nur Gehässigkeit würde darum diese Selbstbescheidung, die intellektueller Redlichkeit entstammt, methodischen Atheismus oder eine „Sabotage der Gedanken“[16] nennen, entspricht sie doch der sokratischen Tradition (Wissen des Nichtwissens) und dem Kantischen Anspruch, das Wissen aufzuheben, um zum Glauben Platz zu bekommen.

Vergegenwärtigt man sich allerdings, daß schon Bruaires Dissertation einem Gottesbeweis aus der Vollständigkeit der Existenz gewidmet war und man ihn unter die „Verteidiger des ontologischen Arguments“ zählt,[17] wird man nicht erwarten, daß er das Problem in der Schwebe beläßt. Für ihn existiert Gott, oder er existiert nicht, *tertium non datur.* Bruaire akzeptiert hier nicht, was er „Winkelzüge“ nennt.[18]

Ohne weiteres wird man in der oben erwähnten Haltung, so bescheiden sie sich auch geben mag, immerhin einen Anspruch feststellen. Der Verzicht auf metaphysische Spekulation behauptet unweigerlich sich selbst und damit die Wahrheit seines Anspruchs. Daher ist es ein Leichtes, den Standpunkt der Selbstbescheidung mit dem Hinweis auf Wahrheit zu retorquieren. „Wenn Menschen behaupten, sie wüßten nicht, was die Wahrheit sei, darf man sie höflichst darauf hinweisen, daß sie wissen, was die Lüge ist. Die Lüge setzt die Wahrheit voraus.“[19] So mag man zwar die Unhaltbarkeit einer zuletzt unentschiedenen Position erwiesen haben, aber – was ist Wahrheit (Joh 18,38)? Ist das eine Wahrheit, die unbedingt fordern kann? Wahrheit ist auch ein sehr allgemeiner und formaler Begriff, von dem es fraglich ist, ob er allein für die Erörterung der philosophischen Gottesfrage etwas hergibt.[20] Und eine wie auch immer geartete metaphysische Unruhe, die man Suche nach der Wahrheit nennen kann, wird ihre Erfüllung in einem bloß formalen Kriterium nicht finden können, wenn es auch so unbedingt gültig ist wie das Widerspruchsprinzip.

[15] Vgl. M.Heidegger, Nietzsche, Bd. I, Pfullingen 1961, 366: Gottesbeweis beweist nichts, „weil ein Gott, der sich seine Existenz erst beweisen lassen muß, am Ende ein sehr ungöttlicher Gott ist und das Beweisen seiner Existenz höchstens auf eine Blasphemie hinauskommt.“

[16] T. W. Adorno, Minima Moralia (1951), Frankfurt 1984, 99, vgl. ders., Negative Dialektik, Frankfurt ^{3}1982, 45: „Die Funktion des Begriffs von Sicherheit in der Philosophie schlug um. Was einmal Dogma und Bevormundung durch Selbstgewißheit überholen wollte, wurde zur Sozialversicherung einer Erkenntnis, der nichts soll passieren können. Dem Einwandfreien passiert tatsächlich nichts.“

[17] Vgl. X. Tilliette, Quelques défenseurs de l'argument ontologique, in: AF 58 (1990) 405–420.

[18] PM, 45: „Car où il s'agit d'existence on ne peut biaiser, Dieu existe ou non, il n'y a pas de troisième terme.“

[19] W. Kraft, Zeit aus den Fugen, Frankfurt 1968, 223, zit. bei Splett, Leben als Mit-Sein, 19. Vgl. auch Deku, Einiges über Wahrheit, 113: „verum est index sui et falsi, d. h., *das Falschsein von etwas kann nur auf dem Hintergrund der Wahrheit erkannt werden,* während diese als solche einleuchtet und des Gegensatzes nicht bedarf. Ohne Wahrheitsbewußtsein kann konsequent überhaupt nicht gedacht werden. Wollte man nämlich jegliche Wahrheit leugnen, so ließe sich auch diese Behauptung nur als Wahrheit formulieren: quia si nulla veritas est, verum est nullam veritatem esse“.

[20] Vgl. L. B. Puntel, Wahrheit, in: HPhG, Bd. 3 (1974), 1649–1668, 1649: „Kaum ein anderer Grundbegriff der philosophischen Tradition beansprucht eine so zentrale Relevanz und ist gleichzeitig einer so großen Bedeutungsschwankung und -unbestimmtheit unterworfen wie der Begriff der Wahrheit.“ Die Antwort auf „die Wahrheitsfrage“ muß daher heißen: „Wie lautet überhaupt die sogenannte Wahrheitsfrage?“ (H. Lübbe, Religion nach der Aufklärung, Graz 1986, 125).

Vielleicht wird man aber doch einwenden dürfen: Die Unmöglichkeit, weder ein Ja noch ein Nein philosophisch begründen zu können, bedrängt letztlich das Ja, verunmöglicht es und bestätigt dafür das Nein, denn die Negation ist die Wahrheit des dauerhaften Zweifels. Das gilt genauso für ein vorsichtiges In-der-Schwebe-Lassen, dessen Konsequenz im Laufe der Zeit und durch die Macht der Gewohnheit unweigerlich die sein wird, daß man denkt, „was solcherart aus methodischen Gründen in Klammern gesetzt ist, existiert nicht."[21] Insofern ist das Argument unfair, es ist geradezu sophistisch: Daß man etwas nicht erkennen kann, bedeutet auf Dauer nichts anderes, als daß es überhaupt nichts zu erkennen gibt, denn „die Unmöglichkeit einer philosophischen Behauptung Gottes ist von der Bestreitung einer philosophischen Gewißheit nicht zu unterscheiden".[22] Ob die Schlußfolgerung nun negativ oder unmöglich ist, das Resultat ist das gleiche. Es handelt sich hier um eine zwar nicht so sehr formelle, dafür aber durchaus vollzogene Parteilichkeit, die dem Interesse neuzeitlich-quantifizierenden Denkens sehr entgegenkommt. „Im philosophischen Register nimmt diese Gottvergessenheit die ausdrückliche Form einer Bilanz an: Abwesenheit Gottes, Abweis schon dessen Problems, Annulierung des Begriffs des Absoluten selbst. Dort, wo unter dem Vorwand der Human- und Naturwissenschaft die Systematizität des ‚Wirklichen' behauptet wird, bleibt für die Bedeutung des Göttlichen selbst kein Platz mehr."[23]

Weiters: Führt die Selbstbescheidung der philosophischen Vernunft nicht zwangsläufig dazu, daß das für die Theologie konstitutive philosophisch-vernünftige Element mit ihr in ein Reservat gerät, in dem man sich vielleicht bequem eingerichtet hat, das aber nicht die mangelnde Konvergenz christlicher und rationaler Ansprüche zu verdecken vermag, so daß man keinen Schritt über das schizophrene Regime einer in Glaube und Denken unterteilten Existenz hinaus kommt? Für einen glaubenden und vernünftigen Menschen, dessen Geist nach Einheit sucht, ist ein Dualismus von Glaube und Vernunft inakzeptabel. Und es hilft nichts, sich auf die Rationalität des Glaubens mit dem Hinweis zu kaprizieren, es handle sich um „Glaube im Modus des Denkens". Der uralte Konflikt zwischen Glaube und Denken wird um den neuerlichen Graben von

21 FE, 16. Vgl. RP, 58: „Clamer que ce qui est mis entre parenthèses n'existe pas relève non du sophisme, mais de la démence."

22 PM, 45, 53: „l'indifférence se résout en négation", PM, 136: „Tenir à même distance de l'affirmation le oui et le non, les reléguer dans l'identique préjugé, revient à nier le oui et à rallier le non. En rigueur, la négation et la déclaration d'impossibilité absolue, définitive, de conclure, sont indiscernables. Sous peine d'éviter la logique au prix du verbalisme, le pur possible et le pur impossible sont strictement équivalents." Vgl. Lübbe, Religion nach der Aufklärung, 248: „Leider gibt es unverändert Theologen, die, zum Beispiel, geneigt sind, es für ein Argument, das für ihre Sache spricht, zu halten, daß ebensowenig wie die Existenz Gottes auch seine Nicht-Existenz beweisbar sei. Nach bewährten Regeln traditioneller Argumentations-Moral wäre doch dagegen zu erwidern, daß, wenn für eine Behauptung ebensowenig wie gegen sie überzeugende Gründe mobilisierbar sind, das Behaupten in diesem Fall zu unterlassen wäre."

23 PM, 13.

Denken und Wissen noch verschärft, wenn man unter Denken nur so etwas wie ein beliebiges Glasperlenspiel versteht.[24]

Wenn der Streit um den Gott der Philosophen dadurch entschieden wird, daß die Philosophen nichts Gültiges mehr über Gott zu sagen haben, ist das Christentum schlecht beraten, in dieser Situation das Scheitern konkurrierender Instanzen zu zelebrieren und gleichsam privatim weiterzudenken. Mit diesem Pyrrhussieg würde das Christentum den epiphanischen Charakter der Offenbarung leugnen, denn das, was einsichtig ist, wird entweder durch eine deutliche, nicht-widersprüchliche und allgemeine, das heißt philosophische Sprache aufgenommen, oder gar nicht. Und die Offenbarungsbotschaft impliziert prinzipiell, allen Menschen aller Zeiten zugänglich zu sein und sich der vernünftigen Einsicht nicht zu verschließen. „Es gibt nur eine mögliche Offenbarung des Absoluten, die, welche entschieden an das Licht der allgemeinen Vernunft kommt. Und wenn man sich ständig darin wiederholt zu sagen, daß Gott zu groß ist, zu schwierig, zu kompliziert, um zur Einsicht des Menschen zu gelangen, gibt man bloß den Unsinn der behaupteten Offenbarung zu."[25] Und ganz gleich, mit welchen Autoren man aufwartet, um zu zeigen, daß Gott ganz anders ist, als die Bilder, die man sich von ihm macht: Das christliche Bekenntnis ist darum nicht weniger fideistisch.

Das will nicht heißen, daß die Einforderungen der Vernunft wie die des Glaubens nicht ihre Eigenheiten hätten, doch nur innerhalb der größeren Einforderung, daß die Wahrheit als solche auch erkannt werde. Die Offenbarung beansprucht Universalität und Wahrheit, und „was der Gläubige von der Vernunft als Wahrheitsinstanz erwartet, ist, daß sie diese Wahrheit des Wortes manifestiert", was noch kaum geleistet worden ist.[26] Für eine Religion des Wortes wie die

[24] Vgl. K. Rosenkranz, Georg Wilhelm Friedrich Hegels Leben (1844), Darmstadt 1998, 48: „Es ist die Nothwendigkeit des Geistes selbst, *zwischen seiner Religion und seiner Philosophie keinen Dualismus* zu dulden. In den einzelnen Philosophen kommt diese Nothwendigkeit nur auf besondere Weise zum Vorschein. Den hierarchisch gesinnten Theologen ist das Salz der Speculation allerdings oft unbequem gewesen. Sie haben die Religionsphilosophie, die speculative Theologie als einen unerlaubten Eingriff in ihre Domaine betrachtet und sie oft als eine verderbliche Anmaßung verketzert. Aber die göttliche Vernunft ist natürlich stärker, als solch' herrschsüchtiger Dünkel und die Philosophie hat, trotz aller Polemik klerikalischen Hochmuths, immer von Neuem das Selbstbewußtsein in seinem Glauben mit dem Wissen zu versöhnen gesucht."

[25] DD, 24. Vgl. FE, 90: „Une religion, une foi religieuse qui mépriserait la raison, ce serait l'esprit qui se révoquerait lui-même. A l'inverse, à l'autre extrême, il est une forme de rationalisme qui, résorbant la foi sous prétexte qu'elle n'est que sentiment, qu'elle dit des choses inacceptables par la raison, finit par offrir la caricature d'une raison, c'est-à-dire une raison close, fermée, qui aurait réponse à tout, et finalement qui ne serait pas la pensée rationnelle en exercice, mais le mythe d'une raison toute faite au-delà de laquelle il n'y a rien."

[26] A. Gesché, Le Dieu de la Bible et la théologie spéculative, in: EThL 51 (1975) 5–34, 12. Siehe auch Augustinus, *Sermo* 43 (Glauben, um zu verstehen, verstehen, um besser zu glauben, zit. im KKK [1992], 158). Wenn seinerseits Pascal vor zwei gleichgefährlichen Exzessen warnt: „exclure la raison, n'admettre que la raison" (Pensées [ed. Brunschvicg], 253, vgl. ebd., 273: „Si on soumet tout à la raison, notre religion n'aura rien de mystérieux et de surnaturel. Si on choque les principes de la raison, notre religion sera absurde et ridicule"), dann lassen sich diese Einsichten vor der Paradoxie nur dann retten, wenn man unter der bloßen „raison" eine defekte, sich um die eigenen Vermögen beschneidende Vernunft versteht. Diese ist allerdings mit dem Glauben inkompatibel, vgl. Augustinus, De vera rel. V, 8: „Sic enim creditur et docetur quod est humanae salutis caput, non aliam esse

christliche Offenbarung steht das Glaubensdenken in notwendigem, integralem und stetem Zusammenhang mit der philosophischen Vernunft. Die Behauptung der epiphanischen Offenbarung Gottes spricht auch das Verbot aus, die Botschaft an alle auch nur im geringsten für die gemeinsame Vernunft versiegelt zu halten, die alleiniges Aufnahmeorgan derjenigen Universalität ist, welche zu sein die Offenbarung behauptet.

Damit ist aber nicht gesagt, daß sich das philosophische Denken keiner Reinigung zu unterziehen hätte. Die Offenbarungsbotschaft schafft sich ihre Verstehensmöglichkeit dadurch, daß sie die von ihr angesprochenen Verstehensinstanzen berührt und erhöht, ohne sie aber ihrer Eigenheiten zu berauben. Dann erst gilt: „Die Wahrheit der christlichen Religion ist, nicht nur weil die Menschen sie sonst nicht verstünden, sondern von ihrem absoluten Gegenstand her ‚Begriff'. Er vollendet sich erst darin, daß er sich ganz dem menschlichen Begreifen hingibt und sich in dessen Medium entäußert."[27]

Wenn statt dessen mit dem Hinweis auf die Notwendigkeit der Gnade Gottes zu dessen adäquater Erkenntnis zugleich die Möglichkeit einer Gotteserkenntnis überhaupt ausgehöhlt wird, dann ist nicht gewährleistet, daß es der Mensch ist, der den ihn bewegenden Gott erkennen wird. Eine Selbstbescheidung gegenüber dem Überempirischen beschwört letztlich nur die Gefahr des Extrinsezismus herauf, da ohne ein Vorverständnis, über das die Metaphysik reflektiert, der Mensch gar nicht in der Lage wäre, eine Offenbarung als solche zu vernehmen, zumal eine Offenbarung an der Vernunft des Menschen vorbei so gut ist wie gar keine.

Es ist wohl nicht falsch, der zeitgenössischen Situation einen Mangel an Gefühl zu bescheinigen, sowohl für die metaphysische Mitgift des Geistes als auch für die konkreten Wege, in denen metaphysisches Denken verlaufen ist. Für den Verlust dieses historischen Erbes spricht besonders, daß denkerische Anstrengungen selbst binnenkirchlich umstritten zu sein scheinen. Aber die geschichtlichen Gestalten der Metaphysik und die Glaubenslosigkeit heute und gestern stehen in engem Zusammenhang, wenn nicht gar in Wechselwirkung. Beider Schicksal, das der Metaphysik wie das des Glaubens, entspringt den Schwierigkeiten, den biblischen Gottesbegriff denkerisch aufzunehmen und auszufalten. Diese Schwierigkeiten wurden und werden noch durch den Versuch geschürt, den Gott der Christen vor dem begrifflichen Zugriff überhaupt zu bewahren. „So lange haben sie ihre Dogmen mit dem Wort Mysterium versehen, wie man ein Schild mit

philosophiam, id est sapientiae studium, et aliam religionem, cum hi quorum doctrinam non approbamus nec sacramenta nobiscum communicant".

[27] Simon, Zur philosophischen Ortsbestimmung theologischer Wissenschaft, 207: „Dem steht die Auffassung entgegen, daß Religion überhaupt etwas sei, was sich dem Begriff entziehe. In dieser Auffassung ist die christliche Religion unter einen allgemeinen Begriff von Religion subsumiert, der von der spezifischen Differenz dieser Religion abstrahiert." Das genau charakterisiert den sogenannten pluralistischen Ansatz: „The Eternal One is thus the divine noumenon which is experienced and thought within the different religious traditions as the range of divine phenomena witnessed to by the religious history of mankind" (J. Hick, God has many names, Philadelphia 1982, 83, zit. bei Kreiner, Ende der Wahrheit?, 455 [„Die Unterscheidung zwischen phainomenon und noumenon bildet den Dreh- und Angelpunkt des gesamten pluralistischen Ansatzes"]).

,Eintritt verboten' anbringt, daß die Christen sich schließlich Gehör verschafft haben, das heißt, daß man ihnen überhaupt nicht mehr zuhört."[28] Anstatt die ungeheure Provokation des Christentums zu erklären, hat man die Bedeutung des menschgewordenen Gottes für einen esoterischen Zirkel von Eingeweihten reserviert und die spekulative Mühe einer Philosophie überlassen, die vielleicht um so mehr in ihrer Eigenständigkeit belassen wurde, als man auch erwartete, daß sie die Theologen in Frieden lassen möge.

Durch diese Verschiebungen kommt es auch, daß das, was jeweils für den Gottesbegriff philosophischer Gotteslehre geleistet worden ist, teils Voraussetzungen gehorcht, die – weil sie nicht dem Christentum entlehnt sind – mit diesem auch nicht ohne weiteres in Einklang zu bringen sind. Es ist aber so, daß die von der Theologie in Anschlag gebrachte Gotteslehre kaum ohne ein metaphysisches Fundament auskommt. Dieses Fundament bildet auch das Forum, um sich selbst und anderen Rechenschaft über den Wahrheitsanspruch des christlichen Gottesbegriffs zu geben. Allerdings ist es dann riskant, an der Gestaltung dieses Forums nicht mitzuwirken, um so mehr und um so dringender, als philosophisches Denken in schöner Regelmäßigkeit die Tendenz hat, diesen Fragenkomplex zu desertieren.

Zuvor war es „schon eine erstaunliche Tatsache, daß die Geschichte der Gottesfrage im Abendland in erster Linie philosophisch und nicht biblisch bestimmt ist",[29] wenn man bedenkt, daß die „Eigenart des Gottes der Philosophen im eigentlichen Sinne illusorisch" ist.[30] Nun, da es bald so aussieht, als ob sich der Vernunft die Frage nach Gott weithin gar nicht mehr stellt, muß sich die Situation verschärfen. Und das unweigerliche Resultat ist vielleicht bereits eingetreten: Man erkennt seinen Gott nicht mehr.[31] Womöglich ist es jetzt „an der Zeit, daß sich die Theologen selber fragen, *welcher ihr Gott ist,* wenn sie ihm die Menschen noch zuführen wollen."[32]

Das ist allerdings keine Frage, die zum binnenkirchlichen Reservat allein gehört. Denn geradezu pikant wird das Wort vom „Gott der Philosophen" in Zusammenhang mit den unausweichlichen Voraussetzungen, die jedem Stand-

[28] DD, 107, vgl. DD, 24: „Étrange ,révélation' qui, affublée du ,mystère', de l'impératif ,défense d'entrer', ne dirait rien à l'intelligence!"

[29] J. Möller, Einleitung: Der unbewältigte Gott der Philosophen, in: Der Streit um den Gott der Philosophen, 7–16, 7.

[30] G. Gusdorf, Traité de métaphysique, Paris: Colin 1956, 394. Vgl. A. Vergote, Interprétation du langage religieux, Paris: Seuil 1974, 17: „on ne voit plus le sens d'une entreprise qui, pour mettre en relation foi chrétienne et raison humaine, voudrait désintriquer ce qui serait pure expression de la raison autonome et ce qui, dans la philosophie, viendrait de la religion. Toute pensée a eu sa terre natale en des civilisations pleines de références religieuses. L'idée d'une pure immanence philosophique n'est qu'un avatar d'un rationalisme étroit. La pensée ne peut s'abstraire de ses antécédents culturels."

[31] Vgl. P. Teilhard de Chardin, Le coeur du problème, in: L'avenir de l'homme, Paris: Seuil 1959, 339–349, 339: „Indubitablement, pour certaine raison obscure, quelque chose ne ,va plus', de notre temps, entre l'Homme et Dieu tel qu'on le présente à l'Homme aujourd'hui. Tout se passe présentement comme si l'Homme n'avait pas exactement devant soi la figure du Dieu qu'il veut adorer."

[32] DD, 89.

punkt, jeder Weltanschauung zugrunde liegen: Wahrheit, „auf die jedes Urteil entscheidend bezogen ist",[33] und die man das Absolute nennt. Während nämlich der Hinweis auf Wahrheit mit einem Achselzucken quittiert werden könnte, da man ja nicht bestreite, daß es Wahrheit gebe, sehr wohl aber ihre Erkennbarkeit, stellte sich die Situation anders dar, wenn hinter der beschriebenen Selbstbescheidung ein ganz präzises, wiewohl unausgesprochenes Vorverständnis des Absoluten identifiziert und als metaphysische, als okkult-theologische Voraussetzung kenntlich gemacht würde.

Bei dieser Suche nach den oftmals unbewußten Implikationen, die das Denken im Verlauf der Geschichte mitbestimmt haben und das zeitgenössische Erbe ausmachen, ist Bruaire ein kundiger Führer, ein beträchtlicher Teil seines Oeuvres ist selbst dieser Suche gewidmet. Man hat über Bruaires Philosophie auch aus diesem Grund geschrieben, sie spreche geradezu nur von Gott, kreise vornehmlich um das Absolute, so daß man seinem Werk sogar das Motto „de capite dimicatur" (in etwa: Mit dem Wesentlichen schlagen wir uns herum) voranstellen könne.[34] Für ihn entscheidet sich jede wichtige Philosophie genau hier, „in dem, was sie zum Prinzip erhebt, in dem, was sie vom Absoluten anerkennt."[35]

Für Bruaire steht jede Philosophie in unauflöslichem Verhältnis mit einer Metaphysik, die zumeist entschiedener ist, als ihr selbst bewußt ist. Das gilt selbst und gerade dann, wenn ein solcher Zusammenhang abgewiesen wird, „selbst wenn Gott geleugnet und Begreifen abgelehnt wird."[36] Die Philosophie kann sich nicht von ihrem Vorverständnis des Absoluten befreien, denn „das Absolute und seine Gestalten sind immer konstitutiv für die Systeme. Man leugnet immer nur einen bestimmten Gott und weist immer nur einen bestimmten Gott ab, und das immer im Namen eines bestimmten Absoluten." [37]

Egal welche Position man einnimmt, auch wer sich in Schweigen hüllt, alles philosophische Gebaren wird von Bruaire an ein Vorverständnis des Absoluten, des Göttlichen verwiesen. Denn daran, daß das Absolute und Gott synonym sind, läßt Bruaire keinen Zweifel: Die Aussage, Gott sei das Absolute, ist umkehr-

[33] J. Möller, Absolut, in: LThK^2, Bd. 1 (1957), 70. Vgl. H. M. Baumgartner, Absolut, Absolutes, in: LThK^3, Bd. 1 (1993), 78: „Gnoseologisch ist es dasjenige, was Voraussetzung u. Grdl. jeglicher Art v. Geltung ist u. unabhängig davon gilt, ob es erkannt wird od. nicht."

[34] Vgl. Tilliette, La philosophie et l'Absolu, 79. Vgl. R. Kühn, Metaphysik als Onto-do-logie, in: WiWei 50 (1987) 211–216, 213: „Keine weltanschauliche Entscheidung kann, solange der Mensch ein geistiges Geschick hat und nicht auf Animalität reduziert wird, sich der Frage des Anderen im prinzipiell-letzten Sinn entziehen. Für Claude Bruaire ist daher die maßgebliche Debatte, auch wenn sie ausweichend in die Vergangenheit verwiesen wurde, in Wirklichkeit immer die Problematik des Absoluten, des Göttlichen und des Wesens Gottes."

[35] DD, 82.

[36] PC, 10. Vgl. PM, 4: „Une philosophie peut bien nier le problème de Dieu, comme problème, mais toujours en vertu d'une certaine conception de l'absolu qui est son inévitable présupposé." Vgl. AD, 184: „toute conception de l'homme, plus généralement toute Weltanschauung, enveloppe une conception de l'Absolu."

[37] PM, 158.

bar.[38] Das heißt auch und vor allem, daß sich die Gottesfrage gemeinsam mit der Frage nach dem Absoluten entscheidet, denn für Bruaire kann die Philosophie nicht an einem anderen Unbedingten im prinzipiell letztgültigen Sinn interessiert sein als die Theologie. Die Frage nach dem Vorausgesetzten in einer jeden Philosophie ist somit mehr als eine bloß von außen herangetragene Gretchenfrage: Sie betrifft die Philosophie in ihrem Innersten. Neben der Rekonstruktion der historischen, kulturell oder anders bedingten Wege, welche die Gottesfrage im Lauf der Geschichte eingeschlagen hat, ist deswegen auch anders und tiefer nach dem notwendigen Zusammenhang zu fragen, der zwischen der Gottesfrage und dem Status des philosophischen Denkens besteht. Beides zu untersuchen, den konkreten Verlauf wie die absolute Voraussetzung, das liegt im ureigensten Interesse der Philosophie, während auf der anderen, theologischen Seite immer Rechenschaft darüber abzulegen ist: „Was wäre das für ein Glaube, der sich nicht auch vor dem Forum der Philosophie bewähren würde? Und was wäre das für ein Gott, der sozusagen in zwei Götter auseinanderfiele, einen Gott der Bibel und einen Gott der Philosophen?“[39]

Man kann nun dagegen nicht einwenden, daß die Theologie – anders als die Philosophie – ihren Gottesbegriff empfangen hat. Mit Bruaire wird man es im Gegenteil für ganz und gar unmöglich halten, ein Absolutes erfinden zu können, etwa als Resultat einer autonomen Deduktion. Vom Absoluten ist zwar zu sagen, „daß es wesentlich *Resultat,* daß es erst am *Ende* das ist, was es in Wahrheit ist“,[40] aber als Resultat des Nachdenkens, als Entfaltung seiner Momente ist das Absolute selbst die Bedingungsmöglichkeit des denkerischen Nachvollzugs. Das Absolute ist Resultat der Entfaltung seines Begriffs, nicht aber dessen Produkt.[41] Vielmehr ist es als das absolut Erste und Letzte noch der Hintergrund aller Voraussetzungen, die man zu machen nicht umhin kann. Wenn diese Voraussetzungen nicht deutlich gemacht werden, bleibt eine Art okkulter Ballast übrig, der gleichsam von unten her alles philosophische Bemühen durchdringt. Bruaires ganzes Werk kann dagegen als ein Versuch gelesen werden, das verborgene Absolute in den Systemen der philosophischen Denker ans Licht zu bringen, um ihnen ein bestimmtes Absolutes gegenüberzustellen, über das man sich nicht auszuschweigen braucht.

Als Unbedingtes, Prinzipielles ist das Absolute Anfang und Ziel einer jeden Suche nach dem Wahren. Jedes denkerische System, welcher disziplinären Zu-

[38] AD, 182 („la proposition : Dieu est l'Absolu, est convertible“), PM, 56 („Dieu est bien l'absolu“), EE, 108 („l'absolu est Dieu“), 204 („l'absolu que la religion nomme Dieu“), FE, 72 („Dieu, en effet, c'est le nom que les religions prononcent pour dire ce que la pensée de tout homme conçoit comme l'absolu“), LD, 23 („Présupposés concernant l'Absolu, que les religions nomment Dieu“). Die direkte Gleichsetzung des Absoluten mit Gott ist wenigstens seit Anselm von Canterbury geläufig, vgl. R. Kuhlen, Absolut, das Absolute, in: HWP, Bd. 1 (1971), 12–31, 13.

[39] P. Henrici, Der Gott der Philosophen, in: Glauben – Denken – Handeln, Köln 1993, 84–97, 84.

[40] Hegel, Phänomenologie des Geistes, 21.

[41] Vgl. Tilliette, La philosophie et l'Absolu, 82: „En effet l'absolu est le plus souvent Dieu par prolepse, il est Dieu au terme de son déploiement comme Esprit Absolu ... Bruaire est prêt à admettre avec Hegel que l'Absolu est résultat“.

ordnung es auch angehört, hat ein bewußtes oder unbewußtes, dafür aber immer ganz bestimmtes Verständnis vom Absoluten. Das bedeutet, daß das Absolute immer schon vorgefunden wird, von der Philosophie genauso wie von der Theologie. Es ist in jederlei Hinsicht vorgängig, und dem Philosophen geziemt es, „zu wissen, was man voraussetzt, was als Grund unserer Gedanken gedacht wird, als Prinzip unserer Behauptungen und unseres Abweisens, statt sich selber im Verstoßen der Metaphysik mißzuverstehen."[42]

Die jeweils namhaft zu machenden Voraussetzungen betreffen nicht etwa bloß das Problem der Existenz Gottes: Sie klären den Status des Denkens überhaupt. Wird nämlich Gott als eine mit der Freiheit des Fragens inkompatible Voraussetzung abgelehnt, stellt sich die Frage, welchen Voraussetzungen (sc. Götzen) das Denken dann gehorcht. Oder ist es philosophisch, sich der Illusion der Voraussetzungslosigkeit hinzugeben? Philosophisch ist das Denken erst, wenn es sich über seine Prinzipien klar wird, die das Denken konstituieren und über die es nicht frei verfügen kann. Und „wenn sich das Fragen selbst befragt, wird es seine eigenen Vorurteile entdecken, die den Sinn entstellen, den wir weder erfinden noch setzen können, den Begriff, der sich der Einsicht auf absolute Weise auferlegt, weil er das Absolute als Begriff ist."[43] Das Absolute erschließt sich selbst dem diskursiven Denken, setzt erst die Freiheit des Denkens ein und verleiht diesem alle Rechte, wenn sich das Denken nur darauf einläßt. Das kann man die Selbstreferentialität des Absoluten nennen.[44]

Das Absolute kann mittels begrifflichen Denkens erreicht werden, weil es sich selber zu denken gibt. Daher sind auch die Einwände unstatthaft, solcherart mache man das Absolute dem Begreifen untertan, man verendliche Gott, mit der Konsequenz, daß Gott dann nicht mehr Gott wäre: „Indem man vom Absoluten spricht, verendlicht man seinen Begriff, determiniert man seine Geltung".[45] Alle Einwände jedoch, die gegen eine begriffliche Unterwerfung Gottes laut werden, scheinen für sich selbst vorauszusetzen, was sie zu bekämpfen vermeinen: Sie verkennen die Eigenart der begrifflichen Rekonstruktion überhaupt, die eben nicht darin besteht, ein Universum schöpferisch aus sich selbst zu entlassen, und die auch hinsichtlich ihres Sich-Einlassens auf die Wirklichkeit an diese gebun-

[42] PM, 8. Vgl. DD, 82: „Mieux vaut reconnaître ses présupposés, nul n'en est exempt. Pourquoi? Parce que nul ne peut s'empêcher d'amarrer sa pensée à quelque principe. Mais qu'est-ce qu'un principe, rigoureusement parlant, c'est-à-dire un principe sans principe, sinon une forme ou une autre de l'inconditionné, c'est-à-dire une conception, explicite ou non, claire ou obscure, de l'absolu? Tout le reste est second, dérivé, conséquence, application."

[43] PM, 27.

[44] Vgl. R. Spaemann, Niklas Luhmanns Herausforderung der Philosophie, in: N. Luhmann, Paradigm lost: Über die ethische Reflexion der Moral, Frankfurt 1990, 47–73, 65 f.: „Denken des Absoluten. Das Absolute kann nicht den Charakter eines Objekts haben, das auf ein Subjekt bezüglich ist. Es muß selbstreferentiell gedacht werden, d. h. sein Gedachtwerden muß ein Moment an ihm selbst sein." 67: „Und, wie es in der Einleitung der ‚Phänomenologie des Geistes' heißt: Wenn es – das Absolute – nicht an und für sich schon bei uns wäre und sein wollte, würde es der List spotten, sich seiner bemächtigen zu wollen." Vgl. auch J.-P. Changeux, P. Ricoeur, Ce qui nous fait penser, Paris: Odile Jacob 1998, 246 („autoréférentialité de la normativité").

[45] A. Liebert, Der Geltungswert der Metaphysik (1914), zitiert bei Kuhlen, Absolut, das Absolute, 28.

den bleibt. Begriffliches Denken, wie es Bruaire versteht, setzt vielmehr voraus, ein Bestimmtes adäquat zur Sprache zu bringen, insofern es die Wirklichkeit selbst ist, die sich als bestimmte zum Ausdruck bringt. Der Vorwurf, den Gottesgedanken in das endliche Ich einzuschließen, hat dagegen zur Voraussetzung, daß das philosophische Denken bei sich selbst beginne.

Bemerkenswerterweise ist es ausgerechnet die Bestimmung der Philosophie als „das freie, von sich aus vollzogene Sicheinlassen auf das Seiende als solches", das „von sich aus, ihrem Wesen nach, verlangt und bestimmt, daß und wie der Gott in sie komme",[46] welche die Blasphemie zu entlarven glaubt, die darin bestehen soll, einen adäquaten Gottesbegriff zu erarbeiten.[47] Für sich selbst glaubt diese Bestimmung der Philosophie den Vorwurf einer Verendlichung Gottes los zu sein. Sie spielt die Ikone des unsichtbaren Gottes (Kol 1,15), des Ganz-Anderen, den sie (phänomenologisch) in dessen Distanz zu bewahren sucht, gegen das begriffliche Götzenbild aus, den ontologischen Begriff, diese „Hypostase des Satzes vom Grund", die – von Hegel zu Feuerbach – das Menschliche mit dem Göttlichen koinzidieren ließ.[48] „Wahre" Metaphysik dagegen, wie sie profilierte Vertreter der neueren Phänomenologie verstehen, „nähert sich an, ohne zu berühren",[49] verläßt die Pfade der Onto-theo-logie, die sich das Göttliche verfügbar machen wollte, indem sie die radikale Andersheit, das göttliche Proprium eliminierte.[50]

[46] M. Heidegger, Identität und Differenz, Pfullingen 1957, 46f. Das Zitat macht sich J.-L. Marion, L'Idole et la distance, Paris: Grasset 1977, 34, zu eigen. Vgl. auch Heidegger, Nietzsche, 14: „Es gibt keine wahrhafte Philosophie, die sich irgendwoher anders als aus sich selbst bestimmen könnte."

[47] Vgl. J.-L. Marion, De la „mort de Dieu" aux Noms divins : l'itinéraire théologique de la métaphysique, in: D. Bourg (Hrsg.), L'être et Dieu, Paris: Cerf 1986, 103–130, 109f.: „Le blasphème de l'athéisme conceptuel consiste sans doute à nier la réalité de Dieu, mais aussi bien à prétendre que le concept dont il joue pour y parvenir épuise ou même atteint adéquatement Dieu même. Or le théisme partage cette prétention foncière (...) Dans l'un et l'autre cas, le concept s'approprie Dieu."

[48] Marion, L'Idole et la distance, 31. Vgl. Hegel, Phänomenologie des Geistes, 529: „die göttliche Natur ist dasselbe, was die menschliche ist, und diese Einheit ist es, die angeschaut wird." Feuerbach, so Marion, L'Idole et la distance, 30, formuliert nur den Verdacht, das Göttliche koinzidiere nur insofern mit dem Menschlichen, als es sich von diesem niemals unterschieden habe.

[49] E. Levinas, Totalité et infini, Den Haag: Nijhoff [4]1974, 81.

[50] Mit unverhohlener Sympathie läßt sich J.-L. Marion bei der Autopsie des begrifflichen Kadavers von F. Nietzsche anleiten. Nur dem gottbildenden Willen (Also sprach Zarathustra II, Auf den glückseligen Inseln) war es möglich, Gott zu töten, da die Dämmerung auf den moralischen Götzen fällt; niemand kann Gott sehen, ohne daß Gott darob stürbe, der Mensch lehnt nur das von ihm Erreichte ab (Marion, L'Idole et la distance, 53). Die Illusion („Wahnsinn") „Gott" kann nur fallen, weil es sich dabei um ein Götzenbild handelt, dem man zu nahe gekommen ist (Zarathustra I, Von den Hinterweltlern). Nietzsches heiliger Zorn erregt sich mehr gegen den Begriff Gottes, denn auf diesen selbst (Antichrist § 16), denn es ist göttliches Privileg, nicht der „Nothdurft der Logik" unterworfen, sondern unbegreiflich zu sein (Morgenröte V, § 544). Die Distanz, die Marion gegen das Götzenbild anführt und als deren Kantoren er Nietzsche wie Hölderlin anführt, ist auch der Grund für deren „enténèbrement": „Mais comme aspiré à travers les idoles, jusqu'au divin même, il (sc. Nietzsche) y a succombé. Dionysos l'a touché" (Marion, L'Idole et la distance, 105). Die „intimité de l'homme au divin croît avec l'écart qui l'en contre-distingue, loin de le diminuer. Le retrait du divin constituerait peut-être sa figure ultime de révélation" (ebd. 114 über Hölderlin).

In grober Verkennung dessen, was begriffliches Denken sein soll, wird vielfach gewähnt, daß ein in sich geschlossenes metaphysisches System Ausdruck einer Gewalttat sei, die auf totalitäre Art versuche, sich die Wirklichkeit einzuverleiben. Neuerdings hat besonders Emmanuel Levinas an die Adresse der Systeme den grundsätzlichen Vorwurf gerichtet, durch begriffliche Rekonstruktion nichts anderes denn eine Assimilation des Universums betrieben zu haben. Eigentliche Definition der Philosophie sei es, sich schon im voraus in dem Licht eingeholt zu haben, das sie hätte leiten sollen, und das sei das untrügliche Symptom für die unüberwindliche Allergie, welche die selbstische Philosophie angesichts des anderen empfinde.[51] Die Systeme seien in ihrem Bestreben, das Ganze der Wirklichkeit zu beherrschen, Ausdruck eines Imperialismus des denkenden Ichs. Aus diesem totalitären Anspruch stammten alle anderen Totalitarismen, deren Inbegriff der Krieg sei, für welche Deutung das Diktum Heraklits als Zeuge herangezogen wird, der Krieg sei Vater aller Dinge.[52]

Ähnlich, wenngleich unter anderen Vorzeichen, kommt das ausdrücklich gegen Hegel – den Prototyp des Systematikers – gerichtete Wort Adornos zu stehen: „Das Ganze ist das Unwahre."[53] Letztlich ist es der Anspruch des menschlichen Geistes, eine alles auf sich reduzierende Totalität aus sich heraus errichten zu wollen, der von Adorno stilsicher als gefährliche Borniertheit entlarvt worden ist.[54] Anders aber als bei Levinas wird an der Möglichkeit festgehalten, daß in einer Art „zweiter Aufklärung" das bestimmende Denken selbst seine eigenen Ansprüche beschneidet, um Raum für die Erfahrung des „Nichtidentischen" zu schaffen.[55] Trotzdem: Die von der Kritischen Theorie, ihren Epigonen und weiterführenden Denkern inkriminierte „Reduktion von Natur auf Einheit", die nur um den Preis der „Verwerfung des nicht positiv Bestimmbaren durch die philosophierende

[51] E. Levinas, La trace de l'autre, in: En découvrant l'existence avec Husserl et Heidegger, Paris: Vrin 1982, 187–202, 188: „La philosophie est atteinte, depuis son enfance, d'une horreur de l'Autre qui demeure Autre, d'une insurmontable allergie"; 189: „La philosophie de Hegel représente l'aboutissement logique de cette allergie foncière de la philosophie (...) L'action à l'avance récupérée dans la lumière qui devait la guider, c'est peut-être la definition même de la philosophie."

[52] Vgl. Levinas, Totalité et infini, IX f. (Ontologie als unausweichliche Ordnung des Seins und seiner Gewalt), vgl. A. Peperzak, Der Andere und die Metaphysik. Emmanuel Levinas als Kritiker der westlichen Ontologie, in: A. Halder et al. (Hrsg.), Religionsphilosophie heute, Düsseldorf 1988, 104–117, 106: „Es ist eine Grundthese von Emmanuel Levinas, daß die westliche Philosophie von Parmenides bis Heidegger unter der Botmäßigkeit der Begriffe Totalität und Identität steht, und daß die damit verknüpfte Stellung des Erkenntnissubjekts die eines Ego ist, das sich als Zentrum seines theoretischen Universums betrachtet."

[53] Adorno, Minima Moralia, 56, gegen Hegel, Phänomenologie des Geistes, 21: „Das Wahre ist das Ganze." Zur neueren Variante „Krieg dem Ganzen!" (J.-F. Lyotard) vgl. J. Lau, Der Jargon der Uneigentlichkeit, in: Merkur 52 (1998) 944–955.

[54] Vgl. Adorno, Negative Dialektik, 199: „Geist, der Totalität sein will, ist ein Nonsens, ähnlich den im zwanzigsten Jahrhundert arrivierten Parteien im Singular, die keine andere neben sich dulden, und deren Namen in totalitären Staaten als Allegorien unmittelbarer Gewalt des Partikulären grinsen."

[55] Vgl. Adorno, Negative Dialektik, 145 f., H. Staudinger, M. Horkheimer, Um die Zukunft von Aufklärung und Religion, Wuppertal 1991, 92–96 (Anliegen der zweiten Aufklärung als völlige Neukonzeption der Metaphysik angesichts der bisherigen Vereinnahmung des Fremden durch philosophischen Imperialismus).

Abstraktion" „Prinzipien der Naturbeherrschung" stiftet,[56] trifft sich mit Motiven bei Levinas, für die das von Franz Rosenzweig übernommene Diktum „von Ionien bis Jena" stehen mag. Die von Adorno und Max Horkheimer skizzierte Dialektik der Vernunftgeschichte zwischen Naturverfallenheit und Naturbeherrschung kommt dank der Griffigkeit solcher Formulierungen wie auch im Namen des von Levinas eingeklagten ethischen Imperativs zu später Geltung.[57]

Der vermeintliche Anspruch der Philosophie, voraussetzungslos zu verfahren, krankt einerseits an der Verwechslung von Voraussetzung und Vorurteil, andererseits steht er in engem Zusammenhang mit dem neuerdings beliebten Dogma von der prinzipiellen Unabschließbarkeit des philosophischen Denkens. Da es dem Philosophen um die Freiheit seines Denkens geht, kann er sich nur schlecht mit einer wie auch immer vorgegebenen Wahrheit abfinden. So wird er die evangelische Befreiung durch die Wahrheit (Joh 8,32) dahingehend präzisieren, daß die Suche nach der Wahrheit es ist, in der die Freiheit des philosophischen Denkens ihre Verwirklichung erfährt.[58] Man wird aber den Verdacht nicht los, daß die Philosophie ihre Aufgabe mehr in der präzisen Formulierung ihres Fragens sieht denn im Anbieten konsistenter Antworten, wenn diese Antworten etwas Verbindliches und Verpflichtendes, etwas Fertiges bzw. Starres haben.[59]

[56] K. H. Haag, Der Fortschritt in der Philosophie, Frankfurt 1983, 16.

[57] Motivgeschichtliche Parallelen bei W. Lesch, Philosophie als Odyssee, in: G. Fuchs (Hrsg.), Lange Irrfahrt – große Heimkehr, Frankfurt 1994, 157–188. Als weiteres Motiv hat die im (feministischen) Fahrwasser der „école freudienne" J. Lacans unterstellte Gleichsetzung von Logos und männlich-herrschaftlicher Sexualität (Phallogokratie) zu gelten, vgl. L. Irigaray, This Sex Which Is Not One, Ithaka: Cornell UP 1985: „Ohne Zweifel ist dieses Begehren (sc. der Frau) vom Logos unterdrückt worden, der das Abendland seit der Zeit der Griechen beherrscht" (zit. bei M. Lau, Das Unbehagen im Postfeminismus, in: Merkur 52 [1998] 919–928, 924). Via Dekonstruktion (Derrida) trifft sich die Sprengung des Selbst durch das andere bei Levinas ohnehin mit Motiven der Postmoderne.

[58] Vgl. PM, 131: „Il est une affirmation, dans le message du Christ, que tout philosophe accorde spontanément, au point d'y reconnaître sa propre formule dérobée : ‚La vérité vous rendra libre.' Mais il n'y adhère pas sans vouloir la compléter en explicitant un sous-entendu. Il faudrait, selon lui, adjoindre ‚la recherche de la vérité'". So hat beispielsweise F. Schlegel im Kantischen Dogma von der Unerkennbarkeit „absoluter Wahrheit" die „Urkunde für die Freyheit der Gedanken und des Geistes" gesehen, mit der bemerkenswerten Schlußfolgerung: „Die Wahrheit ist relativ" (Transzendentalphilosophie [1800/01], zitiert bei Kuhlen, Absolut, das Absolute, 20).

[59] Die Verabschiedung gesicherten Wissens zugunsten „unablässige(n) Suchen(s) nach Wahrheit" (K. R. Popper, Logik der Forschung, Tübingen ^{6}1976, 225) findet sich freilich schon bei Lessing: „Nicht die Wahrheit, in deren Besitz irgend ein Mensch ist, oder zu sein vermeint, sondern die aufrichtige Mühe, die er angewandt hat, hinter die Wahrheit zu kommen, macht den Wert des Menschen ... Wenn Gott in seiner Rechten alle Wahrheit, und in seiner Linken den einzigen immer regen Trieb nach Wahrheit, obschon mit dem Zusatze, mich immer und ewig zu irren, verschlossen hielte, und spräche zu mir: wähle! Ich fiele ihm mit Demut in seine Linke, und sagte: Vater, gib! die reine Wahrheit ist ja doch nur für dich allein!" (G. E. Lessing, Eine Duplik, in: Gesammelte Werke, Berlin 1956, Bd. VIII, 27), vgl. Gläßer, Verweigerte Partnerschaft?, 125 f. Der frivole Vorzug, den Lessing der Suche vor der Wahrheit gibt, steht in Zusammenhang mit einer Vorstellung, über die Jacobi Bericht erstattet: „Mit der Idee eines persönlichen, schlechterdings unendlichen Wesens, in dem unveränderlichen Genusse seiner allerhöchsten Vollkommenheit, konnte sich Lessing nicht vertragen. Er verknüpfte mit derselben eine solche Vorstellung von unendlicher Langeweile, daß ihm angst und weh dabei wurde" (H. Scholz [Hrsg.], Die Hauptschriften zum Pantheismusstreit zwischen Jacobi und Mendelssohn, Berlin 1916, 77, 95, zit. bei Deku, Einiges über Wahrheit, 114). Vgl. auch die Verse aus Schillers Kassandra: „Nur der Irrtum ist das Leben, Und das Wissen ist der Tod".

Die Philosophie steht offenkundig vor einem Dilemma. Auf der einen Seite glaubt sie, sich von einem Eindringen alles Nicht-Philosophischen befreien zu müssen und nur so die Eigenständigkeit ihres Unterfangens sichern zu können. Davon zeugen beredt die vielfältigen Letztbegründungsversuche, die sich mittlerweile Hausrecht in vielen Bereichen erworben haben. Auf der anderen Seite hat sie Angst vor dem Resultat – dem Ganzen –, ohne zu sehen, daß man sich davor nur zu fürchten hat, wenn es tatsächlich das sich autonom aus sich selbst entlassende und vollkommen voraussetzungslos verfahrende Denken ist, das dieses Ganze zum Resultat macht.

Freilich stammt der Mythos des sich selbst entlassenden Denkens aus einer Engführung, die zum schwierigen Erbe der Vernunftgeschichte gehört. Bruaires Auffassung der Vernunft als vernehmendes, ontologisch an die bestimmte Wirklichkeit gebundenes Vermögen steht in Widerspruch zu einer verbreiteten Auffassung von Vernunft, die am besten als instrumentell zu bezeichnen ist. Dieses Vernunftverständnis hat ihr Ideal in der naturwissenschaftlichen Erkenntnisweise und gipfelt in der Konstitution des Forschungsgegenstandes durch das experimentelle Verfahren. Dieses Denken, zu dem die Neutralisierung aller Herkunftstraditionen und das Gründen auf den Menschen allein konstitutiv gehört, ist unter der Hand zum Leitbild der Vernunft überhaupt geworden.[60] Wie heutzutage nun Kritik gegen die Kehrseiten der modernen Errungenschaften erhoben wird, ohne sich aber grundsätzlich von einer uneingeschränkt positiven Haltung zu den leitenden Ideen lösen zu können, die diese Errungenschaften ermöglicht haben,[61] wird gegen die Auswüchse dieser herrschenden Vernunft zwar vielfach Protest laut (auch gehört Technikschelte zum Standardrepertoire zeitgenössischer Philosophie), von der grundlegenden Identifizierung von Vernunft und Freiheit qua Autonomie sind bislang aber noch keine Abstriche gemacht worden.

Mit der Vernunft, die sich als Freiheit begreift, befindet man sich allerdings in Gesellschaft des Absoluten: Der autonome Vernunftvollzug ist dem Modell der absoluten Freiheit Gottes nachgebildet.[62] Und es ist einigermaßen knifflig, das,

[60] Vgl. FE, 32: „Ce qui est visible pour la science est ce que la science décide de rendre visible". O. Marquard, Zeit und Endlichkeit, in: Skepsis und Zustimmung, Stuttgart 1994, 45–58, 51 („Fortschrittswelt ist Neutralisierungswelt"); diese Verkürzung gehört zur „Absolutmachung des Menschen" (ders., Apologie des Zufälligen, in: Apologie des Zufälligen, 117–139, 121).

[61] Vgl. O. Marquard, Medizinerfolg und Medizinkritik. Die modernen Menschen als Prinzessinnen auf der Erbse, in: Skepsis und Zustimmung, 99–109. Merkwürdigerweise scheint Wissenschaftsskepsis Wissenschaftsgläubigkeit nicht zu beeinträchtigen, vgl. FE, 30 f.

[62] Vgl. H. Krings, Freiheit I–III, in: StL[7], Bd. 2 (1986), 696–704, 697 (erste Ausprägungen des Freiheitsbegriffs „in der Lehre von der absoluten F. Gottes", kosmische Ordnung „in der absoluten F. Gottes begründet"; „Diese Zurückführung von Ordnung auf F. übernahm die menschliche Vernunft als einen Grundtopos für sich selber, als sie in dem halben Jahrtausend zwischen Ockham und Kant – aus der Rückbindung in die Offenbarungsreligion sich lösend und unabhängig von der Theologie – sich auf ihr eigenes Wesen besann. Die Ordnungen, Gesetze und Regeln, welche das Handeln der Individuen, die Rechtmäßigkeit der Institutionen, schließlich auch den Ablauf von Naturprozessen [Technisierung der Natur] bestimmen oder bestimmen sollen, haben ihren Ursprung in der Vernunft, die sich als F. begreift. Die Vernunft selbst ist es, welche die Gesetze gibt. Sie ist ‚autonom'. Dieser Primat der F. als Vernunftautonomie wurde das Signum der neuzeitlichen F.sgeschichte").

was eine absolute Freiheit vielleicht kann, nämlich positive und negative Freiheit gleichzeitig zu sein, im endlichen Wesen Mensch zusammenzudenken. Zum Programm der Autonomisierung der Vernunft, das heißt ihrer Ineinssetzung mit Freiheit, gehört etwas, worauf besonderes Augenmerk zu richten ist: Wenn Freiheit hier dem Vorbegriff der Voraussetzungslosigkeit gehorcht, ergibt sich eine erste Schwierigkeit, daß sich nämlich eine Freiheit zwar von allem lösen kann, nicht aber vom Akt dieser Lösung. Und dieser Akt impliziert genau das, wovon er sich löst, so daß er ausschließlich in der Bestimmung dessen besteht, was er leugnet. Eine zweite Schwierigkeit, die sich sogleich daraus ergibt, ist dann folgende: „Die Freiheit ohne Voraussetzung muß sich durch eine absolute, dafür aber leere Negativität vordefinieren, das heißt nach dem Modell eines Gottes, der setzt, was er voraussetzt, und gleichzeitig voraussetzt, was er setzt, der aber durch angeborene Sterilität dazu verurteilt ist, nichts wirklich setzen zu können."[63] Das reine Bewußtsein, von dem der vermeintliche Beginn des Denkens aus sich selbst ausgehen muß, ist getreues Abbild eines vollkommen relationslosen Absoluten, dessen Schöpfungsmacht genauso willkürlich erscheint, wie der Beginn des Philosophierens aus dem leeren Subjekt heraus nicht nachzuvollziehen ist.[64]

Das hat eine weitere Konsequenz, die man gar nicht lange zu suchen braucht: Wirkliche Freiheit glaubt sich nur als unbestimmte, wahlfreie verstehen zu können. Selbstbewußtsein kommt gemeinsam mit Selbstbestimmung unter Selbstgenügsamkeit zu stehen. Die Gleichung Vernunft = Freiheit hat somit rein negativen Charakter und läuft auf ein System der Verweigerung hinaus, das Bruaire schlicht „Humanismus" nennt: „Der Mensch ist Prinzip und Ziel des Wissens wie des Tuns."[65] Diese prinzipiell gefaßte Selbstgenügsamkeit des *solus homo* schließt

[63] PM, 135. Vgl. DD, 64: „Encore faudrait-il que ‚liberté' soit quelque chose, signifie un acte précis, une action reconnaissable, effective, positive. Nous savons qu'elle l'est quelque fois. Du moins le croit-on, quand on choisit, quand on s'engage, quand on agit. Encore faut-il admettre qu'une action puisse s'imposer aux lois du cours du monde, échappe au déterminisme social et biologique (...) Il est aussitôt manifeste qu'une telle liberté ne saurait être absolue, être l'absolu même. Tout choix est en situation, relatif, et toute action limitée, grevée de contingence (...) En fait, il est vrai que la liberté, en un sens, signifie l'absolu, quand elle désigne le tout ou rien de l'indépendance, la rupture de tout lien, l'inconditionné. Mais c'est précisément quand elle est toute négative, indéterminée, indiscernable du néant, quand aucun savoir ne peut l'appréhender, quand elle s'efface dans le silence pour ne pas être prisonnière des mots eux-mêmes, quand elle est imprenable, parce qu'elle est vide et nulle. Ou bien la liberté a quelque réalité, mais elle n'est pas absolue, ou bien elle est absolue et n'est même pas une idée."

[64] Tatsächlich entspricht dem absoluten Anfang des Denkens bei sich selbst am besten der spätmittelalterliche Willkürgott, der als das „böse Geschick des Seins" (M. Heidegger, Holzwege, Frankfurt 1950, 325) auftritt, vgl. W. Franzen, Von der Existentialontologie zur Seinsgeschichte, Meisenheim/Glahn 1975, 114, 120. Zum Sein bei Heidegger als „Surrogat des christlichen Glaubens" oder „Pseudonym Gottes" vgl. K. Gründer, Heideggers Wissenschaftskritik in ihren geschichtlichen Zusammenhängen, in: APh 11 (1961) 312–335, 330, O. Marquard, Drei Bemerkungen zur Aktualität Heideggers, in: G. Dautzenberg (Hrsg.), Theologie und Menschenbild, Frankfurt 1978, 244–247, 244.

[65] Négation et dépassement de l'humanisme (018), 269 (Humanismus ist Ausdruck des Willens, sich von allem, was der Mensch nicht ist, auszuschließen, sei es die Natur oder Gott). Vgl. PM, 18: „L'homme est sa propre origine et sa propre mesure, reniant toute parenté divine ou naturelle. C'est pourquoi l'humanisme ne rallie aucune doctrine de la nature humaine. Son concept est purement négatif et, si la liberté est son identique expression, il faut renoncer à lui conférer un statut positif :

alles aus, was den Menschen sich selber entfremden könnte. Kraft seiner Autarkie unterhält der Mensch deswegen auch keinerlei Verwandschaftsverhältnisse zu Gott oder der Natur, sondern ist sich selbst Ursprung und Ziel. Durch diese Unabhängigkeit ist sich der Mensch selbst sein Absolutes, womit allerdings die Nicht-Relativität des Menschen dem Verständnis des Absoluten als Bruch und Negation gehorcht. Der Mensch etabliert sich unter den Auspizien einer Theologie absoluter Irrelativität als Bild und Gleichnis eines unerreichbaren Gottes.[66]

Exkurs: Politik und Metaphysik

Es gibt „weder in der Politik noch sonst in einem menschlichen Werk einen absoluten Anfang."[67] In der Sphäre des Politischen finden sich deutliche Belege für die These, daß ein ganz bestimmtes, wiewohl unausgesprochenes Absolutes im Hintergrund der meisten Systeme steht. Nicht weil es unausgesprochen ist, sondern wegen seiner eigentümlichen Präzision ist mit diesem Absoluten buchstäblich kein Staat zu machen.

Für Bruaire gibt es „kein anderes politisches Problem als das der Freiheit. Aber das der Freiheit in der Gesellschaft, in den Beziehungen zu anderen, die sie gefährden."[68] Im gesellschaftlichen Gefüge werden einzelne Freiheiten durch die Macht zueinander vermittelt, die eine Rechtsordnung errichtet. Politisch sanktionierte Macht erlaubt tatsächliche Freiheit und hat ihre Berechtigung allein darin, der Freiheit dadurch zu dienen, daß sie eine Gerechtigkeit garantiert.[69] Versteht man nun unter Freiheit die bloße Abwesenheit von heteronomer Bestimmung (Freiheit wovon), tritt die Instanz, die sie ermöglichen will, nur von außen

negativité imprenable, elle est rupture, échappement, négation. Liberté nue et muette, délestée d'animalité et de nécessité rationnelle, vidée de tout contenu, informe dans sa spontanéité absolue." Vielfach wurde Luthers Theologie mit Nominalismus und Humanismus in Verbindung gebracht, wenn nicht gar versucht wurde, jene von diesen aus zu erklären. Lutherische Theologie hat aber weniger Nominalismus oder Humanismus zur Grundlage, als vielmehr deren Grundlage zum Fundament: den unendlichen Abstand zwischen Gott und Mensch.

66 Vgl. Heidegger, Sein und Zeit, 298 (Entschlossenheit bringt ihr Wozu erst im Entschluß selber hervor), C. Schmitt, Politische Theologie, München 1934, 13 („die Entscheidung macht sich frei von jeder normativen Gebundenheit und wird im eigentlichen Sinne absolut"); vgl. Deku, Formalisierungen, in: Wahrheit und Unwahrheit der Tradition, 407–424, 421: „Setzungsvernunft ohne jede Partizipation. Oder der freie Wille reduziert sich auf Spontaneität, da es theoretisch einsichtige Gründe für ihn gar nicht geben darf."

67 RP, 41.

68 RP, 7. Vgl. FE, 32: „Le politique relève d'une instance purement métaphysique. Pourquoi? parce que la fonction première du politique, dès lors qu'il n'est pas simplement gestionnaire de la vie, comme l'état de nature pour les fourmis, c'est de garder le droit des personnes et de le promouvoir. Mais garder le droit des hommes, c'est garder les moyens d'exercer leur liberté. Or la liberté ni ne se voit, ni ne s'observe, ni ne se vérifie, ni ne se mesure. Elle est toute d'ordre métaphysique."

69 Vgl. E.-W. Böckenförde, Freiheit IV–V, in: StL[7], Bd. 2 (1986), 704–713, 704 („F. muß, damit sie Bestand und Sicherung erhält, als Recht formuliert und anerkannt werden"), 705 („Erst im Recht und durch Recht wird F. als beständige, gesicherte F. und als F. für alle möglich. F. hat und findet im Recht die sie ermöglichende und vermittelnde Form (…) Deshalb kommt es zur Verwirklichung von F. darauf an, daß das Recht seinerseits auf F. ausgerichtet ist und sie zu seinem Zweck hat").

an sie heran. Die an sich unbegrenzte Freiheit wird begrenzt und schickt sich nur darein, weil ihr gleichzeitig Abwehrrechte zugesprochen werden, die sie vor willkürlichen Eingriffen schützen. Das ist das Schema der sogenannten Vertragstheorien: Eine Rechtsordnung sichert die Freiheit des einzelnen, besondere Inhalte werden nicht gesetzt. Besondere Inhalte, in deren Wahl Freiheit ihre Verwirklichung erfahren hätte, dürfen gar nicht gesetzt werden, denn das Zustandekommen der Rechtsordnung ist an eine nur formale Entäußerung der durch sich selbst schon vollbestimmten Freiheit gebunden.[70] Mit dieser bemerkenswerten Einheit von Unbestimmtheit und Selbstbestimmung fallen in einem Individuum die Momente von Allgemeinheit und Einzelheit zusammen, wobei der unbegrenzten Freiheit gerade wegen ihrer Unbestimmtheit eine universale Dimension eignet.[71] Durch den Ausfall der Besonderheit, die Freiheit weniger relativiert als vielmehr konkretisiert (Freiheit wozu), erscheint die Freiheit als unbedingt: Sie ist absolut, sie ist das Absolute. Ist sie dann doch eine vielfältige, „ist die Alternative einfach: Entweder jedes Individuum bleibt gemäß der Vorstellung des Naturzustands allen anderen gegenüber abwesend und gleichgültig, oder aber alle Freiheiten verschmelzen, um nur eine zu bilden, das ist der Vertrag. In beiden Fällen ist die Freiheit eine, unteilbar, unveräußerbar, souverän. Im zweiten, dem politischen Fall, der metaphysisch mit dem ersten, apolitischen, anarchischen identisch ist, sind die Individuen entäußert und der allgemeine Wille ist absolut."[72]

[70] Vgl. Böckenförde, Freiheit, 706: „Der einzelne lebt, einer Monade gleich, in einer als schon abgeschlossen vorgestellten (potentiell unbegrenzten) F., für die die anderen Menschen als Grenze der eigenen Ausdehnung erscheinen, nicht aber – konstitutiv – als Bedingung der Entfaltung des eigenen Menschseins." Vgl. Art. 4 der „Déclaration des droits" von 1789: „Die Freiheit besteht darin, alles tun zu können, was einem anderen nicht schadet. So hat die Ausübung der natürlichen Rechte eines Menschen nur diejenigen Grenzen, die den anderen Gliedern der Gesellschaft den Genuß der gleichen Rechte sichern. Diese Grenzen können allein durch Gesetz festgelegt werden" (zit. bei Böckenförde, ebd.).

[71] Vgl. Böckenförde, Freiheit, 706: „Die Frage bleibt, ob dieses Verständnis von F. und ein daraufhin gestaltetes Recht den Anspruch auf Selbstbestimmung schon einzulösen vermögen. Denn wegen der Beliebigkeit ihrer Inhalte kann eine F., die als Selbstbestimmung gerade in der Wahl zwischen diesen Inhalten besteht, keinen gesicherten Bestand haben; ihr fehlt die Orientierung an einem Woraufhin, das in F. ergriffen wird, und sie schließt – folgerichtig – auch die Verfehlung des eigenen Selbst (und damit der Selbstbestimmung) mit ein." Mit den Kategorien von Allgemeinheit, Besonderheit und Einzelheit läßt sich sehr schön die im angelsächsischen Raum geführte Debatte um Liberalismus und Kommunitarismus einfangen. Die kommunitaristische Einbettung der Freiheit in gewachsene Strukturen erlaubt die Realität von Sittlichkeit und Recht, verfehlt aber durch Verzicht auf die universalistischen Tendenzen des Liberalismus die Allgemeingültigkeit ihrer Prinzipien. Der Kommunitarismus relativiert sich selber, während der Liberalismus auf eine leere Uniformität abzielen muß und darin totalitäre Züge gewinnt. Beide Kontrahenten abstrahieren von einem wesentlichen Element; es muß aber jede lebendige Wirklichkeit, auch der „Staat ein System von drei Schlüssen" sein (Hegel, Enzyklopädie § 198).

[72] Politique et métaphysique (039), 143. Rousseau hat in seinem „Gesellschaftsvertrag" (Du Contrat social [1762], I, VI) systematisch die Freiheitsmetaphysik Descartes angewandt, vgl. RP, 199 („mime rousseauiste de l'absolue liberté"). „Comme individu, je suis serf, de part en part ; comme membre ‚à part entière' de la volonté générale, je suis absolument libre, jusqu'au despotisme sans réserve. Robespierre le saisira adéquatement, envoyant les individus à l'échafaud au nom de leur absolue liberté" (RP, 201 f.). Vgl. das erhellende Kapitel „Die absolute Freiheit und der Schrecken" in Hegel, Phänomenologie des Geistes, 414–422.

So wird die Entstehung eines Staates erklärt: Die Dialektik von Individuum und Gemeinschaft wird dadurch gelöst, daß die Gemeinschaft nun ein Individuum bildet, wobei diesem Großsubjekt auch dasselbe Absolutheitsattribut zukommen muß.[73] Aus der Unbestimmtheitsregel ergeben sich aber ganz erhebliche Konsequenzen für die weiterhin bloß äußere Rechtsordnung: Weil dieser Staatsmythos nämlich auf genau dieselbe Art und Weise Gesetze erläßt, wie Descartes' Gott die Ideen, denen nur darum Wahrheit zukommt, weil er sie erschaffen hat,[74] steht den Gesetzen auch göttliche Unfehlbarkeit zu, was jeden bestehenden Staat zum Rechtsstaat macht. Diese Ununterscheidbarkeit ist wohl die hartnäckigste Wurzel der großen und kleinen totalitären Anwandlungen unserer Zeit, ob es nun ein Despot ist, der sich zum Orakel des souveränen allgemeinen Willens macht, oder aber im Namen der Unteilbarkeit des anorganischen Willens eine Despotie der Mehrheitsentscheidungen errichtet wird, die sich wegen ihrer proklamierten Unvermitteltheit zum allgemeinen Willen über Minderheiten hinwegsetzt und nur schlecht mit den Vermittlungsinstanzen parlamentarischer Demokratien abfindet.

Mit der notwendigen Einzigkeit der gemeinsamen Freiheit findet sich Entsprechendes in den internationalen Beziehungen wieder. Die Freiheiten können nach außen wie nach innen nicht zusammengehen: Die nicht miteinander zu vereinbarenden Willen treten als Nationen in gegensätzliche Beziehungen, sofern sie nicht durch einen internationalen „Vertrag" in die „Eine Welt" hinein verschmelzen. Nationalismus und Anarchie haben somit „dieselbe Metaphysik zum Prinzip, mit ihrer unbeugsamen Regel des Alles oder Nichts."[75] Das findet sich in politischen Theorien wieder: Innere politische Antagonismen werden zum Zweck der gesellschaftlichen Einheit nach außen transportiert, und in den latent gegnerischen Beziehungen, die aufrechterhalten werden, erfahren die konfliktmächtigen Gebilde

[73] Vgl. AD, 208: „Pour la liberté de chacun, le désir *se singularise* en proposant l'Absolu de cette même liberté. La catégorie d'Absolu exclut la pluralité et exige l'unicité du terme visé (...) De plus, ce désir est volonté de perfection, d'absolue maîtrise et de puissance *personnelle* illimitée (...) La théorie anthropologique effectuera la conciliation en chacun et pour tous de la liberté et du désir en prescrivant une *politique* qui résoudra le double problème : *singularité nécessaire* à l'avènement d'une liberté absolue – à concilier avec la multiplicité des individus (...) L'État sera conçu comme volonté *universelle réalisée,* universel concret de la liberté absolue d'*un Nous* actuel, souverain définitivement établi dans son règne incontestable (...) L'État, dans son unicité, par son universalité, fait exister la liberté absolue d'une societé conciliée dans son corps aux membres fusionnés."

[74] Vgl. Abstraction juridique et revendication légitime (025), 78: „pour être effective, la liberté doit être une et unique, comme ‚volonté générale'. Elle secrétera la Loi légitime, comme le Dieu de Descartes invente l'ordre des raisons. Mais celui qui parle la loi, qui en est l'organe et l'oracle, disposera de la toute puissance de la ‚volonté générale', sans pouvoir établir sa propre délégation. Le gouvernement de fait sera indiscernable du gouvernement de droit." Vgl. auch PM, 161 (zum Nominalismus in Descartes' IV. Metaphysischer Meditation [1641]): „Liberté et absolu étant des termes réciproques, le jugement inconditionné n'est point une proposition puisée au discours, il est négativité pure, décision singulière et étrangère aux mots. Et il en est ainsi éminemment et premièrement de Dieu qui n'est point Logos, mais invente et crée les idées dont certaines sont offertes à ma liberté (...) L'infaillibilité divine se confond donc avec la toute puissance de son absolue liberté."

[75] RP, 204.

ihre Einheit.[76] Diese Theorien setzen aber wiederum ein Absolutes voraus, das per definitionem einzig ist, so daß das Anerkennungsverhältnis der Freiheiten untereinander notwendigerweise zu hegemonialen Bestrebungen verkommen muß. Mit seinem axiomatischen Epigramm vom Kriege als der Fortsetzung der Politik mit anderen Mitteln hat besonders Clausewitz diese Ansichten befördert. Aber die Hegemonie nach außen, die den nationalen Willen bündeln soll, wird nicht mehr als der Ausdruck eines dominanten Strebens im Innern sein. Das Maß der Beschränkung anderer Freiheiten ist die Schwundstufe der eigenen.

Die Vorstellung eines Kampfes aller gegen alle hat sein Wahres darin, daß es für die Freiheit notwendig ist, als solche auch anerkannt zu werden. „Was schlicht bedeutet, daß die Unabhängigkeit sich als solche wissen muß, ihrer selbst versichert sein muß, ansonsten sie unbewußt und keine Freiheit wäre".[77] Das gegenseitige Anerkennungsverhältnis, das jede Gemeinschaft erst ermöglicht, macht alle Bestrebungen, die Menschheit in der Einheitswelt zueinander finden zu lassen, zur immerwährenden Utopie.[78] Anerkennung ist eine positive Beziehung, die zur Grundlage hat, daß Anerkennende und Anerkannte jeweils mit sich eins seien. Ohne die Relation zum anderen erschöpft sich die Freiheit nur in einer sterilen Isolation. Gleichwohl hat die Öffnung zum anderen die ausschließliche, negative Bewegung zur Bedingung, „durch die eine Gesellschaft sich auf sich selbst konzentriert, um ihre Freiheit zu gewinnen."[79]

[76] RP, 72 mit Verweis auf C. Schmitt, Der Begriff des Politischen (1932), Berlin 1963. Der für das Selbst konstitutive Blick des anderen kann nur dann vom Selbst produziert werden, wenn das Selbst von sich auch nur eine schäbige Meinung hat. Vgl. die völlige Fehlbestimmung bei P. Sloterdijk, Der starke Grund, zusammen zu sein, in: Die Zeit. Dossier 2 (2. Januar 1998) 9–12, 12: Moderne Nationen sind „Erregungsgemeinschaften", die – weil „ohne Nationalfeind keine Nation, ohne Feindstreß kein Selbststreß" – „von radikal autoplastischer Natur" sind; „sie existieren nur in dem Maß, wie sie sich selbst ihren Grund, zu sein, in machtvollen fiktiven Erzählungen und autosuggestiv stressierenden Meldungen vorsagen." Die These ist nicht ganz neu: J.-P. Sartre hat 1946 (Réflexions sur la question juive) den Antisemitismus als konstitutiv für das Judentum befunden.

[77] RP, 76: „Hegel a décelé la condition de toute indépendance, de l'accès même de la liberté, dans la nécessité d'être reconnu". Bruaire spielt hier auf das Kapitel „Herrschaft und Knechtschaft" der Phänomenologie Hegels an. Das für die Genese des Selbstbewußtseins konstitutive Aufruf-Antwort-Verhältnis findet sich früher schon bei J. G. Fichte, Vorlesungen über die Bestimmung des Gelehrten (1794), Stuttgart 1966, I, 3, 25–68.

[78] Zeitgenössischen Ausdruck findet die Notwendigkeit gegenseitiger Anerkennung in „la fertilité du mythe des Martiens, que suscite l'imaginaire pour trouver la seule condition d'une unité politique du peuple de la terre" (RP, 77). Vgl. DD, 147: „D'où le prestige du mythe des martiens, dont l'altérité permettrait à la terre de se constituer en unité." Bezeichnenderweise schwankt die Begegnung mit den Außerirdischen zwischen Friedfertigkeit in Zeiten des Kalten Krieges (vgl. „Unheimliche Begegnung der dritten Art" von S. Spielberg, USA 1977) und Gewalttätigkeit seit dem Fall des Eisernen Vorhangs (vgl. „Independence Day" von R. Emmerich, USA 1996).

[79] RP, 77. Vgl. RP, 90: „Le mouvement premier, le sens originaire de l'acte par lequel prend naissance la liberté, est négatif, de contraction sur soi, de possession exclusive de soi-même, le non est condition du oui. Mais la liberté s'épuiserait dans sa négativité stérile, si du centre au-dehors, dans les relations décidées avec l'autre, le mouvement positif, créateur, reconnaissant l'autre et promouvant sa libre existence, ne compensait de son contre-courant le repli insulaire sur soi. En traduction politique, l'indépendance d'un pays, la disposition de soi, de son ‚destin', est à la mesure de ses relations pacifiques, positives, constructives avec l'étranger."

Bruaire macht in diesem Rhythmus von Negativität und Positivität das Grundgesetz jeder lebendigen Freiheit aus. „Gesetz, das vorschreibt, vom anderen anerkannt zu sein, besonders aber, über sich zu verfügen, um effektiven Austausch zu haben, positive Friedensbeziehungen mit dem Fremden."[80] In einer reflexiven Bewegung auf sich selbst erreicht die Freiheit ihre Einheit. Jede Freiheit aber, die mit sich eins ist, muß ein bloßes Versprechen bleiben, „toter Buchstabe eines ungeschriebenen Gesetzes, so lange sie sich nicht ausdrückt, sich nicht manifestiert, so lange sie nicht geboren werden und sich nicht entfalten kann".[81] Zur Expressivität der Freiheit gehört es deswegen auch, andere Freiheiten zu befördern. „Wer seiner selbst und bei sich Herr ist, muß dem anderen nach außen dienen, er kann es. Und umgekehrt. Das Leben eines freien Volkes wird an diesem Gleichgewicht gemessen".[82]

Eine Reflexion vermag aber nur das aufzudecken, was vorliegt. Der singuläre Wille einer unabhängigen Gesellschaft setzt eine Sammlung der Gesellschaft als deren Existenz in der Vergangenheit voraus, auf die zurückgegriffen werden kann. Mithin kommt man nicht ohne die subsistierende Besonderheit eines Volkes aus, die an ein Territorium und eine Sprache gebunden ist. Diese geschichtlich entstandenen und bedingten Gebilde nennt man Nationen. Der Begriff der Nation umfaßt die gemeinschafliche Geschichte einer politischen Existenz auf einem Territorium, die zur Grundlage und zur Wurzel der Einheit des Willens dient. „Als bestimmtes Streben, das sich weiß, impliziert dieser Wille allerdings die Dimension des Definierten und des Allgemeinen, das heißt die Sprache. Und die Sprache besondert sich in der Landessprache. So sehr, daß die gemeinsame Sprache eines Volkes das unterscheidende Zeichen und die notwendige Bedingung seiner nationalen Tatsache ist."[83] Eine Nation bildet sich somit nur dadurch, daß schon eine zentralisierende Instanz bereitsteht, welche die Gemeinschaft durch ihre Sammlung ins Leben ruft. In dieser Sammlung grenzt sich die Nation anderen gegenüber ab und erfährt in der Anerkenntnis dieser Abgrenzung ihre Bestätigung. Das ist „der historische Aspekt der Kontraktion eines Volkes auf sich selbst, die zur freien Selbstbestimmung unabdingbar ist."[84]

Staat, Macht (Regierung) und Nation sind die Elemente, die in ihrer vermittelten Gestalt ein gesellschaftliches Gebilde vollständig bestimmen, sofern die Geschichte als Kategorie der Besonderheit nicht ausgeschlossen wird. Die Kategorien von Allgemeinheit, Besonderheit und Einzelheit werden von Bruaire in einem dreifachen Syllogismus zueinander vermittelt, durch das ein Ganzes in

80 DD, 147.

81 Abstraction juridique et revendication légitime (025), 77.

82 RP, 91. „Une guerre révolutionnaire contre un gouvernement asservi à l'étranger est donc de stricte exigence de justice au-dedans et de paix au-dehors" (RP, 92 f.).

83 RP, 81. Für die Zugehörigkeit zur Nation – die Staatsbürgerschaft – sind die Verwurzelung im Land und die Sprache ausreichende Bedingung, aber nicht „Blut und Boden".

84 RP, 83. Das bedeutet, daß kein Gesellschaftsvertrag ohne schon gültige Rechtsordnung zustande kommt, so rudimentär sie auch sein mag. Wenn auch Vergleiche immer hinken, läßt sich doch entsprechend nicht nur sagen, daß die Reflexion nur das aufzudecken vermag, was bereits vorliegt, sondern auch, daß der Begriff der Person Interpersonalität einschließt, mithin der Mensch „nur unter Menschen ein Mensch" wird (J. G. Fichte, Rechtslehre [1796/97], Stuttgart 1966, I, 3, 313–360, 347).

seiner Organisation wirklich verstanden wird. Geschichte ist die Bedingung dafür, daß es zu lebendigen Beziehungen zwischen Freiheiten kommt, was nicht heißen muß, daß die gesellschaftlichen Gebilde jeder Logik entbehrten. Weil die Geschichte als innere und äußere Vermittlung der politischen Logik deren Möglichkeitsbedingung ist, hat politische Vernunft Auswege zwischen der Skylla der Korsettierung der Geschichte und der Charybdis ihrer Preisgabe an den historischen Nonsens aufzuzeigen.[85]

Die Geschichte besondert eine Gesellschaft, die als Nation vom losen Kollektiv zu ihrer Einheit findet und dadurch ein einzelnes ist. Diese geschichtlich gewachsene Einheit wird durch den Staat und dessen Rechtssystem organisiert. Der Staat ist eine Allgemeinheit. Zwar ist diese Form von der regierenden Macht gesetzt, aber als eine auf die Gesellschaft angewandte, unparteiische Rationalität übt der Staat das Recht auch auf die Individuen aus, welche die Regierungsmacht innehaben. Durch das Gesetz, das allgemein gilt, wird die Individualität des Regierenden in die Einzelheit der Machtinstanz und ihres Amtes überführt. Die Nation, die aus der Sicht des Fremden ein einzelnes ist, bezieht sich auf die Macht, die aus der Sicht der Mitglieder einer Gesellschaft ein einzelnes ist.

Ohne die von der Geschichte in Anschlag gebrachte Besonderheit verliert sich das Politische in gefährliche Abstraktionen. Die syllogistische Anordnung kann dagegen genau die geschichtlichen Verzerrungen ausmachen, die sich daraus ergeben, daß ein für das Ganze konstitutives Element ausgefallen ist. Der erste Schluß (Macht – Nation – Staat) untersucht, wie die Macht den Staat einer besonderen Nation schmiedet, um sie der Gerechtigkeit entsprechend zu organisieren. Umgekehrt zwingt sich der Staat als Form des gemeinschaftlichen Willens der Macht auf. Durch die Dazwischenkunft der Nation knüpfen Macht und Staat an die historische Kontinuität einer Politik an und führen diese dauerhaft weiter.[86] Der zweite Schluß (Staat – Macht – Nation) stellt dar, wie die vermittelnde Macht die Individuen einer selben organischen Vernunft unterstellt

[85] Vgl. RP, 123 mit Anm. 1. Der Schluß „Politische Logik – Geschichte – Persönliche Freiheiten" (ABE) ist somit nur als dreifacher eine „versöhnte Vermittlung". Die „Geschichte einer Gesellschaft ist Mitte und Mittel der Anwendung des Politischen auf die Freiheiten, die sein Zweck sind". Er setzt zwei Beziehungen voraus (BAE, AEB), „die er vereint". BAE zeigt, daß Individuen nur durch verbindliche Regelung ihrer Freiheiten menschliche Geschichte haben, AEB unterstreicht die Möglichkeit politischer Vernunft, die von unserer Freiheit abhängt. Skeptische Gleichgültigkeit und Strukturalismus (ahistorische Staatlichkeit) sind abgewehrt.

[86] RP, 124 ff. Tyrannei und Etatismus ergeben sich aus der unvermittelten Beziehung Macht-Staat; beide verunmöglichen Geschichte, ob nun die formlose Macht des Tyrannen das Recht erdrückt und durch die einzelnen Willensbekundungen die Kontinuität des Staates sprengt, oder der durchorganisierte Staat den praktischen Willen eines Volkes auslöscht und zur mumifizierten Gestalt einer ahistorischen Form wird. Die dialektischen Extreme rufen sich gegenseitig ins Leben: Nur Willkür macht aus der Ordnung einen Zweck an sich. Ohne die Beziehung auf die Freiheit in Gesellschaft ist aber jede Form entleert, womit der technokratische Rationalismus eine Willkür ist, die sich um ihre Existenzbedingungen bringt. „Daher nähren sich der Etatismus und seine technokratischen Varianten von der mythologischen Vorstellung einer Vernunft ohne Träger, eines Gesetzes ohne Gesetzgeber, einer anonymen Verwaltungstechnik, die spontan funktioniert und die unbewußte Organisation des Lebens nachahmt" (Abstraction juridique et revendication légitime [025], 81). Das erklärt die Sympathien einiger Soziologen für das evolutionstheoretische Schema der Selbstorganisation.

und so ihrem gemeinsamen Willen dient. Die Macht setzt die Existenz der Nation zum Recht ihrer Glieder in Beziehung und verleiht der Gesellschaft dadurch die Dimension der Rationalität. Sie paßt das Rechtssystem des Staates der historischen Besonderheit eines Volkes an, was die Verwurzelung in der eigenen Geschichte und zukünftige Initiativen erlaubt. Damit befördert die Macht die nationale Souveränität eines Landes und gibt der Gesellschaft nach außen verbindlichen Ausdruck.[87] Der dritte Schluß (Nation – Staat – Macht) setzt die gelungene Vermittlung der beiden vorhergehenden Schlüsse voraus. Ohne innere Organisation bleibt die nationale Einheit ein unförmiges Ding, das unfähig ist, die einzelnen Glieder einer Gesellschaft zueinander zu vermitteln: Die Nation hat keine unmittelbare Einheit! Nur mittels der staatlichen Instanz, dank der Rationalität des nationalen Willens, die eine Macht setzt, erfährt der Wille seine Einheit. Indem die Macht wiederum die Rechtsform respektiert, ist sie legitim und kann als Repräsentation des Volkes gelten.[88]

Der letzte Schluß stellt die vollständige Systematik der politischen Kategorien dar, deren jede aber an den Verlauf der politischen Geschichte einer Gesellschaft gebunden ist. Insofern gibt es nicht der Geschichte zum Trotz das logische System des Politischen, sondern vielmehr dank der Geschichte. Damit hat das Politische seine Grenzen. Es kann nur in einer Ordnung der Bestimmtheit bestehen, für deren geschichtliche Vermittlung es aber nicht sorgen kann, heute wahrscheinlich nicht einmal mehr für deren Vergegenwärtigung.[89] Es kann aber auch nicht den Ursprung der endlichen Freiheit, noch gar die Natur menschlicher Beziehungen bestimmen: Das Politische garantiert Entfaltung und Beständigkeit konkreter Freiheit, kann aber nichts über deren Herkunft und letzten Sinn sagen. Dazu bedarf es der Metaphysik.

[87] RP, 127 ff. Weltstaatbestrebungen übergehen den Willen zur Unabhängigkeit einer Nation. Das dialektische Extrem dieser Abstraktion ist der ebenso abstrakte Spontanwille nationalistischer Tendenzen, deren Rechtsordnung willkürlicher Ausdruck des hausgemachten Götzen ist.

[88] RP, 131 ff. Macht und Nation können sich ohne Vermittlung des staatlichen Rechtsgefüges nur wechselseitig unterwerfen. Das nationale Kollektiv hat für sich nur zwei Möglichkeiten des einheitlichen Ausdrucks: einerseits den Chor des leidenschaftlichen Aufruhrs, der von demjenigen manipuliert wird, der ihn hervorgerufen hat und an seine Spontaneität glauben läßt, andererseits den Sprecher des Kollektivs, der von einem Tyrannen nicht zu unterscheiden ist. Das Unförmige, Unpersönliche der kollektiven Einzelheit ist nur das Alibi für den Willen zur Macht eines Individuums, demgegenüber man sich auch nicht auf das Recht berufen kann, weil allein der Tyrann Gesetze erlassen kann, und sei es im Namen des Volkes.

[89] Böckenförde, Freiheit, 712, ist sich des Problems bewußt, wie schwierig es ist, trotz der „Bindung des freiheitsbezogenen Staates an den religiös-weltanschaulichen und geistig-ethischen Pluralismus, der zudem durch Grundrechtsgewährleistungen verbürgt“ ist, diesen Staat ohne Orientierung zu lassen. Tatsächlich ist es prekär, sich „auf den Konsens der gemeinsamen Auffassungen“ zu verlassen“, zudem der Konsens „auch der Manipulation“ offensteht. Warum es in unseren Breiten kein „gesundes Nationalbewußtsein“ (B. Kreisky) gibt, erklärt O. Marquard (Einheit und Vielheit, in: Skepsis und Zustimmung, 30–44, 39) „mit einem Gegenbegriff zu Freuds ‚nachträglichem Gehorsam‘ – dem nachträglichen Ungehorsam. Als Reaktion ist dieser nachträgliche Ungehorsam zwar verständlich, doch wohl kaum vernünftig, sondern eher absurd, wenn er das gegen unmenschliche Zustände unterbliebene Nein durch ein Nein gegen menschliche Zustände ausgleichen will und sich für den Nichtwiderstand gegen die Tyrannei durch den Widerstand gegen die Nichttyrannei zu salvieren sucht.“

Metaphysik bedeutet aber nicht, daß die politische Systematik eine theologische Zutat bekommt, die auch ausbleiben könnte: Wenn nämlich Gerechtigkeit die tatsächliche und wirksame Anerkennung der Freiheit ist, somit die Freiheit der Gerechtigkeit ihren Sinn gibt, kann mit Freiheit nichts anderes gemeint sein als das metaphysische Postulat einer ontologischen Seinsweise, durch die der Mensch sich von der Ordnung der Dinge abhebt.[90] Freiheit meint die substantielle Seinsweise, durch die jeder Mensch seine unersetzbare Personalität gewinnt, unabhängig von dem, was er macht oder denkt. Gerechtigkeit gründet somit in der Freiheit, die in jedem Menschen die gleiche ist und für die es keinerlei materielle Rechtfertigung gibt. Dieses metaphysische Fundament des Politischen nicht anzuerkennen heißt wiederum die Selbstgenügsamkeit und vollkommene Unabhängigkeit des Menschen heraufzubeschwören, dem Begriff eines relationslosen, gleichgültigen Absoluten entsprechend.[91]

(Ende des Exkurses)

Bruaire rekonstruiert einen Prozeß: Er stellt dar, wie Gott vor den Richterstuhl der „bloßen Vernunft" gezerrt wurde und geht – um im Bilde zu bleiben – in Berufung. Er verteidigt das Recht Gottes, all das zu sein, was er ist, gegen die Anmaßung der reinen, um ihr eigenes Vermögen verkürzten Vernunft, die Gott in die Verbannung einer abstrakten Absolutheit geschickt hat, aus der er nur um den Preis seiner Nichtexistenz zurückkehren darf.[92]

Dabei schien diese Vernunft im Recht: Sie hat lediglich das Elementargesetz jeder effektiven Erkenntnis angewandt, der nach nur das Begrenzte erkannt wird. Erkenntnis bezieht sich auf das, was sich definieren und durch Gegensatz umschreiben läßt. Weil ein präziser Gegensatz eine bestimmte Beziehung ist, kann man das Absolute, das Relationslose nicht erkennen. Das Absolute entzieht sich jeder Definition. Weil es unbedingt und unbestimmt ist, kann es von keinem Gedanken betroffen werden. Das ist der absolut unerkennbare Unbekannte. „Gott ist weder etwas, noch jemand. Das Absolute zu benennen heißt auf illusorische Weise unser Sprechen auf es zu beziehen, in unsere Kategorien zu fassen, was ihnen gleichgültig und ganz anders ist."[93]

Gott ist der Ganz-Andere, er ist transzendent, ewig, absolut. Ganz recht, aber bei näherer Betrachtung übersetzen sich diese traditionsgeladenen und scheinbar positiven Attribute in effektive Negationen: Der Ganz-Andere ist die Negation jeder wirklichen Andersheit, auf die hin oder von der her ein Selbst sein kann. Transzendenz meint Unzugänglichkeit: nicht das andere der Immanenz, sondern eine in unüberbrückbare Ferne entzogene Fremdheit, wie auch Ewigkeit die

[90] Distributivgerechtigkeit, die auf eine Viehherde angewandt werden kann, und Kommutativgerechtigkeit, die nur die Quantität des Habens kennt, ergeben sich erst aus den Grundrechten, vgl. RP, 33–40, Les ordres de justice (050). Aktuelle Verzerrungen erklären sich aus der Verwechslung der Reihenfolge.

[91] Vgl. Politique et métaphysique (039), 139.

[92] Dieser Prozeß litt an Formfehlern: Eine bestimmte Vernunft war gleichzeitig Partei und Richter.

[93] Absolu (102), 52.

Negation von Werden und Geschichte bedeutet. Absolutheit selbst reduziert sich auf einen rein negativen Begriff: Dieser bezeichnet die Abwesenheit möglicher Beziehungen mit wem und was auch immer. Somit ist das Absolute das rein Unerkennbare, dessen in sich ruhende Vollkommenheit nicht einmal durch die Leere adäquat ausgesagt wird.[94]

Es ist fürs mindeste verwunderlich, daß mit den apophatischen Traditionen diese Logik im Herzen des Christentums Platz gefunden hat, denn die negative Konzeption des Absoluten widerspricht jeder Religion, die eine Beziehung zum Beziehungslosen behauptet. Mit der Behauptung, daß Gott sich allen Bestimmungen entzieht, behauptet die negative Theologie, daß Gott in sich selber unbestimmt ist. Aber diese vermeintlich demutsvolle Vorbereitung auf ein anbetendes Schweigen ändert nichts an der Tatsache, daß dieses Schweigen endgültig ist. Ein ewig schweigender Gott ist für den Menschen nichts, ein Nichts für den Menschen muß sich in ein Nichts an sich selbst übersetzen. „Das Schweigen Gottes, das ist der Atheismus".[95] Die Behauptung des Absoluten kehrt sich in ihr Gegenteil um, weil die eintönige Wiederholung dessen, was Gott nicht ist, kaum die Aussage verdeckt, daß Gott nichts ist. Negative Theologie ist in Wahrheit Negation der Theologie, denn es ist zwischen absolut unbestimmtem Sein und reinem Nichts kein Unterschied auszumachen.[96]

Das atheistische (Ver-)Schweigen Gottes hat die Selbstvergötzung des Menschen zur Folge: Hatte einmal die *via negativa* jeden Bezug zum Absoluten verunmöglicht, mußten die anderen *viae* notwendigerweise auf den Menschen zurückfallen, aus dem einfachen Grund, daß die Rede über das, was Gott nicht ist, Rede über den Menschen ist.[97] Anders gesagt: Wenn Gott anders ist, als die Bil-

[94] Vgl. EE, 95–107 (zur Untauglichkeit des absolut irrelativen Einen als Prinzip des Seins); Seinsjenseitigkeit (vgl. Platon, Politeia 509 b) schließt Selbstwissen und Selbstbehauptung aus, vgl. Plotin, Enneaden V, 3,15; VI, 7,38 (*Hen* „jenseits dessen, was sich selbst genügt"); Freiheit des Einen meint Gleichgültigkeit allem gegenüber (Enneaden VI, 8,7); „Was es angeht, so laßt es" (Enneaden VI, 8,18); damit bricht auch die *processio (prohodos)* in sich zusammen; das Eine kann gar nicht geben „was es nicht hat" (Enneaden V, 13,15), denn wenn das Eine nicht ist, ist nichts (Platon, Parmenides 166 c). Vielleicht wird man Versuchen, Ethik mit der Seinsjenseitigkeit des anderen zu begründen, Dostojewskijs „Traum eines lächerlichen Menschen" entgegenhalten dürfen: „Außer mir ist nichts ... Alles ist völlig gleichgültig".

[95] FE, 94.

[96] Vgl. Hegel, Enzyklopädie § 87: „Dieses reine Sein ist nun die *reine Abstraktion,* damit das *Absolut-Negative,* welches, gleichfalls unmittelbar genommen, das Nichts ist (...) Es folgte hieraus die zweite Definition des Absoluten, daß es das *Nichts* ist; in der Tat ist sie darin enthalten, wenn gesagt wird, daß das Ding-an-sich das Unbestimmte, schlechthin Form- und damit Inhalts-lose ist; – oder auch daß Gott *nur* das *höchste Wesen* und sonst weiter nichts *ist,* denn als solches ist er als ebendieselbe Negativität ausgesprochen; das Nichts, das die *Buddhisten* zum Prinzip von allem, wie zum letzten Endzweck und Ziel von allem machen, ist dieselbe Abstraktion." Die Eigengesetzlichkeit des indischen Denkens, das sich mit den neuplatonischen Mystiken zur negativen Theologie verbunden hat, nennt Tilliette (Le rationalisme chrétien, 316) treffend Bruaires „bête noire"; in allen Büchern reitet Bruaire zumindest eine Attacke gegen das unbestimmte Absolute, vgl. AD, 199 f.; LR, 15; RP, 189 ff., 223; DD, 103 f.; PM, 281; EE, 120.

[97] Vgl. EE, 107: „On expose une dialectique fort claire lorsqu'on assimile Dieu à une fantastique projection humaine de l'esprit humain. Car le tout-autre inaccessible n'est pas le différent comme Autre absolu, mais l'*in*différent. Et le non-différent, absolument, est indiscernable de l'identique. En

der, die man sich von ihm macht, ist es nur eine Frage der Zeit, bis man sich die Bilder zurückerstattet.[98] Hier hat die These ihren Ursprung, daß Gott nichts anderes als die phantastische Verwirklichung des menschlichen Wesens sei: Das Ende der religiösen Entfremdung zeichnet die Wiedereroberung des Menschen, der „Tod Gottes" gebiert den Menschen.

Damit ist man zum „Humanismus" zurückgekehrt, mit dem Bruaire die Essenz all derjenigen Tendenzen von der Renaissance an bis heute bezeichnet, die auf ein System des Menschen allein hinauslaufen. Es ist schon angeklungen, daß sich der *solus homo* nur unter dem Vorzeichen einer negativen Selbstauffassung als Doktrin errichtet: Der Mensch definiert sich durch radikale Freiheit und prometheische Selbsterfindung.[99] Aber die Freiheit des autarken Menschen muß das Schicksal der unbestimmten Gottheit teilen, nach deren Bild er sich errichtet hat. Auf sich selbst derart zurückgeworfen, muß ihn das Los der Abstraktion ereilen. Dazu verurteilt, alles rein aus sich setzen zu müssen, ohne es aber zu können, verliert sich der Mensch wegen seiner bloß innerlichen, bestimmungslosen Freiheitsmacht, das heißt durch seine Ohnmacht an die determinierte Systematizität des Wirklichen. Was aber bleibt vom *solus homo?* Nichts, denn das Absolute als Subjekt muß dem absoluten System weichen, und das scheint genau die Realität zu sein, die den Menschen heute bedroht: Bedrohung „einer rationalisierten Welt, wo der Mensch nur das Mittel und der Ort für die Anwendung einer universellen Technik sein wird. Die einer Welt, wo die massive Religionslosigkeit die baldige Reduktion des Menschen auf seine biologische Spezies bezeichnet."[100] Kraft der unweigerlich auf sich selbst angewandten Unbestimmtheitsregel ist der Tod des Menschen das

d'autres termes, le tout-autre n'est que l'uniforme, ou la forme vide, qui n'offre un contenu qu'à la manière du parfait miroir renvoyant notre image dès qu'on tente de l'apercevoir. Feuerbach dira, sans surprendre, ‚Dieu est le miroir de l'homme', concluant par l'équivalence d'un humanisme athée et d'une théologie négative."

[98] Vgl. A. Gesché in seiner Rez. zu DD, in: RTL 6 (1975) 485–492, 487 f.: „Si l'homme s'est fait Dieu à son image, il est bien normal qu'un jour ou l'autre il se le restitue s'il veut se restituer lui-même." Den dialektischen Mechanismus, der die einander rein äußerlichen Extreme Selbst und anderes notwendig aufeinander zurückführt, beschreibt Bruaire PM, 33–44 (= L'homme miroir de Dieu [047]). Die Auseinandersetzung mit Feuerbach ist um eine Bemerkung Bruaires zu Tendenzen derjenigen „mystiques" zu ergänzen, die eine Selbstvernichtung durch Absorption in die göttliche Sphäre erhoffen, vgl. Absolu (102), 52: „La divinisation de l'homme doit être aussi son abolition." Die Bibliographie zu diesem Artikel läßt vermuten, daß Bruaire Fichte meint. Tatsächlich scheint Fichte Absolutes und Individualität nur unzureichend zu vermitteln (vgl. Vorlesungen über die Bestimmung des Gelehrten, 40: „Die Vollkommenheit ist nur auf eine Art bestimmt; sie ist sich selbst völlig gleich, könnten alle Menschen vollkommen werden, könnten sie ihr höchstes und letztes Ziel erreichen, so wären sie einander völlig gleich; sie wären nur Eins; ein einziges Subjekt").

[99] Vgl. DD, 40 („En rigeur, rigeur du concept clair, l'*humanisme* est système de l'homme seul, dans sa toute suffisance, sa toute indépendance"), 42 („En ralliant les auteurs préchrétiens, on récusait l'intervention de Dieu"); es hat daher keinen Zweck, von christlichem Humanismus zu sprechen, was hieße: „lier le sort de l'homme à ce qui n'est pas lui, à le relativiser, à l'aliéner de nouveau, à masquer une contradiction par de nouvelles mythologies" (Absolu [102], 52).

[100] DD, 47. Dieser Zusammenhang ist klar erkannt von L. Feuerbach, Das Wesen des Christentums (1841), Berlin ²1984, 49 f.: „Die Negation des Subjekts gilt für Irreligiosität, ja für Atheismus, nicht aber die Negation der Prädikate. Aber was keine Bestimmungen hat, das hat auch keine Wirkungen auf mich, was keine Wirkungen, auch kein Dasein für mich. Alle Bestimmungen negieren ist so viel

notwendige Korrelat zum Tode Gottes; „die nackte, stumme und sterile Freiheit ist nur der inkonsistente Schatten einer abwesenden Gottheit, die durch das Überleben einer müßigen Rhetorik kaum vom Nichts zu unterscheiden ist."[101]

Sieht man jedoch näher hin, dann scheint es so, als ob es für dasjenige Denken keine Erkenntnis des Absoluten geben darf, das es nur als Ding erfassen könnte. Die Unerkennbarkeit des Absoluten ergibt sich daraus, daß ihm keine strukturierte Beschreibung mit allen Elementen zukommt, mit anderen Worten: Wollte man das Absolute erkennen, müßte es ein Objekt sein. Die bloße Vernunft hält sich Gott vom Leib, weil sie ihn sonst durchdringend erkennen müßte. Deswegen weiß sich zeitgenössisches Denken vielfach nicht anders zu behelfen, als Zuflucht zum anderen der Vernunft zu nehmen, zum absolut anderen, der sich allen Totalisierungsstratagemen entzieht. Bezeichnend ist dahingehend der fast schon inflationäre Gebrauch der Analogien, die aus den negativen Theologien der neuplatonischen Tradition stammen.[102] Der Verdacht drängt sich schier

als das Wesen selbst negieren. Ein bestimmungsloses Wesen ist ein ungegenständliches Wesen, ein ungegenständliches ein nichtiges Wesen. Wo der Mensch alle Bestimmungen von Gott entfernt, da ist ihm Gott nur noch ein *negatives* Wesen. Dem wahrhaft religiösen Menschen ist Gott kein bestimmungsloses Wesen, weil er ihm ein *gewisses, wirkliches* Wesen ist. Die Bestimmungslosigkeit und mit ihr identische Unerkennbarkeit Gottes ist daher nur eine Frucht der neuern Zeit, ein Produkt der modernen Ungläubigkeit. Wie die Vernunft nur da als endlich bestimmt wird und bestimmt werden kann, wo dem Menschen der sinnliche Genuß oder das religiöse Gefühl oder die ästhetische Anschauung oder die moralische Gesinnung für das Absolute, das Wahre gilt, so kann nur da die Unerkennbarkeit oder Unbestimmtheit Gottes als ein Dogma ausgesprochen und fixiert werden, wo dieser Gegenstand *kein Interesse mehr für die Erkenntnis* hat, wo die Wirklichkeit allein den Menschen in Anspruch nimmt, das Wirkliche allein für ihn die Bedeutung des wesentlichen, des absoluten, göttlichen Gegenstandes hat, aber doch zugleich noch *im Widerspruch* mit dieser rein weltlichen Tendenz ein alter Rest von Religiosität vorhanden ist. Der Mensch entschuldigt mit der Unerkennbarkeit Gottes vor seinem noch übriggebliebenen religiösen Wissen seine Gottvergessenheit, sein Verlorensein in die Welt; er negiert Gott praktisch, durch die Tat – all sein Sinnen und Denken hat die Welt inne –, aber er negiert ihn nicht *theoretisch;* er greift seine Existenz nicht an; er läßt ihn bestehen. Allein diese Existenz tangiert und inkommodiert ihn nicht; sie ist eine nur negative Existenz, eine Existenz *ohne Existenz,* eine sich selbst widersprechende Existenz – ein Sein, das seinen Wirkungen nach nicht unterscheidbar vom Nichtsein ist. Die Negation bestimmter, positiver Prädikate des göttlichen Wesens ist nichts andres als eine Negation der Religion, welche aber noch einen *Schein von Religion* für sich hat, so daß sie nicht *als Negation* erkannt wird – nichts andres als ein *subtiler, verschlagner Atheismus.* Die angeblich religiöse Scheu, Gott durch bestimmte Prädikate zu verendlichen, ist nur der irreligiöse Wunsch, von Gott nichts mehr *wissen* zu wollen, Gott sich aus dem Sinne zu schlagen."

[101] Absolu (102), 52; vgl. DD, 46: „de cette toute liberté humaine, il n'y a rien à dire, rien à savoir. Inévitablement, le constat de nullité proféré par l'athée à l'endroit d'un Dieu indéterminé, sans nature, indéfinissable, ineffable, est maintenant proclamé à l'égard de l'homme, de son prétendu droit divin, de sa liberté théomorphe." Allerdings ist die These von der durchgängig determinierten Wirklichkeit unhaltbar. Nicht bloß weil die Absolutheit des vollendeten Beziehungssystems die zur freien Initiative notwendige Indeterminiertheit aufhebt, sondern vielmehr dadurch, daß das Absolute als System „der vollständig entwickelte Widerspruch" ist (Hegel, Enzyklopädie § 194). Entweder haben endliche Wesen keine eigene Realität, dann braucht es auch keine positive Wissenschaft, oder die tatsächliche Vielheit vervielfältigt das Determinationssystem, so daß das Eine mit seinem Gegenteil identisch ist. D. h. daß der Strukturalismus nicht nur Leibniz zu späten ungenannten Ehren kommen läßt, sondern 200 Jahre vor seiner Erscheinung bereits widerlegt war.

[102] PM, 6 f.: „Dieu n'est pas l'être mais l'étant suprême, nous dit-on, comme ce qui est éclairé n'est pas la lumière – aussi insaisissable que la nuit –, ou comme ce qui est présent n'est pas la présence – aussi inconceptualisable que l'absence. Ce qui signifie exactement que l'absolu, impensable, indé-

auf, daß die heute grassierenden apophatischen Anwandlungen genau das einschließen, wofür sie glauben, das Heilmittel zu sein: Unerkennbar ist das Absolute unter der Voraussetzung, daß es sich sonst um ein Objekt handelt, um das man einmal herumgehen kann, um nachzusehen, ob alle Attribute beisammen sind.[103]

Zum Recht des Absoluten gehört seine Erkennbarkeit.[104] Das wird nur den verwundern, der sich darunter ein Unbestimmtes vorstellt. Ganz im Gegenteil ist aber die Unbestimmtheit des Absoluten genau das Prinzip seiner Unerkennbarkeit, das heißt, daß ein in sich nicht bestimmtes Absolutes gewiß keine Ausdrucksfähigkeit hat, die ihre adäquate Übersetzung in der Aufnahme durch die menschliche Rede fände. Tatsächlich ist ein unbestimmtes Absolutes weder etwas, noch jemand. Es bleibt nur die anonyme Substanz bzw. ein gesichtsloses Ding übrig, auf das sich die Unbestimmtheit des unerforschlichen Absoluten reduziert. Daher läßt sich auch keine wie auch immer geartete phänomenologische Zugangsweise als Alternative zum Feindbild der subjektphilosophischen Alterophagie konstruieren. Die vermeintliche Sinnkonstitution durch das Subjekt gegen die Passivität des Empfangens ausspielen heißt – unter dem Vorzeichen der Unbestimmtheit – den Teufel durch Beelzebub austreiben zu wollen.[105]

Negative Metaphysik beschränkt sich auf eine objektive Erkenntnisweise und schließt auf Unerkennbarkeit des Absoluten qua Unbestimmtheit. Weil diese Metaphysik das Absolute nach Art eines unpersönlichen Dinges denkt, entläßt es selbst seine dialektische Umkehrung, das Absolute als System. Das verläuft

finissable, sans forme ni nom, par quoi toute chose a son insondable fondement existentiel, échappe absolument à la conception spéculative. En témoigne l'emprunt de la distinction *Sein-Seiende* au vocabulaire constant de Schelling, pour lequel elle transcrivait la distinction du divin et de Dieu. Mais là où Schelling s'acharnait à exprimer, en une métaphysique positive, le pouvoir-être absolu par lequel, en défi éternel au Néant, l'absolue liberté se pose en Etre divin et personnel, Heidegger présuppose, et c'est peut-être sa plus sûre adhésion à Kant, un absolu inconceptualisable, non le Dieu caché mais le divin privé du droit pur d'être l'Esprit absolu capable de sa manifestation."

103 Vgl. Absolu (102), 53: „Lorsqu'on tente d'analyser l'absolu, pour énumérer les attributs qui lui conviennent, on le considère comme un objet d'investigation dont on ferait le tour pour reconnaître ses contours et sa manière d'être propre. En termes théologiques, il s'agit de dresser la liste des attributs divins en s'efforçant d'opérer leur conciliation. La pensée erre d'un attribut à l'autre, comme s'ils faisaient cercle autour d'un centre vide. Et la théologie négative n'a point de peine à montrer que le bilan de cette enquête est nul, que la suite des noms divins appelle la négation de chacun d'eux, puisque toute détermination est relation et que l'absolu est le non-relatif (...) Mais la conception négative de l'absolu demeure complice de la ‚théologie naturelle' qu'elle révoque. En concluant que l'absolu est inconnaissable, ineffable, elle souscrit au principe d'une connaissance objective et positive de l'absolu. Du même coup, elle présuppose que l'absolu est objet, susceptible d'une description ordonnée qui en épuiserait l'essence dans un discours systématique."

104 Vgl. FE, 85: „Ce qui est concevable, absolument, c'est Dieu. Ce qui ne veut pas dire, encore une fois, qu'on puisse en faire le tour comme on ferait le tour d'une chose."

105 Die Euphorie, die sich anläßlich der Levinas-Rezeption breitmacht, gilt der Vorgängigkeit der Begegnung mit dem anderen, die dem Selbst erst zu dessen Konstitution verhilft. Zur formalen Errichtung der Selbstgewißheit des Subjekts reicht aber der *genius malignus* bei Descartes völlig aus: „fallat me quisquis potest, numquam tamen efficiet, ut nihil sim" (III. Meditation). Hier sind Glaubwürdigkeitskriterien gefordert, die prüfen müssen, ob man so zu einem konsistenten Menschen- und Gottesbild kommt oder nicht vielmehr bei der Vergötzung des anderen stehenbleibt.

über die Anwendung der Unbestimmtheitsregel auf das menschliche Subjekt, die zur Folge hat, daß die Existenzbedingungen der Freiheit selbst diese sofort aufheben und die Freiheit somit im Nichts eines verinnerlichten Rückzugs verlischt. „Gott ist das *caput mortuum,* die absolute Leere, und der atheistische Rationalismus kann nur dadurch bestehen, daß er danach trachtet, die unendliche Leere durch die unbewegliche Vorstellung eines absoluten Systems zu füllen."[106]

Dieser janusköpfige Atheismus bestätigt den eingangs geäußerten Verdacht, der Atheismus leugne genau das, was die jüdisch-christliche Religion charakterisiert, nämlich das Bekenntnis zum persönlichen Gott, der frei ist, sich mitzuteilen. Das ist aber schon das Ende einer mechanischen Abfolge. Denn befördert wird der Atheismus erst durch einen Rationalismus, der hinter allen negativen Konzeptionen des Absoluten steckt. Dieser Rationalismus ist zwar prinzipiell und liegt allen weiteren Beschränkungen zugrunde, ob sie nun Gott oder den Menschen betreffen, er sündigt aber sozusagen weniger durch Übertreibung als vielmehr durch Unterlassung, durch Übertreibung der Unterlassung. Inwiefern? Insofern die negative Theologie („die zweifelsohne am Ursprung jeder negativen Ontologie steht und diese am Ursprung jeder Negation der Ontologie"[107]) das Absolute dem Begreifen dadurch entzieht, daß sie nicht den Begriff des Absoluten respektiert, der selbst absolute Voraussetzung der Rationalität ist und sich als solcher der menschlichen Vernunft mitteilt.

Der Begriff des Absoluten, der diesem wirklich entspricht, impliziert die absolute Freiheit des Absoluten, die nur dann absolut ist, wenn eine frei initiierte Beziehung keinen Widerspruch zur Absolutheit darstellt. Das Absolute als Relationslosigkeit zu verstehen bedeutet dagegen, das Absolute in seinem Vermögen zu beschneiden. Aber das ist nur der sekundäre Aspekt der absoluten Freiheit, der gleichwohl geeignet ist, allen Gott gegenüber errichteten Verboten entgegengehalten zu werden. Der primäre Aspekt der absoluten Freiheit zielt tiefergehend darauf hin, das Absolute als ein durch sich selbst frei bestimmtes, lebendiges Subjekt zu verstehen. Anders gesagt: Nur wenn das Absolute Selbstbeziehung ist, wird es auch Beziehungen zum anderen unterhalten können.

Um all diejenigen Abenteuer zu vermeiden, die sich aus der Unbestimmtheit des Absoluten ergeben, muß man mit der absoluten Freiheit Gottes beginnen. Es ist von der Freiheit auszugehen, um zu zeigen, daß sie der Begriff ist, bzw. wird das Absolute nur unter der Bedingung verstanden, daß unter der absoluten Frei-

[106] PM, 24. Vgl. Hegel, Die Lehre vom Sein, 428 f. (gegen Spinoza: Indifferenz, d.h. Bestimmungslosigkeit des Absoluten saugt alle Bestimmungen auf, das Absolute ist quantitative Substanz, nicht aber Subjekt).

[107] Absolu (102), 53. Ähnlich PM, 50: „*la métaphysique négative est principe d'une négation du métaphysique* qui ne relève pas de l'épistémologie". Vgl. Tilliette, La philosophie et l'Absolu, 80 f.: „Et la philosophie trahie se venge. A force de pureté et de stérilité, la théologie négative est le fourrier de l'athéisme, l'athéisme la vérité de la théologie négative. Par un renversement dialectique, le Dieu lointain se retourne en théomorphisme à la Feuerbach, *homo homini Deus.* Le désir de Dieu se mue en désir d'être Dieu, en humanisme athée et idéologie séculière."

heit Gottes die Einheit von Subjekt und System begriffen wird.[108] Diese absolute Freiheit muß als Einheit beider Aspekte der Freiheit gedacht werden: Im Absoluten gehen der negative Aspekt des Rückzugs auf sich selbst (Unabhängigkeit) und der positive Aspekt der Bestimmtheit (Selbstbestimmungsakt) zusammen. Die Freiheit des Absoluten meint hier also nicht irgendein Attribut: Durch den doppelten Sinn von Unabhängigkeit und Selbstbestimmung gehen Absolutheit und Freiheit strikt zusammen. Das ist der Begriff: absolute Freiheit als vollbrachte Identität von Unabhängigkeit und Unbedingtheit einerseits, Bestimmtheit und Selbstbehauptung andererseits in ein und demselben Akt, „der das Negative der Unabhängigkeit in substantielles Sein verwandelt, das nur als souveräne Existenz gedacht werden kann."[109] Das Absolute als Freiheit ist Subjekt und System: Das, was sich zusammenhält, ist eine reflexive Selbstvergegenwärtigung, die in Negation der eigenen Differenz die Identität des Selbst gewährt und in der untrennbaren Einheit von Form und Inhalt ihren eigenen Grund hat. System – man kann auch Substanz sagen – meint die Selbstbeziehung der absoluten Reflexivität, „Selbstentäußerung und Wiederaufnahme seiner selbst, Negation der Negation, Akt, durch den das Absolute seine eigene positive Unendlichkeit ist."[110] In ein anderes Vokabular gefaßt: Im Absoluten gehen zusammen die unendliche Reflexivität, durch die das Absolute sich selbst gewinnt, und die unendliche Expressivität, durch die das Absolute in einem Überstieg der eigenen Negativität sich selbst seinen Ausdruck verschafft und nach außen vermittelt.

Mit dem Zugleich der alternierenden Freiheitsbewegung von Kontraktion und Expansion tritt man das schwierige Erbe Schellings an.[111] Bemerkenswerterweise kommt der Gegenstrom von Nein und Ja, von unaufhörlicher „Systole und Diastole"[112] in der Philosophie Schellings dann zum Tragen, als er – statt die christliche Lehre apriorisch zu deduzieren – „aposteriorisch das Geschehene der Schöpfung, ihres Falles und ihrer Erlösung bzw. Vollendung" als einen „nach

[108] Vgl. Hegel, Phänomenologie des Geistes, 19: „Es kommt (...) alles darauf an, das Wahre nicht als *Substanz,* sondern eben so sehr als *Subjekt* aufzufassen und auszudrücken." Ebd., 24: „Daß das Wahre nur als System wirklich, oder daß die Substanz wesentlich Subjekt ist, ist in der Vorstellung ausgedrückt, welche das Absolute als *Geist* ausspricht, – der erhabenste Begriff, und der der neuern Zeit und ihrer Religion angehört." Tilliette, La philosophie et l'Absolu, 82, berichtet, Bruaire habe Hegels „proposition fameuse" (PM, 21, EE, 31, Anm. 1 [„fameuse formule"]), die keinesfalls aus ihrem „contexte théologique" herauszulösen sei, unablässig meditiert, sie sei geradezu „un sésame de son oeuvre".

[109] PM, 62. Vgl. PC, 253: Das absolute Subjekt bestimmt sich selbst, es ist „son propre système en plénitude d'acte".

[110] Absolu (102), 53. „Négativement, par conséquent, l'impossibilité de penser la Liberté qui ne soit pas, nécessairement, quelqu'Un, est formellement certaine" (PM, 63, mit Anm. 1: „Pour préciser, la non-existence signifie la distraction des deux sens de liberté, et leur ruine dans la contradiction").

[111] Der pneumatische Rhythmus von Nein und Ja (F. W. J. Schelling, Die Weltalter [1813], Darmstadt 1989, 1–150, 107 u. ö.) findet sich der Sache nach als „Wechselspiel von Hemmen und von Streben" schon im „Epikurisch Glaubensbekenntnis Heinz Widerporstens" von 1800 (vgl. M. Frank, Fragmente einer Geschichte der Selbstbewußtseins-Theorie von Kant bis Sartre, in: Selbstbewußtseinstheorien von Fichte bis Sartre, Frankfurt ²1993, 413–599, 459).

[112] Schelling, Die Weltalter, 126, 132 f. („abwechselnde Bewegung *[motus alternus]*, ewiges Ein- und Wiederausathmen"), 140 u. ö. Vgl. SCH, 12 f. (zur konstanten „Freiheitsontologie Schellings, die das ganze Werk als seine Achse durchdringt").

Gottes Herablassung aufwärts“ strebenden „Prozeß rekonstruiert.“[113] Tatsächlich behauptet das Christentum gleichermaßen, das Absolute sei Geist und dieser nicht ohne seine Manifestation: „Doppelte und untrennbare Behauptung, die sozusagen die Erkennbarkeitsbedingung der epiphanischen Offenbarung darstellt.“[114] Mit „Geist“ erreicht man die semantische Doppelung von *Pneuma* und *Nous,* wobei *Nous* eine mehr intellektive Bedeutung hat, die mit der Vorstellung der starren Unbewegtheit assoziiert wird. *Pneuma* dagegen meint das lebendige Prinzip, die rhythmische Einheit einer doppelten, umgekehrten Bewegung, die sich wegen ihres Vollsinns gegen alle Abstraktionen sperrt. Denn man braucht vielleicht nicht viel Aufhebens von einer Freiheit machen, deren reine Negativität und absolute Unabhängigkeit das Sein entbehrte: Das wäre ein unmögliches Absolutes, das in seinem sterilen Selbstwissen sowohl undenkbar als auch unauffindbar bliebe. Genauso ist eine rein positive Freiheit abzulehnen, die ganz und gar in ihrer Manifestation aufginge und sich darin erschöpfte.[115] Der pneumatische Rhythmus bezeichnet dagegen den Geist, der in der vollkommenen Aktualität seines Seins auf absolute Weise er selbst ist. Der Gegenstrom von positivem Ausdruck und negativem Rückzug auf sich erreicht den Vollsinn von Sein und Selbstwissen und ist daher nicht so leicht abzuweisen. Durch die untrennbare Verbindung des Aktes und seines Wissens bzw. des Ausdrucks und seiner Reflexion, durch die vorbehaltlose Verwirklichung bzw. Aktualisierung ohne verbleibende Seinsmacht ist „das Sein im reinen Akt seiner selbst das absolute Selbstwissen. Und der vollkommene Ausdruck der absoluten Reflexion.“[116] Der spirituelle Rhythmus ist beileibe kein Bild oder vitalistisches Postulat, das bloß dem Register menschlicher Ordnung entlehnt wäre. Er übersetzt die Unbegrenztheit des Absoluten in dessen vollkommener Aktualität genauso wie die Unendlichkeit des Absoluten auch im Übersteigen jeder Grenze innerhalb der Reflexion. Unbegrenzt und unausschöpflich nach außen wie nach innen, in der vorbehaltlosen Manifestation genauso unendlich wie im innersten Prinzip seiner selbst, das ist Gott, das Sein in seinem reinen Akt: *esse, infinitum et spiritus convertuntur.*[117]

[113] Gläßer, Verweigerte Partnerschaft?, 208.
[114] EE, 92.
[115] Deswegen sollte man keinen geschichtlichen Gott der Bibel gegen einen substantiellen Gott der Philosophie ausspielen. Im übrigen steckt der Ganz-Andere auch hinter den falschen Alternativen, die das Christentum und seine gesellschaftliche Rolle belasten: Mit dem Ganz-Anderen läßt sich die Gleichgültigkeit der Welt gegenüber begründen, genauso aber die Verwirklichung der Verheißungen Christi hier und jetzt. Beides will eine ganz andere Gesellschaft bzw. etwas ganz anderes als die Gesellschaft. Die ganz andere Gesellschaft kann auch nicht auf der heutigen aufbauen, sie gehorcht wieder dem Bild des Absoluten als Negation und Bruch. Mit dem Ganz-Anderen wird die hypostatische Union in ihre nestorianische oder monophysitische Verzerrung verschleppt: Entweder war die Inkarnation wirkungsloser Schein, oder Gott geht ganz im Menschen auf, „entweder Gott bleibt der Abwesende in seinen Hinterwelten, oder er erschöpft sich in seiner geschichtlichen Anwesenheit“ (RP, 189).
[116] L'être de l'esprit (113), 37; vgl. EE, 115–129.
[117] EE, 116.

Auf Schellings Spuren kommt Bruaire zu einem sehr konsistenten Gottesbegriff, dem natürlich entgegengehalten werden wird, er sei eben nur ein Begriff, um so mehr als Schelling selbst der spekulativen Vermittlung des Anselmschen Beweises kaum eine nennenswerte Rolle zugemessen hat.[118] Man tut sich ohnehin schwer mit Gottesbeweisen. Zum Kronzeugen gegen die Stichhaltigkeit des sogenannten ontologischen Arguments wird gerne Kant aufgerufen, ohne aber zu sehen, daß der berühmte Abweis dieses Gottesbeweises innerhalb einer ganz bestimmten Auffassung des Erkenntnisvermögens überhaupt zu stehen kommt und so den Schlüssel zur Konstruktion des gesamten kritischen Unterfangens bei Kant liefert.[119] Die vermittelnde Funktion des ontologischen Beweises greift tatsächlich dann nicht, wenn sie im Namen einer bestimmten Metaphysik abgelehnt wird, einer „negativen Metaphysik, für die das Absolute unbegreiflich ist, undenkbar, außer Reichweite der spekulativen Behauptung, und das nicht mit der Gestalt eines offenbaren Gottes zu vergleichen ist, den sich der religiöse Glaube im Dunkeln seines Verständnisses vorstellt."[120] Die Unmöglichkeit, vom Begriff des Absoluten auf dessen Sein zu schließen, ist bei Kant die Signatur einer Vorentscheidung: Vom Absoluten ist jegliches positive Begreifen prinzipiell ausgeschlossen, weil es gar nichts Positives ist.

Kantische Philosophie verbaut sich den Zugang zum Absoluten. Wegen der unzureichenden Bestimmung der Freiheit als purer Anfangskraft sowie der Beschränkung von Erkenntnis auf Urteile verbleibt sie im Regime der innerlichen Unbestimmtheit, womit allerdings ihre eigentümliche Wirkungslosigkeit vor ihrem harschen Rigorismus rettet.[121] Kant erklärt die metaphysischen Kapriolen von Anselm bis Descartes als „inkonsistentes Spiel der Kategorien, die den für die Erkenntnis sinnlicher Erfahrung konstituierten Verstand strukturieren. Nimmt man dieses Spiel ernst, wird man schließlich dem Existenz zubilligen, was weder begriffen noch erfahren werden kann, dem Absoluten, das nicht einmal eine Idee ist, sondern das absolut Undenkbare."[122] Mit der apriorischen Entsprechung von Erfahrungsmaterial und kategorial durchgängig determiniertem Verstand via Formen der Sinnlichkeit verliert sich die Kantische Erkenntnistheorie an bestimmte Gegenstände. Was sich durch Vermittlung raum-zeitlicher Formen der Erkenntnis preisgibt, kann nur empirisch gewährtes, mithin bedingtes Objekt sein. Daher rührt die Gleichsetzung von Unbestimmtheit und Unerkenn-

[118] Schellings Ablehnung des Arguments wird durchaus von Bruaire notiert, vgl. SCH, 55. In den „Weltaltern" hat Schelling freilich „seine eigene Kritik am ontologischen Gottesbeweis schon überholt" (Gläßer, Verweigerte Partnerschaft?, 235).

[119] Vgl. H. Ogiermann, Es ist ein Gott, München 1981, 114: „Weithin, zumal im akademischen Allgemeinbewußtsein, gilt Kant als die geschichtliche Wende im Prozeß der philosophischen Frage nach Gott. Auch katholische Theologie und Philosophie kapitulieren. Die Begründung vergißt manchmal, daß Kants Kritik völlig systemimmanent verläuft." Vgl. PM, 50 f., Anm. 1: „Ce qui signifie que la *Dialectique transcendantale* contient la clé d'interprétation de toute la *Critique*. Notamment la ‚réfutation' de la preuve ontologique."

[120] EE, 92.

[121] Vgl. Kant, Kritik der reinen Vernunft, B 476 (Freiheit als absolute Spontaneität der Handlung).

[122] PM, 48. Zum ontologischen Gottesbeweis vgl. Kant, Kritik der reinen Vernunft, B 627, 630.

barkeit. Mit der Selbstbestimmung des Absoluten als selbstbezogenem Subjekt wird diese Philosophie nichts anfangen können, weswegen sie den immerhin vorliegenden Begriff des Absoluten wie ein Objekt durchforscht und mit Geldmünzen vergleicht. Einem Ding ist die eigene Existenz tatsächlich gleichgültig.

Dennoch darf nicht ohne einen Umweg so einfachhin auf die Existenz des oben beschriebenen absoluten Geistes geschlossen werden. Dafür ist es wiederum Schelling, der – freilich gegen seine eigene Intention – den entscheidenden Hinweis gibt: „Alles kann dem Geschöpf mitgetheilt werden, das eine nicht, den unsterblichen Lebensgrund in sich selbst zu haben, von und durch sich zu seyn.“[123] Auch menschliche Freiheit hat nur dann Bestand, wenn sie sich nach außen manifestiert, ohne dabei ihre konstitutive Reflexivität zu verlieren. Das ohnehin zerbrechliche Gleichgewicht von Reflexivität und Expressivität hat die Kontraktion des Subjekts auf sich zur Bedingung, aus der die freie Expansion erst fließen kann.[124] Während aber der freiheitliche Ausdruck in der Verfügung des Subjekts liegt, und zwar so sehr, daß er die der eigenen Expressivität zugrunde liegende Reflexivität Lügen strafen und seine eigene Freiheit verspielen kann, hat die ursprüngliche Kontraktion den Charakter der Notwendigkeit, die es erst bewußt aufzunehmen gilt. „Den Menschen hindert das In-sich-gesetzt-seyn; ihm hilft das Außer-sich-gesetzt-werden“.[125] Die Kontraktion ist als derart grundlegend zu verstehen, daß sie dem endlichen Wesen die Möglichkeit schlechthinniger Verweigerung bietet. Diese Verweigerung wäre aber noch der Effekt einer vorausliegenden Bestimmtheit. So kann in der reflexiven Aufnahme dieses reflexen Prinzips Selbstbewußtsein entstehen, bezüglich des Prinzips selbst ist allerdings ein blinder Fleck auszumachen, ein Nicht-Wissen um den eigenen Ursprung. „Der blinde Fleck an meinem Beginn verdeckt meinen Grund, den Ursprung meiner selbst.“[126] Obzwar nun dieser blinde Fleck den Anspruch des menschlichen Geistes abweist,

[123] Schelling, Die Weltalter, 149.

[124] Vgl. Gläßer, Verweigerte Partnerschaft?, 216 f.: Schelling „erkennt nicht nur, daß Freiheit vor aller Wahlfreiheit nur dort herrscht, wo ein Subjekt die Möglichkeit zu handeln oder nicht zu handeln hat, sondern auch, daß der jeweilige freie Akt immer einer Gegenkraft, einer Kontraktion des Subjekts auf sich selbst bedarf, um Halt zu finden für den Absprung und Elan der freien Handlung, der Selbsterschließung und Zuwendung zum andern, der Tat der Liebe. Dabei ist die Reihenfolge, wo nicht Zwang, sondern Freiheit vorhanden sein soll, unumkehrbar; zuerst die Notwendigkeit der Kontraktion, dann die Freiheit der Expansion.“ Vgl. SCH, 14: „le oui est second et n'est libre que par puissance initiale du non“. EE, 40 f.: „il n'est aucun mouvement positif de l'âme, pas même dans la réciprocité du coeur à coeur, qui ne soit le négatif surmonté et, cependant, entretenu, du repli et du retrait. Les images du pur amour dans l'absence de soi, la privation de l'être propre, sont indiscernables de la réalité d'une démission personnelle ou d'un mouvement naturel insignifiant. Même pour donner sa vie, il faut garder son être. Et qui n'est point capable de haine ne sait point aimer. Le pardon qui n'était pas vengeance possible et conjurée n'est que faiblesse, pieux sentiments sans piété. La promesse n'est pas fidélité initiale si elle n'est pas l'entretien du refus surmonté. Il faudrait dire que le bien est le mal désavoué, annulé, nié.“

[125] Schelling, Die Weltalter, 102.

[126] EE, 42; vgl. Problème de la métaphysique et „conversion“ (094), 125: „l'être d'esprit n'est pas non plus son propre auteur, ni initiative créatrice de lui-même. C'est pourquoi il ne peut qu'éprouver le mystère de son origine, gardant en sa substance spirituelle une tache aveugle qui lui interdit – sauf phantasme et mime de Dieu – d'être auto-transparent, en jonction de soi à soi, en position de son être.“

für sich selbst völlig durchsichtig zu sein, und man daher nicht umhin kann, einen unbekannten Ursprung des Selbst in dessen eigenem Zentrum anzuerkennen, so eröffnet doch diese „nicht zu entziffernde Anwesenheit im Innersten meines geistigen Seins“[127] einen Zugang zum ontologischen Argument. Der Geist, dem sich die geistige Seinsweise des Menschen verdankt, vereint in vollkommener begrifflicher Einheit noetisches und pneumatisches Moment und bedeutet sich selbst als lebendige, absolute Freiheit im absoluten Wissen ihrer selbst. Diese Reflexionsbestimmtheit ist es, die zur ontologischen Behauptung zwingt, weil sie ein Absolutes adäquat zur Geltung bringt, das sich nicht nur durch einheits- und seinsstiftende Reflexivität auszeichnet, sondern dem auch die Expressivität konstitutiv zugehört, die es zu seiner begrifflichen Manifestation braucht.

Den ontologischen Beweisgang hatte Bruaire schon als notwendiges Implikat der ihren eigenen Prinzipien entsprechend angeordneten Existenz geführt: Das durch das Streben unendlich bewegte Denken entläßt selbst die Suche nach der absoluten Norm des Wissens. Das über sich selbst reflektierende, spekulative Denken konnte auf das Sein des Absoluten schließen, weil das unauslöschliche Streben nach absolutem Wissen in unserer Existenz nur dadurch wurzelt, daß Streben und Denken durch eine absolute Freiheit zueinander vermittelt sind.[128] Es hatte sich herausgestellt, daß „wir nicht am Ursprung dieser Verbindung in unserem Geist stehen und nicht stehen können. Daß die Freiheit unseres Denkens sich nicht entfalten kann, ohne in der wechselseitigen Innigkeit des begrifflichen Sinns und der geistigen Energie die Forderung anzuerkennen, die sie belebt, das ist die Spannkraft des Beweises, die wirksame Vermittlung, die wir dargestellt hatten.“[129]

Es ist somit das Absolute selbst, das sich als *interior intimo meo* erweist, als reflexiver Ursprung meiner eigenen reflexen Verfaßtheit, die meiner Reflexivität zugrunde liegt.[130] Spekulativ-begriffliches Denken aber erreicht das Absolute des

[127] EE, 106; für den blinden Fleck siehe G. Marcel, Journal métaphysique (1927), Paris: Gallimard 1968, 281, vgl. Une lecture du „Journal métaphysique“ (053), 345. Vgl. Ravaisson, De l'habitude, 53: „C'est Dieu en nous, Dieu caché par cela seul qu'il est trop au-dedans, et dans ce fonds intime de nous-mêmes, où nous ne descendons pas.“

[128] Vgl. SCH, 12: „Chercher la vérité, c'est chercher en soi l'éternelle liberté que je ne suis pas. Telle est la vérité de toute philosophie naissante, du ‚connais-toi toi-même‘. Mais la nécessité de cette recherche de l'éternelle liberté ne m'habiterait pas réellement si celle-ci, à l'intime de mon être, n'était présente et ne cherchait sa manifestation dans ma propre recherche.“

[129] EE, 95, vgl. AD, 162: „L'obscurité de l'origine, qui rend impossible la découverte immédiate d'un *primum movens,* se convertit, à l'intérieur du logos humain, en appréhension d'une fin dernière, indéterminée et ineffective par elle-même, mais que la liberté détermine indirectement, puisque cet omega de la raison doit coïncider avec la satisfaction définitive du désir qui *lui* anime son verbe.“ Das ist der Gedanke, „von der Substantialität und Subjektivität der endlichen Freiheit auf die Existenz und Struktur der unendlichen Freiheit als der letzten Ursache zu schließen“ (Gläßer, Verweigerte Partnerschaft?, 209).

[130] Vgl. L'être de l'esprit et l'Esprit saint (109), 72: „Ainsi, invoquer l'infini de Dieu, c'est invinciblement se recueillir pour le découvrir affranchi de toute limite au dedans, à l'intérieur de nous-même : impossible de penser le dépassement du plus grand sans penser le plus intime du plus petit : *interior intimo meo et superior summo meo.*“ Vgl. SCH, 14: „A l'intime de nous-mêmes transparaît ainsi la présence abyssale de l'éternelle liberté, sans laquelle l'Idée de vérité n'aurait jamais animé notre recherche.“

Geistes am Ursprung des endlichen Geistes nicht unmittelbar. Wegen des blinden Flecks, der den Anfang bezeichnet, vollzieht sich die Rückkehr zum eigenen Ursprung in der Wendung nach vorne, die artikulierte Denkschritte nun einmal sind. Was aber aufgedeckt wird, ist die Erfahrung des eigenen Apriori. In der begrifflichen Wiedererkenntnis wird der eigene Ursprung mit der wahren Unendlichkeit Gottes identifiziert, die sozusagen in beide Richtungen verläuft, *non coerceri maximo, contineri tamen a minimo, divinum est.*[131] Die reflexe Bewegung auf sich selbst erkennt, daß das Absolute gar nicht das Ganz-Andere des menschlichen Geistes ist; der wegen seiner unmittelbaren Anwesenheit unbekannte Geist wird dadurch, daß das Denken seinen Verlauf nimmt, in eine Distanz gebracht, die seine Entdeckung ermöglicht. Was solcherart in ontologischer Behauptung erkannt wird, ist das genaue Gegenteil des Absoluten, das man nicht glaubte ausdrücken zu können.[132]

[131] Vgl. EE, 119 mit Verweis auf Fessard, La Dialectique, 167. Vgl. LD, 121: „L'Esprit divin infini ne se laisse pas enfermer par le plus grand, alors qu'il est inclus ou contenu dans le plus petit." Vgl. Deku, Quod Deus sit, 64: „Je heller das Licht, desto weniger zündet es direkt: es ist so sehr überall, daß es einer Anstrengung bedarf, es überhaupt wahrzunehmen. Zwar wird in jeder Erkenntnis Gott implicite miterkannt: omnia cognoscentia cognoscunt implicite Deum in quolibet cognito, zwar geht jedes Streben letzten Endes ebenso auf Gott: omnia appetendo proprias perfectiones appetunt ipsum Deum, aber wissen tut man davon doch ausschließlich in reflexiver Analyse, also nachträglich, wenn überhaupt! Gewiß ist die Idee Gottes kein bloßer Begriff, d. h. ein Erzeugnis unseres Verstandes, sondern das Bild Gottes selber in unserem Geiste – nur leuchtet sie nicht von selber."

[132] Vgl. Idéologie et spiritualité (112), 236: „L'esprit n'ayant pas d'origine sinon spirituelle, l'esprit fini n'étant pas sa propre origine, seul l'Esprit absolu, donateur de mon être, pourrait être l'Autre au sein de moi-même, l'altérité non altérante, infiniment pure parce que Origine de Soi, avec laquelle l'intériorité, au plus intérieur d'elle-même, puisse faire relation. L'esprit ne se sait et ne s'éprouve qu'en présence de l'absolu de l'esprit, présence quêtée ardemment par toute pensée en peine de vérité, c'est-à-dire en ardente attente de rejoindre son Principe. Principe identifiable comme Expression du *Deus intimior intimo meo.*"

V. Substanz und Subjekt. Ontologie der Person

Nicht nur verfügt das Christentum über keine zureichende Philosophie des Gottes, den es bekennt, es hat auch nicht zu „einer Philosophie des Leibes gefunden, die ihm entspricht."[1] Für Bruaire steht beides in engem Zusammenhang: Weil nämlich „jede Philosophie des Leibes unausweichlich mit einer präzisen Metaphysik verbunden ist, die ihre notwendigen Prämissen konstituiert", kann man sagen, „daß der Leib so verstanden wird, wie das Absolute begriffen wird".[2] Aus den mangelnden Bestimmungen des Absoluten entstehen aber nicht nur alle Dualismen, welche die leib-seelische Einheit des Menschen verfehlen: Das Denken selbst wird in diese Wirren hineingezogen und muß sich schließlich mißverstehen.

Die Mißverständnisse sind so flagrant, daß die alltäglichsten Phänomene nicht mehr in den Blick kommen. Dabei sprechen sie für sich: Wenn beispielsweise während einer Unterhaltung die Aufmerksamkeit nachläßt, so werden wohl noch vage Geräusche wahrgenommen, die eine Stimme macht, der Sinn des Gesprochenen ist aber verlorengegangen. Zur Unterhaltung zurückzukehren verlangt etwas Aufmerksamkeit auf die Laute, in denen das Einsichtsvermögen einen Sinn entdecken kann. Wahrgenommene Laute, auch Druckerschwärze auf Papier und menschliche Bewegungen sind offensichtlich nicht bloße Begleiterscheinungen der Bedeutungen, sie sind geradezu deren Bedingung: Man findet erst durch sie und in ihnen das, was als Sinn eines Wortes oder einer Geste verstanden wird. Rätselhaft ist allerdings die Art und Weise, wie sich ein Nicht-Materielles – das Ideelle – mit der Materie von Organen, Tinte und Körperteilen zu einer Bedeutung verbindet, die für einen anderen Sinn macht.[3] Für dieses Rätsel haben Kinder ein besonderes Gespür, wenn sie kaum glauben können, daß Unterhaltungen auch in einer Sprache geführt werden können, die sie nicht kennen.

Sprachforscher sehen den Zusammenhang zwischen einsichtigem Sinn und artikuliertem Laut anders, etwa als diagrammatische Entsprechung semantischer und phonetischer Strukturen. Dabei wird aber das eigentliche Problem übergangen, daß nämlich wahrnehmbare Laute nur ein Anzeichen dafür sind, daß es einen Sinn geben könnte, keinesfalls jedoch schon von sich selbst aus Zeichen sind. Wie aber kommt der Sinn in die Laute? Wohl gibt es Sinn nur als

[1] PM, 198. Vgl. F. Kaplan, Le Dieu de Claude Bruaire, in: RPFE 115 (1990) 35–45, 39.

[2] PC, 9 f.

[3] Das „Abreißen der Aufmerksamkeit" (PC, 16–32) beschäftigte schon N. Malebranche, De la recherche de la vérité (1674), Paris: Gallimard 1979, 133 f.: „Si une personne, par exemple, veut expliquer quelque vérité, il est nécessaire qu'il (sic) se serve de la parole, et qu'il exprime ses mouvements et ses sentiments intérieurs par des mouvements et des manières sensibles. Or l'âme ne peut dans le même temps apercevoir distinctement plusieurs choses. Ainsi ayant toujours une grande attention à ce qui lui vient par les sens, elle ne considère presque point les raisons qu'elle entend dire."

„Struktur“, eine andere Frage ist, wodurch eine Struktur „Sinn“ macht und mehr ist als eine bloß raum-zeitliche Anordnung. Von sich aus haben Laute keine Struktur, die sich dem Verständnis preisgibt.[4] Deswegen kann man auch allenfalls sagen, ein Wort zerfalle in Phoneme, nicht aber, daß es sich aus diesen zusammensetze.[5] Die subtilsten linguistischen Differenzierungen erklären gar nicht, wie im geringsten Wort Sinn und Sinnlichkeit zusammengehen, obwohl es sich dabei um etwas sehr Gewöhnliches und Alltägliches handeln müßte. Eigentlich ist es sogar „seltsam, daß die moderne Linguistik niemals offen diese anfängliche Frage stellt, von der alle anderen abhängen.“[6] Dafür läuft die unhinterfragte Annahme einer sinnlichen Entsprechung formaler Strukturen der Sprache auf die Behauptung hinaus, aus der Kombination an sich unbedeutender Elemente könne Sinn erwachsen.[7] Diese bizarre Vorstellung einer Homologie zwischen Laut und Bedeutung wird nur schlecht durch das Zauberwort „Struktur“ verdeckt: Die vorgebliche Struktur objektiver Sprachformen abstrahiert von der objektivierenden Tätigkeit des Linguisten und wird zwangsläufig den wahrnehmbaren Lauten als deren aktiver Sinn unterstellt werden. Auch die Hypothese vom parallelen Verlauf bedeutender und bedeuteter Ebenen erklärt nicht viel, schon gar nicht durch die Annahme einer symbolischen Vermittlung beider Ebenen; eine solche Vermittlung setzt schon voraus, was sie vermitteln soll. Angebliche symbolische Übersetzungen verdecken das Instantane an der Sprache, von dem auch das Symbol lebt. Die methodologische Unterscheidung zwischen Bedeutendem und Bedeutetem hat innerhalb der schon bestehenden Einheit des einzelnen Wortes ihren Platz, was aus ihr aber noch keine reale Distinktion macht. Wäre die Distinktion tatsächlich real, ist immerhin fraglich, ob die symbolische Übersetzung jemals dazu käme, sich selber zu erfassen: Das Symbo-

[4] Vgl. E. Pound, ABC des Lesens (1934), Frankfurt 1960, 33 f.: „Gesprochene Sprache ist Geräusch, das in ein System von Grunzern, Zischlauten usw. aufgeteilt ist. So was nennt sich: ‚artikulierte‘ Rede. ‚Artikuliert‘ bedeutet, daß es gegliedert ist und daß eine Anzahl Leute sich über die Gliederungen einig sind.“

[5] Vgl. E. Ortigues, Le Discours et le Symbole, Paris: Aubier 1962, 95. Auch D. Crystal, Die Cambridge Enzyklopädie der Sprache, Frankfurt 1995, gibt keinen Aufschluß über diesen fundamentalen Sachverhalt; referiert wird lediglich eine Platon unterstellte „naturalistische Sichtweise“, die „einen inneren Zusammenhang von Lautung und Inhalt“ postuliere, sowie „eine konventionalistische, hauptsächlich durch Aristoteles bestimmte Richtung“, wobei letztere „dem tatsächlichen Sachverhalt“ näherkomme, da „sie die willkürliche Beziehung zwischen Wörtern und Dingen hervorhebt – ein Prinzip, das von der modernen Semantik anerkannt wird.“ Willkür bedeutet jedoch nicht „Übereinkunft zwischen den Menschen, Wörter in einer bestimmten Weise zu benutzen: Dies würde die Existenz von Sprache vor dem Menschen voraussetzen, damit die Übereinkunft formuliert werden kann“ (101, ähnlich 404). Auch Saussures Unterscheidung zwischen „signifiant (‚das Bezeichnende‘ oder ‚Lautbild‘) und signifié (‚das Bezeichnete‘ oder ‚Vorstellung‘)“ wird als „willkürliche Beziehung“ ausgehöhlt (407).

[6] PM, 110. Vgl. L. Truffaut, Traducteur tu seras, Brüssel: Éditions du Hazard 1997, 16: „La visée du linguiste est descriptive : pour lui, l'équivalence se fait a priori. Son opération de décodage-transcodage-recodage est parcellaire : il travaille sur la langue et non sur le sens. On le voit bien par son étude de phrases décontextualisées, ses exemples-échantillons, petits énoncés clos sur eux-mêmes qu'il retourne dans tous les sens comme le chat le fait avec une souris captive.“

[7] Vgl. C. Lévi-Strauss, La pensée sauvage, Paris: Plon 1962, 125: „le sens résulte toujours de la combinaison d'éléments qui ne sont pas eux-mêmes signifiants“.

lisierende vermittelt sich wohl lediglich an weitere Symbolisierungen und so fort, erreicht aber nicht das schlichte Verständnis eines laut gesprochenen Wortes. Entweder vertieft dieser unendliche Regreß den Graben zwischen Laut und Sinn, oder er macht ein Bedeutetes von seinen immanenten, natürlichen Determinationen ununterscheidbar. Zieht man ein weiteres Erklärungsmodell heran, wird das Dilemma vollends deutlich: Das Auseinanderreißen von „Form" und „Materie" der Sprache macht beide einander äußerlich, wodurch die Form von der formalisierenden Tätigkeit abgetrennt und der abstrakten Materie zugedacht wird. Diese Materie ist dann als Struktur oder Morphologie mit der Form identisch.[8] Das macht aus jedem Diskurs über Natur einen Diskurs, den die Natur selber führt. Daher rührt die objektivierende Versuchung, formale Ordnungen als Rede der Natur über sich selbst darzustellen. Weil das Formale an der Sprache mit der räumlichen Anordnung von Wörtern zusammenfällt und der Sprechende lediglich den Anwendungsort eines universellen Mechanismus darstellt, hat sich beispielsweise der Strukturalismus an den Materialismus einer durchgängig determinierten Wirklichkeit verloren, wenn er das nicht sogar beabsichtigt hatte.[9]

Aus den Schwierigkeiten, das Zusammengehen von Laut und Sinn im Wort zu verstehen, ergibt sich leicht ein anderes, diesmal idealistisches Extrem. Besonders Philosophen erliegen gerne der Versuchung, ihre kritische Aufgabe als Loslösung von allen sinnlichen Implikationen zu verstehen. Platon ist der große Lehrmeister des Bestrebens, sich durch Abwendung von der sinnlichen Welt zur reinen Idee zu erheben, von der aus ein unbedingter Standpunkt über das Vergängliche gewonnen werden kann. Die Idee entbirgt sich in ihrer Reinheit nur dem betrachtenden Blick des von allem befreiten Bewußtseins. So ist auch die Sprache für diesen Idealismus nur eine trügerische materielle Verpackung der Idee, deren adäquates Verständnis jede sinnliche Vermittlung ausschließt.[10] Wohl kann die artikulierte Rede aus der Nacht der Sinne herausführen; um das Licht der Idee erreichen zu können, muß jedoch auch die sprachliche Ordnung verlassen werden. Wegen seiner vergänglichen Sinnlichkeit stellt der sprachliche Diskurs höchstens ein Provisorium dar, das aus sich selbst nicht zur ewigen,

[8] Vgl. DD, 136: „Le travail du phonologue est plus subtil (sc. que celui du physiologue). Il retient du langage sa structure formelle et revient aux sons. Alors il découvre une correspondance, une homologie, entre cette structure et la disposition spatiale des éléments de bruits, articulatoires et sonores. Mais pour ce faire, il a dû oublier deux choses : que le formel est une abstraction opérée sur le sens et qui, sans lui, se résout en disposition d'éléments matériels, et que dissimuler cette abstraction est aussi dissimuler la réflexion de celui qui parle. D'où l'équivoque de ‚structure'. Survient alors le mythologue qui clame l'absence de ce qui est mis ainsi entre parenthèses, pour conclure, de nouveau, par le matérialisme."

[9] Die Annahme „sich selbst regulierender Strukturen" läßt „das Subjekt zum insubstantiellen Ort eines anonymen Denkens" schrumpfen (N. Bolz, Strukturalismus, in: HWP, Bd. 7 [1989], 792–795, 793); damit wird es zum bloßen Modus bzw. Teil der spinozistischen Allsubstanz, in der absolute Ausgedehntheit und absolutes Denken zusammenfallen, vgl. PC, 74–82.

[10] Die „Trennung von Sprechen und Erkennen" ist Ausdruck des Mißtrauens gegenüber sophistischen Manipulationen und lange schon vor Platon vollzogen worden, vgl. T. Borsche, Sprache I. Antike, in: HWP, Bd. 9 (1995), 1437–1453, 1441.

mit sich immer gleichbleibenden Idee führt. Der Zugang zur Idee erfolgt nicht als Übergang, sondern als Bruch. Die einzig wahre Erkenntnis der Idee ist die kontemplative Ruhe, eine bewegungslose, unvermittelte Schau. Das ewig mit sich Gleiche wird nur von dem erkannt, das sich dem Gleichen angeglichen hat.

Damit hat dieser Idealismus aber auch nicht erklärt, wie ein Wort entsteht, im Gegenteil: Die unveränderliche Idee weist den Zusammenhang mit dem Leben des Worte artikulierenden Leibes ab und koppelt den Dualismus von Laut und Sinn an das Auseinanderklaffen zwischen diesseitiger Schattenexistenz und dem wirklich Wahren. Das eingangs beschriebene Phänomen müßte umgekehrt gedeutet werden: Während eines geführten Gesprächs gehen eigentlich die Laute verloren, was die Bedingung dafür ist, daß der Sinn des Gesprochenen verstanden werden kann. Wenn durch das Nachlassen der Aufmerksamkeit eine Trennung von Laut und Bedeutung zugunsten der Ohren erfolgt, ist das zwar die traurige Konsequenz unserer uneigentlichen Existenz, aber immerhin ein Anhaltspunkt dafür, daß Materie und Idee gar nichts miteinander gemein haben.

Der Materialismus der durchgängig determinierten Wirklichkeit, die eigentlicher Träger subjektiver Akte ist, ähnelt dem Idealismus mehr als man glaubt: Ob nun das Sprechen ein Epiphänomen der Natur ist, oder aber menschliche Sprache eine Art Abfallserscheinung der autokontemplativen Selbstgegenwärtigkeit der Idee darstellt, beide Male scheint das menschliche Subjekt sozusagen auf der Strecke zu bleiben.[11] Wie könnte es sich auch diesen beiden Absoluten gegenüber behaupten? Um ein Absolutes handelt es sich ja in beiden Fällen, ob es nun als quantitatives Determinationssystem oder aber als die reine Aktualität des „Denken des Denkens" verstanden wird.

Bemerkenswerterweise fließt das absolute System recht zwanglos aus dem absoluten Akt: Das rein mit sich Identische ist die Negation aller Bestimmungen, eine reine Form entspricht dem reinen Akt einer inhaltslosen Reflexion. Eine reine Form bedeutet aber eine pure Tautologie: Mit „Form", der lateinischen Wiedergabe des platonischen *Eidos,* kann also nicht mehr der doppelte Sinn von Akt und Bestimmtheit gemeint sein. Nur in dieser Korrelation hätte es aber Sinn, von Form zu reden, weil sie ein zu „Materie" relativer Begriff ist.[12] Für den reinen Akt kann das nicht zutreffen: Die Korrelation von Akt und Bestimmtheit kann keine Vereinigung bedeuten, denn jede Bestimmtheit sprengt den Akt. Der inhaltslose Akt höhlt sich somit wegen seiner abstrakten Innerlichkeit selber aus. Er existiert gar nicht, wenn er nicht mit der unbestimmten Materie identisch ist. Der bloße Akt wird zu seinem Gegenteil, denn es ist zwischen absoluter Trägheit und reiner Bestimmungslosigkeit kein Unterschied auszumachen, womit die

[11] „Bekanntlich hängen in diesem Stacheldraht schon viele Denkerleichen" (A. Döblin, Sigmund Freud zum 70. Geburtstag, in: Die Zeitlupe, Olten u. a. 1962, 80–88, 82).

[12] Vgl. G. W. F. Hegel, Wissenschaft der Logik. Die Lehre vom Wesen (1813), Hamburg 1992, 72–77 (Wechselbeziehung von Form und Materie).

Form zum „unnötigen Symbol der *materia prima*" wird.[13] Sobald aber doch gesprochen wird, dann kraft der Vielfältigkeit des Inhalts, auf welche die Materie nur gewartet hat, um sich in Bewegung zu setzen und ihr kosmisches Puzzle zu gestalten.

Es ist damit, wie gesagt, noch immer nicht erklärt, was ein Wort ist. Dafür sind aber die jeweiligen Voraussetzungen etwas deutlicher geworden, die beiden Abstraktionen zugrunde liegen: Weder mit der Selbstgenügsamkeit der unveränderlichen Identität einer Bedeutung, noch mit der Selbstanordnung einer mechanistischen Morphologie ist das Zusammengehen von Laut und Sinn im allergeringsten Wort verständlich zu machen.

Dabei entspricht den vorschnellen Vereinnahmungen von Laut und Sinn nichts in unserer Erfahrung: Die einfachsten Phänomene widersprechen geradezu der Entgegensetzung von Materialität und Idealität in der Ordnung menschlicher Existenz, besonders der vermeintlichen Annahme einer vom Leib völlig abgelösten Seele, der eine ursprüngliche Autonomie des Sinns gegenüber gleichgültigen Lauten entsprechen soll. Niemals wird ein reiner Sinn vernommen werden, dem der artikulierte Laut etwa fremd wäre. Ein Sinn ist manifest und kann als solcher durch die Wahrnehmung hindurch verstanden werden, oder aber er ist nicht. „Man kann wohl zwei Beobachter anführen, aber nur einer, derjenige, der wahrnimmt, ohne zu verstehen, erleidet dann einen Mangel. Denn der andere versteht nicht, ohne zu hören."[14]

Nicht nur erklären Abstraktionen nichts, es sieht auch so aus, daß die eine Abstraktion in dialektischer Wechselwirkung die andere Abstraktion entläßt: Die Negation der konstitutiven Materialität im Sprachgeschehen führt schließlich dazu, daß nur diese übrigbleibt. Bruaire hat wohl recht: Das Absolute ist zuerst, weswegen sich alle Fehlbestimmungen aus einer ersten ergeben. „Diese Negation, die auf unwahrscheinliche Weise das Wort zerreißt, ist eine Konse-

[13] PM, 105. „le propre du formalisme, de son radicalisme, c'est de diviser pour exclure, de nier les relations pour obtenir l'univocité. C'est alors qu'en vertu d'une dialectique invincible, la forme s'identifie avec son contraire et le formalisme avec le matérialisme" (ebd., 103 f.). Abstrahierendes Denken muß zwangsläufig von einem Extrem ins andere schlittern, vgl. Hegel, Phänomenologie des Geistes, 407–410, PC, 18, EE, 48 f. (zum ehernen Gesetz der Abstraktion und der unseligen Allianz von Theomorphismus und Naturalismus), LD, 47.

[14] PC, 31. Dagegen läßt sich das Denken eben nicht anführen; soll die „Rede der Seele mit sich selbst" (Platon, Theaitetos 189 e) überhaupt etwas sein, dann muß sie sprachlich verfaßt sein, vgl. Deku, Formalisierungen, 411: „Denken und Sprache setzen sich weitgehend gegenseitig voraus, das innere Sprechen ist gar nichts anderes als die Abfolge artikulierter Denkschritte, deren Verleiblichung sozusagen". Zur widersprüchlichen Annahme eines nichtsprachlichen Denkens vgl. PC, 101 f., Anm. 1. Vgl. auch F. G. Jünger, Wort und Zeichen, in: Bayerische Akademie der Schönen Künste (Hrsg.), Die Sprache, Darmstadt 1959, 55–74, 55: „Es ist ein alter, zäher Streit, ob Vernunft vor der Sprache oder Sprache vor der Vernunft ist, und seine Prüfung mag zu der Einsicht führen, daß er wenig abwirft. Das Trennen ist künstlich, und unser Sprechen geht nicht aus dieser Trennung hervor, so unvernünftig es oft auch sein mag, so sprachlos die Vernunft sich gebärden kann. Das Denken gründet in der Sprache, die Sprache im Denken, und wo Wörter, Gedanken, Begriffe enden, dort ist wenig oder nichts mehr, das wir ergründen könnten. Verlassen wir den Bereich der Sprache, wenn unser Sprechen endet? Nein, auch wenn wir schweigen, sind wir nicht außerhalb ihres Bereiches. Das wortlose Selbstgespräch, der schweigende Monolog wird in der Sprache geführt."

quenz der Theologie, und die dualistische Schlußfolgerung eine reine *petitio principii.*"[15]

Das Verständnis der Leiblichkeit als Exil und Abfall des göttlichen Status der Seele folgt erst aus einer strikt negativen Konzeption des Absoluten. Die Sprache mit ihrer leiblichen Komponente kann deswegen nicht zum Absoluten dringen, weil das Absolute keine Beziehungen zur sinnlichen Welt unterhält.[16] Die nach Vergöttlichung strebende Seele findet darum ihre Vollendung allein in der stummen Betrachtung des unwandelbaren Einen, in das sich die Seele aufzulösen hat. Daher ist das erotische Streben des sich von der Sinnlichkeit befreienden Denkens bei Platon Todessehnsucht.[17] Der Philosoph findet sein Heil dadurch, daß er von sich selbst erlöst wird: Erlösung nicht des Menschen, sondern vom Menschen, bzw. Auslöschung des Menschen durch Ausschluß seines belebenden Prinzips.

Mit dem Ausschluß des belebenden Prinzips findet sich auch der leibliche Ausdruck in eine Sphäre verbannt, die keinen Zugang zur Wahrheit hat. Mit dieser Kluft innerhalb des Denkens wird die begriffliche Ordnung in zwei unzusammenhängende Bestandteile zerrissen: Gott allein kommt der reine Denkakt zu, und dieser reine Akt weist jede Diskursivität ab, weil er vollkommenes Selbstwissen ist. „Die Zuweisung des autonomen und sich selbst gegenwärtigen Denkens an das Absolute definiert Gott durch eine vollkommene Reflexion auf sich selbst, ohne Intervall, ohne Äußerlichkeit, ohne Aktualitätsdefizit."[18] Durch

[15] PC, 32. „Rien n'est plus remarquable que l'introduction dissimulée de ce dualisme dans la tradition judéo-chrétienne. Rien n'est plus étonnant que la survivance tenace, dans la religion du Dieu personnel et trinitaire, de cette conséquence d'une théologie négative qui contredit la simple possibilité du Verbe incarné, alimentant les représentations du docétisme et du nestorianisme. Saint Paul heurtait déjà les Grecs cultivés, nourris de l'orphisme, en annonçant la résurrection des corps, c'est-à-dire, pour eux, du mal et de l'erreur. Mais cette idée d'une âme immatérielle, impersonnelle et étrangère à toute chair ne continue pas moins à persévérer. Les chrétiens qui la reprennent ne s'aperçoivent même pas qu'elle annule leur propre notion de rédemption, rendant vaines les souffrances et la mort du Christ dont l'âme, comme celle de Socrate, serait absente de toute résurrection, pour avoir échappé à toute incarnation."

[16] Fraglos führt eine andere Konzeption des Absoluten auch zu einer anderen Philosophie der Sprache. Für Augustinus scheint dieser Zusammenhang überdies sehr klar gewesen zu sein: Nach ihm „sind Wörter Zeichen für die im Laut verborgene Bedeutung" (Borsche, Sprache I., 1446, zu De magistro 10, 34 [vim verbi, id est significationem quae latet in sono]). Die Fleischwerdung des Wortes eignet sich besser zur Deutung des grundlegenden Phänomens der Sprache als der alte Streit, ob die Sprache nun „thesei" oder „physei" sei; etwas zu benennen setzt das Zusammenkommen von Laut und Bedeutung schon voraus, weswegen die Alternative *thesei* vs. *physei* auch so unentschieden geblieben ist.

[17] Vgl. Platon, Phaidon 68 a; PC, 52: „le désir charnel ne peut être sublimé et n'a point vocation en l'âme purifiée. De l'amour charnel à l'Eros philosophique la rupture est consommée. Et le philosophe reste incompris si l'on confond la méthode, qu'il préconise pour cette rupture, avec une purification continue. On use du désir pour altérer le besoin, mais le recours à l'homosexualité a pour fin l'extinction du concupiscible par délaissement de la génération, de la procréation qui enlise dans le devenir."

[18] PC, 69; „L'aporie platonicienne, brillamment déployée dans le *Sophiste,* de l'être identique impliquant le non-être différent, résolue par l'insertion du non-être dans la systématique conceptuelle, est maintenant exorcisée par cette réflexivité, acte de soi-même, en soi-même, par soi-même, qui convertit la différence, l'altérité, en rapport absolu de soi à soi." PC, 68: „Platon lui-même disait bien que l'idée est son propre savoir. L'absolu ne saurait avoir rapport qu'avec soi, l'intelligible ne saurait être divin sans être sa propre intelligence."

die vollkommene Selbstgegenwart des mit sich einen Denkens gewinnt das Absolute – und zwar nur dieses – den Charakter der Subjektivität. „In postcartesischer Terminologie würden wir sagen: Einzig das göttliche Denken ist in Wahrheit einzelnes Subjekt.“[19]

Man darf daher nicht etwa glauben, daß Aristoteles einer positiven Würdigung des Menschen in dessen leib-seelischer Verfaßtheit wirklich nähergekommen wäre: Der Einheit des organischen Lebens liegt bei Aristoteles eine substantielle, immanente Form als Prinzip zugrunde, das einem Individuum durch alle Entfaltungen hindurch erlaubt, mit sich gleichzubleiben. Diese Form ist aber nur der vitale Akt inmitten der gestaltgebenden Materie, weswegen das real existierende Ganze niemals volle Aktualität gewinnen wird. Durch das Gesetz der Bewegung unterliegt der Organismus dem Werden, womit die Seele an das natürliche Sein gebunden bleibt und mit dem Leib vergehen wird. Die Seele als Form des Leibes ist daher eine natürliche; sie gehört konstitutiv zu der von ihr informierten Materie, womit sie eine individuelle Form ist. Damit gebiert die Natur „ein logisches Monstrum für ihren schönsten Erfolg, das organisierte Leben.“[20] Weil die Form individuell und als solche unsagbar ist, taugt sie nicht zum Prinzip. Einerseits müßte das Leben durch sein immaterielles Formprinzip dem angehören, was Gegenstand des Wissens sein kann, andererseits ist für Aristoteles gerade eine individuelle Form widersprüchlich: „Wenn das lebendige Individuum zu Art und Gattung gehört, *verneint* es deren gemeinsame Allgemeinheit und mit dieser das für jede diskursive, wissenschaftliche Erkenntnis verlangte *definierte* Sein. Die Individualität des Individuums bezeichnet den Nullpunkt dessen, was formuliert und identifiziert werden kann, das heißt *den Leib,* den somatischen *Nicht-Sinn.*“[21] Der lebendige Leib ist zwar durch sein Formprinzip eine substantielle Realität, die aber wegen ihrer sinnlichen Komponente aus dem Rahmen der möglichen begrifflichen Definitionen herausfällt und somit eine Art begrifflichen Unsinn darstellt. Daher bewegt diesen Leib auch nicht die Vernunft, sondern das Streben, und mit dem Ende dieses Strebens wird auch die Seele ihr Ende finden. Weil der Leib wegen seiner Vergänglichkeit keinen Anteil an der Tätigkeit des Geistes hat, ist die Seele letztlich auch gar kein Formprinzip, sondern nur eine Art Regulierungsinstanz.[22]

[19] M. Renaud, La „Philosophie du corps“ selon M. Claude Bruaire, in: RPL 67 (1969) 104–142, 119; vgl. PC, 68 f. zu Aristoteles, Metaphysik 1072 b.

[20] PC, 64 zu Aristoteles, De anima 412 a, Metaphysik 1035 b.

[21] PM, 88; vgl. PC, 64–67 zu Aristoteles, Metaphysik 1040 a; vgl. auch Kategorien 3 a. Zum Problem der Unmöglichkeit, die individuelle Substanz zu universalisieren, wodurch die aristotelische Metaphysik scheitert, vgl. P. Aubenque, Le problème de l'être chez Aristote, Paris: PUF 1962, 239–252.

[22] Vgl. PC, 70: „L'eidos du corps n'est pas motrice, elle règle l'animation sans en être le principe. C'est dans le désir qu'il faut situer ce principe (vgl. Aristoteles, De anima 433 a) et si cette étonnante conjonction de l'idée et du mouvement, de la forme et de l'appétit réussit, c'est précisément que cette forme est individuelle car l'universalité conceptuelle est éternellement immobile.“ PC, 238: „Si mon être substantiel était la forme individuelle de mon corps, le problème serait supprimé, car je ne serais point sujet.“

Der unbewegte Beweger bleibt ohne Bezug zu der Bewegung, die gleichsam gegen seinen Willen stattfindet. Er ist das zuhöchst Erstrebenswerte, doch muß ihn das Streben verfehlen. Das Ideal des Wissens zieht den vergänglichen Intellekt zu sich empor, um ihn von sich auszuschließen, denn die Selbstgegenwärtigkeit des Absoluten als wissendes Sichwissen bleibt dem Leben fremd. „Gott ist das absolute Gegenteil seiner eigenen Wirkungen.“[23] Der tätige Intellekt ist wesentlich Akt, vom Leben getrennte, unvermischte Form und daher göttlich. Er ist absolute Form, mit der die Seele nur um den Preis ihrer Individualität identifiziert werden kann. Deswegen ist es auch so schwierig, die aristotelische Seelenlehre für die christliche Auferstehungshoffnung fruchtbar zu machen: Entweder ist die Seele vom Leib abtrennbar, dann ist sie tätiger Intellekt und als solcher einzig und unpersönlich. Oder aber sie ist vom Leib nicht abzutrennen, dann wird sie mit diesem vergehen.[24]

Vielleicht braucht man Aristoteles nicht vorzuhalten, daß sich mit seinen Ansätzen nicht begründen läßt, woran er selber kaum gedacht haben wird. Wenn sich aber wahres Wissen einzig der intellektuellen Anschauung preisgibt, hat das erhebliche Konsequenzen für die nun einmal diskursiv verlaufende Erkenntnisleistung des endlichen Intellekts, der seinerseits auf ewig von dem Privileg des sich wissenden Selbstwissens ausgeschlossen bleiben muß, in dem Form und Inhalt des Wissens zusammenfallen (A = A). Denn ohne intuitives Prinzipienwissen ist auch der aristotelische Vernunftschluß mit seiner absoluten Geltung nur ein wahrscheinlicher, der sich dem Wissen zwar unendlich annähern, das Wissen selbst jedoch nicht erreichen kann.[25]

[23] PC, 72. „Telle est la rigueur déductive qui décide de la philosophie aristotélicienne du corps, à partir d'une conception de Dieu bien peu différente, pour l'essentiel, de celle de Platon“ (ebd., 73). Somit stellt der berüchtigte Passus De anima 430 a 10–26 keinen platonisierenden Fremdkörper im aristotelischen Seelentraktat dar. Aristoteles setzt stets „philosophieren“ mit „platonisieren“ gleich.

[24] In seiner Rezension zu PC meint M. Corvez (RThom 68 [1968] 637–644, 639, Anm. 6) Thomas von Aquin gegen Bruaire (PC, 72, Anm. 1) in Schutz nehmen zu müssen: „on sait assez que, chez saint Thomas, l'intellect, agent et patient, sous différents aspects, est multiple et propre à chaque homme, pour cette raison qu'il n'est pas une *forma absoluta,* identique au divin ; c'est une forme limitée non par genre et différence spécifique, mais par son essence et par son rapport au corps individué.“ In dem von Bruaire angeführten Text („S.T.Ia P.,Q.LXXV, art.5“) nennt Thomas von Aquin allerdings die Seele eine *forma absoluta:* „Anima igitur intellectiva est forma absoluta, non autem aliquid compositum ex materia et forma“. Zur spannungsreichen Bestimmung der Geistseele als immateriell-subsistierende, in ihrer leibbezogenen Existenz aber nur unvollständigen Substanz bei Thomas vgl. A. Gläßer, Die Bestimmung des Menschen, in: P. Kaiser, D. S. Peters (Hrsg.), Organismus – Evolution – Mensch, Regensburg 1995, 143–222, 178 f., 182 f., N. A. Luyten, Dichotomismus, in: LThK^2, Bd. 3 (1959), 351 f. (dualistische Tendenz der Formulierung von den „substantiae incompletae“).

[25] Der unendliche Abstand zwischen göttlichem und endlichem Intellekt schlägt sich im *Organon* nieder: Notwendige Schlußfolgerungen sind an ein unmittelbares Wissen der Prämissen gebunden, die über die Wahrheit der Aussage entscheiden (vgl. Aristoteles, Zweite Analytik 72 b, 100 b); zwischen Wissen und Dialektik liegt eine unüberbrückbare Kluft, letztere dient bei denen zur Abhilfe, die über unmittelbare Einsicht nicht verfügen (vgl. Aristoteles, Topik 101 b). Von da an war es nur ein kleiner Schritt, Dialektik mit formaler Logik zu identifizieren und in Beliebigkeit versanden zu lassen (vgl. schon Aristoteles, De anima 403 a). Das verlief über die stoische Bestimmung der Dialektik als „règles générales de la logique du discours“ (LD, 38 mit Belegen).

Diese Konsequenzen hat die spätmittelalterliche Erkenntnistheorie schließlich gezogen, um über ihre Gegenstände Gewißheit zu erlangen: Sobald das, was durch seine innere Evidenz einzig Wahrheitsgeltung hat, dem Zugriff menschlicher Denkschritte entzogen war, mußte sich der auf sich selbst zurückgeworfene Intellekt mit der kohärenten Verknüpfung von Erscheinungen begnügen. Anders gesagt: Geht das Intelligible am Sensiblen verloren, wird das Sensible zum einzig Intelligiblen. Oder noch einmal anders gesagt: „Philosophie soll nicht mehr Ontologie sein, sondern Phänomenologie."[26] Diskursives Denken beschränkt sich nunmehr auf die Aussage von Tatsachenwahrheiten und deren rein formale Anordnung. Ockhams Erkenntnislehre beispielsweise hat die unmittelbare Evidenz der Sinneseindrücke zur Grundlage, die der Intellekt dann in ein logisches Gefüge bringt. Die dem Menschen eigentümliche Erkenntnisleistung besteht in der richtigen Verknüpfung der aus den Dingen gewonnenen Abstraktionen.[27] Damit waren die ehemals metaphysischen Bestimmungen der *res* zu ihren bloßen *signa* degradiert, die von der Wissenschaft zu Sätzen verbunden werden. Konsequenterweise wurde zum Ansichsein der Dinge die quantitativ bestimmte Materie mit ihrer inneren Gliederung gekürt.[28]

Das mechanistische Universum, das auf dem Fuß folgt, wird vor nichts Halt machen: Worte sind lediglich die Zeichen, denen Dinge entsprechen. Daß sie von der Wissenschaft zum Zweck der Naturbeherrschung in eine formale Ordnung gebracht werden, ändert nichts an der Tatsache, daß man ein Subjekt eigentlich gar nicht mehr braucht bzw. daß es lediglich grammatikalische Geltung hat. Descartes hat das geschlossene Universum der Worte sehr wohl begriffen: Sein *cogito* kommt daher nicht innerhalb der Sprachordnung und ihrer Gesetze zu stehen, es verweigert sich sozusagen seinem eigenen Ausdruck. Das erstaun-

[26] Haag, Der Fortschritt in der Philosophie, 54. Der Nominalismus ist eine Konsequenz aus der Relativierung des Wissens durch den ganz anderen Gott; die im Mittelalter gut belegte Unnennbarkeit Gottes folgt aus den sinnlichen Implikationen der Sprache, wobei doch „Sprache dem Vernunftwesen eigentümlich und nichts anderes als Vernunfteinsicht" ist (J. H. J. Schneider, Sprache II. Mittelalter, Renaissance, Humanismus, in: HWP, Bd. 9 [1995], 1454–1468, 1458 über Alexander von Hales).

[27] Vgl. E. Gilson, La philosophie au moyen âge (1944), Paris: Payot 1986, 640–655, H. Heimsoeth, Die sechs großen Themen der abendländischen Metaphysik und der Ausgang des Mittelalters, Darmstadt [8]1987, 34 (Wahlverwandschaft zwischen neuzeitlicher Wissenschaft und Nominalismus), J. Pieper, Scholastik, München [2]1986, 201 ff.; Ockham hielt die Natur offenbar „für durchgängig, mit Notwendigkeit, bestimmt" (K. Flasch, Das philosophische Denken im Mittelalter, Stuttgart 1986, 451).

[28] Vgl. Haag, Der Fortschritt in der Philosophie, 56; die Gedanken „von Ockhams naturphilosophischen Nachfolgern" bezeichnen „den Beginn der Neuzeit in der rationalen Naturbewältigung" (ebd.); bei Descartes ist „die im Nominalismus angelegte Regression der philosophischen Naturerklärung auf die Position des antiken Atomismus vollendet: Mechanik als prima philosophia" (ebd., 62). Hume führt schließlich „das ein, was in der nominalistischen Verwerfung metaphysischer Wesenheiten tendenziell enthalten war: die Konstitution der erscheinenden Welt durchs erkennende Subjekt" (ebd., 66 f.). Vgl. Heimsoeth, Die sechs großen Themen, 110: Nominalistische Erkenntnistheorie bricht mit der alten Anschauung, „wonach die Außenwelt ihr Abbild eindrückt irgendwie ins Seelische. Die Sinnesbilder, die Empfindungen sind nicht Nachbildungen der wirklichen Dinge und Vorgänge, sondern lediglich Zeichen für dieselben und von bloß symbolischem Wert!" Die Genese der für die Neuzeit so typischen Subjekt-Objekt-Distinktion sieht Heimsoeth schon in dieser „Neuwendung der Erkenntnislehre" (ebd.); „die große Klärung und die letzte Schärfung des Gegensatzes zwischen Innerem und Äußerem, Bewußtem und Ausgedehntem" (ebd., 111 f.) habe Descartes dann heraufgeführt.

liche Auseinanderreißen von Diskursivität und Denkakt, das die Kluft zum unerreichbaren göttlichen Subjekt bezeichnete, findet sich damit auf der Seite des menschlichen Subjekts wieder.[29] Die unbedingte Negativität des Cogito ist genau das, was es mit der absoluten, an nichts gebundenen Freiheitsmacht Gottes gemeinsam hat. Die reine Freiheitserfahrung des seiner selbst gewissen Subjekts konstituiert die Einzelheit des Subjekts in distanter Gleichgültigkeit sowohl zur somatischen Individualität (Leib) wie auch zur Universalität der Denkgesetze (Sprache). Der reine Akt des „Ich denke" tritt von der Sprache und ihrem Gefolge von Fleisch und Notwendigkeit zurück.[30] Beim Cogito handelt es sich mithin um ein rein assertorisches Urteil, denn die Propositionalität eines Urteils würde es mit der allgemeinen Ordnung distinkter Bestimmungen verbinden, womit das Cogito seiner vollkommenen Unbestimmtheit verlustig ginge. Das wiederholt die Aporie von reinem Akt und Bestimmtheit: Worauf soll sich das assertorische Urteil beziehen? Descartes' Cogito gewinnt den unumstößlichen Beweis seiner absoluten Freiheit in dem selben Maße, wie es sich an ein absolutes Schweigen verliert, mit dem auf adäquate Weise ein reines Nichts bezeichnet wird. Von diesem insulären Selbstverlust der absoluten, dafür aber nichtigen Freiheit rettet nur eine andere Freiheit, die absolute und schöpferische Macht des Gottes, der nicht täuschen kann.[31] Die Zustimmung des Cogito zu dem, was es auf klare und distinkte Weise erfaßt, wird von einem Gott bewerkstelligt, so daß das Cogito in der wirklichen Ausübung seiner Vernunft und Freiheit ein Gegengewicht zu seiner reinen Negativität findet und mit all seiner Unbedingtheit nicht in Sterilität zu versanden braucht.

Bemerkenswerterweise besorgt die absolute Unerforschlichkeit Gottes mit der Möglichkeit, dem Reich der Ideen zuzustimmen, gleichermaßen die Verbindung des einzelnen Subjekts zu dessen Leib wie zur Sprache. Die Ideen selber schulden weder den Lauten noch der Grammatik etwas, sie entstammen ausschließlich dem göttlichen Willen und bieten sich kraft ihrer gottgewährten Evidenz dem Urteil des Cogito an. Erst das rein vertikale Verhältnis zum Reich der Wahr-

[29] Die Ablösung des göttlichen Subjekts durch die neuzeitliche Subjektivität findet doch im 17. Jahrhundert statt, wie man es behauptet hat. Allerdings verschleiert die These vom humanen Aufstand gegen den spätmittelalterlichen Willkürgott (vgl. H. Blumenberg, Die Legitimität der Neuzeit, Frankfurt 1966, 132 ff., 165) die fundamentalen Aspekte des Absoluten, die in der Freiheitsemphase zum Tragen kommen und wahrscheinlich entscheidender gewesen sind. Dann ist die Frage nicht, ob der Austausch der Subjekte doch erst im 18. Jahrhundert stattgefunden hat (vgl. Pannenberg, Theologie und Philosophie, 138, mit Verweis auf die Blumenberg-Rezension von K. Löwith und H. G. Gadamer, in: PhR 15 [1968] 195–209), sondern warum die Ablösung erst so spät erfolgt ist. Da im 17. Jahrhundert der relationslose Gott der Antike fröhliche Urständ feiert, darf man annehmen, daß das Christentum eine retardierende Funktion ausgeübt hat. Setzt man das Phänomen der „Säkularisierung" ausschließlich zum Christentum und seinen verschiedensten Traditionen in Beziehung, versperrt man sich den Zugang zum vielleicht entscheidendsten Kern der „Säkularisierungsthese".

[30] Vgl. PC, 100: „Ineffable et unique, ‚je suis, j'existe' purement et simplement. Non seulement la généralité des mots m'est extérieure, mais tout ce qui m'apparente à l'espèce, me met en série, m'individualise pour me faire nombre avec l'autre, est récusé de ma substance unique et incommensurable."

[31] Vgl. PC, 110: „Ainsi, l'articulation du libre jugement et du discours fait place à la juxtaposition sans distance de deux sujets, de deux libertés. L'une absolue et créatrice, l'autre absolue mais impuissante."

heit errichtet das Subjekt als solches, und zwar in Distanz zum eigenen Leib und dessen Gefolge an Notwendigkeit. Die positiv gewährte Erfahrung, nicht bloßer Leib zu sein, erlaubt es, diesen mittelbar zum Ausdruck der Ideen zu gebrauchen. Sobald dann aber der Urheber der vertikalen Beziehung verschwindet, verwandelt sich das horizontale Verhältnis gezwungenermaßen in Unmittelbarkeit bis hin zu einem Verhältnis reiner Identität mit dem Leib.[32] Unsere Gegenwart zeichnet das Schicksal aller Dualismen, nämlich in Monismus zu enden.

Allerdings hatte diese Philosophie des Subjekts womöglich schon vorausgesetzt, was erst zu erweisen gewesen wäre, nämlich das Subjekt selbst. Die reine Negativität kann sich gar nicht selbst erreichen und ihre eigene Gewißheit gebären, ohne eine Positivität zu implizieren, deren Wiedergewinn erst den Anhaltspunkt für die reflexe Selbstvergegenwärtigung darstellt. Die reine Negationsmacht des einzelnen Subjekts kann sich bei Descartes nicht ohne göttliche Setzung in einer reflexen Bewegung auf sich selbst konstituieren, denn dazu bedürfte es einer Bestimmtheit, die seiner reinen Negativität widerspricht. Das muß aber für jedes Subjekt gelten: Was sich von seiner eigenen Effektivität beschneidet, kann sich durch eine bloße Reflexivität auf sich selbst nicht konstituieren. Das wirft ein bezeichnendes Licht nicht nur auf die ontologische Wahrheit des Cogito: Wie kommt eigentlich das göttliche Subjekt zu seiner Effektivität? Eine Gott selbst entsprechende Effektivität kann die Vernunftordnung jedenfalls nicht sein, da sie Gott, so sehr er sie auch schafft, vollkommen äußerlich bleibt.[33] Dadurch, daß das Absolute ewige, wiewohl nicht notwendige Wahrheiten setzt, wird es von allen Bestimmungen schadlos gehalten; kraft seiner Indeterminiertheit braucht es sich nicht von einer bindenden Selbstbestimmung kompromittieren zu lassen und bleibt auf ewig frei von jeglicher Kontamination durch die distinkte Ordnung endlichen Seins.[34]

Die fehlgeschlagenen Versuche, das Subjekt zu verstehen, haben schließlich dazu geführt, daß man es abgeschafft hat. Vielleicht hatte man sich zu viel vorgenommen, als man das Subjekt rein aus sich und von sich aus sein lassen wollte. Descartes' Cogito jedenfalls scheitert genau an der Distanzierung von al-

32 Vgl. PM, 199. PC, 238: „Si, comme sujet, j'étais indéterminé par mon absolue singularité, vierge de particularité constitutive, alors ou bien je serais sans corps, la liberté divine de Descartes, ou bien je serais mon corps, mais un corps dont la forme organique individuelle serait résorbée dans ma singularité, comme le voulait la phénoménologie radicale de Sartre."

33 Vgl. PC, 110; Descartes ist es deswegen nicht gelungen, das Verhältnis des Subjekts zur Universalität der Begriffe zu klären, die sich der Freiheit aufzwingen. Daher muß seine Ethik auch ständig lavieren: „Descartes ist, was Verstand und Willen des Menschen anlangt, niemals hinausgekommen über das Schwanken zwischen den beiden Polen des Willensvorrangs und der Überlegenheit des Intellekts" (Heimsoeth, Die sechs großen Themen, 232). Hinter der Differenzlosigkeit des unbestimmten Gottes steckt dann doch das Erbe Ockhams, vgl. W. Hübener, Descartes, in: TRE, Bd. 8 (1981), 499–510, 506. Vom sachlichen Prius des Unendlichen (III. Meditation) kann es wegen seiner Indeterminiertheit auch keine Intuition geben; um kein ineffektives Nichts zu sein, bedarf es einer „différence intrinsèque". „Mais jamais Descartes n'aurait pu établir cette condition, car pour lui Dieu n'est pas Logos, mais Sujet pur, indéterminé. Le recours à la *causa sui,* l'invocation de ‚l'immensité' divine, ne signifient que la toute-puissance insondable, point l'infinité positive" (PC, 245).

34 Vgl. AD, 220.

lem Sosein, „auf das das Bewußtsein sich beziehen könnte, wenn es sich auf sich bezieht.“[35] Entsprechendes gilt schon vom Gottesbegriff: Die reine Aktualität des Subjekts weist jede Relation ab. Das vom Cogito abgebildete Absolute verflüchtigt sich, es kann wegen seiner Unbestimmtheit nicht Selbstrelation, somit auch nicht *causa sui* sein (was Caterus und Arnauld schon eingewandt haben).

„Die angeführte Wahrheit des seiner selbst gewissen Subjekts ist gleichermaßen die eines persönlichen, *einzelnen Seins,* das in seiner Einzigkeit unaustauschbar ist, und die einer *Freiheit,* die das, was sie ist, begründet, einführt und errichtet. Die reine, durch und durch negative Einzelheit ist allerdings unförmig und leer. Die Subjektphilosophien sind somit gezwungen, den Diskurs zu desertieren, nachdem sie ein existentiell Unsagbares heraufbeschworen haben. Was die Freiheit anbelangt, so wird diese durch die absolute Unabhängigkeit, die sie negativ bezeichnet, in die Unbestimmtheit der reinen Einzelheit resorbiert; ihre positive Bedeutung, die Bestimmung einer praktischen oder theoretischen Tätigkeit verweist uns an die diskursive Bestimmtheit und an die Gesetze der Welt, zu deren gegensätzlicher Wahrheit, die Notwendigkeit und Allgemeinheit ist.“[36]

Die bisher angesprochenen Konzeptionen des menschlichen Subjekts, seines Leibes und seines Zugangs zur Wahrheit stehen alle in Beziehung zu einer ganz bestimmten Auffassung des Absoluten. Das muß aber nicht der Grund sein, warum sie nicht dazu taugen, den Zusammenhang zwischen menschlichem Ich, Leib und Denkordnung plausibel zu machen. Es ist vielmehr so, daß es die allen Konzeptionen gemeinsame Annahme eines von der Erkenntnisordnung des menschlichen Geistes strikt getrennten Absoluten ist, welche die Versuche des Subjekts durchkreuzt, sich selbst, seinen Leib und schließlich auch das Absolute zu verstehen. Genau dieses unerkennbare Absolute scheint bei den neuzeitlichen Subjektauffassungen Pate gestanden zu haben: Als Prinzip jeder möglichen Erkenntnis ist das Subjekt selbst wiederum von jeder möglichen Erkenntnis ausgenommen. Daher wurde das „Ich denke“ aus der Erkenntnisordnung ausgeklammert. Es hat dann nicht mehr lange gedauert, bis sich Erkenntnis auf die empirische Aufzählung bloßer Objekte herabgewürdigt hatte.[37] Weil man nicht begreifen kann, was

35 R. Spaemann, Personen, Stuttgart 1996, 144. „Ein solipsistisches Bewußtsein, das den gesamten Raum des Wirklichen einnähme, käme nicht dazu, sich als seiend zu denken. Denn dieses Sein wäre selbst wieder nur ein Gedanke. Ein solches *cogito* müßte vielmehr beschrieben werden als ein ‚Ich denke, daß ich denke, daß ich denke …‘“ (ebd., 76).

36 PM, 87f.

37 Vgl. PM, 87: „le transfert, invoqué par la *Critique,* des catégories de l’entendement aux prédicats de la réalité psychologique, présuppose la réduction des concepts de substance et de sujet à leur fonction constitutive de la science expérimentale.“ PC, 218: „Et le philosophe qui reproche à la science d’homogénéiser l’hétérogène ne s’aperçoit plus qu’il en est premier fautif, ne prenant plus garde que le savoir scientifique est discours, pour avoir évincé le verbe de sa propre conscience. Assimilée à une sorte de regard sans vision, la conscience (de) soi ne peut plus signifier, par la parenthèse, qu’une différence de degré, un amoindrissement de distance, à l’égard de la conscience des choses.“ Nachweise der Unerkennbarkeit des Prinzips der theoretischen wie der praktischen Vernunft bei Kant finden sich bei Frank, Fragmente einer Geschichte der Selbstbewußtseins-Theorie von Kant bis Sartre, 416–432 (Nachwirkungen und Konsequenzen in Phänomenologie und Neukantianismus ebd., 508–526).

sich wegen seiner Unbestimmtheit dem Verstehen auf absolute Weise entzieht, beschließt die Rückführung des Seins auf seine empirisch faßbaren Phänomene die Begrenzung des Wirklichen in der Moderne.[38] Weil man gerne vergißt, was zuvor ausgeklammert wurde, blieb vom Subjekt auch nur noch das übrig, was Sache der Biologie, allenfalls der Psychoanalyse ist. Erkenntnis betrifft nur noch das, „was sich beobachten und analysieren läßt, was man kontrollieren, messen und gebrauchen kann."[39]

Es ist bezeichnend für die Geschichte des Ich und seiner ontologischen Wahrheit, daß Kants Nachfolger zwar am Gebot von der inneren Unerkennbarkeit dieses Ich nicht festgehalten haben und einiges zur Klärung von Bewußtsein und Subjektivität beigetragen haben, das Problem aber nach wie vor keiner befriedigenden Lösung zugeführt worden ist.[40] Wie kommt ein Subjekt eigentlich zu sich selbst, bzw. was ist das Sein des Subjekts? Vermutlich erklärt sich die Wirkungslosigkeit der philosophischen Lösungsansätze in den letzten zweihundert Jahren und damit ihre Preisgabe an einseitige Erklärungsmodelle mit der eigentümlichen Ausblendung der Leiblichkeit des Menschen: Die Hartnäckigkeit, mit der das strikt abgetrennte Absolute sich erhalten hat, brachte es mit sich, daß Bewußtsein und Freiheit des Menschen so lange an ihm vorbei gedacht worden sind, bis sich die Frage von selbst erledigt hatte. Die vielfältigen Theorien, die sich um einen rein intellektuellen Kern menschlicher Akte bildeten, vermochten wegen ihrer dualistischen Tendenzen nicht zu überzeugen; damit haben sie monistische Reduktionen provoziert und den Tod des Subjekts befördert.[41]

Dabei hätte ein wenig mehr Aufmerksamkeit auf das grundlegende Phänomen der Sprache Abhilfe schaffen können: Es gibt keinen Beleg für ein stummes Denken, das auf vollkommen unbewegliche Weise die reine Idee betrachtet, ganz im Gegenteil denken wir nur innerhalb der Sprache, „im Schoß des Wor-

[38] Sehr schön bilanziert das J.-P. Sartre, L'être et le néant (1943), Paris: Gallimard 1976, 11: „Das moderne Denken hat einen beträchtlichen Fortschritt dadurch erzielt, daß es das Existierende auf die Serie der Erscheinungen reduziert, die es manifestieren."

[39] PM, 253; vgl. EM, 22 ff., EE, 47 f.

[40] Deswegen muß man nicht gleich G. Benn beipflichten: „Das bißchen Grips des zwanzigsten Jahrhunderts lohnt wohl eine Isolierung als Bewußtsein kaum" (Mein Name ist Monroe, in: Neue Presse, 21.4.1956, 17).

[41] Bruaire weiß um Deutungen der Leiblichkeit, die sie als persönliche Ausdruckshaftigkeit würdigen, hält aber phänomenologische Annäherungen nicht für wirklich weiterführend, da sie die Rationalität und ihre Bedeutung nicht in den Blick bekommen: „N'avons nous pas appris des analyses de Scheler, brillament reprises par Merleau-Ponty, que le sens est expression, paraît, se manifeste au sein même de sa propre chair qu'il transfigure, que le corps et l'esprit n'en sont, en regard, que des abstractions? Certes, mais ces précieuses analyses n'ont jamais concerné que l'expressivité personnelle, la manifestation du sens propre, *singulier,* de quelqu'un, sur le visage, dans le comportement, les propos du dialogue. La réflexion du sensible en intelligible, de l'être en concept, en sens discursif, la manifestation de *l'universel* dans le corps des mots, n'ont jamais, dans ces perspectives, été reconnues, distinguées de l'expression propre à chacun. L'autonomie de la rationalité, l'office médiateur de l'universalité discursive sont demeurés masqués, étrangers à la perspective philosophique. Le présupposé métaphysique a tenu bon. Les idées distraites du corps par la théologie cartésienne du Sujet sans Logos sont demeurées révoquées dans l'abstraction idéaliste" (PM, 97, vgl. PC, 125 ff.).

tes".[42] Für ein unmittelbares, unbegriffliches Ergreifen der Idee außerhalb der Sprache spricht nur das merkwürdige Privileg einer statuarischen, versteinerten Schau, der zwar nichts am Menschen entspricht, die aber wegen ihrer Nähe zu einem ganz bestimmten Verständnis des Absoluten eine gewisse Langlebigkeit besitzt. Diese Langlebigkeit hat stets für ein Mißverständnis bezüglich der inneren Vermittlung der Sprache gesorgt, die auf intuitive Weise erfaßt wird, nämlich als Intuition des Sinns im Laut: Es ist die der Sprache selbst eigentümliche Vermittlung, die auf unvermittelte Weise erfaßt wird, weswegen es überhaupt zu so etwas wie Verständnis kommen kann.[43]

Daß intellektuelle Vollzüge an die Sprache gebunden sind und damit organische Dispositionen einschließen, bedeutet nicht, daß die Idealität nun abzudanken habe, ganz im Gegenteil geschieht im geringsten Wort etwas, das jeder dualistischen Aufspaltung genauso wie jeder monistischen Vereinnahmung im tiefsten widerspricht, nämlich die Bekehrung der Laute in Sinn. „Die Stimme wird intelligibel, die Laute manifestieren das, was sie negiert, indem sie zum Sinn werden, der sie durchdringt. Sie sind im dreifachen Sinn des deutschen Wortes *aufgehoben*."[44] Ein Wort wird man als solches nur begreifen, wenn der gemeinte Sinn ausdrücklich ist; zur Ausdrücklichkeit gehört aber die Materialität der Laute konstitutiv dazu. Diese Materialität zeichnet sich nun innerhalb des Wortes durch Diskretion aus, denn es wird ja nicht der Laut, sondern der Sinn des Wortes verstanden. Die „Überraschung jeder Sprache, die wir formulieren oder hören, die wir lesen oder schreiben, ist, daß die Sprache zu einer Scheidung in der Aufmerksamkeit zwingt, zu einem Riß in unserer Existenz: Das Geräusch, die Geste, der Buchstabe verlieren – wenn wir verstehen, statt zu hören und zu sehen – ihre Undurchdringlichkeit und ihr Fleisch, um als einsichtiger Sinn zu erscheinen (...) Wenn man nun diese vielleicht einzig grundlegende Erfahrung intakt bewahrt, verstärkt sich die Überraschung in dem selben Maß, wie die Mythologien des stummen, innerlichen Denkens und der unpersönlichen, hypostasierten Sprache durch die Art und Weise abgewiesen werden, wie der Sinn sich in unseren Leib einrichtet, in der Bewegung der Organe, der Stimme oder der Geste."[45]

[42] EE, 23.

[43] Vgl. AD, 136f.: „Si l'un des miracles du langage est de se faire oublier, de ne pas imposer sa présence sensible, mais de s'effacer sous la manifestation de l'intelligible, c'est qu'il est cette unité indécomposable, cette interpénétration complète et originaire de sens et de matière, l'un se mêlant à l'autre, comme la lumière se mêle à l'air." Vgl. PC, 21: „le sens du langage, le langage comme sens, doit être saisi sans intermédiaire, et donc intuitivement. Sinon il serait impénétrable, exigeant à l'infini un langage du langage. L'intuition, comme saisie immédiate, compréhension directe du sens, signifie simplement que le concept, en sa discursivité, est un et se suffit". Vgl. EM, 109 f.: „le propre du langage est de faire oublier son substrat sensible, somatique, au profit du sens immédiatement compris".

[44] PC, 25; vgl. PC, 182: „Le corps de la parole, la matérialité et la structure phonétique du langage, *sont* l'être devenu ou le passé nié de l'idée, en vertu d'une immanente réflexion de l'être sensible en concept, par laquelle advient en l'organisme le sens intelligible."

[45] PM, 110. Der zeitgenössische Mythos der „forme extériorisée, objectivée" (ebd., 108) ist ohnehin das materialistische Pendant zum inhaltslosen „acte formel réflexif" (ebd., 109); damit ist der Idealismus Ahnherr seines geschworenen Feindes.

Bedingung des mindesten Wortes ist die Verwandlung der Laute, die sich in die Idee aufheben: Ein verstandenes Wort wird nur dadurch mehr als ein wahrgenommenes Geräusch sein, daß sich der ideelle Sinn den materiellen Laut einverleibt hat. Nur unter der Bedingung, daß das Materielle gleichsam von Sinn ergriffen und verdaut wird, kann es Worte geben. Jedes Sprachereignis bezeugt, wie sich der Sinn ganz und gar im Leib einrichtet und damit am sinnlichen Laut selbst schon eine Metamorphose geschieht: Das sinnliche, physische Sein der Sprache wird von intelligiblem Sinn durchdrungen, wodurch die Idee manifest wird und begriffen werden kann. Der „Leib der Wörter tritt zugunsten des Sinns zurück, in den er sich bekehrt; diese Bekehrung macht das Wunderwerk der Einsicht aus, welche die Wahrnehmung verwandelt".[46] Im „Wunder des Ausdrucks" wird das natürliche Sein der Laute in die Idee überführt, was Bruaire als „Negation und Reflexion des Seins in den Begriff" beschreibt.[47] Erst diese Reflexion verleiht den Lauten, ohne die es nichts zu verstehen gäbe, die sinnstiftende Einheit, die sie von sich aus nicht haben.

Die Idee wird in der Sprache selbst geboren, sie „quillt aus der Natur, um zu erscheinen, kraft einer immanenten Reflexion, die das Sein in Begriff verwandelt".[48] Mithin findet innerhalb der Sprache selbst eine Reflexion statt, die vollständig autonom ist und ihrer Wiederaufnahme durch die persönlich geführte Rede logisch – nicht chronologisch – vorausgeht. Sprache und ihr Gefolge an Sinnlichkeit ist daher überhaupt kein Fremdes der Idee, dem Sinn gegenüber, sondern schon längst vergeistigte Natur, als die sich ein ausgedrückter, manifester Sinn darstellt. So ist „die Ankunft des für jedes Sprachereignis konstitutiven Sinns eine *wirkliche und wirksame Reflexion,* durch die jedesmal der sich inkarnierende Sinn inmitten der Redefolge und ihrer Unterbrechungen seine eigene Identität mit *sich selbst* bewahrt. Diese durch eine Reflexion des Lauts in Sinn garantierte Identität ist es, die als von mir nicht hergestellte und nicht geführte Reflexion (...) Bedingung der Wirklichkeit und Norm *meiner* Reflexion, *meines*

[46] EE, 23. Vgl. DD, 92 f.: „Geste, parole, écriture, discours. Dans tous ses modes, le langage arrache aux choses, à la nature, au corps, leurs mouvements, leur être sensible, leurs données immédiates pour les convertir à l'intelligible, ravissant du même coup nos perceptions sensibles à une compréhension, à l'intelligence. Nous sommes trop habitués pour nous rendre compte de cette étonnante métamorphose spirituelle." Vgl. G. Benn, Ein Wort, in: Gesammelte Werke, Bd. I, Wiesbaden 1960, 208: „Ein Wort, ein Satz –: aus Chiffren steigen erkanntes Leben, jäher Sinn, die Sonne steht, die Sphären schweigen und alles ballt sich zu ihm hin. Ein Wort – ein Glanz, ein Flug, ein Feuer, ein Flammenwurf, ein Sternenstrich – und wieder Dunkel, ungeheuer, im leeren Raum um Welt und Ich."

[47] PC, 27; vgl. auch schon LR, 103: „Le geste, le son, le signe se font oublier, au profit du sens signifié, par une réflexion instantanée de l'être naturel qui, dans l'esprit, la conscience de soi, devient pure idée intelligible. Être-là du verbe, existence de l'essence, objectivité du concept : toute la *Science de la Logique,* avec ses trois parties est ainsi répétition, transcription en dépit du successif de l'exposition, sillage le plus pur de ce Verbe éternel, selon le même ordre, *Être – Réflexion – Idée.*" Vgl. auch Réminiscence du concept et mémoire de la révélation (097), 142 (Reflexion des sinnlichen Seins in intelligiblen Begriff, Sein, Reflexion, Begriff als Status der Hegelschen Logik). Vgl. auch EE, 23 zu Hegel, Enzyklopädie § 381 („Der Geist hat *für uns die Natur* zu seiner *Voraussetzung,* deren *Wahrheit,* und damit deren *absolut Erstes* er ist. In dieser Wahrheit ist die Natur verschwunden").

[48] PC, 169. Vgl. DD, 93: „C'est par une *réflexion* surprenante, immanente à la vie du langage, que l'idée, le sens *s'exprime.* Réflexion qui convertit la substance matérielle des bruits et la transit de sens."

Denkens ist. Durch den fortdauernden Sieg über ihren eigenen natürlichen Leib sind die besonderen Themen meiner Rede universalisierbar und meine Aussagen einer *logischen Identität* fähig. Das ist auch umgekehrt der Grund, warum widersprüchliche Aussagen, die wie eine Verleugnung der Ankunft des Sinns in den Worten sind, diese auf Dinge, auf ein Geräusch reduzieren."[49]

Bruaire unterstreicht die Unableitbarkeit von Sinn und hält damit an der eigenständigen Wirklichkeit von Idealität fest, ohne überkommene Dualismen reiterieren zu müssen. Dazu empfiehlt sich, von den metaphysischen Vorurteilen abzulassen, die den Blick auf die grundlegenden Phänomene unserer menschlichen Existenz verstellen. Denn wenn die Sprache ausschließlich dazu dient, daß sich die Idee zeige, erscheint die Sprache als Paradigma schlechthin für das eigentliche Verhältnis von Materialität und Idealität innerhalb der menschlichen Seins- und Erkenntnisordnung: In der Sprache erscheint die „reiche Einheit der Natur, die Geist geworden ist, des Leibes, der Seele geworden ist, des Seins, das Begriff geworden ist."[50] Die sprachliche Verklärung sinnlichen Seins in einsichtigen Sinn ist in der Natur selbst vollzogene Negation der Natur: Diese „erstaunliche Verwandlung des sinnlichen Seins, des Leibes der Zeichen in intelligiblen Sinn, Reflexion des Seins in den Begriff, die für die intellektuelle Aufmerksamkeit genauso wie für die manifeste Idee konstitutiv ist, ist nur dadurch transzendentale und reale Bedingung der persönlichen Reflexion, daß sie im Sinnlichen die *Negation* des Sinnlichen vollzieht, in der Natur das Natürliche erleichtert und entwirklicht. Die einsichtige Idee, die über die undurchdringliche Materialität siegreich ist, bekehrt anläßlich des geringsten Sprachereignisses Laute, Gesten, Buchstaben zu sich selbst und ihrer transparenten Idealität, und zwar durch die *reflexive Negativität* des Geistes."[51]

Nur wegen dieser bemerkenswerten instantanen Vermittlung innerhalb der Sprache – vor der nota bene physikalische Erklärungsmodelle versagen – kann ein Sinn direkt ergriffen werden. Die Konvertierung des Seins in den Begriff ist eine der Sprache immanente Reflexion, die ihre bewußte Wiederaufnahme erst ermöglicht, mit ihr zeitlich zusammenfällt, nicht aber aus dieser stammt. Die „Reflexion des Seins in Begriff, des Lautes oder der Geste in Sinn ist nicht die persönliche Reflexion des geführten Denkens (…) daraus müssen wir wohl schließen, daß *wir über unsere Gedanken nur durch eine Einrichtung von Sinn in unseren Leib verfügen, über die wir nicht verfügen"*.[52] Jedes denkende Subjekt schöpft aus der Sprache, die ihm vorausgeht, und entleiht seine Reflexionsmacht

[49] PM, 111.
[50] Idéalisme et philosophie du langage (014), 22, vgl. PC, 23: „Jamais, pour le langage, le non-langage n'est le rien, ni pour l'intelligible le sensible, ni pour le concept le corps."
[51] EE, 24. Vgl. DD, 93 f.: „Réflexion efficace où se dénonce l'*énergie de l'Esprit* qui impose à la nature de devenir idée. Ainsi dans le langage exprimé, au moindre de ses évènements, nous sommes en présence d'un acte d'esprit, que nous sollicitons, que nous enrôlons au service de nos pensées, mais dont nous n'avons pas la clé, que nous ne produisons pas. Bien plutôt cette oeuvre d'esprit nous éveille-t-elle à nous-mêmes, à l'intelligence, à l'intelligible. Qui d'entre nous prétendrait transmuer la nature en idée?"
[52] PC, 183.

derjenigen Reflexion, die ihm die Sprache liefert. Eine bewußte Reflexion, mittels der ein Subjekt sich seiner selbst auf unverbrüchliche Weise gewiß wird, findet somit innerhalb der Sprache als der vorgängigen Reflexion des Seins in Sinn statt, die sich in der sinnvoll geführten Rede fortführt. Dadurch, daß das Denken Sprache impliziert, ist die Reflexion des Subjekts zuerst Reflexion der Sprache auf sich selbst. Diese vollzieht sich im Subjekt als doppelte Reflexion bzw. Reflexion der Reflexion (oder Negation der Negation) und damit in der zeitlichen Abfolge artikulierter Denkschritte als Expression (oder Position), sei es sich selbst oder anderen gegenüber. Persönliches Denken geschieht in der effektiven Annahme dieses Sachverhalts, in einer Öffnung des Subjekts auf die Sprache hin. Oder anders gesagt: Dadurch, daß die Sprache das Subjekt investiert, wird Denken möglich. Was Descartes mit seinem Cogito intendierte, ist nur unter der Bedingung eine Realität, daß die Absetzung *(déprise)* von der Sprache in Wahrheit eine Wiederaufnahme *(reprise)* der Sprache ist, und zwar als effektive Zustimmung zur vorgängigen Reflexion des Seins in Sinn. Die wirkliche Unterscheidung zwischen dem Subjekt und seinem Leib (immerhin hängt an der Unableitbarkeit von Sinn aus natürlichem Sein die Realität des Subjekts) folgt erst aus der Tatsache, daß es die Niederkunft des Sinns ist, die es dem Subjekt erlaubt, sich von der vereinnahmenden Ordnung des Leibes abzuheben, sofern diese Niederkunft des Sinns ergriffen und sich zu eigen gemacht wird. Aber ohne vorhergehende Verleiblichung des Sinns kommt es zu keinem Cogito. Das schließt besonders jede Konstitutionsleistung des Ego aus. Auch wird die Universalität der Sprache vom Subjekt nicht eingeholt, denn Sprache existiert nur in besonderen Sprachen und intellektuelle Vollzüge haben ihr Maß in ihrer Ausübung. Die sinnstiftende Reflexion der Sprache bedarf immer der Aktualisierungen eines leiblich verfaßten Subjekts. Daß diese Aktualisierungen immer hinter der Allgemeinheit des Sinns zurückbleiben, braucht nicht bedauert zu werden; das ist der Grund, warum ein Subjekt sich nicht auf ein logisches Moment reduzieren läßt.

Anstelle der dualistischen Sackgasse, deren Metaphysik dem Denken den eigenen Leib verweigert und es somit abschafft, erweist sich das Verhältnis des Leibes zum Intellekt als „operative Einheit, in der sich die persönliche Reflexion mittels der Ankunft des Sinns im Leib vollzieht. Diese Einheit ist also die Verschränkung *zweier Reflexionen,* die untrennbar und füreinander notwendig sind: die des Seins in Begriff, des Leibes in Sinn, die kein menschliches Subjekt erschaffen könnte; die, welche von der persönlichen Initiative geführt wird und die erste nicht bemerken kann, ohne anzuerkennen, daß sie sich von ihr nährt, während sie ihr erlaubt, sich fortzusetzen."[53]

Die Sprache in ihrer Vorläufigkeit muß für ihre positive Wiederaufnahme erst ergriffen werden, sonst denkt man an der Sprache und an sich selbst vorbei, das heißt

[53] PC, 174. Das belegt den authentischen Status von Erkenntnis als Wiedererkenntnis. Vgl. Réminiscence du concept et mémoire de la révélation (097), 140 (Erfahrung des Apriori statt Apriori der Erfahrung bzw. sekundärreflexive und damit diskursive Einholung des primärreflexiven Prinzips).

gar nicht. Die reflexive Aufnahme dieser der Sprache innewohnenden Reflexion konstituiert eine lebendige Einheit: Die persönlich geführte Reflexion impliziert eine vorgängige Reflexion, „durch deren Kraft der Sinn in den Leib ankommt und sich in der Materie die intelligible Form einrichtet."[54] Die jedem bewußten Akt vorlaufende Eigenständigkeit des geistigen Aktes, der Sinnliches in Sinn bekehrt, findet gleichwohl im und für das Subjekt statt, ohne dessen organische Dispositionen es zu keiner Verleiblichung der Sprache kommen kann. Damit ist aber jede Reflexion der Sprache auf sich selbst unweigerlich eine Reflexion, die den Leib mit einschließt: *„Die Rolle des Leibes in der Reflexion ist durch seine Fähigkeit bestimmt, in Idee reflektiert zu werden, sich leugnen und in Sinn verwandeln zu lassen."*[55]

Man mußte vom Leib schon eine geringe Meinung haben, um zu wähnen, daß die Sprache mit ihrer konstitutiven Sinnlichkeit die Idee verdecke. Ganz im Gegenteil ist es mit dem in der Sprache aufscheinenden Universalismus der Vernunft auch die leibliche Komponente der Sprache, die es dem denkenden Subjekt erlaubt, sich vom Leib zu unterscheiden, der somit für die menschliche Existenz notwendig ist, ohne daß deswegen der Mensch gleich bloßer Leib wäre. Mit der den Leib einschließenden Reflexion gewinnt das Subjekt sich selbst in Unabhängigkeit von der Ordnung, die den Leib bestimmt. Es ist „die Ankunft des unpersönlichen Sinns im Leib der Sprache, welche die Negativität des Subjekts ermöglicht, die wiederum die Freiheit, seine Einzelheit einrichtet, indem sie das ‚Ich' vom Leib und dessen natürlichen Trieben ablöst."[56] Die Passivität des Leibes in der Reflexion ist das Kennzeichen der Unzurückführbarkeit des Subjekts auf seinen Leib, so sehr der Leib auch für die Reflexion vonnöten ist. Diese Unterschiedenheit wird in der effektiven Einheit des Subjekts überstiegen. Es ist der unmittelbare Gegensatz der Sprache zum Ich, der deren gegenseitige Artikulation erlaubt, welche die Identität des Subjekts zum Resultat hat. Das Negative meiner Freiheit, „das sich selbst negiert, um positiver Akt und persönliches Denken und Handeln zu sein, ist nur *mittelbar* Bruch und Rücktritt von meinem Leib, weil die Sprache, die ich nicht bin und von der ich mich auf aktive Weise unterscheide, gleichsam zwischen mich und meinen Leib tritt, zwischen meine persönliche Einzelheit und die somatische Individualität."[57] Das Subjekt wurzelt so in dem sich inkarnierenden Sinn, woraus der mittelbare, indirekte Gegensatz des Subjekts zu seinem Leib erfolgt: Durch die Universalität des Wortes, durch „seine Idealität und sein sublimiertes Fleisch bin ich in meiner *Einzelheit* ontologisch von meiner somatischen *Individualität* unterschieden."[58]

[54] PM, 111.
[55] PC, 172.
[56] PC, 258.
[57] PM, 200.
[58] PM, 93. Vgl. PC, 234: „Si je puis me saisir comme sujet, comme quelqu'un, c'est que je me sais originairement dépris, autre, en moi-même, que les pensées et volontés réfléchies, car je ne pourrais en garder l'initiative, ni les poursuivre, sans le pouvoir entretenu de m'en démettre. Par suite, l'élément vivant du désir et, indirectement, mon corps et sa sensibilité, *sont vécus* par moi, sans m'aliéner, sans *être* moi-même : *la passivité implique l'altérité ontologique.*"

Die jeder persönlich geführten Reflexion vorausgehende Einrichtung des Sinns in den Leib weitet den Blick auf die Rolle des belebenden Prinzips des Leibes wie des Denkens. Mit der Ankunft des Sinns im Leib wird die Sphäre gesprengt, der der Mensch mit anderen Lebewesen zugehört. So ist der Sinn nicht aus dem geschlossenen System der animalischen Bedürfnisse abzuleiten, gleichwohl ist der Sinn ausschließlich inkarniert und daher notwendigerweise mit dem Leib verbunden. Bruaire nun unterläuft dualistische Anwandlungen dadurch, daß er das Leben des Leibes nicht von der Bewegung des Denkens trennt, sondern die Energie des Lebens wie seiner humanen Prägungen in einem gemeinsamen Prinzip verwurzelt sein läßt. Das Streben, das als unbestimmte Kraft den natürlichen Bedürfnissen zugrunde liegt, nährt auch die höhere Bewegung, aus der das freie Subjekt hervorgeht, das somit nicht auf die Natur zurückzuführen ist, so sehr es ihr auch zugehört. Das indifferente Streben, dessen Energie den Leib erhält, speist auch die Kraft, mit und in der das Subjekt sich dem Leib entgegengesetzt findet; es ermöglicht die wechselseitige Immanenz von Natur und Geist in den menschlichen Vollzügen und verhindert unstatthafte Reduzierungen, sei es auf den Engel oder das Tier.

Die Verleiblichung des Sinns geschieht durch Vermittlung der reinen Energie des Strebens, dessen Wirkung mit dem Beginn des Denkens zusammenfällt. „Das Denken selbst impliziert die Energie seines Aktes, das, wodurch es wirklich erscheint.“[59] Das unversiegbare Streben steht an der Genese des Subjekts, weil es „unserem Organismus die Einsicht so aufpfropft, daß das eine ohne das andere vergeht (…) so wenig der Logos wirklich ist, ohne Sprache zu sein, die Sinnliches in Einsichtiges verklärt, wird das Denken vom Streben belebt, ohne es mit dem Leib zu verbinden und ihn mit sich zu ziehen (…) Das Streben ist Forderung nach wirklichem Denken, durch den Leib *ausgedrückt,* der sich dazu eignet, die Idee in der Sprache zu manifestieren, aber es entgrenzt den menschlichen Leib und befrachtet ihn mit noch nicht dagewesenen Bedeutungen nur dadurch, daß es seiner organischen Ordnung und dem geschlossenen System bestimmter Bedürfnisse verpflichtet bleibt.“[60] Somit entleiht das freie Subjekt seine negative Macht dem Leib und seinem Streben, um sich den Leib entgegenzusetzen und sich den Leib kraft dieser Entgegensetzung anzueignen. Es ist daher nicht so sehr die Freiheit, die es ausschließt, das Subjekt auf den Leib zu reduzieren; vielmehr ist die Freiheit von der Sprache getragen, deren Ankunft im Leib sich aus der Kraft des Strebens speist und deren persönliche Aneignung wiederum die leiblichen Kräfte zur Bedingung hat.[61]

[59] PM, 256; vgl. EM, 115: „la volonté (…) est détermination du désir par la liberté quand la raison exercée capte l'énergie naturelle“.

[60] PC, 43f. Vgl. PM, 94: „métamorphose de l'appétit naturel en désir humain, contemporaine de la venue du sens dans le corps et de l'émergence du sujet, de sa négativité.“ Vgl. Changeux, Ricoeur, Ce qui nous fait penser, 274 („discontinuité de la norme n'abolit pas la continuité des dispositions ; elle s'y superpose“).

[61] Vgl. EM, 103: „Il serait donc indispensable de substituer au dualisme méthodique, entretenu par les spécialisations scientifiques, l'analyse philosophique des différences, des articulations entre l'ordre biologique et la vie humaine qui l'enrôle mais s'en déprend, qui puise son énergie spirituelle

Durch vernünftig-freie Vollzüge gewinnt der Mensch seine Unabhängigkeit gegenüber der Natur. Dieser Überstieg geschieht aber nicht als Annihilierung des bewegenden Strebens, sondern als Verwandlung der den Bedürfnissen zugrunde liegenden Kraft in lebendiges Handeln, Denken und Entscheiden. „Wohl kann man Bedürfnis, Neigung und Instinkt der fremden Animalität zuweisen, nicht aber das Streben mit seiner steten Unzufriedenheit abschaffen, das den Willen entgrenzt und selbst dem Akt jeder Entscheidung gleichwesentlich ist. Das Ich und seine Psychologie, sein Charakter, seine Geschichtlichkeit ist nicht das innerliche, einzelne Selbst, welches Kehre des Subjekts auf sich selbst ist. Aber um sich zu behaupten oder zu verleugnen, um zu subsistieren und sich selbst zu manifestieren, muß der Mensch das anerkennen, was in ihm ist, ohne daß es ihm gehört: die Bewegung des Strebens, ohne die er nicht einmal darauf käme, sich vom Streben lösen zu wollen."[62]

Menschliche Vollzüge *(existence)* haben mit dem Streben das natürliche Leben des Leibes *(vie)* zu ihrer Bedingung, dem sie entgegenstehen und von dem sie sich doch nicht lösen können. Die Negativität, „die ich in meiner uneinnehmbaren Einzelheit bin, ist nur dadurch wirksames Vermögen unbedingten Bruchs im Schoß des ‚Ich denke', daß sie ihre Aktualität aus der Tätigkeit des Denkens schöpft, die ihrerseits nur dadurch wirklich ist, daß sie von der Kraft des Strebens lebt, die selbst aus der natürlichen Kraft des Leibes stammt."[63] Somit ist es mit dem Streben der Leib, der das Denken in Bewegung bringt; durch die solcherart aktualisierten Vollzüge findet sich das Subjekt von seinem Leib unterschieden und kann als Urheber des eigenen Tuns und Denkens gelten. Was wie ein Paradox klingt, läßt vielleicht ermessen, was für ein Tribut den gewohnten Dualismen noch entrichtet wird: Mit dem Streben ist es der Leib, der es überhaupt erst erlaubt, vernünftig-freie Akte zu setzen und damit Autonomie in bezug auf den Leib und das natürliche Determinationssystem zu gewinnen. Das kann der Leib freilich nur, weil er selbst von dieser indifferenten, unbestimmten Kraft durchdrungen ist, die das Streben darstellt. In seiner Ursprünglichkeit weist das Streben auf das hin, was im Leib die Natur transzendiert: Der Anteil des Strebens ist die „Freisetzung eines natürlichen Vermögens, das aus dem Leib strömt und dessen Bewegungen für ein Werk bereitet, in dem das Fleischliche sich sublimiert und sich im Geist negiert, damit die Idee ankommt."[64]

à celle de la nature mais l'informe en ses désirs et l'apprête à la liberté, qui transit de sens le corps du langage pour que s'exerce la pensée."

[62] Négation et dépassement de l'humanisme (018), 273. Vgl. PC, 44f.: „l'autonomie de la pensée est par son hétéronomie, par sa dépendance à l'égard de l'appétition qui l'anime, mais l'indépendance du désir, qui le fait principe distinct de la nature humaine, est constituée de sa dépendance, de sa dérivation du corps naturel, bien qu'il en nie l'individualité et la spécificité."

[63] PC, 233; vgl. Renaud, La „Philosophie du corps", 117: „Le ressort interne de la pensée, c'est donc le corps qui le fournit, grâce au désir qui naît de ce dernier. Le corps sécrète la force qui permet à la pensée de conquérir son autonomie et de s'opposer à lui."

[64] PC, 107. Vgl. N. Hartmann, Neue Wege der Ontologie, Stuttgart 1949, 29: „Der Geist ist und bleibt leibgebunden, er kommt nur im organischen Wesen vor, ruht auf dessen Leben auf, lebt von seinen Kräften". Aus Hartmanns Feststellung, daß es keinen „schwebenden Geist" gebe (ebd.),

Die durch die Sprache eingesetzte Freiheit des Urteilens und Handelns ist von den leiblichen Dispositionen getragen, die es zur reflexiven Verwandlung der Laute in Sinn wie zur persönlichen Aufnahme dieser Reflexion braucht. Die Reflexion, in der das Subjekt sich selbst und als solches entdeckt, findet innerhalb der Selbstreflexion der Sprache statt; diese ist für das Bewußtsein konstitutiv durch ihr negatives Moment, „das aus dem Individuum die einzelne Freiheit hervorquellen läßt."[65] Darum braucht die Sprache nicht hypostasiert zu werden. Der persönlich geführten Reflexion geht ein geistiger Akt voraus, der im Subjekt dessen bewußten Akten vorausgeht und diese erst ermöglicht. In der Aufnahme dieses geistigen Aktes erreicht das Subjekt sich selbst, weil die zweite reflektierende Bewegung die erste derart abpaust, daß sie in die Effektivität diskursiver Denkschritte überführt wird. Damit ist die sekundärreflexive Einholung der primären Reflexion Wirkung ihrer grundlegenden Bestimmtheit, die dazu dient, ihrer stets aktuellen Ursache volle Wirksamkeit als Selbstbewußtsein zu geben.[66] Bedingung von Selbstbewußtsein ist somit der Bezug der einzelnen Freiheit zur Sprache. Doch nur als Aufnahme der Sprache, das heißt in ihrer positiven Einrichtung im Leib, wird die Negativität, die das einzelne Subjekt errichtet, zur reflexiven Macht des persönlichen Denkens. Die persönliche Reflexion knüpft an die Selbstreflexion der Sprache so an, daß diese sich tatsächlich vollzieht. Durch diese Doppelung wandelt sich die Reflexion in die diskursive Ausdrücklichkeit, in der das Ich eine Distanz zum eigenen Selbst gewinnt und damit Selbstbewußtsein zu thematisieren überhaupt erst in der Lage ist. Das Subjekt erfährt sich erst in der ausdrücklichen, positiven Wendung seiner Negativität von seinem Fleisch unterschieden, was dem Subjekt erlaubt, sich den effektiven Akt des Urteilens selbst zuzuschreiben.

Mit der Koppelung der beiden Reflexionen sind in jedem sinnvoll-bewußten Tun zwei Bewegungsstränge bezeichnet, die das Streben zu ein und demselben Vorgang verbindet, der allerdings in alternierendem Rhythmus verläuft: die re-

folgert G. Szczesny, Das sogenannte Gute, Reinbek 1971, daß „jede Art von Sublimierung vom Geist nur überformte, nicht aber ausgemerzte Natürlichkeit" sei (38). Mit seinem (Hartmann selbst wohl fernliegenden) Emanationsmodell bringt sich Szczesny freilich um die Andersheit des Geistes in der Natur und damit um die Sinnhaftigkeit jeglicher Sublimierungsleistung. Es ist dann die Natur selbst, die in den von Szczesny inkriminierten Perversionen kulminiert; dieses Resultat wird „mit Freud (und den Erkenntnissen der Verhaltensforschung)" (36) – gemeint ist wohl K. Lorenz – als Folge eines besonders vom Christentum beförderten Verdrängungsprozesses gedeutet, dem sich die Hinterwelten des vorgestellten Leben verdanken, „in der imaginäre Gestalten und Bilder ihr Wesen trieben" (31). Gegen die lebensgefährliche Illusion einer ontologischen Realität des Geistes setzt Szczesny auf „Umwelt" mit der heroischen Konsequenz: „Wir wissen nicht woher, wissen nicht wohin, und wissen nicht wozu" (35).

65 PC, 182.

66 Vgl. Frank, Fragmente einer Geschichte der Selbstbewußtseins-Theorie, 471 („Diese Selbst-Vorstellung schafft aber keineswegs das Selbst, sondern stellt nur ins Licht, was schon war") und 526 mit Hinweis auf Novalis, Schriften, Bd. II, Stuttgart ²1960, 112 („Was die Reflexion findet, scheint schon da zu seyn"), 499 (zu Schleiermachers transzendenter Bestimmtheit des Selbst im Dialektikkolleg von 1822 [Leipzig 1942, 290]): „Das Selbst ist (positiv) ‚bestimmt', noch ehe es dazu kam, sich (aktiv) zu bestimmen."

flexive Kehre auf sich selbst, die dem Subjekt als dessen frei aufgenommene Reflexivität zugrunde liegt, und der expressive Drang dieser Reflexion, in dem das Subjekt sich die reflexive Kehre zu eigen macht und seine Wirklichkeit in Akte überführt. Beide Bewegungssegmente ergänzen einander: Die Sammlung verlangt nach ihrer ausdrücklichen Verwirklichung, in der das Subjekt inmitten seiner Akte das Prinzip der eigenen Wirksamkeit entdeckt. Auch wenn der primärreflexive Rückzug des Selbst auf sich zuerst ist, drängt er doch geradezu nach seiner Manifestation in Akten des einzelnen Subjekts, in denen er sich als ihre Bedingungsmöglichkeit gleichwohl nicht erschöpfen kann.[67] Umgekehrt würde sich das Subjekt ohne stete Rückkehr auf das Selbst von seiner Wurzel abschneiden und müßte in der blinden Expansion des Strebens verlöschen, wenn sich nicht die fortlaufende Reflexion inmitten der Wendung des Subjekts nach vorne durchhielte. Die beiden Seiten der alternierenden Bewegung schöpfen aus der belebenden Kraft des Strebens, die den Vollzügen ihre Spannkraft verleiht. Aber das Zueinander der konstitutiven Elemente von Sprache und Freiheit im betreffenden Segment der Bewegung speist sich nicht nur aus der indifferenten Kraft des Strebens, sondern wird dadurch ermöglicht, daß Sprache und Freiheit jeweils die Eigenschaft der Sammlung und des Ausdrucks, der Unabhängigkeit und des selbstbestimmten Engagements eignet. In rhythmischem Gegenstrom übersetzt sich die wirkende Energie, die auch die reflexive Sammlung belebt, in den sich verströmenden Dynamismus der Expression. In dieser Wendung wird die Kehre auf sich selbst als Bedingungsmöglichkeit der eigenen Vollzüge erst aufgefunden. Entscheidend für diesen ambivalenten Vorgang ist jedenfalls das unbestimmte Streben, das den durch seine Bedürfnisse bestimmten Leib durchzieht: Bei diesem zerbrechlichen Gleichgewicht von Kontraktion und Expansion tritt der Leib auf einen indirekten Plan zurück, verströmt aber durchgehend seine „‚neutrale und verrückbare Energie‘, die wir Streben nennen und die das ausgeübte Urteil unterhält, in dem sich die souveräne Freiheit vollzieht."[68]

Das Streben, das der Sprache als lebendigem Akt zugrunde liegt, impliziert den Leib, der durch das Hervortreten der Freiheit eine Gestaltung erfährt. Die Negativität, durch die ein Subjekt sich seiner selbst versichert, wird durch den sich verleiblichenden Sinn gewonnen, der die Einzelheit des Subjekts in Ablösung von dessen somatischer Individualität errichtet. Das solcherart inkarnierte Subjekt findet sich durch den Sinn von seinem Leib unterschieden, wodurch eine Distanz zum Leib gewonnen wird, auf den und durch den die willentlichen Akte zu wirken vermögen. Damit verbleibt die somatische Individualität im Prozeß der Ablösung der Einzelheit durch die Allgemeinheit des Sinns nicht im Regime bloßer Leiblichkeit, sondern bildet unmittelbar im Anschluß an ihre Inanspruch-

[67] Vgl. EE, 19 (Bewegendes kann nicht Werk des Bewegten sein), PM, 261 (Bewegung kann das Bewegende nicht einschließen).

[68] PC, 107 mit Anm. 1: Der Ausdruck „énergie neutre et déplaçable" stammt von P. Ricoeur, De l'interprétation, Paris: Seuil 1965, 471.

nahme durch das emergierende Subjekt wie Kristallisationen der Handlungen.[69] Die leibliche Individualität nährt sich geradezu von dem Wechselspiel, das sie auf passive Weise ermöglicht, und bildet wie ein natürliches Depot nicht nur der vorhergehenden Akte, sondern auch der verschiedenen Umstände, in denen sie stattgefunden haben. Das Resultat, die Gestaltung der leiblichen Erscheinungsweise des Subjekts, ist – im Gegensatz zur reflexiven Verwandlung der Laute in Sinn – eine transitive, irreflexe Spur der Handlungen. Durch das involvierte Streben hinterlassen Akte ihre bleibende Spur im Leib und prägen den persönlichen Ausdruck des Subjekts. Diese Gestaltung des Leibes, durch den das Subjekt sich unmittelbar bedeutet, ist nicht mit dem willentlichen Ausdruck des Subjekts gleichzusetzen. Dafür ist der durch Akte informierte Leib für die persönliche Art und Weise verantwortlich, wie das Subjekt die Sprache aufnimmt, um sich in ihr sinnvoll-universellen Ausdruck zu verschaffen. Die durch die Begegnung mit dem Sinn errichtete Einzelheit des Subjekts strahlt mit ihren ersten Akten auf den Leib aus und nimmt ihn sich damit zu eigen. Das Handeln des freien Subjekts, das dem Leib seine Expressivität verleiht, schlägt sich als partielle Identität des Subjekts und seines Leibes in diesem nieder, wodurch die freie Einzelheit sich bei der Aufnahme der Sprache ganz und gar der Universalität des Sinns hingeben kann, ohne darin vollkommen aufzugehen.[70] Die persönliche Ausdrucksfähigkeit, die vom Streben getragen ist, akzentuiert damit in besonderer Weise den universellen Gehalt der Rede und macht so aus dem Subjekt erst „die alleinige Quelle einer originalen Rede, die doch jeder verstehen kann."[71]

Das gelungene Zueinander von Sammlung und Ausdruck, das die vernünftig-freien Vollzüge des Subjekts ermöglicht, ist nichts weniger als selbstverständlich. Die Konstellation der drei Vermögen, die sich im leiblich verfaßten Subjekt kreuzen und dessen Verwirklichung garantieren, ist gefährdet, bis hin zur Unkenntlichkeit gestört zu werden. Diese Störung muß aber nicht das letzte Wort über das Subjekt sein. Bruaires genaue Beschreibung der Artikulationen, die zwischen dem Leib und der Genese des Subjekts im Zueinander von Streben, Sprache und Freiheit bestehen, schließen jedenfalls das typische Mißverständnis aus, für das Subjekt und Subjektivität – man kann auch sagen: Person und Persönlichkeit, oder die Ebene des Seins und die seiner Manifestationen – dann einfachhin zusammenfallen müssen, wenn die Vermittlungsschritte, die für das Zustande-

[69] Vgl. PC, 189: „l'universalisation du langage nécessaire à la singularisation de l'action, est fonction de la formation expressive du corps individuel, laquelle est conséquence et contrecoup de l'action transitive du corps."

[70] Vgl. PC, 188: „Le corps ne s'informe d'une insubstituable expression personnelle qu'en conséquence et à la mesure de l'action." Bruaire hat hier Ravaissons „Gewohnheit" im Auge: Handlungen stellen im durch sie informierten und bestimmten Leib eine Art zweiter Natur her. Vgl. Ricoeur, Le volontaire et l'involontaire, 278f.: „pensées anciennes dont j'use comme d'une nature intellectuelle" (Hinweis bei Renaud, La „Philosophie du corps", 129, Anm. 39).

[71] Marquet, Corps et subjectivité, 76: „C'est donc par le langage que je me singularise en sujet de l'action, et par l'action que je m'universalise en sujet du langage." Vgl. ebd., 75: „la singularité humaine apparaît donc (…) comme pouvoir de modifier dans un sens personnel l'ordre figé du discours et la nécessité anonyme du corps."

kommen von Identität notwendig sind, außer acht gelassen werden. Die Identität eines Subjekts in der frei-reflexiven Aufnahme seines Prinzips ist nicht unmittelbar gegeben. Wäre sie unmittelbar, müßte man über die diffizile Gleichschaltung ihrer heterogenen Elemente hinwegsehen, womit der Rückfall in dualistische Vorstellungen unausweichlich wäre. Vor der dualistischen Sprengung des Subjekts bewahrt nur die Berücksichtigung der sensiblen Artikulation an sich unterschiedlicher Ordnungen. Der letzte Ursprung dieses Mißverständnisses ist allerdings leicht zu identifizieren: Es entsteht durch die Verwechslung der reflexiven und somatischen Aspekte der Sprache, durch die „Verdunkelung der vermittelnden und trennenden Rolle der Sprache selbst, das Vergessen des inkarnierten Status des Wortes, der einen notwendigen Bezug unserer Gedanken zu unserem Leib vorschreibt.“[72] Werden diese Unterscheidungen und mit diesen die wechselseitige Ummantelung von Sprache (autonomer Sinn), Leib (somatischer Nicht-Sinn) und Ich unterschlagen, bleibt das Subjekt unverständlich und allen Fehldeutungen ausgesetzt. Dagegen ist das empirisch faßbare Resultat dieses dynamischen Prozesses, in dem und durch den Streben, Sprache und Freiheit zusammenwirken und ohne den es keine subjektiven Akte geben kann, von der Aktualität des Selbst zu unterscheiden, die diesen Akten zugrunde liegt und sich in ihnen auch nicht erschöpft. Es ist das dem Subjekt Zugrundeliegende, das als Subjekt nach außen erscheint, nicht ohne jedoch als leibliches Erscheinen auch das Gewicht des Leibes zu erleiden.[73] Um zu erscheinen, setzt sich das Subjekt dem vom Streben durchdrungenen Leib aus, auf den diese Wechselwirkung zurückfließt und der als strebender die Ebene der Manifestationen des Subjekts zu vereinnahmen sucht. Das ist besonders dann der Fall, wenn der Leib von Krankheit befallen ist und dadurch die Erscheinungsweise des Subjekts in Mitleidenschaft gezogen wird. Weil der Leib durch seine Inanspruchnahme eine Prägung erfährt und auf habituelle Weise Züge der bewußten Handlungen des Subjekts annimmt, kann sich die leibliche Ebene derart verselbständigen, daß ausschließlich etwaige Verzerrungen der Subjektivität in den Blick geraten. Diese oft nicht zu kontrollierende Mischung aus leiblichen Elementen und verzerrten Bruchstücken des Sinns tritt zwischen den Leib mit der ohnehin nicht zu unterschätzenden Eigengesetzlichkeit seiner rein natürlichen Bedürfnisse einerseits, und die Funktion des Leibes im harmonisch verlaufenden Ausdruck wie der sinnvoll geführten Rede andererseits. Weil die

[72] PM, 95. Beide Aspekte, den somatischen mit dem reflexiven zu verwechseln, führt geradewegs zu den zeitgenössischen Reduktionen „d'un sujet sans langage à un langage sans sujet“ (PM, 200). Besonders gerne setzt die Psychiatrie Subjekt und Subjektivität ineins und verwechselt „l'être personnel que le délire met en silence, en attente, réduit à l'impuissance, privé de conception, avec l'envers charnel du langage où les pulsions naturelles enrôlent les images et qui, si le corps est altéré, vient occuper toute la scène de nos manifestations“ (EM, 112).

[73] Daß der Leib so manches Mal ertragen wird, ist der nachdrücklichste Hinweis auf seine grundlegende Unterschiedenheit vom Subjekt: „Ich leide, also bin ich nicht mein Leib“ (PC, 233). Zwar setzt jede Affizierung durch den Leib eine Identität mit diesem voraus, „aber genau betrachtet ist diese Identität weder einfach noch unvermittelt. Sie tritt aus Unterschieden hervor, die durch notwendige Entgegensetzungen konstituiert sind. Der Dualismus wird nur zugunsten dieser Unterschiede abgewiesen“ (ebd.).

reflexive Emergenz des Subjekts auch einen somatischen Aspekt hat, beschweren sich die leiblichen Eigengesetzlichkeiten um Vereinzelungen des Sinns und bemächtigen sich leicht des Ausdrucks dieses Subjekts.[74] Das ist generell der Grund, warum Bedeutungen nicht immer in aller wünschenswerten Klarheit zutage treten, sondern zumeist mit allem möglichen Ballast befrachtet sind. Von dem rein reflexiven Verhältnis, das zwischen Sprache und Subjekt besteht, sind also auf der anderen Seite die somatischen Implikationen zu unterscheiden, die das expressive Zusammenwirken von Sprache und Leib zu beherrschen trachten. Das „Subjekt, das ausdrücklich denkt, ist nicht die Subjektivität, wo Gedanken spielen und von den Strebungen bestimmt sind."[75]

Das leiblich bedingte Ergreifen der Sprache, das es dem Subjekt erlaubt, als freie Einzelheit zu handeln, bringt es mit sich, daß sein Tun sich wiederum im Leib niederschlägt, was die Erklärung dafür ist, daß einerseits jeder menschliche Vollzug seine unverwechselbare Prägung erhält, andererseits der Mensch doch nicht in der Bilanz seiner Akte aufgeht. Der Mensch ist immer mehr als das, was er tut oder sagt. Bei aller Ausdrücklichkeit seiner Erscheinungsweise gibt sich das Subjekt in seinem Handeln nicht vollständig preis, sondern verweist sein Gegenüber tieferhin auf einen Grund, der sich nicht ausschöpfen läßt. Die freie Einzelheit verdichtet sich von ihrem ersten Anfang an um die Besonderheit, die das hervortretende Subjekt im Wechselspiel mit dem individuellen Leib gewonnen hat, wodurch das Aufgehen der Einzelheit in den unpersönlichen, allgemeinen Sinn verhindert wird. Der Leib, der die Einzelheit expressiv darzustellen vermag, besondert sich vom Leib als bloßer Individualität; gleichermaßen beugt er sich dem zwingenden Gehalt der allgemeinen Sprache und bewahrt dennoch in seiner Ausdruckhaftigkeit die besondere Einzelheit des Subjekts. Mit den drei Kategorien von Allgemeinheit, Besonderheit und Einzelheit sind die Ingredienzien einer jeden lebendigen Wirklichkeit benannt, wobei die Besonderheit der leiblichen Seinsweise des Subjekts hier das entscheidende Scharnier darstellt: Sie hindert das Aufgehen des Subjekts in die Allgemeinheit der Rede und vermittelt gleichzeitig die freie Einzelheit überhaupt erst an die Universalität des Sinns, der in der Sprache aufscheint.[76] Im Leib wird die Besonderheit der freien

[74] Vgl. EM, 111: „D'une part, le sujet est en commerce immédiat avec le sens, mais d'autre part, le langage où réside et transparaît le sens puise, pour s'alimenter et se continuer, aux mouvements du corps et à leur énergie naturelle affectée des exigences biologiques. Le désir qui anime notre intelligence et qui est tout purifié sur le versant de la réflexion est, de l'autre côté, entre la vie du corps et le langage, gorgé d'énergies naturelles qui peuvent distraire à leur profit, sous formes d'étranges représentations, des éléments du langage. Eléments que l'analyse reconstituera en s'efforçant de connaître l'histoire de la pensée d'un individu."

[75] PC, 227 mit Hinweis auf Hegel, Enzyklopädie § 398: „was im Geiste wirklich vorhanden ist, (hat) darum nicht auf explizite Weise in seinem Bewußtsein gesetzt zu sein". Hier könnte eine Theorie des Traums einsetzen, ohne irgendwelchen Mystifikationen nachzugeben.

[76] Vgl. PC, 191: „Moi-même, je n'émerge à moi-même que par le jeu de ce double statut, auteur de mes actes dans la mesure où la pensée m'affranchit de mon individualité biologique, sujet de mon langage dans la mesure où mes actes façonnent mon expression propre qui déleste ma singularité de sa particularité pour la livrer au discours."

Einzelheit bewahrt und zurückgehalten, was es dem Subjekt erlaubt, sich dem allgemeinen Sinn ganz hinzugeben und dennoch selbst zu denken.

Zwar eignet sich der Mensch seinen Leib infolge seines Wirkens an, was dem Leib sein unverwechselbares Gepräge aufgibt, doch durchdringt den Leib eine persönliche Ausdruckskraft, die um so mehr auf das ihm Zugrundeliegende verweist, als der willentlichen Verfügung über den Leib gewisse Grenzen gesetzt sind: Jeder Mensch hat seine unverwechselbare Seinsweise, die weder mit dem Leib identisch ist, durch den er sich Ausdruck verschafft, noch auf das Subjekt und seine Akte allein zurückzuführen ist, so als ob eine willentliche Verfügung des Selbst für die besondere Seinsweise eines jeden Menschen entscheidend wäre. So ist der Leib auch immer mehr als ein bloßer Leib. Er ist aber auch mehr als der von ihm transportierte sprachliche Ausdruck, in dem der Sinn durchscheint, und geht nicht darin auf, Willensäußerungen zu dienen. Das Ich prägt den sichtbaren Akten seine Persönlichkeit auf, ohne über diese Gestaltung bestimmen zu können. Wenn die einzelne Freiheit sich in Rede und Handlung Ausdruck verschafft, so ist in dem persönlichen Charakter dieses Ausdrucks etwas, das von dieser Freiheit nicht konstituiert wird. Der Mensch erschöpft sich nicht nur nicht in seinen Akten, sein persönlicher Ausdruck ist auch von dem unterschieden, was er sagt, denkt und tut.[77] Daher drückt der Leib „auf einzelne Weise jemanden aus. In der unersetzlichen Ausdrücklichkeit seines Ausschreitens, seines Antlitzes, seines Blicks erscheint ein persönlicher Sinn, ohne den ich den anderen niemals erkennen würde. Ein persönlicher Sinn, der sich seinem Leib aufzwingt und darin in dem Maß durchscheint, wie er über sich selbst und seinen Leib verfügt. So stellt sich die Individualität des Leibes und dessen Nicht-Sinn gewissermaßen in den Dienst des eigenen Sinns (sens propre), durch den sich jemand unmittelbar bedeutet. Das Individuum ist von einem Ausdruck durchdrungen, der seine Individualität überschreitet."[78]

Das Wirken der unbestimmten Energie des Strebens, die den durch seine Bedürfnisse bestimmten Leib durchzieht und mit der Fleischwerdung des bestimmten Sinns der Sprache der Errichtung eines freien Subjekts dient, schließt es aus, den Leib als das eigentliche Prinzip der Individualisierung des Menschen zu verstehen. Persönliche Individualität hat nicht den Leib zum Prinzip, sondern erscheint als Resultat eines Prozesses, dessen Ausgangspunkt schon eine Ganzheit ist, die den Leib und seine somatische Individualität in Anspruch nimmt und überformt. Für sich genommen ist die natürliche Seinsart des Leibes wenig sinnvoll. Zum äußeren Kriterium persönlicher Identität „als kontinuierliche Existenz

[77] Vgl. EM, 113 f.: „il importe de bien distinguer des expressions de la pensée l'expression personnelle qui manifeste la réalité singulière de chaque personne, sans que jamais cette réalité s'épuise en son expression."

[78] DD, 138. Zur Identifikation von Subjekt und Subjektivität, hinter der das mystifizierende „ego constituant" (PM, 95) steckt, vgl. PC, 227 f., 250. Tatsächlich ist das einzelne Ich allen gemeinsam und daher für den persönlichen Ausdruck nicht konstitutiv, vgl. Hegel, Phänomenologie des Geistes, 83 f.: „indem ich sage, *Ich, dieser einzelne Ich,* sage ich überhaupt, *alle Ich;* jeder ist das, was ich sage: *Ich, dieser einzelne, Ich*" (Hinweis bei Marquet, Corps et subjectivité, 75).

im Raum und über die Zeit hinweg“[79] wird der Leib erst durch das, was zwar mit ihm erscheint, aber gegen ihn spielt. Um das zu sein, was ich bin, ist es notwendig, „daß ein lebendiger individueller Leib mich meine einzelne Existenz in und gegen ihn leben läßt. Mit anderen Worten ist *der Nicht-Sinn des somatischen Individuums notwendig, aber die individuelle und spezifische Bestimmung dieses Nicht-Sinns ist ganz und gar zufällig.* Ich brauche einen Leib, aber nicht diesen Leib und seine Art, ich kann mein Sein nicht existieren, ohne zu leben, ohne Individuum zu sein, aber meine Existenz ist *Negation* der determinierten Individualität meines individuellen Leibes, *Individualität, die keinen menschlichen Sinn hat noch jemals haben wird, der niemals Fleisch und Blut beerbt.*“[80]

Die sinnvolle Existenz eines lebendigen Subjekts hat ihre Begründung überhaupt nicht in der Natur, sondern in einem geistigen Prinzip, dessen pneumatischer Rhythmus Sprache, Freiheit und Streben regiert und in die Wirksamkeit der sinnvoll-bewußten Existenz übersetzt. Als kontraktiv-expansives Prinzip durchdringt dieser „Atem“ des Geistes mit der Reflexion in erster und zweiter Potenz die natürliche Seinsart des Leibes und stellt ihn in „die Gegenwart eines effektiven Vermögens, dessen meßbare Phänomene wir allein beobachten. Vermögen des vermögenden Seins, *natura naturans,* unsichtbares und unsinnliches Prinzip und Movens alles Sichtbaren und Sinnlichen“.[81] Dem Lebendigen liegt ohnehin eine „Leitidee“ zugrunde, die dem natürlichen Sein die Identität verleiht, die es nicht aus sich selbst hat. Weil nur das ist, was mit sich eins sein kann, und die Natur für uns eben keine bloß unendlich ausgebreitete Materie ist, darf auf ein verinnerlichendes und vereinheitlichendes, mithin reflexives Prinzip des Seins selbst geschlossen werden.[82] Was sich der Wahrnehmung gegenüber als das Beharren des Einen inmitten des Vielen erweist, damit die Atomisierung der Erscheinungen verhindert und hier als das Einheitsprinzip der phänomenalen Verschiedenheit vorausgesetzt wird, entdeckt die bewußte Existenz als die ei-

[79] Spaemann, Personen, 44. Nochmals: Nicht der Leib ist Träger geistig-persönlichen Lebens, sondern das spirituelle Geflecht, aus dem die Person stammt und das den Leib in Anspruch nimmt und überformt. Übrigens stößt sich die Unterschlagung dieses konstitutiven Unterschieds zugunsten einer „biblischen“ Ganzheit mit Mt 10,28 und Lk 12,4.

[80] PC, 241. Integrität und Identität der Person resultieren aus der geschichtlichen Zueigennahme eines Leibes, nicht aber aus diesem einen Leib selbst. Das trifft sich mit der christlichen Auferstehungshoffnung: Persönliches Weiterleben nach dem Tod hat nicht das mythische Weiterbestehen des Leibes nach dessen Zerfall zur Bedingung, sondern die Überführung der existentiellen, d. h. leiblich vermittelten Prägungen der Person in eine neue Existenzweise (vgl. PC, 266 mit Verweis auf 1 Kor 15,40).

[81] EE, 22. Vgl. PM, 255: „Il faut toujours supposer une sorte d'énergie dont nous ne connaissons que les effets, la présence efficace d'une puissance dont nous n'observons que les manifestations.“

[82] Vgl. L'être de l'esprit (113), 35: „Or, précisément, l'esprit dit l'être dans sa subsistance, dans son défi à l'effacement des phénomènes, parce qu'il inclut la puissance unitive. L'un fait l'être et la réflexion spirituelle, la conversion à soi, l'unification intérieure par la force inspirative de l'esprit, répondent de la réussite ontologique. Seul ce qui peut faire un avec soi est assuré d'être. La matière, faute d'unité intérieure, est extérieure à elle-même, indéfiniment divisible, volatilisable à tout vent. L'esprit dure par soi-même. C'est bien pourquoi, quand on veut dire l'être naturel de l'individu vivant, on suppose toujours un principe d'unité ou d'organisation interne, introuvable empiriquement, et dont on emprunte subrepticement l'idée à l'esprit.“

gene Voraussetzung, als die reflexiv-expressive Instanz in belebendem Gegenstrom, die Leben und Denken durchzieht. Dieses geistige Prinzip ist nicht unmittelbar bekannt; erfahren und zu eigen genommen wird es erst durch eine Reflexion auf die Möglichkeitsbedingungen der subjektiven Vollzüge inmitten dieser selbst. Erst anläßlich seiner durchgeführten Akte findet das Subjekt zum eigenen Apriori. Diese Auffindung wiederholt als Kehre des Subjekts auf sich selbst inmitten seines Eindringens in die Welt das pneumatische Grundgesetz des Geistes. So wie die Reflexion im Sichtbaren das Unsichtbare erkennt und in dieser Wiedererkenntnis zum eigenen Ursprung findet, hat sie auch Anteil an dem, was in der Natur die Natur überschreitet und sie begründet. Das „dem Vermögen nach Seiende" ist das die Natur transzendierende Prinzip, das der Natur immanent ist und von dem über sich selbst reflektierenden Denken in analoger Weise aufgefunden wird. Und nur weil der Geist solchermaßen in der Natur ruht, erscheint die Natur im atmenden Rhythmus des Lebens als dasselbe wie der Geist, der sich in der Abfolge von Ausdruck und Sammlung dann aber als das andere der Natur herausstellt, „wenn er die Natur aufnimmt und absetzt und sich in ihr dadurch manifestiert, daß er sie effektiv leugnet."[83]

Die genauso unabweisbare wie unableitbare Realität des Geistes gestaltet sich darum in natürlichen Manifestationen, weil der Geist die Natur durchdringt. Bei der Betonung der pneumatischen Konnotation von „Geist" handelt es sich somit nicht um die schematische Übersetzung eines vitalistischen Postulats, das aus dem natürlichen Leben ein Emblem des anderen der Natur macht, sondern um eine naturphilosophische Abwehr der dualistischen Versuchung, das noetische Moment zum einzig adäquaten Bedeutungsträger von „Geist" zu machen, um diesen Geist dann unwiederbringlich zu verlieren. Befreit man allerdings die Ebene des Intelligiblen von den mystifizierenden Vorstellungen, die am Noetischen nur die unbewegliche Schau gelten lassen, und werden statt dessen die denkerischen Vollzüge in ihrer Wirksamkeit berücksichtigt, stellt sich das Denken, das in der Sprache wohnt, „als der notwendige Kontrapunkt der Reflexion und der Expression, der Meditation und der Kommunikation dar, um sich der ursprünglichen pneumatologischen Bedeutung anzupassen. So vereinigen sich die Bedeutungen, um dem Begriff (sc. des Geistes) seine unabdingbare Eindeutigkeit zurückzugeben."[84]

Der Geist ist nicht nur das andere der Natur, er entstammt auch nicht dem Register formaler Notwendigkeiten: Was die Ordnung der Natur überschreitet,

[83] EE, 24; vgl. PM, 256: „quand le symbole est obligé, c'est sans doute qu'il prend part à ce qu'il symbolise : si l'esprit n'est pas rien, la vie en serait l'expression et la réalité naturelles."
[84] L'être de l'esprit (113), 35. L. Oeing-Hanhoff referiert die pneumatische Bedeutung im Art. Geist, in: HWP, Bd. 3 (1974), 154–157, reserviert die noetische Bedeutung für die Behandlung von Intellectus agens/intellectus possibilis, in: HWP, Bd. 4 (1976), 432–435. Ähnlich das von W. Brugger hrsg. Philosophische Wörterbuch, Freiburg 1967, Art. Geist (spiritus), 120. Ausgewogen, weil beide Bedeutungen beachtend, ist H. Buchner, Geist, in: HPhG, Bd. 1 (1973), 536–546. Bei H. J. Sandkühler (Hrsg.), Europäische Enzyklopädie zu Philosophie und Wissenschaften, Hamburg 1990, Bd. 2, findet sich zwischen Gehirn und Geld nur der Hinweis auf Geisteswissenschaften, die woanders behandelt werden.

braucht deswegen noch nicht auf ein Prinzip zurückgeführt zu werden, als dessen abgemindertes Derivat der Geist etwa die Würde einer expliziten Deduktion hätte. Der Geist ist weder natürliche Wirkung noch logische Konsequenz! Bei aller Unableitbarkeit seiner geistigen Seinsweise bleibt das Subjekt doch an den Leib gebunden und hat seine Grenzen in der tatsächlichen Ausführung dessen, was ihm zugrunde liegt; wegen dieser Endlichkeit läßt es sich auch nicht in die anonyme Struktur universal-begrifflicher Formeln resorbieren. Das pneumatische Prinzip transzendiert Denken und Leben. Es ist Vermögen der Idealität und der Belebung und findet seinen Ausdruck in der reflexiv-expressiven Spannung menschlicher Akte, ohne daß der Geist in seinen Manifestationen ganz und gar aufginge.

Mit der leiblichen Erscheinungsweise des Subjekts wird das in volle Wirksamkeit überführt, was dem Subjekt und damit seinem Leib als beider Wirklichkeit schon zugrunde liegt. Das unterstreicht das unverfügbare Zueinander von Sprache, Streben und Freiheit, an dessen Ende ein seiner selbst bewußtes Subjekt steht, das die Vorläufigkeit von Sprache und Streben, die sich im vorgefundenen Leib kreuzen, auf- und zu eigen nimmt und darin seine Freiheit verwirklicht. Wenn nun aber dem Subjekt ein Spiel wechselseitiger Verschränkungen von Sprache, Streben und Freiheit vorausgeht, so ist daraus zu schließen, daß die für seine ontologische Einheit ausschlaggebende Einzelheit bestimmt ist. Unsere Einzelheit ist nicht absolut, „sie ist von sich aus immer eine *besondere.* Daß ich auf *besondere Weise etwas* bin, während ich auf *einzelne Weise jemand* bin, ist eine recht einfache Bemerkung, die aber philosophisch von größtem Gewicht ist.“[85] Tatsächlich ist das einzelne Subjekt bei der Frage nach seinem Wesen auf ein ihm Vorausliegendes verwiesen. Obwohl er ganz und gar ein Jemand ist, hat der Mensch sein Jemand-Sein nicht aus sich selbst. Er ist etwas, nicht wie ein Ding, sondern jemand, weil er etwas ist. So sehr aber das Mit- und Zueinander der das Subjekt errichtenden Kräfte außerhalb seiner Verfügung steht, so sehr findet es nur im Subjekt und ausschließlich für dieses statt: Der Mensch ist etwas, um ein Jemand zu werden. Daher kann der Verweis auf eigenes Tun und Denken nicht die Frage nach dem Menschen beantworten, denn diese Kräfte reichen für sich genommen auch nicht aus, das Sein des Subjekts auszusagen. Weder Sprache und Streben, noch Freiheit und schon gar nicht der Leib erschöpfen das Sein des Subjekts, um so weniger, als ihr Zueinander gar nicht selbstverständlich ist. Aus dem Zueinander an sich unterschiedlicher Kräfte und im Übersteigen ihrer latenten Gegensätzlichkeit erwächst die Einheit des inkarnierten Subjekts, was den Eindruck der Zirkularität erwecken kann. An der un- bzw. vorpersönlichen Artikulation von Streben und Leib, Sprache und Streben sowie Sprache und Leib wird sich aber nur der stören, der das Subjekt rein aus sich begründen möchte. Jedenfalls scheidet damit als Prinzip des Subjekts auch eine Synthese seiner Konstituentien aus, die nur Vermögen dessen sind, was dem Subjekt zugrunde liegt.

[85] PM, 98. Vgl. PC, 236: „*que* suis-je? Question plus complète que la question *qui* suis-je?, car elle retient la détermination substantielle de la singularité du sujet, pour être recherche de son constitutif essentiel.“

Weil das Prinzip der Einheit des leiblich-geistigen Ich unmöglich das Produkt von Faktoren sein kann, die nicht schon Elemente einer Ganzheit sind, und das Subjekt selbst als Urheber seiner Seinsweise ausscheidet, ist die weitere Bestimmung des geistigen Prinzips als *Substanz* unerläßlich. Substanz bedeutet hier nicht, sein eigener Ursprung zu sein und nur seiner selbst zu bedürfen, um zu existieren, sondern die ontologische Instanz, die jegliches Werden eines Subjekts durch die Abenteuer der Existenz hindurch trägt. Substanz bezeichnet das Subsistieren der innerlich vorlaufenden Subjektmächtigkeit (Potentialität), die als reflexive Bedingungsmöglichkeit der vernünftig-freien Vollzüge, die an ihrem Prinzip entlang entstehen (Identität), selbst unverfügbar ist.[86] Mit dieser grundlegenden Kategorie wird erst verständlich, wie das Subjekt in seiner freien Einzelheit selbst positiv bestimmt ist und nicht in der leeren Unbestimmtheit reiner Negativität zu vergehen braucht, aus der nur nachvollziehbare Akte das Subjekt erlösen können.[87]

Es muß als Kardinalfehler der Neuzeit gelten, daß so voreilig die Kategorie der Substanz abgetan wurde. In der überschwenglichen Betonung des Subjekts hat man das Sein in dessen durchgeführten Handlungen verschwimmen lassen und später auf die rein natürliche Ebene reduziert. Doch „bin ich weder meine Gedanken, noch die Summe meiner Taten, noch mein Streben. Ich bin auf substantielle Weise anders und unendlich mehr: Ich bin das, was mein geistiges Sein ist, ich selbst."[88] Freilich darf man sich unter Substanz nicht etwas vorstellen, zu dem das Subjekt ein bloß akzidentelles Anhängsel wäre: Substanz übersetzt die besondere Einzelheit des Subjekts, das Sein, dem sich das freie Ich in steter Aufnahme seines Wofür verdankt. „Das Sein des Geistes ist die Substanz des freien Geistes."[89] An sich ist die geistige Seinsweise Vermögen der Selbstaufnahme, das, was sich selbst gehört, um es selbst zu sein. „Da das substantielle Sein des Subjekts, die ontologische Bestimmtheit seiner Existenz für sich weder das Resultat noch das Vorangehende seiner persönlichen Einzelheit ist, müssen wir es als dem ‚Ich' selbst immanent anerkennen, als Bestimmtheit seiner Negativität, als das *quid* dessen, *was* ich bin, als besondere Seinsweise des ‚Ich' inmitten seiner Aktualität selbst (...) Meine persönliche Bestimmtheit kann nicht das Gesetzt-Sein, nicht die durch den Kreis der absoluten Selbstbestimmung konstituierte Besonderheit sein, sondern die Bestimmung des Selbst durch sich ist selbst bestimmt".[90]

[86] Vgl. J. Auer, Person, Regensburg 1979, 41: „Subsistenz meint hier gewissermaßen die intravertierte Seite des besonderen ‚Daseins' der Person, dessen extravertierte Seite wir Eksistenz genannt haben."

[87] Vorbehalte gegen die Kategorie der Substanz entspringen religiösen Engführungen, vgl. H. Blumenberg, Substanz, in: RGG^3, Bd. 6 (1956), 456–458, 457: „Die Voluntarisierung des Gottesbegriffs läßt jedes Moment von ‚Selbstand' der Schöpfung als antik-heidnischen Rest erscheinen".

[88] EE, 32. Die Gleichung Sein = Handlung mit ihren „unstatthaften Folgen" beschreibt Aristoteles, Metaphysik 1046 b, wobei „il y aura toujours des Mégariques" (PM, 103).

[89] PM, 262; vgl. EE, 56: „La substance spirituelle est l'être pour être sujet."

[90] PC, 240, vgl. EE, 33. Bruaire verweist auf Duns Scotus' Versuch, „eine *Haecceität* des Seins für sich, eine *positive Bestimmtheit der Negativität des Subjekts* zu definieren". Vgl. C. Baeumker, Die christliche Philosophie des Mittelalters, in: AAVV., Allgemeine Geschichte der Philosophie,

Substanz bezeichnet das Sein an sich des Subjekts und für das Subjekt, in dessen Existenzweise sich der eigene, unausschöpfliche geistige Grund selbst offenbart. Die Entwicklung des Subjekts verläuft in lebendiger Auf- und Zueigennahme dessen, was das Subjekt auf substantielle Weise schon ist *(agere sequitur esse)*. Die Substanz ist das, woraus das Subjekt in sich selber ist und wofür es ist, nämlich um Subjekt zu sein, weswegen die Substanz auch in der Wirksamkeit der freien und bewußten Vollzüge zu ihrer Wirklichkeit findet. Weder hat das bewußte Subjekt damit seine eigentümliche Seinsweise aus sich selbst heraus, noch ist die Einzigartigkeit der Existenz auf diesen einen Leib festzumachen, so sehr auch ein Leib für das Leben überhaupt notwendig ist. „Um als Subjekt zu existieren, muß man als Substanz sein, und um jemand zu sein und nicht nichts, nicht der formale und leere Akt einer abstrakten Freiheit, muß man vom Leben eines Leibes leben.“[91]

Die Erkenntnis des eigenen Seins vollzieht sich gewiß als Selbstbesitz; das Zu-sich-Kommen im Selbstbewußtsein ist jedoch nicht der Akt eines spontanen, unvermittelten Von-sich-Her, sondern vielmehr die reflexive, immer neu zu beginnende An- bzw. Aufnahme des persönlichen Seins. Das Subjekt entsteht nicht aus ontogenischer Initiative, sondern in sekundärreflexiver, assumptiver Durchführung der Primärreflexivität des geistigen Aktes, der die natürliche Seinsweise des Leibes überbestimmt und der Wirkmächtigkeit des freien Subjekts übergibt. Der geistige Akt bekehrt die natürliche Belebung des Leibes zu sich selbst, verwandelt sie in geistige Energie und nimmt sie für die freie Selbstverfügung in Besitz. Zu dieser Reflexion, die das Leben zur Existenz macht, gehört gleichermaßen die Bekehrung der Laute in den vorgängigen Sinn; diese ist die Bedingung dafür, daß durch den Spracherwerb hindurch Bewußtsein entstehen kann. Freie Akte entstammen schließlich der Unabhängigkeit, die der über sich reflektierende Geist als verinnerlichende Instanz gegen alles Äußere gewinnt. Aus diesem spirituellen Geflecht schöpft persönliches Handeln und verweist so auf die substantielle Wurzel, in der die Geistigkeit des eigenen Seins verborgen liegt.

Die Einsicht, als Subjekt nicht der eigene Ursprung zu sein, und die Tatsache, das Selbst in Adoption des eigenen Seins erworben zu haben, macht die Charakterisierung des persönlichen Seins als *Gabe* zwingend: Diese bezeichnet die geistige Seinsweise der sich selbst aufgegebenen, einzigartigen Existenz, die sich in wirklichen Akten kundtut, ohne ihr eigener, absoluter Anfang zu sein.[92] Gegen

Leipzig 1913, 338–431, 412 (zur spezifisch vollständig bestimmten Natur hinzutretende individuelle Differenz verleiht individuelles „Dieses-sein“, „Häcceität“), ähnlich 418; B. Geyer, Die patristische und scholastische Philosophie, Darmstadt [13]1956, 512 (Allgemeines ist nicht Form, Materie nicht Individuationsprinzip, Individuum geht aus dem Allgemeinen durch Hinzutritt positiver Bestimmungen hervor); Gilson, La philosophie au moyen âge, 600 („la fameuse ‚heccéité‘ scotiste, l'acte ultime qui détermine la forme de l'espèce à la singularité de l'individu“).

[91] PC, 259.

[92] Vgl. G. Marcel, Homo viator, Paris: Aubier 1944, 23: „Le meilleur de moi-même ne m'appartient pas, je n'en suis aucunement propriétaire, mais seulement dépositaire (…) il n'y a rien en moi qui ne puisse ou ne doive être regardé comme un don.“

jeden theomorphen Anspruch ist festzuhalten, daß das sich selbst gegebene Sein weder die Initiative hat, überhaupt zu sein, noch das zu sein, was es ist. Die freie Selbstbestimmung des einzelnen Seins hat dessen Besonderheit zur Grundlage. Gleichwohl ist die Gabe frei, weil sie sich selbst aufgegeben ist und der Gabe durch Selbstaufnahme auch verheißen ist, sich selbst zu gehören. In der persönlich durchgeführten, reflexiven Bestätigung dieses Gabe-Seins findet die geistige Seinweise zu ihrer Vollendung. Das Sein aus Gabe ist Vermögen freier Akte, der substantielle Grund, aus dem die Autonomie der Existenz erwacht und in dem sie verwurzelt bleibt.

Weil das sich selbst gegebene Sein nicht dem Register natürlicher Notwendigkeiten entstammt und selbst die eigenen Eltern in keiner Weise die Entstehung eines geistigen Wesens bewirkt haben, bleibt hinsichtlich des eigenen Ursprungs stets ein blinder Fleck bestehen, der die ganze Existenz mit ontologischer Nostalgie beschlagen muß.[93] Bemerkenswert an dieser Unwissenheit um den eigenen Ursprung ist allerdings weniger die eröffnete Suche nach dem möglichen Geber meines persönlichen Seins, als vielmehr das unveräußerliche Gabe-Sein, das gerade durch den blinden Fleck unterstrichen wird.[94] Weil das Sein wirklich gegeben ist und nicht von einer Seite Haben auf eine andere transferiert wird, fällt jede Unterscheidung zwischen Gabe und Begabtem schwer. Die Tatsache, gegeben zu sein, ist nichts anderes, als die Gabe selbst, was hinsichtlich des Seins die Unterscheidung von Wesen und Existenz hinfällig macht. Was gegeben ist, ist nichts, bevor es nicht gegeben ist, und somit die faktische Gabe selbst. Daher bezeichnet die Gabe gleichermaßen das, was der menschliche Geist ist, wie das, wodurch er ist, sein Wesen und seinen Seinsakt, dessen aktuelle Wirklichkeit nichts anderes ist, als die Fortschreibung des eigenen Seins in zeitlicher Aufnahme.

Weil die persönliche und substantielle Seinsweise wesentliche Seinsgabe ist, verfügt das Sein über sich selbst, ohne sein eigener Ursprung zu sein. Nicht wird dem Selbst das Sein anvertraut, denn das Selbst ist es ja, das gegeben ist. Weil es sich aber ausschließlich selbst gehört, ist es in zweifacher Weise substantiell unabhängig, einmal als vorbehaltlose Gabe *(datio irredibilis)*, dann als sich selbst gehörendes Sein an sich, dem durch Selbstauf- und Annahme erst verheißen ist,

[93] Vgl. Auer, Person, 46: „Bei aller Einkehr in sich selbst weiß der Mensch um eine Tiefe in seinem Personsein, die er immer nur intendieren, niemals erreichen kann.“ Bruaires Beschreibung des Selbstzugangs als „Erfahrung meines fremden Ursprungs“ bezieht sich auf Bergsons Deutung des Selbstbewußtseins als „erinnerungsloses Gedächtnis der eigenen Substanz“ (EE, 37), die in reflexiver Selbstadoption aufgefunden wird. Nur insofern verweist die Gabe über sich selbst hinaus auf ihre Quelle.

[94] Vgl. EE, 91: „Car le don emporte l'anonymat de son origine, le silence de son acte positionnel, l'absence de son Principe. Un principe n'est présent qu'à ses conséquences, point à l'être qu'il fait être pour lui-même. La novation ontologique qu'est la parution d'un être d'esprit n'est ni signée d'un auteur identifiable ni marquée comme un produit technique. Ce que l'on signe, on le garde, en quelque façon, on le retient, on ne le donne pas. Le don est abandon d'un droit d'auteur ou de procréateur. Il est plénitude d'être spirituel, donné à lui-même, sans réserve ni rappel possessif.“

als Sein für sich zu existieren.[95] Weil die geistige Substanz aber Sein ist, um Subjekt zu sein, hat die ganz und gar gegebene substantielle Identität die für ihr spezifisches Wesen konstitutive Selbstaufnahme zu ihrer ersten Bestimmung. Als Gabe beansprucht das sich selbst gegebene Sein nicht den eigenen Ursprung; es ist nicht *causa sui* und findet darum nicht unmittelbar zu Selbstbesitz. Dafür trägt es in sich selber die Bestimmung, mittels reflexiver Adoption das eigene Sein zu Selbstbewußtsein zu erheben und sich dadurch mit sich selbst zu identifizieren. Voraussetzung der bewußten Reflexion, in deren Transparenz sich der Selbstbesitz vollbringt, ist jedoch die ursprüngliche substantielle Bewegung, welche die innerliche Form des Seinsaktes ausmacht. Selbstauffindung vollzieht sich durch Einholung des schon ursprünglich zu sich selbst bekehrten Seins.[96] Nur weil das rückhaltlos gegebene Sein auf sich selbst beruht *(inséité)* und die Bewegung der substantiellen Kehre ihre finale Bestätigung als Selbstbesitz in sich selbst verzeichnet *(adséité)*, kann die sich selbst erreichende persönliche Reflexion *(ipséité)* an diesem Fundament entlang wachsen. Insofern also die Besonderheit ihre Finalität als Einzelheit hat, kann sie als besondere Einzelheit gelten. Mit dieser Zueigennahme des geistigen Seins verdoppelt sich die Gabe: Wegen seines Gabe-Seins gibt sich das Sein weiter und findet in der freien Selbstaufnahme des eigenen Seins zu seiner Vollendung. „Das ist die Bewegung des Geistes, der zu sich selbst erwacht und sich nach und nach seiner Autonomie versichert, wenn er die eigene Behausung zu eigen nimmt.“[97]

Der Zusammenfall der spirituellen Substanz mit dem selbstbewußten Geist ist der Zeit anvertraut, in der sich unaufhörlich die Bekehrung des eigenen Seins vollbringt, das zu seiner Selbstbestätigung in freien Akten findet. Diese ontologische Bindung des Manifesten an sein Geheimnis gehorcht dem rhythmischen Gegenstrom der geistigen Seinsweise, die durch die alternierende Bewegung von Kontraktion und Expansion bestimmt ist. Das ist der Grund, warum sich das Wesen des geistigen Seins nicht wie ein schon vorab fabriziertes Ding definieren läßt, dem die Abenteuer der Existenz gleichgültig bleiben könnten. Auch entspricht die Abfolge von Substanz und Subjekt nicht dem Schema Mögliches/Wirkliches; ganz im Gegenteil ist die gedankliche Durchdringung des geistigen Seins – das Wesentliche – an das Schicksal der freien Einzelheit gebunden, das erst im Licht ihrer letzten Vollendung offenbar werden kann. Diese Endgültigkeit wird aber durch den natürlichen Tod nur unzureichend bezeichnet. Wenn der Geist seinen

[95] Vgl. L'être de l'esprit (113), 36: „le don a pour règle constitutive la loi du tout ou rien, par laquelle il est immédiat, sans degré de lui-même, sans le peu à peu de l'avarice qui retient. Précisément, selon l'adage juridique conforme à la *datio irredibilis* d'origine aristotélicienne (cf. *Topiques*, V, 7), *donner et retenir ne vaut*. Ce qui est donné ne peut être repris, il est donné une fois pour toutes.“

[96] Vgl. Idéologie et spiritualité (112), 235: „Avant d'être de la pensée, le recueillement est de l'être même et la réflexion noétique opère en le mouvement conversif de la réflexivité ontologique caractérisant l'être spirituel (...) La pensée ne trouverait pas son lieu de réflexion intime si elle ne s'exerçait dans le sens et la dimension intérieure de cette conversion ontologique à soi, toujours présupposée.“

[97] PM, 263.

Ursprung nicht in der Natur hat, braucht er darin auch sein Ende nicht zu finden. Überhaupt muß sich die Vollendung des Geistes nicht im Stillstand seiner alternierenden Bewegung vollbringen; genauso ist an eine Vervollkommnung zu denken, die den reflexiven Rückzug auf sich selbst mit der expressiven Wendung unendlich ausgleicht. Das Wesen der geistigen Substanz ist jedenfalls nicht vorab festgelegt, sondern das, „wozu ich zu sein bestimmt bin". Das unterstreicht besonders die Unmöglichkeit der Sezierung des gegebenen Seins in die Elemente von Wesen und Existenz, aus denen es zusammengesetzt wäre. „Das sich selbst verborgene Wesen des geistigen Seins ist *durch ein einzelnes Geschick* konstituiert. Spirituelle Bestimmung und ontologische Bestimmtheit, persönliche Finalität und Seinsform sind ununterscheidbar."[98]

In dieser Perspektive gewinnt der geheimnisvolle Ursprung im Innersten meiner selbst an Bedeutung: Die ontologische Abfolge, durch die sich die geistige Substanz als freies Subjekt mit sich selbst identifiziert, vereint nicht nur retroaktiv das singuläre Geschick mit dem persönlichen Sein, sondern verweist die Erfüllung menschlichen Existierens an seinen Ausgangspunkt. So sehr die Gabe von ihrer Herkunft zu abstrahieren vermag und sich um der substantiellen Unabhängigkeit der Gabe willen auch der Geber in unmittelbare Ferne entzieht, so wenig wird sich die letzte Zukunft der Existenz vollenden, ohne dem Prinzip der eigenen Herkunft wiederzubegegnen. Als Gabe, die in wissentlicher Bestätigung des eigenen Seins zu sich selbst gelangt, wird die spirituelle Existenz ihr Geheimnis nur durch eine Rückkehr zur Quelle des eigenen Seins lüften können. Letzte Selbsttranszendenz hat die Benennung des Gebers und deren wissentliche Vermittlung zu ihrer Bedingung. Insofern ist die Frage nach dem Ursprung der geistigen Seinsweise keine Nebensächlichkeit, mit der sich die letzten Metaphysiker ihre Zeit vertreiben. Sie ist für die Existenz selbst konstitutiv und gehört auf unauflösliche Weise zum Sein des Geistes. „Es ist die Entdeckung des radikalen und absoluten Ursprungs meines Seins, welche die Vollendung des Schicksals und die letzte Bestätigung dessen wäre, was ich auf angeborene Weise bin."[99] Freilich kann die Gabe nicht hinter ihren eigenen Anfang zurück; hätte sie die Signatur des Gebers in sich selbst eingezeichnet, wäre sie nicht vorbehaltlos gegeben. Dennoch hat die Existenz ihr Ziel nicht in einer Zukunft, die noch errichtet werden müßte, sondern in der Bekehrung zum eigenen Ursprung. Für die Gabe kann ja das vollkommene Selbstwissen, das die Erkenntnis und Anerkenntnis des Ursprungs einschließt, nur dem rhythmischen Gesetz der geistigen Seinsweise nach erfolgen, die durch Kontraktion und Expansion bestimmt ist. Weil die wissentliche Bestätigung des eigenen Gabe-Seins im eigentlichen Sinne Weitergabe ist und sich in der expansiven Wendung die ursprüngliche

[98] EE, 44; vgl. PM, 261, L'être de l'esprit (113), 36. Zu „Wesen" als einsichtiger Substanz vgl. E. Gilson, Le thomisme, Paris: Vrin 1945, 45: „L'essence est la substance en tant qu'intelligible" (zit. bei P. Gilbert, L'acte d'être : un don, in: ScEs 41 [1989] 265–286, 272, Anm. 28).

[99] L'être de l'esprit (113), 36; vgl. EE, 44. Vgl. D. Leduc-Fayette, Du retour à l'origine, in: RPFE 115 (1990) 47–57, 47: „La philosophie de Bruaire est une eschatologie existentielle."

Kontraktion selbst entspannt, vollzieht sich die freie Selbstaufnahme nicht in Loslösung von ihrer substantiellen Kehre, sondern gibt deren ungewußter Nähe zum Ursprung des Seins die Form einer ausdrücklichen Suche. Die Gabe hat nur als solche Bestand; als sich selbst befragende vermag sie kraft ihrer bleibenden, dem eigenen Ursprung zugewandten Kontraktion unzureichende Begründungsversuche ihres Existierens auszuschließen.[100] Daher ist sie auch in der Lage, vorläufige oder falsche Ziele der Existenz zu beurteilen und in letzter Begegnung mit dem eigenen Ursprung diesen als solchen zu identifizieren.

Die freie Selbstaufnahme des sich gegebenen Seins geschieht nicht ohne die gelungene Vermittlung des Strebens und der Sprache, die als unendliche Suche nach dem ungewußten Ursprung zur Einrichtung der Gabe gehört. Im kohärenten Zueinander seiner drei Vermögen findet der Geist zu seinem rhythmischen Gleichgewicht, wobei die Tendenz der Freiheit, sich für ihren eigenen Ursprung zu halten, die Existenz gefährdet. Dem Geist kann gleichsam auf zweierlei Weise die Puste ausgehen: Durch den ausschließlichen Rückzug auf sich selbst verschließt sich die Existenz zugunsten einer abstrakten Einzelheit, die sich selbst zu genügen vermeint (Atrophie), oder aber sie schneidet sich in maßloser Versuchung, in die kommende Welt einzugehen und sie zu verwandeln, von ihrer verinnerlichenden Instanz ab (Hypertrophie).[101] Die arhythmische Neigung der Existenz, sich entweder zu verschließen oder zu veräußern, kann nur durch Vermittlung des eigenen Ursprungs endgültig befriedet werden, wodurch dieser zum Ziel der Existenz wird, welches das Zueinander von Sprache, Streben und Freiheit unendlich erneuert, statt es abzuschaffen.

Im Wort vom „blinden Fleck", der den eigenen Ursprung bezeichnet, ist schon angeklungen, daß das Sein aus Gabe unhintergehbar ist. Die substantielle Reflexion, in der das Sein auf sich selbst beruht, vermag gerade wegen ihrer Realität als Gabe nicht, den Kreis der Kehre auf sich selbst zu schließen. Wollte man in Verkennung dieses Sachverhalts statt dessen den eigenen Ursprung in sich selbst verlagern, wäre die damit behauptete Selbsttranszendenz und Selbstgenügsamkeit nichts als die Verweigerung, sich selbst gegeben zu sein, und daher das untrügliche Zeichen prometheischen Selbsthasses. In ihrer subjektiven Durchführung erleidet die innerliche substantielle Bekehrung ihren fremden Ursprung. Das muß nicht gleich im existentialistischen Lamento des ausgesetzten Kindes münden, das sich in die Welt geworfen glaubt, denn die unabschließbare Kehre der substantiellen Kontraktion hat ihre gegenläufige Bewegung in proversiver Expansion, zu deutsch: Was nicht hinter sich zurück kann, ist dadurch um so besser gerüstet, sich nach vorne zu wenden.

[100] Vgl. PM, 276: „Nécessaire et radicale, rigoureuse et régénérée, l'interrogation métaphysique s'énonce en sachant clairement les réponses classiques qu'elle exclut."
[101] Vgl. EE, 80.

Exkurs: Die ethische Verpflichtung

Als sich selbst aufgegebenes Sein, das nicht sein eigener Ursprung ist, bleibt die Gabe für ihr ganzes Sein in Schuld. Weil sie sich als Gabe selbst gehört, ist sie frei; diese Freiheit bewährt sich an der Bewegung der ursprünglichen Gabe entlang und führt sie weiter. Das ist die ontologische Wurzel der ethischen Verpflichtung, denn wer sich nur sich selbst verdankt, ist niemandem etwas schuldig.[102] Moralische Anschuldigungen, die heute so laut und gerne erhoben werden, haben deswegen einen fragwürdigen Beigeschmack, setzen sie doch eine ursprüngliche Verpflichtung voraus, ohne sie in Anschlag bringen zu können. Oder wie sollten Anklagen jemanden treffen können, der nicht aus dem Innersten seiner selbst heraus verpflichtet wäre? Mit welchem Recht werden sie übrigens erhoben? Die Freiheits- und Verantwortungsemphase unserer Zeit bringt sich letztlich dadurch in Verruf, daß sie weder Freiheit noch Verantwortung zu begründen vermag, es sei denn im Namen von Selbstbegründung und Selbstbehauptung. Und damit muß auch jede Anstrengung scheitern, Ethik zu begründen: „Niemand kann sich selbst verpflichten, genauso wenig wie man mit sich selbst einen Vertrag abschließen kann."[103] Weil nur frei ist, was sich selbst gegeben ist, und in der Logik des Gabe-Seins Freiheit und moralische Aufgabe dasselbe sind, kann an eine sittliche Pflicht appelliert werden. Wer Ethik statt dessen an Entscheidungen hängt, macht sie zu einer Laune der Freiheit, von der noch abzuwarten bleibt, ob sie vielleicht Lust hat, sich als beständig zu erweisen.

Für die ethische Handlung ist es nicht nur notwendig, daß sie nicht auf äußerlichem Zwang beruht, der etwa verinnerlicht wäre, sondern daß die eigene Verpflichtung den einzelnen Freiheitsakten vorausgeht. Die Verpflichtung kann nicht eingetrichtert werden, sondern gehört zur Entdeckung des eigenen Selbst als Seinsgeschenk. Grundlage moralischer Imperative ist darum auch nicht die Rationalität des Wollens: Das Vernünftige weckt noch nicht die Zustimmung, um jeden Preis vernünftig zu sein, denn „dann müßte ich mich noch der Vernunft und der rationellen Form meiner Maximen gegenüber verpflichtet fühlen, um ihren imperativen Charakter zu gewährleisten. Aus der Vernunft kommt keine praktische Notwendigkeit, wenn sich nicht die Verpflichtung dazugesellt."[104] Die Verpflichtung geht der Auswahl bestimmter Ziele voraus, weil sie

[102] Vgl. FE, 51: „Etre en obligation veut dire qu'on n'est pas l'auteur ou l'origine de notre être, car si on devait tout à nous-mêmes on ne devrait rien à personne. Mais, étant donnés à nous-mêmes, nous sommes du fait même et en obligation et en liberté, les deux inséparablement."

[103] PM, 282. Vgl. EM, 154: „Pas plus qu'on ne peut contracter envers soi-même, ni s'astreindre définitivement à ses propres précisions, il n'est possible de s'obliger soi-même. Ou bien l'obligation morale, hors les contraintes, a un sens et une vérité, et elle suppose un être obligé, un être en dette de soi, en dette de son être, qui devance les choix, les options, les porte, les assume, en répond. Ou bien l'obligation morale est une dérision, l'alibi des oppressions, l'opium des servitudes, et il faut en tirer toute conséquence : non-sens de l'accusation, ruine de tout droit, extinction de toute instance morale."

[104] L'être de l'esprit (113), 37; vgl. EM, 149: „la liberté semble libre de la raison, qu'elle peut suivre ou révoquer à sa guise, tant qu'une obligation morale ne porte pas à son exercice." Sprachlosigkeit bezüglich der Moral wird nur schlecht durch den Versuch verdeckt, sie als „Ethik" auf eine wissen-

dem innerlichen Sein entstammt, das sich als gegebenes und freies Wesen weiß, als Gabe, die für das eigene Sein in Schuld steht. Insofern geht die Verpflichtung auch dem Gewissen voraus, das als Zustimmungsinstanz immerhin Bewußtsein voraussetzt. Ohne Herleitung des Bewußtseins aus dem sich selbst gegebenen Sein bleibt das Gewissen aber unbegründet und taugt darum auch nicht als Zustimmungsinstanz. Ohne Anerkennung der konstitutiven Seinsschuld bleibt das Gewissen außen vor und verpflichtet niemanden.[105]

Aus ihrer Seinsschuld heraus hat die sich selbst gegebene Gabe die Verpflichtung, sich selbst weiterzugeben, was einzelnen Akten erst ethische Qualität verleiht. Diese Selbstgabe ist beileibe keine fromme Aufforderung, doch Gutes zu tun; sie gehorcht dem rhythmischen Ablauf der Selbstaufnahme des auf sich zurückkehrenden Seins in gegenläufiger Bewegung, die nur eine Öffnung zum anderen bedeuten kann. Das Sein kann sich selbst nicht zurückgeben. Darum gibt sich die Gabe weiter und bestätigt sich selbst in der Beförderung anderen Seins. Weil gerade die Seinsschuld nicht beglichen werden kann, es wäre denn im Wiederfinden des eigenen Ursprungs, in dessen Licht die Vollendung der eigenen, konstitutiven Berufung sichtbar würde, ist die Verpflichtung die Weiterführung der Seinsgabe. Das gibt jedem Beitrag zum Leben und jeder Beförderung anderer Freiheiten erst ihren Sinn.

Weil in der Perspektive des sich selbst gegebenen Seins moralische Verpflichtung und Freiheit dasselbe sind, kann der Versuch, sich seiner Verpflichtung zu entziehen, als Veruntreuung des eigenen Seins gedeutet werden. Die sich dahingehend mißbrauchende Freiheit hat als sich verweigernde Gabe unter Seinsverlust zu leiden. Die Freiheit hat ja ihre spirituelle Norm in der doppelten Reflexion, die das auf sich selbst zurückgebeugte Sein sammelt; in dieser Selbstaufnahme ergreift sich die um sich selbst wissende Freiheit aber nur in gleichzeitiger Öffnung zur Welt.[106] Dem Rhythmus des geistigen Seins entsprechend erfaßt sich das Selbst in der expansiven Wendung seiner ursprünglichen Kontraktion. Erst in ausdrücklichen Akten, deren Schwung sich dem innerlichen Sein verdankt, findet der Geist zu sich. Damit tritt er gleichsam aus sich selbst heraus und hat das, was er nicht ist, zur Bedingung seines freien Bewußtseins, das zugleich aus der weitergeführten substantiellen Reflexion schöpft. Als mit reflexiver Innerlichkeit gepaarte Öffnung zur Welt ist das freie Sein Vermögen der Gegensätze

schaftliche Stufe zu heben, vgl. FE, 47: „On dit éthique parce que la morale n'a pas bonne presse, mais (…) c'est le même mot, l'un en grec, et l'autre en latin. Alors, on fait un peu comme les précieuses ridicules, on parle d'éthique."

105 Christliche Anregungen können sich durchaus mit dieser ontologischen Einforderung treffen, vermögen aber weder sie zu ersetzen noch eine gemeinsame Ethik zu formulieren: Moral wird durch Religion überbestimmt, die Wollen und Tun einen neuen Sinn gibt und damit die moralische Verpflichtung schon voraussetzt (vgl. EM, 155 f.). Das muß nicht heißen, daß sie durch Religion nicht regeneriert werden kann.

106 Vgl. EE, 62: „De lui-même à lui-même, aveugle de son origine, en arrière de soi, l'être de l'esprit ne peut s'ouvrir, pour reprendre encore la même représentation, qu'à l'avant de soi. Le recueillement ontologique sur soi, inspiration spirituelle en forme d'adséité, en assomption ipséique, n'a d'effective expansion, de réelle ouverture diffusive, que dans l'éveil au monde."

von Ja und Nein, von Weitergabe und Verweigerung. In ihrem zerbrechlichen Gleichgewicht ist die geistige Seinsweise der Freiheit anvertraut, die sich im Rückzug auf sich selbst gerne verschließen möchte. Weil es sich um ein sich selbst gegebenes Sein handelt, wird der Rückzug jedoch auf die unhintergehbare Gabe stoßen; das wird in einer Art von Gegenstoß den Rückzug in eine bekräftigte Wendung nach vorne verwandeln. Der alternierenden Bewegung der geistigen Seinsweise gemäß ist darum das Ja ein negiertes Nein und die Weitergabe verweigerte Verweigerung. Die Gabe nährt sich geradezu von ihrer Bestätigung als Weitergabe. Darum schneidet sich der freie Geist von seinem Ursprung ab, wenn er die Logik der Gabe bricht; indem er sich selbst verschließt, stellt er sein eigenes Gleichgewicht in Frage. Er entbindet sich damit von seiner spirituellen Substanz und muß in dieser Isolation verkümmern.

Menschliche Freiheit gewinnt sich an der Bestätigung des eigenen Gabe-Seins. Diese Bestätigung vollzieht sich als Weitergabe, was durchaus als das Proprium des Geistes angesehen werden muß. Der sich selbst aufgegebene Geist findet seine Bestätigung in Weiterführung, in Erneuerung und Wiederbelebung des eigenen Seins, was ihn aus Schuldigkeit dazu treibt, für den anderen zu wirken. Zur Logik der Gabe gehört es, daß sie sich heraussetzt, um zu sich selbst zu gelangen. Das Sein ist sich gegeben, um von sich zu geben, so daß es die eigene Identität ist, die zum anderen hin eine ethisch relevante Bresche schlägt, und nicht umgekehrt. Eine Beziehung zum anderen hat aus sich heraus noch keine ethische Qualität; das verschleiern besonders die heute beliebten Diskurse über Alterität. Der andere kann mißbraucht und verzweckt werden, was sicherlich keine ethische Handlung darstellt; eine Beziehung ist es allemal. Eine Beziehung wird erst recht nicht dadurch ethisch, daß ich den anderen oder gar die Beziehung selbst vergötze.[107] Wird aber die eigene Seinsschuld und mit ihr die moralische Verpflichtung anerkannt, die zu den Grundpfeilern meiner Existenz gehört, drängt es die Gabe ganz von allein dazu, dem anderen wiederum zu geben, im anderen das unveräußerliche geistige Sein anzuerkennen und in dessen Beförderung das eigene Gegeben-Sein zu bestätigen. Weil sie auf diese Weise im freien Geist verwurzelt ist, findet die moralische Verpflichtung zu ihrem Ausdruck als praktische Vernunft. Sie schlägt sich in universellen Maximen nieder, in denen sich die Unbedingtheit der Gabe als unbedingte Weitergabe weiterführt. Die Anerkenntnis der Seinsschuld ist Anerkenntnis der unbedingten Seinsgabe und übersetzt sich als unbedingtes Sollen. Freilich kann die Gabe dem anderen kein Sein verleihen; aber sie anerkennt im anderen dessen unveräußerliches Sein, bevor es eingeklagt zu werden braucht. Das ist es, was „den Respekt des anderen gebietet und keinerlei Ausnahme gestattet."[108]

[107] Zum gescheiterten Versuch, Relationalität unter Verzicht auf die „vernünftig-freie Geistsubstanz" zu begründen, wobei diese Intersubjektivität mittelbar einschließt, vgl. Gläßer, Verweigerte Partnerschaft?, 184.

[108] L'être de l'esprit (113), 37; vgl. PM, 285. Die Herleitung praktischer Imperative aus der Seinsschuld bewahrt vor der Verdrossenheit, die sich den täglichen moralischen Appellen gegenüber zwangsläufig einstellen muß: „Sollenshypertrophie bewirkt Seinsvermiesung" (Marquard).

Die Kennzeichnung der herrschenden Moral als „Geisteszustand der Gesellschaft zu einem gegebenen Zeitpunkt“ (Durkheim) muß die ethischen Imperative nicht gleich beliebig machen; sie darf als ein böses Wort über eine Gesellschaft gelesen werden, die Ethikkommissionen ausgerechnet in den Bereichen einsetzt, die sich nur für empirisch faßbare Phänomene interessieren und sich in der Verfertigung neuer Manipulationstechniken als Glücksbringer der Menschheit verstehen. Zur unseligen Allianz von Theomorphismus und Naturalismus gehört auch die dialektische Variante des biotechnischen Machbarkeitswahns: Der Bio- und Umweltkult bietet keine nennenswerte Alternative zur biologischen Reduzierung des Menschen auf seine Spezies und wird darum auch die wachsende Versuchung, Leben zu „verbessern“, nicht aufhalten können, wenn ihm zum Thema „Leben“ nichts anderes einfällt, als das Adjektiv „sauber“ einzufordern, um den Kindern in Zukunft vielleicht einen gesunden Tod zu ermöglichen. An der Reduzierung des Menschen auf Natur ist nichts ganzheitlich. Aber von Auffassungen, die zwischen biologischer Wartung und sozialer Dressur lavieren, weil sie außerhalb von Natur und Gesellschaft kein Sein vermuten und gerade deswegen einen liebgewordenen Spontaneitätsmythos hegen, wird eine Erneuerung der Ethik ohnehin nicht zu erwarten sein.

(Ende des Exkurses)

Das geistige Sein beruht auf sich selbst, um zur eigenen Gabe oder zur eigenen Verweigerung zu werden. Das ist für die Personalität des Menschen entscheidend: Personalität wird ja sowohl der Unbestimmtheit wie dem natürlichen Sein abgesprochen, weswegen sie heute fast ausschließlich in den bewußten Vollzügen verankert wird. Was die Unbestimmtheit angeht, so hat der Geist seine positive Wahrheit als Weitergabe, in der sich das eigene Gabe-Sein in Anerkennung des anderen und Suche nach dem eigenen Ursprung bestätigt; damit besitzt die geistige Seinsweise eine unabweisbare Qualität. Tieferhin hat ja das Sein kein Nichts zu seinem Ursprung, sondern die effektive Positivität seines Gabe-Seins. Als sich selbst gegebenes Sein beruht der Geist ganz auf sich selbst; von dieser ursprünglichen Bekehrung aus nimmt die Selbstaufnahme ihren Anlauf und wächst an ihr entlang. So hat der Geist seiner rhythmischen Seinsweise gemäß nicht nur die reflexive Sammlung auf sich zur Eigenschaft, sondern auch die Gabe, sich in expressiver Wendung seiner ursprünglichen Kehre weiter zu verschenken. Veräußern kann sich die Gabe nicht; dafür leuchtet im Inneren der Gabe eine bislang unbemerkte Eigenschaft der Negativität auf, die Bruaire als „geistige Selbstlosigkeit“ *(abnégation spirituelle)* bezeichnet.[109] Die reflexive Innerlichkeit, kraft der die Gabe sich selbst zu eigen nimmt, tritt als vereinzelnde Instanz auf den Plan, nur um sich in Aufnahme ihres geistigen Schwungs als positive Weitergabe zu verströmen. Mit diesem uranfänglichen Schwung hat auch das Erwachen des Bewußtseins keine indifferente Voraussetzung. Das Nichts ist

[109] EE, 71, 30 („L'acte présumé de l'esprit est en abnégation de lui-même“).

nicht anfänglich, sondern immer nur Folge einer Verweigerung des unveräußerlichen Gabe-Seins.

Abgesehen von dem Kotau, den sie ökonomischen Zwängen gegenüber leisten, scheitern die meisten zeitgenössischen Begründungsversuche an der Paradoxie, Personalität aus der Natur ableiten zu wollen und sie gleichzeitig davon abheben zu müssen. So absurd die Vorstellung eines Übergangs ist, in dem sich der Wechsel von etwas ganz anderem zu mir selbst vollzieht, über den ich auch noch verfügen können müßte, wenn es denn wahr wäre, daß die Person in der Bilanz ihrer Akte bestünde, „so wenig ist mir retrospektiv eine natürliche Zeit meines Lebens angeboten, die der Existenz meiner geistigen Seinsweise vorausginge.“[110] Weil die Gabe unmittelbar Gabe meines ganzen Seins ist, kann die bestätigende Aufnahme dessen, was ich bin, nichts anderes sein als die gleichzeitige Zueigennahme meines lebendigen Leibes, der mir zwar in seiner Disposition gehört und zugehört, der ich aber – angesichts meiner sinnvollen Existenz und dem offenkundigen Nicht-Sinn des Leibes – nicht bin. Der Geist, der ich bin, hat die Natur absolut nicht zu seiner Voraussetzung, sondern ist mir darin von Anfang an gegeben. Wie dem widerlaufende Theorien bewußte Akte mit dem Leben des Leibes artikulieren wollen, ohne das eine auf das andere zurückzuführen, bleibt schleierhaft.

Während die natürliche Herleitung von Geist und Personalität getrost verabschiedet werden kann, bleibt in Zusammenhang mit der Unbestimmtheit eine grundsätzliche Schwierigkeit bestehen, deren Lösung bislang nur angedeutet war: Das geistige Sein vollbringt sich erst in Erfüllung seines Schicksals und damit in letzter Begegnung mit dem Ursprung des eigenen Gabe-Seins. So erweist sich die Ontologie des Geistes als negative Anthropologie: Ein vollständiges Wissen um die besondere Einzelheit des sich gegebenen Seins ist unmöglich.[111] Wenn das geistige Sein damit seine komprehensive Durchdringung abweist und sich nicht vollständig in die Aussage eines endlichen Wesens fassen läßt, so ist nicht innere Unerkennbarkeit der Grund für diesen negativen Befund. Vielmehr entspricht der Gabe, deren Geheimnis in ihrem geistigen Schicksal verborgen ist, eine positive Metaphysik, die über den Ursprung und das Ziel der Gabe Aufschluß gibt. Umgekehrt haben Selbstgenügsamkeit und Selbsttransparenz auch

[110] EE, 146. Vgl. Spaemann, Personen, 261: „Aus etwas (sc. Tier oder Ding) wird nicht jemand.“ Abtreibung, biotechnische Eingriffe und Euthanasie liegen in der Konsequenz der so verbreiteten Gleichsetzung der Person mit ihren Akten, die nichts anderes als eine primitive Reduzierung des Seins auf das Sichtbare bedeutet. Wem Personalität ausschließlich in bewußten Akten aufleuchtet, wird Anfang, Wert und Ende der Existenz auch selber bestimmen wollen, weil nichts außerhalb der bewußten Verfügung stehenbleiben darf.

[111] Vgl. PM, 266, EE, 79: „L'être en acte s'actualise, disposant de soi, de sorte que l'acte d'être s'informe de la singularité à laquelle il est voué et qui s'y trouve originellement préformée. Ainsi faut-il affirmer de l'existence personnelle qu'elle est vérité de l'être-de-don, dans l'exact sens où celui-ci y accomplit sa promesse constitutive. Mais cette assomption advenue, en actualité variable, n'est pas la vérité ultime de notre être, ni l'accomplissement de notre destinée. La conscience de soi dans le pouvoir de la liberté n'est pas auto-révélation, ni dévoilement du secret de l'essence de l'être détenu, indéchiffrable, dans la fin de l'existence et qui nous garde cachés à nous-mêmes.“

eine rein unerkennbare, weil indifferente Herkunft zur Entsprechung: ein Nichts, das aber dann auch alles werden muß.

Auch von einer mehr logischen Betrachtungsweise her ist die positive Benennung des eigenen Ursprungs notwendig, denn es gilt ja verständlich zu machen, wie ein vernünftiges Wesen Bestand haben kann. Als vernünftiges setzt es allerdings die Einheit des Vernünftigen voraus. Die Rede von der Bestimmtheit des geistigen Wesens, die bei aller Unabgeschlossenheit besteht, impliziert eine definite Größe aller Bestimmungen. In dieser begrifflichen Totalität löst sich die persönliche Einzelheit aber nur dann auf, wenn sie entweder als anonymes Strukturelement verstanden wird, oder die vorausgesetzte Einheit aller Bestimmungen qua Unendlichkeit als letztlich unbestimmt gilt. Als rein diskursives Moment kann die geistige Substanz nicht bezeichnet werden: Einem logischen Bruchstück Subjektmächtigkeit zugestehen, hieße jedes Fragment und also auch deren Mehrzahl mit der einen Vollbestimmtheit gleichzusetzen. Damit wird das Eine mit seinem Gegenteil identisch. Ohnehin wird man die besondere Einzelheit, der notwendigerweise ein Leib zugehört, mit solchen Anschauungen nicht vermitteln können.[112] Und das wahre Unendliche als indefinite Menge zu verstehen, zeugt nicht gerade von logischer Stringenz: So wie die Elemente einer unendlichen Serie eine bestimmte Menge bilden können, ist die Gleichsetzung von Unendlichkeit mit Unbestimmtheit nicht zwingend. Die Einheit des Intelligiblen duldet nicht den geringsten Rest an Unbestimmtheit, weil sich dieser unweigerlich im Ganzen niederschlagen würde. Zur Gewährung der besonderen Einzelheit ist somit eine positive Sinnfülle gefordert, die selbst wiederum kein Objekt sein darf: Eine als Besonderheit bestimmte Einzelheit setzt die Mehrzahl ebenso bestimmter Einzelheiten voraus, was jede objektive Totalität sprengt, wenn man das Verhältnis der Totalität zur sinnvollen Existenz des einzelnen als Implikation versteht.

[112] Bezeichnenderweise impliziert die Widerspiegelung des Systems im einzelnen bei Leibniz nicht den Körper; dieser resorbiert sich im „Zustand des Universums" (vgl. PC, 247 f. mit Verweisen auf Hegel, Enzyklopädie § 194 [„Die Leibnizische Philosophie ist so der vollständig entwickelte Widerspruch"] und Leibniz, Discours de Métaphysique § 33 [Unverbundenheit des Leibes mit dem Wesen]).

VI. Philosophie der Schöpfung und der Trinität

Wenn der menschliche Geist nicht natürlichen Phänomenen entstammt und auch nicht wie ein Element aus irgendeinem logischen Aussagenkomplex zu deduzieren ist, kann er nur aus dem Geist sein. Allerdings verdankt sich der menschliche Geist nicht sich selbst, sondern identifiziert sich erst in Aufnahme seiner geistigen Seinsweise mit sich, gewinnt darin seine Freiheit und übt sie tatsächlich aus. Daher war aus der Realität des menschlichen Geistes auf dessen Gabe-Sein zu schließen. Weiters besitzt der sich selbst gegebene Geist kein unmittelbares Wissen um das eigene Herkommen: Weil die Wirklichkeit des menschlichen Gabe-Seins am direkten Nichtwissen um den eigenen Ursprung hängt, und in dieser Perspektive nur das wirklich gegeben ist, was nicht die Unterschrift des Gebers trägt, unterstreicht das durch den blinden Fleck bewahrte Geheimnis um den eigenen Anfang die Freiheit der Gabe, die sich selbst gehört, ohne ihr eigenes Prinzip zu sein. Diese jede ursprüngliche Evidenz ausschließende Unwissenheit ist der unverfügbaren Primärreflexivität im Inneren des menschlichen Selbstbewußtseins gleichwesentlich und muß als das herausragendste Merkmal der Gabe gelten. Damit erweist sich aber gerade das Nichtwissen im Innersten des Selbst als eine „nicht zu entziffernde Anwesenheit im Innersten meines geistigen Seins: *interior intimo meo.*“[1]

Diese geheimnisvolle Innerlichkeit bewahrt die Eigenständigkeit der Gabe, unterstreicht die Geistigkeit des Ursprungs und ähnelt doch einer Zwickmühle, wenn man das Woher der Gabe aufzudecken sucht: Es darf ja weder die Gabe mit ihrem Prinzip identisch sein, ansonsten sie keine Gabe wäre, noch kann das Prinzip in absoluter Differenz zur Gabe gedacht werden. Ein fernes, ganz und gar unerreichbares Prinzip erklärt nichts, schon gar nicht die Gabe. Was sich allem entzieht, erhebt nicht die Differenz des absolut anderen, sondern begründet dessen Indifferenz, die sich gezwungenermaßen als Identität übersetzt. Wenn der zu sich selbst erwachende menschliche Geist also keine sofortige Evidenz seines Ursprungs hat, braucht man nicht gleich auf die unüberbrückbare Transzendenz eines Gebers zu schließen, der vielleicht nur aus lauter Ohnmacht nicht aus seinen Hinterwelten heraus könnte, ohne an die Grenzen zu stoßen, die ihn ausschließen. Das wäre kein Geber. Es ist daher keine Ferne, sondern wirklich eine allzu unmittelbare Nähe, die das erste Erkennen mit Blindheit schlägt: Das Prinzip ist mir innerlicher noch, als ich mir selbst. Darum wird man es aber nicht als Bestandteil der Gabe denken wollen; ein solcher Gedanke würde entweder die Gabe zurückbehalten und damit aufheben, oder aber gar den geistigen Ursprung räumlich wie in einer Kiste verorten. Das gesuchte Prinzip wird somit in Differenz zum menschlichen Geist genauso wenig zu finden sein, wie in Identität;

1 EE, 106f. Vgl. DD, 90: „présence imperceptible à mesure de son infinie proximité“.

vielmehr muß es anders sein als anders, und gleicher noch als gleich. Dem entspricht nur eines: Das Prinzip ist in einer Art von „Hyperidentität“ der Geist selbst, der aber unendlich mehr Geist und damit anders ist, als der menschliche Geist. Damit kann nur das Absolute des Geistes gemeint sein.

Seinem Begriff nach ist das Absolute des menschlichen Geistes das schlechterdings Unendliche, das nur in seiner absoluten Irrelativität gedacht werden kann. Weil diese Relationslosigkeit des Absoluten aber nur das betrifft, was der Geist nicht ist, braucht sich das Denken noch nicht zu verabschieden, denn Irrelativität bedeutet nicht zwangsläufig, ein Unbestimmtes denken zu müssen. Dagegen würde der Ausschluß jeder positiven Qualität sofort dem Begriff des Absoluten widersprechen. Das Absolute ist nicht unbestimmt, ganz im Gegenteil: Wenn das Absolute unbegrenzt ist, so nur als Vermögen, sich in der eigenen Bestimmtheit voll und ganz selbst zu erhalten. Die radikale Unabhängigkeit des Absoluten ist nichts anderes als dessen vollkommene Selbstbestimmung, in der sich Selbstinitiative und Sein unendlich vereinen. Irrelativ und somit unbegrenzt ist das Absolute, das in seiner unendlichen Seinsmacht nur durch sich selber ist und sich vorbehaltlos genau in dem einholt, was es ist.

Ist einmal die Versuchung überwunden, sich den Ursprung durch die Annahme seiner Unbestimmtheit denkerisch vom Leibe zu halten, zeichnet sich der Begriff eines Absoluten des Geistes durch Bedeutungen aus, die sich dem Denken aufzwingen: Er faßt noetisches und pneumatisches Moment zu einer begrifflichen Einheit zusammen, die sich als lebendige und für sich selbst völlig transparente Freiheit darstellt. Diese Reflexionsbestimmtheit erfüllt die unumläßlichen Bedingungen ihrer ontologischen Behauptung: Als Negativität verfügt sie über einheits- und seinsstiftende Reflexivität, als Positivität gehört ihr die Expressivität zu, die es zu ihrer begrifflichen Manifestation braucht. Somit bringt sich das Absolute selbst als Begriff des absoluten Geistes zur Geltung und schließt das Nichtwissen auf. Der mit Hilfe dieses notwendigen Begriffs über sich selbst reflektierende menschliche Geist verliert im Verlauf seiner artikulierten Denkschritte die allzu nahe Präsenz seines geistigen Prinzips, die dessen Aufdeckung bislang behinderte.[2] Denn entdeckt wird dieser Begriff inmitten des Existenzvollzugs durch eine Reflexion auf dessen Bedingungen, wenn deutlich wird, daß die Verbindung des Denkens mit dem Streben nicht durch eine endliche Freiheit bewerkstelligt wird. Was in der Seinsordnung die strebende und denkende Existenz der relativen Freiheit begründet, wird in der Erkenntnisordnung in Distanz gebracht und in umgekehrter Richtung erkannt.[3] Damit geschieht die Verwandlung des unmittelbar Unbekannten in das mittelbar Bekannte durch eine Reflexion auf einen Begriff des Absoluten, der sich durch innere Notwendigkeit auszeichnet, als Implikat der menschlichen Existenz erscheint und darum nicht so gedacht werden darf, als ob dieses Absolute selbst irgendwie nicht wäre.

[2] Vgl. EE, 108: „Ainsi la pensée spéculative ne perce le mystère de l'inscience immédiate que pour s'exercer en celui de la proximité perdue.“

[3] Vgl. AD, 166, DD, 132.

Anders als der menschliche Geist, der wegen seiner ontogenischen Passivität immer hinter dem zurückbleibt, was er sein könnte, geht das Absolute als Prinzip rückhaltlos in seinen Seinsakt ein und identifiziert sich in absolutem Selbstwissen mit diesem reinen Ausdruck seiner selbst.[4] Da reiner Akt und vollkommenes Selbstwissen solcherart zusammenfallen, daß die vollendete Expressivität von der unbegrenzten Reflexivität des Absoluten nur innerhalb einer lebendigen Einheit unterschieden sind, findet man zu einer gewissen Präzision des pneumatischen Rhythmus von Kontraktion und Expansion, der die geistige Seinsweise kennzeichnet. Anders als der menschliche Geist, der die reflexive Kehre wegen seines fremden Ursprungs nicht zu schließen vermag, erweist sich der absolute Geist als vollkommene Reflexion, durch die sich die reine Expression des Absoluten unendlich reflexiv einholt. Privilegiertes, dafür unzureichendes Symbol der absoluten Reflexivität ist darum ihre geschlossene Kreisbewegung. Ergänzungsbedürftig an dem berüchtigten (Hegelschen) Modell von selbstbegrenzender Position, welche die ursprüngliche Seinsmacht bestimmt, dann Negation der Negation, welche die Determination zu ihrem Ursprung zurückführt, ist allerdings die Tatsache, daß es in der Art einseitiger Folgeschritte gedacht wird. In dieser Vorstellung vollzieht sich das Überschreiten der bestimmenden Position gleichsam nur nach vorne: Die Negation der Negation überwindet die ontologische Begrenzung und hebt sie dadurch auf, daß sie über sie hinausgeht. Dieses Modell berücksichtigt nicht, daß die Entgrenzung sozusagen in beide Richtungen zu verlaufen hat: nicht nur über die Grenze hinaus, sondern genauso auch über die Grenze hinein, weil die Entgrenzung eine doppelte und wechselseitige sein muß. Will man an der Symbolik der Kreisbewegung festhalten, so stellt sich das Unendliche als doppelter Verlauf in umgekehrter Richtung dar, der sich zu ein und demselben Akt vereint. Eine wesentlich konformere Vorstellung der unendlichen Reflexion ist daher der (Schellingsche) eine Rhythmus aus zwei einander entgegengesetzten Bewegungen, deren eine dadurch ihre Grenze verunendlicht, daß sie diese verinnerlicht (Kontraktion), während die andere Bewegung sie unendlich überschreitet (Expansion).

Die Suche nach dem begrifflichen Vollsinn des Unendlichen trifft hierbei auf das Unauslotbare im Innersten der menschlichen Reflexivität: Was man nicht erkennen kann, ist entweder zu weit entfernt, oder aber zu nah. Weil das Absolute des Geistes sich voll und ganz in seiner doppelten, wechselseitigen Entgrenzung erhält, ist es wegen seiner Eigenschaft, das Intimste zu überschreiten und darin „kleiner" noch als das Kleinste zu sein, durchaus als die unerreichbare Wurzel zu benennen, die der menschlichen Primärreflexivität zugrunde liegt, unbeschadet der Tatsache, daß das Unendliche ebenso jede äußere Grenze der menschlichen Ausdrucksfähigkeit überschreitet, deren erstrebte Norm es ist.[5]

4 Vgl. EE, 125: „Ainsi l'acte d'être se sait en son Principe qui s'y livre sans réserve."

5 Vgl. EE, 119 ff. mit Anm. 1 (Hinweis auf Fessard und die „expression latine fameuse : *non coerceri maximo, contineri tamen a minimo, divinum est*").

Dieser Ineinsfall der Gegensätze hat es buchstäblich in sich: Die absolute Reflexion, in der das Absolute des Geistes sein Leben hat, ist nicht bloß als Selbstbestimmung zu verstehen, die sich in der Rückkehr zu ihrem Ausgangspunkt wieder einholt, sondern geht – nimmt man die Selbsttransparenz des Absoluten ernst – unendlich hinter diesen zurück. Das Absolute aktualisiert sich ganz und gar in seiner unumschränkten Selbstbehauptung. Diese unendliche Expression findet sich in der verinnerlichenden Reflexion des Absoluten als reiner Ausdruck seiner selbst wiederhergestellt, wobei im Gegenstrom der Entgrenzung keinerlei Alternanz zu veranschlagen ist, so als ob Expansion und Kontraktion je aufeinander warteten, um sich in Bewegung zu setzen. Vielmehr sind die beiden Bewegungen als innere Differenzierungen ein und desselben Aktes zu denken, in dem sich die einander entgegengesetzten Entgrenzungen vereinen. (Ohnedies taugt die unumkehrbare Linearität der Zeit nicht zum Verständnis der absoluten Reflexion, deren Bestimmtheit Wirkung des Aktes ist, der seinem Prinzip strikt entspricht. Mit anderen Worten: Es fällt hier die Voraussetzung der Selbstbestimmung mit ihrer Konsequenz zusammen.[6]) Das Absolute, das sich als unendliches Vermögen seiner selbst restlos in seinen Ausdruck überführt, nimmt sich in der Kehre auf sich selbst nicht zurück, sondern bestätigt gerade in der verinnerlichenden Reflexion seine expressive Wendung, wodurch sich das Absolute als Ursprung mit seiner Selbstbestimmung identifiziert. Trotzdem nun in dem einen Akt jegliches Intervall auszuschließen ist, nimmt sich die in der reflexiven Selbstidentifikation eingeholte Selbstbehauptung als wissentlich bestätigte „qualitative Differenz" aus, in deren Verinnerlichung das Absolute seine eigene Selbstbestimmung überbestimmt, wenn es sich darin behauptet.[7] Fraglos findet sich mit der in dem einen Akt bestätigten Selbstbestimmung auch der Ursprung als ursprüngliche Identität überbestimmt, wenn er seine eigene Differenzierung aufnimmt und sie in unendlichem Selbstwissen als solche bestätigt. In dieser reinen, innerlich differenzierten Aktualität, die sich ihre wechselseitige Entgrenzung durch Bestätigung und Identifikation gleichsam mitteilt, gewinnt das Absolute unendliches Selbstbewußtsein. Anders, ohne seine eigene, zutiefst verinnerlichte und darin erneuerte Ausdrücklichkeit zu sein, wäre das Absolute wie seine eigene Abwesenheit.[8]

Als wirklicher Ausdruck seiner selbst ist das Absolute das notwendige Pendant zum ontologischen Argument, dessen beide Bedingungen miteinander verschränkt sind. Zum einen ist das Absolute dem Vollsinn seines Begriffs nach als absolute Freiheit zu verstehen, die als reine Selbstmitteilung nicht per se unbegreiflich ist. Daß seinerseits das Denken das andere seiner selbst erreichen

[6] Vgl. DD, 72f.: „parfaite Réflexion constitutive d'elle-même, n'empruntant rien au-dehors, se donnant sa propre nature qu'elle suppose pour s'exercer."

[7] Vgl. EE, 122: „la limitation niée qui exprime l'infinité spirituelle se conçoit comme différence qualitative au sein de l'acte qui la nie doublement dès lors qu'il s'y affirme."

[8] Vgl. FE, 112: „dans le rythme de sa sa vie divine, nous nous apercevons qu'il (sc. Dieu) ne peut pas être l'absence à lui-même. Il serait son éternel manque s'il n'était sa propre expression, laquelle est l'acte même de l'esprit, comme l'inspiration et la réflexion."

kann, wird klar, wenn es nur ein wenig Aufmerksamkeit auf sein eigenes Medium verwendet. Dieses Medium ist die Sprache, die sich wegen der ursprünglichen Verwandlung von Geräuschen in verständliche Worte als genauso unableitbar erwiesen hat, wie die Primärreflexivität des menschlichen Geistes selbst. Damit weist jedes Wort über sich hinaus. Mehr noch: Das Denken, das nicht ohne seinen sprachlichen Ausdruck ist, kreuzt sich in der Vermittlung seiner spekulativen Schritte mit dem sich selbst bedeutenden Absoluten, womit es sozusagen zu seinem Gedächtnis erwacht.[9] Der nächste Schritt, nämlich die innere Selbstmitteilung des Absoluten als ewiges, göttliches Wort zu identifizieren, drängt sich jetzt geradezu auf. Der rote Faden entlehnt hier seine Farbigkeit mit vollem Recht, weil sich in den Anregungen des Christentums ein rational nachvollziehbares Instrumentarium findet, das sich mit dem Begriff des Absoluten deckt. Die Anregungen dürfen um so mehr zugelassen werden, als sich ja auch das Kernstück des ontologischen Beweises der christlichen Botschaft verdankt, die den Begriff Gottes als Geist geprägt hat, der nicht ohne sein wirkliches Erscheinen ist. Das heißt auch, daß das Argument immer nur im Namen einer Metaphysik abgelehnt wird, die weder das Absolute noch gar sich selbst verstanden hat.[10]

In seinem unendlichen Vermögen bedeutet sich das Absolute des Geistes als reiner Ausdruck seiner selbst und läßt sich in der Einheit seines Selbstwissens als reflexiv vollkommen zu seinem Ursprung eingeholte Expressivität begreifen. Das entspricht genau der vorbehaltlosen Selbstaussage Gottes in seinem Wort, das für sich nichts anderes sagt als seinen Ursprung, dem es zugewandt ist und in dem sich die göttliche Allmacht erkennt. Diese Beziehung läßt sich auch als Selbstgabe und Rückgabe verstehen: Gott ist dadurch das Absolute des Geistes, daß er rückhaltlose Gabe seiner selbst in seinem Wort ist, das die unendliche Seinsmacht aktualisiert und sich seinem Ursprung vollständig zurückerstattet. Weil im Wort die unendliche Seinsmacht nicht behalten wird, sondern sich in der Rückgabe ausübt, ist der Austausch absolut: In und aus dieser vollkommenen Wechselseitigkeit bestätigt sich die absolute Selbstinitiative des Prinzips in der Bestätigung der ursprünglichen Selbstgabe, worin die ewige Zeugung des Wortes der verinnerlichten Expression des Absoluten gleicht, die wie eine bekräftigte Expression ist. Und umgekehrt: Die Selbstidentität des Absoluten ist Resultat ihrer

[9] Vgl. EE, 133: „l'être-de-don est interrogation sur le don de l'être. Interrogation qui trouve réponse à sa mesure, mieux, à sa démesure, dès lors que l'Esprit absolu, pensé dans son infinité, dans l'illimitation de sa puissance ontogénique, est affirmé par médiation spéculative dans la preuve ontologique."

[10] Vgl. EE, 92, DD, 75. Vgl. A. Chapelle, Hegel et la religion, Bd. 3, Paris: Éditions Universitaires 1971, 40 (Argument ist undenkbar „hors du contexte de la Révélation chrétienne de l'Esprit absolu"). Die christliche Anregung hindert nicht die universell gültige Formulierung des Arguments. Insofern der Beweis allein den Vollsinn des Absoluten bewahrt, bedingt er Möglichkeit und Vernehmbarkeit der Offenbarung (darum ist der Beweis bei Anselm auch in ein Gebet gefaßt). Der Begriff des Absoluten als selbstinitiierte Manifestation weist besonders die Götzendienerei ab, die sich den Unerreichbaren vom Leib hält und vor dem Altar der Unverständlichkeit Tänze aufführt, vgl. EE, 108.

durch vollständige Rückgabe aufgehobenen Differenz von Geben und Gabe, in der das Geben sich selbst gegeben hat und wieder erhält.[11]

Damit gewinnt auch der Begriff des Prinzips an Schärfe: Das Prinzip, das sich ganz in seiner freien Konsequenz enthält, ist einmal vorbehaltlose Selbstgabe *(communicatio sui)*, zum anderen aber Prinzip der Wechselgabe, in der sich die Selbstgabe als Rückgabe zurückerstattet. Das Prinzip gibt sich somit in seine eigene, reale Differenzierung, die durch Rückgabe aufgehoben und als ewiges Wort bestätigt wird. Während aber die Differenzierung durch Rückgabe verinnerlicht wird und sich Selbstgabe und Rückgabe in vollkommenem Austausch zur bestätigenden Wiedergabe der Selbstgabe identifizieren, ist in der Differenzierung, insofern sie eine Wirklichkeit ist, die unendliche Seinsmacht des Absoluten als in ihrer Fülle präsent zu denken. Deswegen kann sich auch die Rückgabe in unendlicher Seinsmacht ausüben. Was die Rückgabe nun zurückgibt, ist die vorbehaltlose Selbstgabe des Prinzips; im Moment der Rückgabe aber ist die Seinsgabe selbst unausschöpflich und als wirkliche, seinsmächtige Selbstdifferenz eine Realität, die bei aller Rückgabe der Selbstgabe ihre gegebene Seinsmächtigkeit in qualitativer Differenzierung so aktualisiert, daß sie als Prinzip des endlichen Seins verstanden werden kann.[12]

Das sich selbst gegebene, endliche Sein ist eine Gabe und daher weder Resultat, noch Teil und schon gar nicht Abfallprodukt, auch nicht des Absoluten. Ihrem Begriff nach schließt die Gabe auch jede Notwendigkeit aus, überhaupt zu sein; da sie sich aber selbst gegeben ist, ist sie frei und somit eine „ontologische Neuerung". Was in solcher Voraussetzungslosigkeit ausschließlich die Gabe seiner selbst voraussetzt, ist schlechterdings geschaffen. Kein anderes Wort als „Schöpfung" ist daher geeignet, das sich selbst gegebene Sein, das sich einzig seinem bedingungslosen Seinsakt verdankt, so eindeutig und im aktivischen Sinn der Seinsgabe auszusagen. Damit ist dieser Begriff, ganz gleich woher er stammt, de jure philosophisch. (Umgekehrt ist die Angst, ein wegen seines biblischen Ursprungs verfemtes Wort zu verwenden, nicht philosophisch.) Das Eindeutige an „Schöpfung" schlägt sich besonders in der Wendung „Schöpfung aus Nichts" *(creatio ex nihilo)* nieder, mit der die negative Kehrseite der Gabe akzentuiert wird, die auf ihrer Seite aber auch wirklich nichts voraussetzt: Wenn die Gabe wirklich gegeben ist, dann ist sie ganz und gar und auf einmal gegeben und hat ihre Begründung ausschließlich in ihrer bedingungslosen Seinsgabe.[13]

Vor allem weist die Gabe als solche irgendeine Notwendigkeit auch seitens des Gebers ab, denn was man schenken muß, ist kein Geschenk. (Seinem Begriff nach ist das Absolute also nicht notwendigerweise auch schöpferisch; die innere

[11] Vgl. FE, 112 f., EE, 128 f.

[12] Vgl. EE, 139: „Ecart fictif dans un temps fictif, certes, mais qui signifie réellement l'être pur et simple, disponible pour être l'être de l'autre, pour l'être donné à lui-même comme esprit fini."

[13] Vgl. EE, 134: „C'est pourquoi le don est tout ou rien, *uno ictu, totum simul*". EE, 145: „Le don n'est pas son propre devenir, comme l'avarice du peu à peu, du goutte à goutte : don immédiat de l'être qui est le tout de lui-même, il est donné *uno ictu,* ou n'est pas."

Notwendigkeit, hier von Schöpfung zu reden, ergibt sich allerdings zwingend aus der Analyse der Gabe.) Und was ganz und gar gegeben ist, unterscheidet sich auch ganz und gar vom Geber. Insofern realisiert sich die Schöpfung auch nicht zuhöchst in der Zeugung des Wortes, die als Selbstgabe der unendlichen Seinsmacht ohnehin genau diese voraussetzt und eben nicht aus Nichts ist.[14] Weder kommt der Schöpfer also erst durch seine Schöpfung zu sich selbst, was als Verpflichtung zum Geben der Gabe widerspricht, noch kann die Schöpfung Teil des Schöpfers sein, was der Gabe erst recht widerspricht und schon albern klingt. Im Unterschied zur Zeugung des Wortes, die sich als Selbstgabe erwiesen hat, ist die Schöpfung zwar Seinsgabe *(communicatio entis)*, aber als Gabe eines anderen die Gabe dessen, was der Schöpfer nicht ist, weil es sich ansonsten um keine Gabe handelte. Mit Schöpfung ist also ein neues, anderes Sein gemeint, in das der Geber sich begrenzt, weil er sich darin entäußert, nicht aber gegeben hat.

Freilich entstammt das geschaffene Sein wie auch das ewige Wort der unendlichen Seinsmächtigkeit des Absoluten, mit dem gewichtigen Unterschied jedoch, daß die Zeugung überwundene Differenz und also Identität wechselseitiger Selbstmitteilung ist, während im geschaffenen Sein die Differenz als Identität der Gabe verbleibt. Dieses kreatürliche Gabe-Sein, das sich in substantieller Identität erhält, um für sich zu sein, ist wirklich aus Nichts, da es auf seiner Seite überhaupt nichts voraussetzt; nichts als seinen Seinsakt, der als konstitutives Moment der absolut irrelativen Selbstbehauptung des Absoluten nur unmögliches Nichtsein zur Voraussetzung hat. Dieses Nein zum Nichtsein ist der tiefere Sinn des „ex nihilo",[15] denn es verwirklicht sich fortwährend im Seinsakt des sich selbst gegebenen Geistes, der als substantielle Reflexivität seinem Vergehen in reiner Äußerlichkeit gegenüber beharrt, womit dem widersprochenen Nichtsein ein Ja zum Anderssein der Kreatur entspricht. Insofern ist die Seinsgabe auch des endlichen Geistes Gabe des ganzen, unausschöpflichen Seins, das sich nicht stückweise gibt, sondern auch als schöpferisches Sein am Seinsakt des Absoluten teilnimmt.[16]

[14] Vgl. EE, 136: „on ne saurait adjoindre à l'Expression de soi, intra-divine l'expression *ex nihilo,* puisque précisément, elle présuppose l'infinie puissance qui s'y donne." Vgl. auch EE, 141: „là où l'infini de l'esprit crée et donne ce qu'il n'est pas, il ne s'engendre pas." Zu Hegels „présentation homologique" von Zeugung und Schöpfung bei gewahrtem Unterschied zwischen beiden vgl. Chapelle, Hegel et la religion, Bd. 2, 153–166.

[15] Vgl. EE, 140: „ce ‚non' est l'ultime manière d'entendre la création de l'homme *ex nihilo.*" Vgl. Marquet, Le philosophe devant le mystère de la Trinité, 327: „la restitution absolue laisse néanmoins subsister la forme vide de l'altérité, la ‚matière vierge' (EE, 140) que va nier l'acte créateur dont on comprend désormais en quel sens il est *ex nihilo* : du reste, sous cette négation informante, l'altérité demeure toujours comme le fond ténébreux de la nature, comme désir (la *Sehnsucht* schellingienne) et altération toujours en manque."

[16] Vgl. EE, 137 zu Thomas v. Aquin, STh I 45, 1: „C'est le point fort de saint Thomas : l'être n'est pas dispensé proportionnellement dans la création, chaque être est *datio totius esse.* Et c'est pourquoi Dieu seul peut créer, étant la *causa universalis entis,* selon l'universel de perfection, et non d'attribution, c'est-à-dire l'acte absolu, et non une partie de lui-même." Der hl. Thomas hat allerdings zu zeigen verabsäumt, wie der Seinsakt in Gott und in der Schöpfung identisch ist, weil er die „Identität des *actus essendi* mit der Andersheit des geschaffenen Seins" nicht vermitteln konnte. „D'où les apories réitérées" (ebd.).

Damit ist der absolute Seinsakt wegen und nicht trotz seiner Einzigkeit doppelt zu denken: In der Zeugung des Wortes gibt er sich in allem, was er selber ist, in der Schöpfung anderen Seins gibt er, was er nicht ist, aber er gibt. Weil der Seinsakt des Absoluten der Seinsakt schlechthin ist und sich nur diesem auch das endliche Sein verdanken kann, ist die Schöpfung Seinsgabe aus der Selbstgabe des Absoluten in sein Wort. Und als Gabe eines anderen Seins hat die Schöpfung ihre Möglichkeit einzig in der wirklichen Differenz, die sich in der zeitlosen Spanne zwischen Rück- und Wiedergabe der Selbstgabe auftut, „bevor" also das Absolute seine verinnerlichte Expression als ewiges Wort bestätigt.[17]

Diese Verfügbarkeit eines reinen, gleichsam neutralen Seins, in dem sich das Absolute nicht bestätigt hat, macht die Schöpfung nicht zur unausweichlichen Konsequenz: Das widerspräche sowohl der Gabe als auch der unbegrenzten Seinsmacht des absoluten Geistes. Diese unendliche Seinsmächtigkeit drückt sich vielmehr als anfängliche Freiheit aus, die sich selbst in ihre unendliche Expression gibt und sich darin als absolute Freiheit erweist. Daß im Moment der Rückerstattung der Selbstgabe auch endliches Sein entsteht, ist in derselben, absolut seinsmächtigen Freiheit begründet, die ihr Sein einem anderen und außer sich mitteilt, „bevor" die Differenz und mit ihr die Verfügbarkeit für ein anderes Sein durch die Bestätigung des Wortes ausgelöscht wird. Das eigentlich undenkbare Intervall, das zwischen der frei zurückkehrenden Selbstdifferenzierung des Absoluten und ihrer Bestätigung als ewig gezeugtes Wort deshalb zu veranschlagen ist, weil darin das Geschöpf seine Möglichkeit und einzige Begründung hat, kann nicht außerhalb des göttlichen Seinsaktes stehen. Somit ist es eine freie Zurücknahme der absoluten Freiheit, die dem Rhythmus ihrer absoluten Geistigkeit nach auch unausschöpfliche Verausgabung ist, der sich die ins Sein entlassene Gabe verdankt, ohne sein zu müssen.[18] Wenn also endliches Sein ist, so nicht, weil dem seinsgesättigten Leben des Absoluten etwas fehlte oder das Sein irgendwie zuviel würde, sondern weil in der schöpferischen Freiheit die

[17] Marquet, Le philosophe devant le mystère de la Trinité, 326, stellt den Analysen in EE, die Schöpfung zwischen Rückgabe und Wiedergabe veranschlagen, die Ausführungen in DD entgegen, denen nach die „reale Möglichkeit" eines anderen bereits durch Rückgabe überwunden wird. Der Unterschied ist um so größer, als am Modell von freier Überfülle, Selbstgabe und Wiedervereinigung das Moment der Bestätigung nicht fehlt, in dem Selbstgabe, Rückgabe und Wiedergabe kulminieren; die Wiedervereinigung nimmt ja die Selbstgabe nicht zurück, sondern befördert sie, wenngleich DD das nicht ausdrücklich genug betont. Marquet stellt aber EE nicht Ausführungen über die Zeugung des Wortes gegenüber (DD, 74f.), sondern die Passagen, die von der Zeugung des Wortes in der Perspektive der Inkarnation handeln (DD, 101f.). Von Schöpfung ist dort gar nicht die Rede, auch wenn diese von der Frage nach der Menschwerdung Gottes nicht zu trennen ist. In EE, das die Inkarnation gänzlich ausklammert, finden sich jedenfalls die Spekulationen über eine durch Rückgabe überwundene menschliche Natur in Gott, in deren entäußernder Gestalt Gott selbst erscheint, nicht wieder. Eine nicht wieder übernommene Formulierung (DD, 101: „qu'il y ait en Dieu [...] quelque chose qui ne soit pas Dieu"), die Bruaire vielleicht von M. Gueroult, La philosophie schellingienne de la liberté (1954), in: Etudes de philosophie allemande, Hildesheim 1977, 87–100, 98 („qu'il y a en Dieu quelque chose qui n'est pas Dieu") übernommen hat, zeigt, daß Schellings großer Einfluß auf Spitzenaussagen in DD bei der Abfassung von EE überwunden ist.

[18] Zu „entlassen" und der darin ausgesprochenen „Selbstaufgabe" Gottes bei Hegel vgl. Chapelle, Hegel et la religion, Bd. 2, 133.

„Liberalität des absoluten Geistes" und in der Schöpfung „göttliche Güte" aufscheint. Endliches Sein ist, weil Gott in sich selbst Altruismus ist.[19]

Daß die Schöpfung wirklich freie Seinsmitteilung ist und kein fragmentarisches Überbleibsel oder sinnlosen Rest darstellt, davon zeugt das, was die Gabe auszeichnet. Denn wenn sich der menschliche Geist als sich selbst gegebene Gabe zu eigen nimmt und sich in freiem Bewußtsein betätigt, macht er reichlichen Gebrauch seines sprachlich verfaßten Denkens, das seine Bedingung in der unverfügbaren Reflexion sinnlicher Laute in verständlichen Sinn hat. Das Unvermögen, Sinn entstehen zu lassen, weder die Laute in Sinn verwandeln zu können noch überhaupt Sinnvolles sagen oder denken zu können, ohne sich sogleich auf etwas zu beziehen, das sich in seiner Sinnhaftigkeit dem Denken aufzwingt, weist auf die radikale Ursprungshaftigkeit der Sprache hin, deren Erhellung sich nun mit dem Begriff des schöpferischen Geistes trifft. Daß das mindeste Wort die ganze Eindeutigkeit der Sprache intendiert, und uns das Denken aufgegeben ist, wenn wir denken, hat seine Begründung darin, daß Sprache sich an das Sein erinnert, das sie ausdrückt, und setzt voraus, daß Sprache und Sein sich in ursprünglicher Durchdringung vereinen. Dieser Ursprung ist ohne weiteres als das reine Selbstwissen des Absoluten zu benennen, das sich in seinem Wort erzeugend denkt. Wenn also das Gabe-Sein des menschlichen Geistes Seinsgabe ist, die aus der Selbstgabe des Absoluten in sein Wort stammt, und das geschaffene Sein kraft seiner Sprache Anteil an der Selbstaussage Gottes hat, ist es wirklich als „Schöpfung im Wort" zu bezeichnen.[20]

Die ursprüngliche Verwandlung von natürlichem in ideelles Sein, die Sprache ausmacht, Denken bedingt und zum Handeln befähigt, schließt mit dem Leben des Leibes die Natur insgesamt ein. Seinen Sinn und Zweck gewinnt aber der Leib erst durch die existentiellen Vollzüge, die ihn in Anspruch nehmen und überformen, das heißt wenn sich der Geist inmitten der Natur als ihr anderes behauptet und sie zu seiner Reflexivität bekehrt. Als solche hat die Natur ihr Sein nicht aus sich selbst; weil sie bei aller Gegebenheit nicht sich selbst gegeben ist, ruht sie auch nicht in sich selbst und steht nicht für sich. Sie ist, wenn man so will, nicht reflexiv, sondern transitiv, „transphänomenal". Weil die Natur aber nicht bloßer Schein ist und darum auch nicht in ihrer Erscheinungsweise aufgeht, was ihr sofortiges Verlöschen in entäußernder Vielfältigkeit nach sich ziehen müßte, ist sie als Erscheinung eines reflexiven Prinzips zu lesen, das die Einheit der Dinge und Lebewesen auf der phänomenalen Ebene stiftet und dadurch der Natur Bestand verleiht. So ist die Natur kein Nichts, weil sie den Geist voraussetzt. In Ermangelung eigener innerer Finalität setzt sie ihn jedoch nicht für

[19] Vgl. EE, 140 f., A. Gläßer, Konvergenz. Die Struktur der Weltsumme Pierre Teilhards de Chardin, Kevelaer 1970, 261 (zu Blondel).

[20] Vgl. EE, 140 („création dans le Verbe"), 142: „l'être-de-don créé en l'être de l'Expression de Soi à Soi, en reçoit le don d'avoir part, communion, à la pure idéalité de l'Esprit absolu qui, en son Verbe, se pense en s'engendrant, se réfléchit en s'exprimant." Weil die Gabe des Seins Schöpfung im Wort ist, heißt es denn auch vom menschgewordenen Logos, daß er „in das Seine" kam, wo „die Seinen" ihn erkennen konnten (Joh 1,11).

sich selbst voraus, sondern empfängt ihren inneren Sinn und Zweck nur als Bereitstellung für geistiges Sein. Was nicht für sich sein kann, muß für anderes sein. Die Natur an sich hat keine Reflexivität, ist sich selbst nicht gegeben und kann daher die Emergenz des menschlichen Geistes unmöglich verursachen. Sein einziges Werden hat der sich in der Schöpfung unmittelbar gegebene Geist in der bestätigenden Auf- und Annahme dessen, was er ist; in diesem Werden kommt der Geist zu sich und nimmt seine substantielle Reflexivität als die Bedingungsmöglichkeit seines bewußten Tuns in Besitz. Wenn das nicht ohne die Zueigennahme des lebendigen Leibes geschieht, dann nicht, weil die Natur das Prius des Geistes ist, sondern weil der Geist sich selbst von Anfang an in seinem anderen gegeben ist, das er in seinen lebendigen Vollzügen mit sich zieht und verklärt. So stellt sich die Natur mit allen ihren Kräften in den Dienst ihres anderen; sie ist dem Geist als dessen anderes gegeben und direkt für ihn geschaffen. Wenn die Natur aber direkt für den Geist geschaffen ist, kann das nur bedeuten, „daß die Schöpfung des Menschen mittelbar Schöpfung der Welt ist.“[21]

Was die Welt betrifft, muß auch für ihre Zeit gelten: Ist die Welt direkt für das geistige Gabe-Sein geschaffen, so ist die zeitlose Seinsgabe mittelbar auch Schöpfung der zeitlichen Form der Welt. Wegen der Unmittelbarkeit der Gabe, deren Beginn mit ihrem Seinsakt zusammenfällt, besonders aber wegen ihrer Geistigkeit ist ein Werden des geschaffenen Geistes aus der Natur nicht abzuleiten. Die Geschichte einer jeden Gabe beginnt mit ihr selbst, die für sich weder Natur noch Herkunftszeit voraussetzt. Andererseits beginnt ihre Geschichte zu einem Zeitpunkt der menschlichen Geschichte, und die Gabe ist sich für die Wirklichkeit ihrer historischen Existenz von Anfang an in der sinnlichen Natur gegeben. Somit hat die Gabe zwar einen zeitlosen Ursprung, nicht jedoch auch eine zeitlose Existenz, denn die persönliche Geschichte eines jeden geistigen Seins findet nicht ohne die jeweilige Zueigennahme des natürlichen Leibes statt, der aus dem natürlichen Kreislauf von Werden und Vergehen stammt und die Lebenszeit relativiert. Die Natur, die dem Leben immer voraus ist, unterscheidet sich allerdings grundsätzlich von dem Geist, der sich selbst in einem lebendigen Leib gegeben ist, um sich darin als Geist zu manifestieren. Sicherlich macht diese geistige Selbstunterscheidung des reflexiv überformten Lebens, das sich von der Natur abhebt, die Relativierung der Existenz nicht minder hart: Alterungsprozesse und Tod schmieden die Existenz an die unumkehrbare Chronologie der Welt, die ihre objektive Zeit ausmacht. Genau besehen verfolgt aber jede Rede von objektiver Weltzeit den Ablauf ihrer Chronologie in umgekehrter Richtung, so als wollte „Zeit“ ihren Fluß wieder hinaufsteigen. Das kehrt den Ablauf zwar nicht um, verlagert ihn allerdings von der Welt selbst ab und weist auf etwas ganz anderes hin: Insofern die Zeit nämlich zur Existenzweise des sich selbst gegebenen Seins gehört, ist sie Zeit für die Existenz und gewinnt des-

[21] EE, 143, vgl. 148: „La vérité d'un préalable naturel à l'Adam historique n'est que la création du monde offert à l'esprit créé, médiatement créé pour son existence historique.“

wegen auch erst in der Vermittlung existentieller Vollzüge an Wirklichkeit für den menschlichen Geist. An sich kennt die Natur nur Vorgänge und Veränderung ohne Vor- und Nachher; strenggenommen hat sie weder Vergangenheit noch Gegenwart und Zukunft, sie ist formlos. In diesem Sinne gibt es Zeit nur für ein Bewußtsein, Bewußtsein aber stammt nicht aus der Natur, so sehr es auch ohne natürliche Implikationen zu keinem Bewußtsein kommt, womit die Existenz zwar nicht zeitlos ist, die zeitliche Form der Welt aber als solche den Geist zu ihrer ontologischen Voraussetzung hat.[22]

Weil die ontologische Inkonsistenz alles Nicht-Geistigen nur Veränderungen im formlosen Kontinuum eines steten Vergehens kennt, die Gabe aber kraft ihres reflexiv eingeholten Subsistierens und mit der ganzen Bestimmtheit ihres geistigen Seins in diese Formlosigkeit eindringt, ohne darin zu verschwimmen, sich selbst und damit einen Standpunkt inmitten der natürlichen Vergänglichkeit erreicht und ihr gegenüber beharrt, kann von objektiver Zeit und Geschichte des Menschen erst dann sinnvoll gesprochen werden, wenn sich die geistige Existenz mit dem vergehenden Lauf der Welt kreuzt und sich darin einfügt. Objektive Zeit hängt also am Wissen um reale Vorgänge und Veränderungen, die ein Bewußtsein nicht nur zeitlich, sondern überhaupt aufeinander bezieht, was auch bedeutet, daß Zeit – und besonders auch Geschichte – sich einzig zwischen Gedächtnis und Vorwegnahme entspannt, wenn ebenso vergangene wie ausstehende, mithin abwesende Vorgänge und Veränderungen vergegenwärtigt werden.[23]

Ihre Realität und zeitliche Dimension gewinnt die Welt ausschließlich für und durch die Gabe, deren Geschichte mit ihr selbst beginnt, wenn sich dem sich selbst gegebenen (und also reflexiven) Geist das für ihn geschaffene (und also nicht-reflexive, transitive) andere zuordnet. Damit ist die unzeitliche Gabe des Geistes mittelbar Schöpfung der Welt und gleichzeitig Schöpfung der Zeit der Welt, in der die Geschichte der Menschen sich vollzieht. Oder besser umgekehrt: Die Geschichte der Menschen gibt der Zeit erst ihren Rahmen, weil ihr Konti-

[22] Vgl. EE, 148, PM, 187f.: „le temps, dans la structure de ses trois dimensions, n'est le temps des choses dans le cours du monde que si, en nous et pour nous, il est manière d'être de l'existence. Mais il n'est pas un fruit aléatoire d'une libre constitution." Vgl. Gläßer, Verweigerte Partnerschaft?, 75 (künstlich geschaffene Fixpunkte haben „keinen anderen Bezugspunkt als die Gegenwart im menschlichen Bewußtsein"), 79 (mit Verweis auf Augustinus, Conf. XI, 11, 14 [ohne Veränderung keine Zeit, ohne Form keine Veränderung]): „Es kann also die Zeit weder auf das menschliche Zeitbewußtsein noch das menschliche Zeitbewußtsein auf Vorgänge an sich zurückgeführt werden."

[23] Das „Sein der Seele" muß „metazeitlichen Charakter haben und notwendig eine Ganzheit universaler Logizität darstellen sowie die Kategorien der Substanz und der Relation, der Qualität und der Quantität in sich schließen, wenn die Seele in vernünftig-freien, ihr transzendental bewußten Akten Vorgänge an sich als wechselnde Gestalten bzw. Ganzheiten gegenwärtig haben soll" (Gläßer, Verweigerte Partnerschaft?, 79). Die ihrem ontologischen Vollsinn nach aussagbare Gabe erfüllt diese Einforderungen: Sie ist sich selbst gegebene Substanz, deren Besonderheit darin bestimmt ist, sich in die vernünftig-freie Einzelheit eines Subjekts zu überführen, in welcher Einheit die Quantität der Gabe liegt. Mit dem wechselseitigen Einschluß von Reflexivität und Positivität, der die Gabe in erster und zweiter Potenz auszeichnet, ist ihre Qualität benannt, wobei sich die konstitutive Relationalität des Substanz-Subjekts (zu sich selbst und zum Ursprung und zum Mitseienden) durch die existentiellen Konsequenzen von Bestätigung (seiner selbst als Gabe, die sich weitergibt) oder aber Verweigerung überbestimmt (vgl. EE, 64–74).

nuum nur in und aus den vielen Geschichten der jeweils besonderen Gaben besteht. Insofern gibt es gar keine einheitliche „Zeit", sondern nur die vielen Zeiten der verschiedenen Gaben, weswegen auch nicht Zeit (wie oft behauptet wird), sondern erst Geschichte die Endlichkeit der Gabe ausmacht. „Folglich ist die Schöpfung nicht ‚in' der Zeit der Welt, sondern Gabe der zeitlichen Welt an das Sein aus Gabe, das sie unzeitlich schafft: Die Welt beginnt durch und für jedes geistige Sein in der wirklichen Vermittlung der unumkehrbaren Geschichte der Menschheit, deren unbestimmte Chronologie auf adäquate Weise die Endlichkeit des geschaffenen Geistes in der endlichen Verausgabung der Schöpfung bedeutet."[24] Und nur weil jeder einzelne, sich selbst gegebene Geist für die Wirklichkeit seiner historischen Existenz die vergängliche Welt als sein anderes einschließt, hat die jeweils unmittelbare, zeitlos geschaffene Gabe auch ihr sukzessives Erscheinen innerhalb der einen Geschichte aller Menschen. Dieses zeitliche Erscheinen – wie jede Sukzession überhaupt – ist aus der Welt allein nicht abzuleiten und ohne den wechselseitigen Einschluß von Geist und Natur gar nicht zu erkennen. Damit erweist sich im Gegenzug die Annahme eines rein natürlichen, weltzeitlich bedingten Erscheinens geistiger Akte wie Selbstbehauptung oder Selbstachtung als ziemlich aberwitziges Konstrukt.[25]

Daß die Zeit sich der Existenz verdankt, höhlt ihre Realität als Zeit nicht aus. Auch wenn sie ihre Dimension nicht aus sich selbst hat und erst mit dem geschaffenen Geist beginnt, ist ihr Verlauf so unentrinnbar, daß er nicht so recht nach Projizierung schmecken mag. Die Wirklichkeit der geschichtlichen Existenz ist an den Leib gebunden, der seinem Verfall entgegeneilt. In diese Verfallsgeschichte schreibt sich die Geschichte der Menschen ein, so als ob sich die natürliche Vergänglichkeit nur darum mit dem geistigen Sein kreuzte, um das lauernde Verderben noch wirklicher zu machen. Selbst das dem Vergehen widerstehende Wissen entgeht nicht seinem Los, ausgelöscht zu werden. Geschichte kann dem Vergehen widersprechen, es jedoch nicht aufhalten, und mit dem Sterben des natürlichen Leibes geht auch jeder überzeitliche Standpunkt unweigerlich verloren.[26]

[24] EE, 149. Das ist ein Argument gegen jeden Solipsismus: Insofern die Kontinuität der Zeit durch die einzelne Gabe nicht gewährleistet ist, die Primärreflexivität der Gabe aber an diese Zeit anknüpft, um sich in ihre sekundärreflexive Wirksamkeit zu überführen, ist in dieser Konstellation eine notwendige Pluralität der Einzelwesen mitgesetzt. Vgl. auch SCH, 66: „s'il y a un ordre des temps de chacun, une place nécessaire de chaque vie, de chaque existence, dans le cours de l'histoire, c'est que tout être est (…) déterminé par ses relations avec tous les autres : le temps de chacun fait système avec les temps de tous".

[25] Menschliche Geschichte hat keine anthropomorphe „Naturgeschichte" zu ihrem Vorläufer. „Jede Hypothese eines menschlichen Werdens aus der Natur, ob plötzlich oder langsam, ist genauso sinnlos (…) wie das eingebildete Entstehen des geistigen Seins zu einem Zeitpunkt der Entwicklung seines objektiven Leibes. Was man in beiden Fällen ‚natürliche Geschichte' nennt, ist ein Konstrukt, das durch Abstraktion von der menschlichen Geschichte gewonnen wird" (EE, 148). Weil Geschichte und Natur einander widersprechen, ist es vollkommen absurd, Menschengeschichte in „Naturgeschichte" wiederfinden zu wollen, ob sie nun darin beginnen oder vorbereitet sein soll. Noch viel mehr wird man sich davor hüten, Innergöttliches wie Kontraktion und Expansion mit Hilfe naturwissenschaftlicher Modelle auszudeuten, wenn sie unreflektiert historische Kategorien auf physikalische Theoriegebilde übertragen.

[26] Vgl. EE, 147: „L'histoire des hommes ne subsiste pas ; n'en subsiste que les êtres qui y paraissent."

Auch wenn der zeitlos geschaffene Geist als Gabe Welt und Zeit nicht zur Bedingung hat, somit sein Ende durch den Ablauf seiner Lebenszeit nur unzureichend bezeichnet wird, so kann man sich mit diesem Hinweis über den Verlust seines metazeitlichen Charakters doch nicht hinwegtrösten. Man erreicht sich selbst als Überzeitliches nur in der Zeit und hat sein vergängliches anderes zur Bedingung aller freien und vernünftigen Vollzüge. Freilich erschöpft sich das Wesen des geschaffenen Geistes nicht in seinem Lebenslauf, sondern vollendet sich erst im Licht seiner Wiederbegegnung mit seinem Ursprung. Die Endlichkeit des sich selbst gegebenen Geistes ist genau diese Relativität, die das Gabe-Sein zweifach zu seinem Prinzip unterhält: Was nicht aus sich ist, vollendet sich auch nicht durch sich selbst. Aber die Existenz verliert jeglichen Sinn, wenn die Spanne zwischen Geburt und Tod eine bloße Durchgangszeit markiert.

Man kann nicht einmal sagen, daß die Gabe des geschaffenen Geistes ihr Leben der Natur zurückgibt, so als ob sie im Tod nur eine Hülle abstreifte: Der Leib bleibt ja von der freien Selbstannahme des sich selbst gegebenen Geistes nicht unberührt und wirkt seinerseits durch seine lebenslange Inanspruchnahme auch auf die Identität des Substanz-Subjekts zurück, dessen Wesen in der existentiellen Bestätigung des eigenen Gabe-Seins verborgen liegt. Weil die ganze Bestimmtheit des Wesens der einzelnen Gabe erst in der Erfüllung ihrer Bestimmung sichtbar wird, sind persönliche Finalität und Seinsform nicht voneinander zu trennen. Insofern der Gabe also die Abenteuer der eigenen Existenz nicht gleichgültig sind, werden auch die historischen und natürlichen Implikationen der Existenz nicht wie an der Garderobe abgegeben, wenn die Gabe ihrem Schöpfer wiederbegegnet. Was sich die Gabe durch Bekehrung zu ihrer Reflexivität aneignet, nimmt Anteil an der Bekehrung der Gabe zu ihrem Ursprung. Mit ihrer Welt und Zeit, in der sich die Gabe selbst aufnimmt und als Gabe bestätigt, bewegen sich Welt und Zeit überhaupt ihrer Erfüllung entgegen. Das gibt der Geschichte ihre eminente Sinnhaftigkeit.[27]

Ihrer geistigen Seinsweise gemäß dringt die Gabe in expressiver Wendung ihrer reflexiven Verfaßtheit aus sich heraus und in die Welt hinein, nimmt sich existentiell in und mit Welt und Zeit zu eigen und bewegt sich als Gabe, die ihre Bestimmtheit in ihrer Bestimmung hat, der Erfüllung ihres Schicksals entgegen. Dem Gesetz des Geistes nach ist die mögliche Erfüllung der Gabe nur in der Bestätigung des eigenen Gabe-Seins gegeben, weil sich der ontologische Gegensatz von Sein und Nichts für die Gabe als Gegensatz von Bestätigung und Verweigerung übersetzt. Ihrer Seinsschuld entsprechend und im Wissen, daß ihr Gabe-Sein Selbstgenügsamkeit ausschließt und ihre Subsistenz keine Über-Lebensversicherung darstellt, bestätigt sich die Gabe in ihrer Selbstannahme, die unterschiedslos auch Weitergabe ist. Diese Weitergabe bestätigt nicht nur die Gabe, sondern befördert gleichermaßen das geistige Sein der anderen Gaben in derselben Welt und Zeit, in der die Gabe geistigen Wesen in leiblich vermitteltem Austausch begeg-

[27] Vgl. EE, 144: „Créée pour l'esprit créé, la nature privée d'être à soi attend sa délivrance qui s'inaugure en toute activité spirituelle humaine."

net, wo sie durch sie hindurch, will sagen: nicht an ihnen vorbei nach Erkenntnis und Anerkenntnis ihrer selbst und des eigenen Ursprungs sucht, in dessen Wiederbegegnung die Gabe zu ihrer letzten Bestätigung findet.

Es mutet allerdings etwas komisch an, sich den schöpferischen Geist bis dahin in Wartestellung vorzustellen: das entspricht nicht dem bedingungslosen schöpferischen Akt des Absoluten, das zeitlos schafft und die Welt und ihre Zeit, die es nicht für sich sein läßt, bestimmt nicht zur Voraussetzung hat. Weil das Absolute in sich und für sein schöpferisches Wirken die Zeit der vergänglichen Welt ausschließt, wird nur der unendliche Schöpfer auch als der Ewige bezeichnet, was die dann und wann grassierende Redeweise von der Ewigkeit als zeitüberspannende Anwesenheit zu allen Zeiten erledigen dürfte. Partizipierte der endliche Geist übrigens kraft seines metazeitlichen Charakters an diesem Fehlbegriff von Ewigkeit, wäre dieses zeitenthobene Mirakel nur ein Ding mit einem ausgeprägten Sensorium für die Selbstgegenwart der Zeit an sich. Zeit an sich müßte dann aber auch konsequenterweise die Anfangslosigkeit einer für sich selbst seienden, mithin ungeschaffenen Welt bedeuten, deren Zeitlichkeit von den Dingen abstrahiert, die in ihr vergehen. Aber die Lösung solcher Antinomien darf getrost denen überlassen werden, die sie sich einbrocken lassen. Zeitlichkeit ist keine leere Form, die sich selber frißt, und Ewigkeit kein unendlich ausgedehnter Fixpunkt, der dabei zusieht. Zeitlichkeit ist eine Dimension, die selbst vom Vergehen des Nicht-Geistigen umgriffen ist, weil Zeit den Dingen innerlich ist. Wenn die Seinsgabe für ihre geschichtliche Existenz Welt und Zeit als ihr anderes einschließt, und dieses andere seine Realität ausschließlich für den endlichen Geist hat, der Welt und Zeit zu seiner Reflexivität bekehrt, bleibt der Geist zwar nicht vom Tod des Leibes unberührt, doch muß er darum noch nicht sein Ende im Ablauf seiner Lebenszeit finden. Noch viel weniger umgreift Zeitlichkeit das Geistige schlechthin. Daher ist es vollkommen absurd, sich die Ewigkeit wie einen unendlich ausgedehnten, objektiven Zeitpunkt vorzustellen, der unglaublich lange dauert und sich in dieser Dauer stets gleichbleibt, oder gar die Dauer selbst in Gestalt eines unveränderlichen Zuschauers zu hypostasieren. Unauslöschliche Identität und leere Unveränderlichkeit sind lediglich Extrapolationen, die negativ aus dem gewonnen werden, was vergängliche Dinge ausmacht. Merkwürdigerweise sind es aber genau diese Vorstellungen von Ewigkeit, die von Parmenides über Kant bis hin zur heutigen Zeit das Denken durchdringen, obwohl sie damit das Absolute todsicher verfehlen und die Existenz verungültigen, auch wenn Ewigkeit gar nicht ausdrücklich thematisiert wird: Ist indifferente Identität der einzige Grenzbegriff zum steten Werden der Geschichte, bringt notwendigerweise jedes Urteil über die historische Existenzweise implizit ein Ahistorisches zur Geltung und richtet es unversehens zum transzendentalen Prinzip allen Urteilens auf.[28]

[28] Vgl. Parmenides, Fragm. 8,1 ff. (wirklich Seiendes ist ungeworden, „unvergänglich, ganz, eingeboren und unbewegt", Nichtseiendes – Entstehendes – ist nicht); zur regulativen Idee als Bruch vgl. Kant, Kritik der reinen Vernunft, B 54, 642 („Bedürfnis der Vernunft" ist „nicht einmal als denkbarer Gegenstand gegeben").

Daß kaum eine Frage so vernachlässigt ist wie die nach der Ewigkeit, liegt vermutlich an ihrer Verbindung mit der Gottesfrage. Eigentlich ist aber einer der Hauptgründe für das allgemeine Desinteresse an der Gottesfrage der, daß man über den Charakter der Ewigkeit schon Bescheid zu wissen glaubt. Man achte nur darauf, in welchem Zusammenhang von „Ewigkeit" die Rede ist: immer das leere Gleiche, dem nur tödliche Langeweile entspricht. Wen wundert, daß selbst gläubige Christen schaudern, wenn sie sich ihr „ewiges Leben" vorstellen? Wer wird den Ewigen überhaupt suchen wollen, wenn schon das bloße Wort „Ewigkeit" das fade Gefühl weckt, gähnen zu müssen? Von welchen – wirklichen – Spielern wollte Pascal im Ernst annehmen, daß sie ihre sicher vergänglichen, dafür aber realen Freuden für „eine Unendlichkeit an unendlich glücklichem Leben"[29] verwetten würden, wenn diese Unendlichkeit nur ein immens tugendhaftes Schweigen bezeichnet? Nichts zu verlieren? So nichtig vergängliche Freuden auch sein mögen, angesichts der unendlichen Langeweile, auf die sich das ewig mit sich gleichbleibende Unbewegte reduziert, erscheinen sie um ein Vielfaches reicher und lebendiger, als die unendlich potenzierte Sonntagsruhe, auf die sich nur die Puritaner aller Zeiten freuen können. An diesen Auffassungen von Ewigkeit ist nicht so sehr auszusetzen, daß Weltfluchtmotive die Hoffnung auf ein Leben nach dem Tod überlagern und sich mitunter wie Äußerungen von Lebensmüden lesen, von denen zu befürchten ist, daß sie auch das Leben anderer dementsprechend gestalten wollen; das hat man dem Christentum schon zur Genüge vorgeworfen. Noch viel mehr ist die Konsequenz zu beklagen, mit der die Ewigkeit, die ganz und gar anders geartet sein soll, die geschichtliche Existenz mit allen ihren Unwägbarkeiten überhaupt von sich ausschließt: Geschichte geht die Ewigkeit nichts an, weil in der Ewigkeit auch nichts vor sich geht.[30] Mit diesem Ausschluß wird nicht nur alle Hoffnung auf eine erfüllende Bestätigung des Diesseitigen im Jenseitigen hinfällig: Ist Ewigkeit eine Realität, an der sich die Geschichte bricht, stellt sich die geschichtliche Existenz einer jeden Gabe als ausgesprochen bösartige Absurdität dar.

Der Ausschluß des Ewigen aus der Geschichte vereitelt nicht nur jeglichen Gedanken an die erfüllende Bestätigung der Gabe, sondern schließt auch das Absolute in Grenzen ein, die gar nicht seine sind. Dabei ist die Schlußfolgerung, dem unzeitlich schaffenden Ewigen sei Geschichte fremd, nicht zwingend. Die

[29] Pascal, Pensées, 233. Zur Wette vgl. Fischer, Die philosophische Frage nach Gott, 338. Pascals Genialität schließt die Ergänzungsbedürftigkeit seiner Aussagen nicht aus. Wer die Wette schlicht referiert, ohne sich Gedanken darüber zu machen, wie es um „eine Unendlichkeit an unendlich glücklichem Leben" bestellt sein muß, damit der Einsatz der Wette ein lohnendes Wagnis darstellt, erweist Pascal aber einen Bärendienst. „L'historique n'a pas sa chance en l'éternel, qui n'est pas son enjeu et la logique du pari est rompue par la disjonction entre l'anhistorique et notre existence qui le contredit, le contrefait, construisant désespérément les prémices apparentes d'un ‚au-delà' qui les ignore" (EE, 151).

[30] Der Ausschluß ist wechselseitig und beschränkt sich nicht nur auf die unmögliche Passage ins Ewige: aus dem, worin nichts passiert, passiert auch nichts in die Geschichte hinein. Das widerspricht der Schöpfung und versperrt den Glauben an die Menschwerdung Gottes, vgl. RP, 251, DD, 103 („rien ne passe, de l'éternel, car rien ne s'y passe"), PM, 216, EE, 153.

Annahme eines in sich ahistorischen Ewigen ist nicht einmal plausibel, überträgt sie doch letztlich in ihrem negativen Befund die Zeit von nicht-geistigen Dingen auf das Absolute, während nicht einmal die persönliche Geschichte des endlichen Geistes so eine Zeit kennt. Ewigkeit als Negation von Zeit ist eine pure Subtraktion von der Zeit von Objekten. Dieses Denken gehorcht einer Zeitauffassung, die nur veränderliche Dinge kennt und über geistiges Sein, dessen Geschichte sich nicht in der Spanne zwischen natürlichem Anfang und Ende bemißt, nichts zu sagen weiß. Auch ein absoluter Anfang wird hier keine Assoziationen wecken. Weil diesem Denken nur natürliche Objekte mit zeitlichem Beginn und Ende zugänglich sind, fällt es auch über das Ewige qua Anfangs- und Endlosigkeit das Verdikt des Nicht-Seins, als das sich das bloße Präsens eines armseligen Nullmoments übersetzen muß.[31] Allen Vorstellungen von Ewigkeit als invariable, leere Identität liegen bloße Abstraktionen von rein relativen, zeitlichen Anfängen zugrunde, denen einzelne Akte nicht ganz entsprechen, die bedingungslose Gabe endlichen Seins aber überhaupt nicht entspricht, vom absoluten Geber ganz zu schweigen, der selbst sein absoluter Anfang ist. Aber von „der Abwesenheit aus allen Zeiten zur Abwesenheit aus jeder menschlichen Geschichte ist die Konsequenz null und nichtig, reine Verwechslung von Natur und Geist."[32] Die geschichtliche Existenz vernichtet sich am Ewigen nur unter der Bedingung, daß Zeit eine alle Wirklichkeit nach Art von Dingen bestimmende Dimension ist, weswegen das Ewige, sofern es auch eine Realität sein soll, aus dieser Dimension nur um den Preis besonders fester oder aber besonders flüchtiger Dinglichkeit herausgenommen werden kann.[33] Ist nichts anderes bekannt als diese Zeit der Dinge, wird das Ewige auch nichts anderes sein als ein überzeitliches Super-Objekt, dessen Begriff nur eine simple Negation der Sphäre des Vergänglichen bezeichnet und darum die Erfüllung der geschichtlichen Existenz schwerlich gewähren wird.

Die Ewigkeit des Absoluten ist keinem Denken zugänglich, das nur Relatives kennt; es verfehlt den Begriff absoluter Freiheit und wird darum auch zum Zielbegriff endlicher Freiheit wenig Nennenswertes beitragen. Denkt man das Absolute dagegen als seinen eigenen ewigen Anfang, dürften die gängigen Vorstellungsweisen von Ewigkeit und Geschichte ins Wanken geraten. Sie müssen auch ins Wanken geraten: Ist es aussichtslos, Geschichte und Ewigkeit anders denken zu wollen, als in ihrem wechselseitigen Ausschluß, ist die letzte Preisgabe jeder

[31] Vgl. SCH, 64: „l'esthétique transcendantale n'est que conséquence, elle résume toute une tradition qui a constamment pour effet de représenter l'absolu comme étranger à la riche variété du devenir historique et de toute expérience. Dieu est alors la notion la plus pauvre, le signe du vide qui seul est formellement identique à lui-même."

[32] EE, 151. Vgl. PC, 266: „Comment avons-nous pu dire de Dieu ce qui doit être dit du corps, sinon pour avoir dit de Dieu ce qui doit être dit de la négation même de l'absolu?"

[33] Das macht die Attraktivität so vieler Systeme aus, die aus ihrer rein objektiv verstandenen Beständigkeit gar keinen Hehl machen. Das verzögert aber nur die letzte Frage nach dem Sinn dieser Systeme. Das Problem ist bekannt und wie die Arianismus-Kontroverse zu lösen: Letzter Sinn erschließt sich nur durch eine absolute Vermittlung.

persönlichen Existenz an Sinnlosigkeit unausweichlich, um so mehr, als sich auch keine Hoffnung wider alle Vernunft behaupten kann. Allerdings darf eingeräumt werden, daß ein anfangsloser Anfang schwer zu denken ist. Selbst Schellings Meditationen, die ein ahistorisches Ewiges durch eine „wahre Ewigkeit" zu widerlegen suchen, welche die Zeit als „selbst sich unterworfen enthält",[34] scheitern an dieser Schwierigkeit: Das Absolute kann nur selbst sein absoluter, unableitbarer Anfang sein und sollte als unmittelbare Selbstinitiative mit dem zusammenfallen, was beginnt. Das, was in Schellings absoluter Ontogenese beginnt, ist als expansive Überführung der vorausgesetzten kontraktiven Kraft in einen effektiven Akt der Anfang schlechthin, wobei die positive Überwindung der ursprünglichen Negativität des Absoluten von dieser selbst wie von der Selbstinitiative unterschieden ist. Letztere ist eigentlich erst die Achse, an der sich die kontraktive Spannung gleichsam bricht und in expansiver Entspannung weiterführt, der Punkt, der zwei entgegengesetzte Bewegungen unendlich miteinander ausgleicht, sie zusammenhält und ihre wechselseitige Immanenz in einem Akt erlaubt. Das Negative der absolut unabhängigen Freiheit des Absoluten bestimmt sich selbst in Negation ihrer Negativität und gewinnt durch und in dieser Selbstbestimmung ihre Positivität. Diese drei Instanzen strukturieren als die drei Ekstasen einer ewigen Zeit den absoluten Seinsakt als ewige Vergangenheit (unausschöpfliche Negativität), ewige Gegenwart (Selbst- bzw. Seinsinitiative) und ewige Zukunft (unendliche Positivität). Weil es dem Ewigen an eigener Geschichte nicht gerade ermangelt, hat es das Geschichtliche auch nicht zum Gegenteil. Angesichts dieser übergeschichtlichen „Fülle der Zeiten" stellt sich Geschichte vielmehr als Unerfülltes dar. Im Vergleich ist sie sogar unendlich weniger Geschichte als die „ewige Geschichte", da sie ihre Vergangenheit nicht wirklich, sondern nur im Gedächtnis vergegenwärtigt und ihre Zukunft auch nicht selbst erfüllen kann. Dafür ist jeder persönlichen Geschichte kein Nichts verheißen. Weil sich die Geschichte der menschlichen Existenz aus der ewigen Geschichte des Absoluten ableitet, dessen ewiges Sein siegreiche Überwindung alles Nicht-Seins bis hin zur Überwindung des eigenen Nicht-Beginnens ist, kehrt sie auch in diese zurück. Diese Rückkehr der menschlichen Geschichte macht wie ihre Abkunft aus dem Ewigen die Endlichkeit der Existenz aus, weswegen diese sich auch im Ewigen vollendet, ohne darin aufgehen zu müssen. Ewige Geschichte ist kein Stillstand, in dem sich menschliche Geschichte bloß rekapituliert. Da es nicht die Zeit der Existenz ist, welche die Endlichkeit des Menschen bezeichnet, sondern die Ausrichtung jeder menschlichen auf die ewige Geschichte hin, aus der sie stammt (wodurch sich das Metahistorische auch als Transhistorisches erweist), kann endliches Sein über den Tod hinaus auch in geschichtlicher Existenzweise fortbestehen. Ewige Geschichte beendet nicht die menschliche, sondern nimmt sie auf, warum sich persönliche

[34] Schelling, Die Weltalter, 66. Die Auseinandersetzung mit Schellings Meditationen über Zeit und Ewigkeit, die fast keine Weiterführung gefunden haben (was wirklich symptomatisch zu nennen ist), bestimmt alle Erörterungen über den notwendigen Sinn von Geschichte bei Bruaire, vgl. SCH, 51–69, DD, 103 ff., RP, 251–259, PM, 220–223, EE, 152–157, FE, 108 f. u.ö.

Geschichte auch dem Ewigen angleicht, ohne ihre existentiellen Prägungen aufgehoben zu sehen. Das Absolute stellt Schelling nicht als unbewegte Leere dar, sondern als ein in sich qualitativ differenziertes, lebendiges Unendliches, das seine Einheit in und aus den unendlich miteinander ausgeglichenen Bewegungen von Reflexion und Expression, Kontraktion und Expansion hat. In dieser selbstgegenwärtigen und sich selbst wissenden Einheit hat das Absolute seine ewige Vergangenheit und Zukunft bei sich. Durch ihre Teilnahme am dreifach-ewigen Leben des Absoluten findet die Existenz sowohl zum Ausgleich der auseinanderstrebenden Kräfte eigener Reflexivität und Expressivität, als auch in der Erfüllung persönlichen Seins zur wirklichen Aufnahme der eigenen Vergangenheit.

So weit so schön. Der Punkt, der Schellings Scheitern markiert und die Erfüllung menschlicher Geschichte wiederum vereitelt, ist schon die unvordenkliche Entscheidung des ursprungslosen Ursprungs selbst, die Seinsinitiative zu ergreifen. Wie sich bei Schelling das Ja zum eigenen Beginnen nur durch ein sich widersprechendes Nein zum eigenen Nicht-Beginnen befreit, oder der Pfeil seinen Weg nur dann in der Entladung des gespannten Bogens nimmt, wenn der Schütze es beschließt, hängt auch die expansive Seinseroberung des Ewigen an der positiven Überwindung der ursprünglichen Kontraktion in einer unauslotbaren Negation der Negation. Das lebendige Ewige, das nur dann die Erfüllung menschlichen Existierens gewähren kann, wenn es selbst sein anfangsloser Anfang ist, der in seiner Positivität nachzuvollziehen ist, resultiert aus seinem schlechterdings unbegreiflichen Nicht-Beginnen. Damit ist die freie Selbstbestimmung des Absoluten Funktion einer vorausgesetzten Irrationalität (blinder Wille), die jeden Sinn als Wahnsinn durchdringt, die lebendige Ewigkeit aber auch Funktion einer negativ verstandenen Anfangslosigkeit, die aus der leeren Form ihres hyperahistorischen Nicht-Beginnen-Könnens eigentlich niemals selbst beginnt. Weil sich dem Absoluten mit seinem Akt die eigene Bestimmtheit stets entzieht, ist es entweder ewig anfangslos und bleibt in seinem Nicht-Beginnen eingeschlossen, oder aber es beginnt tatsächlich, um sich dann aber sogleich im unvermittelten Aufeinanderstoßen von Kontraktion und Expansion selber aufzulösen. Das macht aus der ewigen Fülle der Zeiten eine unendliche Rotation letztlich unbestimmter Zeitlichkeit, in der sich der absolute Anfang selber aufhebt, bevor er noch begonnen hat. Schier möchte man bitten: „Höchsten Heiles Wunder: Erlösung dem Erlöser“![35]

Das Absolute, wie es Schelling versteht, gleicht der Gabe des endlichen Geistes, dessen ontogenische Passivität die substantielle Unabhängigkeit (Kontrak-

[35] R. Wagner, Parsifal (1877/79), 3. Akt, Schlußchor. Über das Enstehen von Ordnung aus Chaos freuen sich Anhänger der Selbstorganisation in Naturwissenschaft und Soziologie; zum „präepistemischen Wahnsinn“ als Mitgift von Logik und Garant für Kreativität vgl. W. Hogrebe, Prädikation und Genesis, Frankfurt 1989, 106, 122 („prärationale[r] Sinn von Sein“), 126 mit Hinweis auf Platon, Phaidros 244 a: „Die größten Wohltaten werden uns durch den Wahnsinn zuteil.“ Freilich bleiben alle diese Wohltaten unbegründet und hängen wiederum an Entscheidungen, die nicht nachzuvollziehen sind. Pervers wäre es fernerhin, die oftmals schrecklichen Aspekte der Geschichte durch die Annahme eines Schrecklichen im Absoluten selbst relativieren zu wollen. Zweimal Schreckliches macht Geschichte nicht sinnvoller.

tion) begründet, die sich im lebendigen Engagement des Substanz-Subjekts selbst erreicht, wenn sich die angeborene Freiheit in sekundärreflexiver Aufnahme ihrer ursprünglichen Primärreflexivität in anderes hineinbegibt und darin anderen zuwendet (Expansion). Für endliches Sein ist tatsächlich jedes Freiheitsereignis die positive Frucht einer Negation der Negation, jeder Akt ist ein Ja, das ein mögliches Nein voraussetzt, und jede Zustimmung überwundene Verweigerung. Was in den Vollzügen des endlichen Geistes gelingt, nämlich die Befreiung des kontraktiven „In-sich-gesetzt-seyn(s)" durch das expansive „Außer-sich-gesetzt-werden", das aus der subjektiv fortgeführten substantiellen Reflexivität schöpft, bleibt dem absoluten Geist bei Schelling verwehrt, der sich nur selbst bestimmen kann. Die substantiell unabhängige Seinsgabe überführt sich in die bestimmende Wirklichkeit ihrer subjektiv bewußten Existenzweise, weil sie zu dieser Bestimmtheit schon bestimmt ist. Die vernünftig-freien Vollzüge des endlichen Geistes haben keine indifferente Voraussetzung, da sich der Schwung der Weitergabe dem Inneren der Gabe selbst verdankt. Demgegenüber wirkt das Schellingsche Absolute, das sich selbst im Wege steht, ohnmächtig und steril.

Wenn die Gabe endlichen Seins kein Nichts, sondern die Positivität seines Gabe-Seins voraussetzt, sollte der Geber nicht hinter seine Gabe zurückfallen und der Schöpfer nicht noch anthropomorpher verstanden werden als sein Geschöpf. Wie der endliche Geist bei aller seiner kontraktiven Unabhängigkeit Substanz ist, um Subjekt zu sein, die Gabe zur bestätigenden Aufnahme ihrer selbst in Weitergabe bestimmt ist und so im Inneren der Negativität der Gabe selbst eine zu positiver Expansion drängende Selbstlosigkeit *(abnégation)* aufleuchtet, kraft der die Geistsubstanz sich außer sich wendet und in ihren vernünftig-freien Vollzügen sich selbst und andere erreicht, so ist die absolute Selbstgabe nicht unbegreiflich unterworfene Negativität, sondern vielmehr unendlich positive Seinsmächtigkeit, die sich in ihrem Ausdruck und für die darin ermöglichte Selbsttransparenz restlos aktualisiert, weil sie gar kein anfänglich Unbestimmtes ist. Durchdringt schon eine positive Bestimmtheit die negative Unabhängigkeit der Gabe, die sich selbst gegeben ist, um für sich selbst und andere zu sein, um wieviel mehr muß dann die absolute Irrelativität des absoluten Gebers in ihrem Innersten absolute Selbstgabe sein, die unterschiedslos auch Selbst- und Seinsbestimmung ist! Wenn, so ist es nicht das Negative, sondern das Positive, das zuerst ist. Das Positive ist also nicht erst das, was *(quod)* überhaupt beginnt, sondern das, wodurch *(quo)* der Beginn selber ist.[36]

Weil es sich beim Seinsakt des Absoluten um eine Selbstgabe handelt, und in diesem Akt der Selbstbestimmung auch nichts wie eine passive Form vorweggenommen ist, die ein aktiver Inhalt noch mit seiner ursprünglichen Unbestimmtheit zu füllen hätte, ist die unendliche Expressivität des Absoluten Ausdruck

[36] Vgl. PM, 281: „La négativité de l'esprit n'est dès lors qu'une expression seconde de sa positivité originaire." EE, 155: „Le don absolu de soi en et à son acte pur est *effusion-Principe,* dans l'infinie positivité de sa puissance ontogénique. C'est le *positif,* alors, *qui est premier,* qui est, non ce qui commence absolument, mais ce par quoi le commencement *est.*"

eines vorbehaltlosen Gebens, das ganz in seiner Gabe aufgeht. Sozusagen hat der Geber sein Präsens ganz und gar in der unendlichen Gabe seines Präsents, das er selber ist. Der Seinsakt, der in und aus der unmittelbaren Selbstgabe des ursprungslosen Ursprungs ist, zeigt die konstitutive Selbstlosigkeit der absoluten Freiheit auf, die das Innerste der unausschöpflichen Seinsmächtigkeit durchzieht und sich selbst vollkommen ihrer Gabe mitteilt, die sie selber ist, ohne daß irgendeine Distanz zwischen Spannung und Entspannung verbliebe.[37]

Die „ewige Vergangenheit“ ist somit kein Gedächtnis überwundener Negativität, sondern ein bruchloser Übergang des Prinzips in die Gegenwärtigkeit seines Aktes, der die ganze absolute Freiheit in sich enthält. Nur innerhalb dieser Identität von Selbstgabe und Seinsakt, der selbst ein Geben darstellt und die unmittelbare Überführung des Gegebenen in seine Gabe bezeichnet, kann von Selbstdifferenzierung des Absoluten die Rede sein. Weil sich die Selbstgabe vorbehaltlos in ihrem Ausdruck aktualisiert, diese Gabe sich aber auch nicht für sich selbst behält, sondern sich wiederum ihrem Ursprung restlos zurückerstattet, ist sie erst kraft dieser Rückgabe wirkliche Anerkennung ihrer selbst als Gegebenes und damit auch Vergegenwärtigung des eigenen Prinzips. Wenn sich die Gabe also ihrerseits der Selbstgabe zurückgibt, der sie sich verdankt, dann ist sie bei aller qualitativ verbleibenden Differenzierung der ursprünglichen Selbstgabe nichts anderes, als diese in ihrem Gegebensein selbst. Deswegen hat der absolute Seinsakt auch erst in der Rückgabe seine Vollständigkeit und entspricht der Selbstgabe auf beiden Seiten auch Selbstlosigkeit (im Inneren wie im schöpferischen Außen).[38]

In diesem uneigennützigen Gegenüber und darum vollkommenen Austausch von Geben und Geben ist wirklich die „ewige Gegenwart“ zu sehen, in der das innerlich bruchlos differenzierte, in sich vollständig bestimmte und sich selbst gleichsam durch wechselseitige Selbstmitteilung zwanglos anreichernde Absolute absolute Identität ist. (Unter der Hand hat sich hier die Frage nach dem Sein als solchem entschieden: Die Gabe ist der ontologische Begriff schlechthin.[39]) Zu dieser Identität gehört aber noch ein weiteres: Aus der freien, selbstgegenwärtigen Seinsfülle überfließt die „ewige Zukunft“, die das ewige Ineinander von absoluter Freiheit und absolutem Akt wie in unendlicher Zäsur vollendet. Indem sich die Gabe, nämlich das Gegebensein der Selbstgabe, ihrem Ursprung zurückerstattet, die Selbstgabe aber nach erfolgter Rückgabe ihre Gabe nicht einkassiert, ihren

[37] Vgl. FE, 112: „Si Dieu s'exprime, il s'exprime absolument, au sens où la graine est exprimée du fruit et le contient tout entier. Alors Dieu se dit sans réserve en sa parole, il passe tout entier sans que secret soit gardé. Ce qui veut dire que Dieu n'est pas l'absolu de l'esprit s'il n'est pas son propre don (…) A quoi il faut ajouter immédiatement ceci, c'est que le fruit de Dieu n'est pas divin lui-même s'il ne se rend pas à sa source, s'il ne se donne pas lui-même en retour.“

[38] Vgl. EE, 157: „Ni succession, ni abstraite simultanéité, la forme de l'Acte-Verbe n'est absolue que conformée à l'abnégation réflexive qui présente à l'Origine le présent du Don.“

[39] Dagegen hat Heideggers Problematisierung der „ontologischen Differenz“ (Vom Wesen des Grundes, Frankfurt ³1949, 15: „Unterschied von Sein und Seiendem“) mit Schellings Unterscheidung zwischen dem Göttlichen und Gott auch dessen Scheitern unreflektiert übernommen und Plotins unmöglicher Emanation des Vielen aus dem indifferenten Einen moderne Gestalt gegeben, vgl. PM, 5 ff., EE, 104, 189.

Akt nicht rückgängig macht und sich als Selbstgabe mitnichten zurücknimmt, greift sie sich selbst als durch Rückgabe überbestimmtes Geben auf, um sich wie in doppelter Entspannung und in bekräftigter Weise an ihre Gabe wiederzugeben. Hier negiert sich nichts: In dieser Wiedergabe, die als dritter Term aus der differenzierten Einheit von Selbstgabe und rückerstatteter Gabe für das Geben selbst hervorgeht und die ursprüngliche Selbstbestimmung wie auch die freie Wechselgabe erfüllt und vollendet, bejaht sich der absolute Seinsakt selbst in seiner unendlich bestätigten Expressivität. Das Ewige hat seine absolute Zukunft in Bestätigung der ewigen Gegenwart, die als Wiedergabe den vollkommenen Austausch von Selbstgabe und Rückgabe durch diesen hindurch und also in Potenzierung der wechselseitigen Großzügigkeit mit der ganzen Kraft des absoluten Gebens überfrachtet und beschließt.[40] Darin hat der absolute Geist den unendlichen Reichtum seines Lebens, der menschliches Leben auch unendlich erfüllen kann.

Ähnlich reicher Gewinn wie aus Schellings Ewigkeitsspekulation kann auch aus Korrekturen an Hegels Theorie der absoluten Negativität gewonnen werden, deren systematische Ganzheit ebenso deutliche Anleihen an trinitätstheologischen Vorgaben macht, wie die Theorie der „Weltalter". Hegels grundlegende These über das Absolute des Geistes als absolute Reflexion zeichnet die Autogenese Gottes nach: Das, was seine Logik aussagt, soll nichts anderes sein als das im und durch den Geist bestimmte Sein schlechthin. Das kehrt das allgemein akzeptierte Verhältnis von Sprache und Sache um: In der Logik drückt sich mit dem Absoluten das Sein selber aus, das als bestimmtes Sein jeder weiteren Sinngebung vorausgeht. Weil in dieser Bestimmtheit das Sein sich selber dem Denken erschließt und somit der Logik gegenüber eben nichts fremdes ist, geht der fast schon kanonische Einwand einer Reduzierung des Seins auf subjektive Wissensstrukturen an der Sache weit vorbei. Schlimmer noch: Die mit der Exaltierung des Seins an sich einhergehende Kritik am Subjekt, das in seinem Erkennen alles auf sich selbst zurückführt, kennt offenbar auch nichts anderes als entweder subjektiv bestimmtes oder aber ganz und gar unbestimmtes Sein. Sein an sich im Sinne eines absolut unbestimmten Seins wäre jedoch als unmittelbare Identität des Gleichen mit sich selbst von einem wesenlosen Nichts gar nicht zu unterscheiden und müßte als unendlicher Seinsmangel gelten, der sich selbst nicht einmal verfehlen kann: gar nichts, nichts für sich selbst und schon gar nichts für das Erkennen. Wohlgemerkt hinterließe dieses Nichts nach seiner Selbstverabschiedung auch keine Spuren. Die Theorie der absoluten Negativität des Geistes bewahrt dagegen den Sinn des Seins: Absolute Negativität bestätigt in verdoppelter Negation das Sein, weil sie auch das negiert, was sich dem unbestimmten Sein als Negatives entgegensetzt.

Der abstrakten Allgemeinheit des Seins steht bei Hegel bestimmtes Sein gegenüber, in dem sich das eine Sein nicht etwa teilweise, sondern in grundlegender

[40] Vgl. EE, 157: „L'éternel est persistance du don de soi, surchargeant l'effusion rendue de sa positivité donatrice absolue. Si bien que l'on peut évoquer une négation de la négation, mais seulement comme confirmation de l'Affirmation originaire, dans l'identité de l'acte où l'infini se donne absolument."

Unterscheidung besondert. Im Vergleich mit den bloß partiellen Seinsäußerungen im menschlichen Tun und Denken ist Expressivität in dieser Sphäre Bestimmtheit des ganzen Seins! Diese Besonderheit wiederum negiert sich als Entgegengesetztes in einem reflexiven „Gegenstoß“: Dieselbe negative Macht, die dem unbestimmten Einen durch die Entgegensetzung des Besonderen widerspricht, hebt ihren Unterschied auf, negiert ihn und läßt ihn dadurch auf das unmittelbare Sein zurückkehren. In dieser doppelten Negation befreit sich das Eine von seiner ursprünglich unbestimmten Allgemeinheit und ist konkretes, durch auf sich reflektierte Besonderheit selbstbestimmtes einzelnes. Die geistige Reflexionsbestimmtheit hat sich somit selbst als einzelnes zum Resultat, weil Negativität jeden seiner drei Terme regiert und sich alle drei für sich auch durch extrem negativen Selbstverzicht auszeichnen. Diese Ontologie (oder Autologie) des Absoluten hängt an einer dreifach differenzierten Negativität, die im und aus dem Seinsakt diesen aus seiner Besonderung heraus zum ursprünglichen Allgemeinen bekehrt. Das sich solcherart bestimmende, aus seiner Bestimmung auf sich zurückkehrende und darin vollbestimmte Absolute ist absolute Selbstbestimmung. Sich selbst einholende, konkrete Einzelheit ist aber Kennzeichen des Personalen.[41]

Die absolute Negativität des Geistes vollzieht sich in der unendlichen, jede Begrenzung überwindenden, seins- und selbstbestimmenden Bewegung des einen Aktes, der die abstrakte Universalität des einen Seins negiert und im selben Akt dieser Negation wirksam widerspricht. Der unendlichen Negativität des Einen, der ein Einziger ist, entspricht dreifacher Selbstverzicht auf der Ebene ihrer drei Terme, die sich dreifach anordnen. Diese Selbstvermittlung der absoluten Reflexivität beschreibt die spekulative Schlußlogik, die Allgemeinheit, Besonderheit und Einzelheit voneinander trennt und für die Einzigkeit des Einen zueinander vermittelt, wobei die drei Sphären jeweils als Prämisse, Vermittlung und Resultat zu stehen kommen. In diesem Bezugssystem aus abfolgenden und einander bedingenden Setzungen und Absetzungen scheint ein Modell auf, den einpersönlichen Gott als dreipersönlichen zu verstehen. Darüber hinaus erlaubt dieses Verstehensmodell nachzuvollziehen, wie Gott in sich selbst Person und Geist ist, im Unterschied zu einer der drei Personen, die Geist ist.

Der erste Schluß hat die disjunktive Form Allgemeinheit (A, Vater) – Besonderheit (B, Sohn) – Einzelheit (E, Geist): Unbestimmtheit hebt sich in Bestimmtheit auf und kehrt in aufgehobener Aufhebung bzw. widersprochenem Widerspruch auf sich zurück. Diese Rückwendung geschieht in geistigem Gegenstoß, der die Bestimmtheit als Trennung überwindet, die Setzung des Besonderen absetzt und sie zum Ursprung zurückführt: B (ABE) – E (BEA) – A. Der dritte Schluß vereinigt in sich die beiden vorhergehenden, vermittelt seine Terme dreifach zueinander und hat die vereinigende Form E (BEA) – A (EAB) – B (ABE),

[41] Zur Theorie der absoluten Negativität vgl. Hegel, Die Lehre vom Wesen, 7–24, AD, 94–110, PM, 270–274, EE, 169–179. Man kann auch sagen, daß selbst eine universale Eins logisch die Zwei voraussetzt. Zum einzigen Einen wird die Eins nur dadurch, daß die Zwei als Drei auf die Eins zurückkommt, „das Dritte ist auch das Erste“ (Hegel, Die vollendete Religion, 128).

in der die abgesetzte Bestimmtheit auf die ursprüngliche Unbestimmtheit in der Weise einer Setzung zurückkehrt und diese wiederum bestimmt. Weil es sich bei dieser Reflexionsbestimmtheit um ein zirkuläres Ganzes handelt, nimmt der letzte Schluß seine beiden Prämissen als Voraussetzungen auf, um sich ihnen wiederum selbst vorauszusetzen. Über jede ohnehin ausgeschlossene Chronologie der disjunktiven Formen hinaus rollt sich damit die logische Abfolge von diesem Einheitspunkt her wieder auf und kehrt sie um. Die einzige, vollständige Form des in sich dreifach differenzierten Einzigen, der sich aus seiner eroberten Bestimmtheit heraus wiederum dreifach differenziert und darin überbestimmt, hat also die Anordnung:

E (BEA) – (B, ABE) – A (A, EAB) – (E, BEA) – B (ABE).

In dieser vollkommenen Zirkularität nimmt sich das vollbestimmte Absolute als Resultat und als Beginn aus. Es kommt zu sich aus dem Selbstverzicht jedes seiner drei Momente, die nicht für sich selbst bleiben, und gewinnt aus dieser „Mitteilung“ ihres in anderes übergehenden Entgegenstehens absolutes Selbstbewußtsein, was sich in der Charakterisierung der ursprünglich unbestimmten Vernunft- und Seinstotalität („Logik“) als sich nun „wissende Vernunft“ niederschlägt, die sich ihren Entfaltungen wiederum zugrunde legt.[42] Für den Belang trinitätslogischer Fragen könnte das nun heißen, daß der (heilige) Geist den (absoluten) Geist in dessen absoluter Einheit zum Prinzip hat und aus dem Akt hervorgeht, den er selbst beschließt. Seine setzende, das heißt trennende und gleichzeitig vereinigende Aktivität hat er als Vermittlungsinstanz des zweiten Schlusses (BEA) nur darum, weil er den dritten Schluß (EAB) zur absoluten Voraussetzung hat und dessen Implikat ist, womit er sich als Selbstdifferenzierung des absoluten Geistes erweist, in der sich dieser über sich selbst als Allgemeines und über seinen besonderen Ausdruck hinaus als einzelnes erhält (ABE). Durch seine reflexive Tätigkeit, die Besonderheit von der Allgemeinheit trennt, um sie zueinander zu vermitteln (BEA als Teil von EAB), nimmt sich der Geist als hypostatische Einzelheit für sich selbst entgegen und erlaubt damit die wirksame Vermittlung „seines“ Schlusses als konstituierendes Element der vollständig ausgeführten Form E – (B) – A – (E) – B. Der (heilige) Geist ist damit gleichzeitig Urheber und Folge der ersten Entgegensetzung wie ihrer Aufhebung und trägt somit auf eminente Weise zur göttlichen *Perichorese (circumincessio)* bei, was so selten aufgezeigt wie häufig eingefordert wird.

Wie bei Schelling ist das Ungenügende an Hegels Theorie absoluter Negativität aber schon am Prinzip auszumachen: Unmittelbares, unbestimmtes und unpersönliches Sein hat Bestimmtheit und Personalität des Seins zum Widerspruch. Negativität ist gleich zu Beginn ein Auseinanderreißen (Urteil) von abstrakter Allgemeinheit und konkreter Besonderheit. Der Gegenstoß des Geistes negiert die ursprüngliche Negativität (Ur-Teilung), die das Getrennte setzt, wirft

[42] Vgl. Hegel, Enzyklopädie § 577: Idee-Logik geht über sich und Idee-Natur hinaus und wendet sich als Idee-Geist sich selber zu. Darin „betätigt, erzeugt und genießt“ „die ewige an und für sich seiende Idee sich ewig als absoluter Geist“.

die Besonderheit auf die Allgemeinheit zurück und bestimmt diese als Einzelheit. So führt sich der ursprüngliche Seinsmangel des Absoluten als unerfüllte Seinsforderung weiter, die durch jede neuerliche Entäußerung und deren Negation unerfüllt bleibt. Ein Jammertal: Das eigene Wort spendet dem zutiefst frustrierten Göttlichen nur schlechten Trost, und der Geist schöpft aus seiner Negativität die Kraft, dem Vater zu helfen, die eigenen Wunden zu lecken. Zur Belohnung sind dann alle vergöttlicht.[43]

Insofern die Sphäre der Besonderheit auch den Bereich markiert, in dem sich menschliches Existieren vollbringt, die Trennung von der Allgemeinheit aber einen wechselseitigen Widerspruch darstellt und das Absolute nur durch Negation dieses Widerspruchs zu sich kommt, wird jede mögliche Relation des endlichen Geistes zum unendlichen Geist auch bloß in wechselseitigem Ausschluß bestehen können. Für sich hätte die Sphäre der Besonderheit tatsächlich nur in Gottlosigkeit bzw. Nichtsein Bestand! Daran ändert auch die logische Transkription der absoluten Ontogenese nichts, die durch endliches Denken nur insoweit aufgenommen und mitvollzogen wird, daß sich menschliches Bewußtsein als spiegelndes Moment am absoluten Denk- und Seinsvollzug selbst erweist. Erfüllung findet die Existenz hier nur als bloßes „Durch" eines sich selbst erfüllenden Denkens, aber kein Heil, an dem sie selber irgendwie beteiligt wäre.[44] Nicht nur findet sich damit jede sinnvolle Aussicht auf eine Bewährung der Existenz versperrt, auch die konstitutiven Elemente der absoluten Negativität des Geistes selbst laufen Gefahr, als letztlich bloß transitorische Stationen im göttlichen Durchgang buchstäblich einzugehen: Wirksamkeit hat die unendliche Negativität des Absoluten nur für sich selbst, während ihre inneren Momente jeweils in sich unversöhnt bleiben.[45] Der Sphäre der Besonderheit, sofern sie bloßes Element der Formel des absoluten Seinsaktes ist, fehlt die wirkliche Bestimmtheit, die sie nur aus dem Inhalt des allgemeinen Seins empfangen könnte, wenn dieses ganz in die Besonderheit einginge. So aber ist die Konsequenz, daß der eine

[43] Vgl. die Kennzeichnung dieser „négativité partitive et réflexive" als „Calvaire éternel" (EE, 184). Dieses „Inferno" der immanenten Trinität begegnet bei S. N. Bulgakow und H. U. von Balthasar wieder, vgl. A. Gläßer, Religionskritik, Glaubensbegründung und interreligiöser Dialog, Regensburg 2000, 184 f.

[44] Vgl. LR, 150 f., PM, 174 f., EE, 178. Dem mit seiner Welt unendlich von Gott entfernten Menschen hilft nur die seinshafte Überwindung seiner selbst zum Heil, ohne daran mitwirken zu können: Im Karfreitagsgeschehen wird für die Vorstellung vorexerziert, was im Absoluten durch Selbstverzicht vor sich geht. Menschen tauschen sich somit in ihren Beziehungen nicht aus, sondern bleiben in ihrer wechselseitigen Selbstlosigkeit jeweils einer am Extrem des anderen stehen. Ähnlich ist im Bereich irdischen Seins überhaupt das wirksame Zueinander von Natur und Geist vereitelt, was einem sakramentalen Werk auch keinen Raum läßt. Darin war sich Hegel sicher, lutherisches Glaubensgut in seiner Wahrheit zu erweisen. Dann gelingt aber auch menschliches Bewußtsein nicht: Geistige Vollzüge sind mangels gelungener Vermittlung bleibend irreal, zeichnen sich durch ontologische Leere aus und erreichen ein gewisses Maß an Realität nur innerhalb der Organisation des ekklesiologisch-politischen Gebildes (das „Reich zur Linken" mit einem weltlichen Oberhaupt), das den Menschen verwaltet.

[45] Zur Auflösung konkreter Einzelheiten in den Vollzug des Denkens bei Hegel vgl. Gläßer, Religionskritik, Glaubensbegründung und interreligiöser Dialog, 173 f.

Gott gar nicht zu sich selber kommt, weil er noch gar nicht bei seinem anderen war. Somit scheitert die Theorie der absoluten Negativität an ihrem Programm, Vermittlungen aus einer systematischen Negierung von Entgegensetzungen ableiten zu wollen und das gar nicht leisten zu können. Entgegen der Behauptung einer Bestimmtheit des ganzen Seins in der Sphäre der Besonderheit, die in dieser Bestimmtheit auf das göttliche Sein zurückkehrt und es bei aller gewahrten Allgemeinheit konkretisiert und vereinzelt, hat es Hegel nicht vermocht, die absolute Ontogenese anders darzustellen denn als ein differenziertes Geschehen, in dem nur darum nichts für sich behalten wird, weil auch gar nichts wirklich empfangen worden ist. Das Absolute ist hier nicht so sehr geistiges als vielmehr geiziges Prinzip, das daran zerbricht, daß es sich ja nicht aus dem heraus wieder – und reicher – erhalten kann, in das es sich gar nicht wirklich gegeben hat. Letztlich liegt es wohl an diesem Fehlbegriff eines einbehaltenen Gebens, daß Hegel auch den Sinn des endlichen Seins nicht erreicht.[46]

Vor dieser Gefahr, das Absolute als großen Wucherer mißzuverstehen, ist aber auch Bruaires Logik der Gabe nicht unmittelbar gefeit. Wenn sich die unbegrenzte Selbstbestimmungsmacht ganz in ihren eigenen Seinsakt gibt und darin wieder ganz erhält, somit der Seinsakt aus der Identität von expressiver Selbstgabe und reflexiver Rückgabe besteht, könnte man die reflexive Anerkenntnis der ursprünglichen Seinsinitiative, in der sich die absolute Freiheit zurückerstattet und in welcher Deckungsgleichheit von Form und Inhalt sie zu Selbstgegenwärtigkeit und Selbstwissen kommt, als Einschluß eines Gebens unter dem Vorbehalt der Rückgabe interpretieren. Die Selbstgabe, die in Rückgabe restlos auf sich zurückkommt, wäre Selbstgabe nur unter der Bedingung der Rückgabe, womit der Seinsakt an einem Geben hinge, das gar keines ist, und das Absolute sich auf die sterile Identität des Ich = Ich (0 = 0) reduzierte. Das wäre wie die Zurücknahme des eigenen Seinsaktes.

Wird jedoch das Absolute an der Identität seines Seinsaktes aus vollkommener Wechselgabe vorbeigedacht, tauchen sogleich alle prozessualen Vorstellungen auf, die das gezeugte Wort unendlich von seinem Ursprung entfernen; in diesen Vorstellungen wurzeln alle gnostischen und subordinatianistischen Spekulationen, denen selbst der aller Gnosis abholde Hegel nicht ganz entronnen zu sein scheint.[47] Vor allem bleibt unerfindlich, wodurch das Absolute seine inneren Risse zu kitten vermöchte und was dann die von jedem einzelnen Seienden verlangte Einheit des Seins gewährleisten sollte; schier müßte man für jedes Staubkörnchen ein eigenes Prinzip bemühen, das den anderen prinzipiell widerstreitet. (Es wäre übrigens mehr als frivol, überhaupt verunmöglichte Einheit gutzuheißen: bloßes Aus- bzw. Durcheinanderwerfen hat schließlich einen Namen!)

[46] Vgl. PM, 281, EE, 137: „Hegel n'est pas (...) suffisamment en alerte sur l'altérité de l'être créé (...) sur son être de liberté, en liberté pour être donné à lui-même, tant est vif l'accent mis systématiquement chez lui sur la négativité de l'esprit qui tend à lui fermer l'accès à la pensée du don, de l'effusion, de la *communicatio entis*."

[47] Vgl. EE, 181. Zum Abweis der Gnosis vgl. LR, 84 f., Hegel, Die vollendete Religion, 23.

Das ist wie Skylla und Charybdis: Denkt man nämlich das Absolute als den vollkommenen Austausch, der die Identität seines Seinsaktes bezeichnet, ist die Gefahr nicht minder. Wenn sich die Selbstgabe des Absoluten in Rückgabe zurückerstattet und der Seinsakt die Form einer Nullbilanz annimmt, lauert die Vorstellung einer unendlich alternierenden Sukzession, in der die positive Seinsmächtigkeit so wunderbar reflektiert und anerkannt wird, daß sie ständig auf sich zurückfällt und zu wirklicher Positivität gar nicht kommt. Diese Fatalität kennt man aus dem „Ich denke, daß ich denke, daß ich denke etc."

Die Alternative ist klar umrissen: Entweder identitätslose, unüberwindliche Zweiheit, deren Bestandteile je für sich auch aller Einheit entbehren (und auf immer so fort), oder aber mit sich identische Ohnmacht, deren Ineffektivität Zweifel daran nährt, ob so ein Absolutes wirklich sein kann. Die möglichen Optionen – Selbstvervielfältigung aus verhinderter Quantität oder Nicht-Sein aus verunmöglichter Qualität – taugen beide nichts. Weil Alternativen aber zumeist nichts taugen, wird an diesem Punkt vor allem deutlich, wie wenig reflexionstheoretische und identitätslogische Durchbestimmungen für sich allein geeignet sind, einen stringenten Begriff des Absoluten zu etablieren. Daß sie aber für sich allein nicht hilfreich sind, sollte nicht dazu verführen, an ihnen vorbeidenken zu wollen, denn denkerische Inkonsistenzen könnten sich rächen! Hier läßt sich nun das eine Absolute, das notwendigerweise mit sich identisch ist und genau damit in seiner eigenen Logik gefangenbleibt, nicht wirklich darstellen, weil es sich selbst als reine Wechselgabe gar nicht darstellen kann: Es hat die eigene Expressivität verloren.[48] Mit der Aufhebung seiner inneren Differenzierung droht das Absolute in der eigenen Identität zu vergehen; es gleicht als Reflexion der Reflexion einer Kreiselbewegung, deren unentwegte Rotation nicht sinnvoll von einem mumifizierten Stillstand zu unterscheiden ist. Das Absolute müßte sich geradezu selbst überschreiten, um über das Notwendig-Identische an der eigenen Begriffsbestimmung hinaus zu wirklicher Darstellung seiner selbst in erneuerter Expressivität zu kommen.

Tatsächlich kann sich die ursprüngliche Selbstgabe nicht mit der reflektierenden Anerkennung ihrer selbst begnügen, ohne sich als Selbstgabe in Frage zu stellen. Bloße Rückgabe würde die zeugende Hingabe des Ursprungs durch wiederum hingebende Zuwendung des Gezeugten zum Ursprung vereiteln, und die Gabe müßte an sich selber scheitern, wenn sie mit ihrer ganzen Vollmacht, sich in ihren anderen zu geben, sich selbst in Rückgabe unterschiedslos zurückerhielte. Hierin würde sich die absolute Freiheit selbst verspielen. Dem absolut Einen, das sich im Selbstgenuß eigener Identität und Reflexivität einzukapseln droht, fehlt es schlicht an Sein. Der absolute Seinsakt verlangt notwendigerweise nach einer Aktualität, die über die sich selbst genügende Notwendigkeit in Über-

[48] Vgl. FE, 112: „en cet effort réflexif, de comprendre ce qu'est l'acte d'être de Dieu, dans le rythme de sa vie divine, nous nous apercevons qu'il ne peut pas être l'absence à lui-même. Il serait son éternel manque s'il n'était sa propre expression, laquelle est l'acte même de l'esprit, comme l'inspiration et la réflexion."

Notwendigkeit (Gratuität) hinausgeht, das heißt ohne die eigene Expressivität wiederum in reflexivem Selbsteinschluß aufzulösen.

Die denkerische Herausforderung ist nicht gering: Expression als konstituierendes Element der absoluten Reflexion müßte über ihre identitätsschaffende Funktion hinaus als absolute Differenzierung inmitten des einen Aktes bestehenbleiben, ohne sich aber als Differenzierung behaupten zu dürfen, um die Einheit nicht Lügen zu strafen. Eine fast schon klassische Aporie: Absoluter Austausch setzt eine Differenz voraus, die sich im absoluten Austausch nicht einebnen läßt. Ist der Austausch vollkommen, ist die Differenz nicht; ist aber die Differenz, so kann von Austausch nicht die Rede sein.

Ein Lösungsweg, der die Vernunft zu befriedigen vermag, ohne an logischen Aporien verzweifeln zu lassen, findet sich aber bereits in der „ewigen Zukunft" vorgezeichnet, in der sich die Selbstvergegenwärtigung des Absoluten effektiv erhält. Dieses Verstehensmodell ist nun dahingehend zu ergänzen, daß es ohne „Zukunft" wohl zu keiner Selbstvergegenwärtigung kommt: Kehrt die Gegenwart der Seinsinitiative schlicht auf ihre Vergangenheit zurück, reduziert sich die erreichte Gegenwärtigkeit auf pure Abwesenheit. Daß sich das Absolute noch in einem Plus übersteigt, ist der Sache nach eigentlich auch schon mit der wechselseitigen Entgrenzung angeklungen, die den Begriff des unendlichen Geistes charakterisiert: Das sich selbst in Kontraktion bestimmende Absolute überbestimmt sich in seiner Selbstbehauptung (Expansion), wenn – aber auch nur wenn – es sich darin behauptet. Konversion und Proversion des Absoluten durchdringen einander, wobei nun deutlicher zu machen ist, daß die proversive Wendung die Konversion doppelt (ontologisch) bedingt. Die expansive Bewegung, die von der Kontraktion verinnerlicht wird und sie darin noch in ihrem Innersten entgrenzt, ohne daß sich eine unzulässige Alternanz in den einen Akt des unendlichen Geistes eingeschlichen hätte, kann gar nicht genug betont werden: Absolute Reflexivität geht in den beiden Richtungen einer vorgestellten Kreisbewegung unendlich über sich hinaus. Wirkliche Selbstbestimmung geschieht hier nur als Überbestimmung, in der sich die Selbstbestimmung verdoppelt, da sie sich vollständig aufgreift und gleichzeitig überschreitet. Gleiches ergibt sich näher besehen auch aus dem Begriff der Gabe, die sich verdoppeln muß, um nicht an ihrer Rückgabe zu scheitern. Die unendliche Selbstgabe erfordert zu ihrer vollständigen Behauptung die Bestätigung ihrer selbst als rückkehrlose Gabe bei gleichzeitigem Erhalt in vollkommener Selbstgegenwärtigkeit. Erst wenn sich die Selbstbehauptung in ihrer Selbstbehauptung behauptet und als solche in ihrer qualitativen Differenzierung bestätigt, ohne diese wiederum reflexiv einzuholen und aufzuheben, kann von der Selbstbehauptung gelten, daß sie ist.

Die Auswahl an Darstellungsmöglichkeiten und damit an Verstehenshilfen ist ohne dieses Plus offensichtlich beschränkt. Besonders wenig hilfreich ist der formale Aspekt der absoluten Reflexivität, den Hegel als Negation der Negation zu begreifen suchte. Es reicht somit auch nicht aus, ihn einfachhin terminologisch auszuwechseln und als Position der Position zu bezeichnen, denn ob sich nun ein ursprüngliches Positives oder aber Negatives auf sich selbst zurückgeworfen findet, ist wohl letztlich völlig gleichgültig. Ganz gleich, mit welchen Konnotationen sie versehen wird: Als reine Wechselgabe, die Expressivität und Reflexivität bloß miteinander ausgleicht, hebt sich absolute Reflexivität förmlich auf, ohne erst zu positiver Wirksamkeit zu gelangen. Kehrt Differenz nahtlos auf Identität, das andere in immerwährender Gleichheit auf dasselbe zurück, bleibt das Absolute auf ewig in sich eingeschlossen. Vollkommene Gegenliebe erwiese sich hier als absoluter Egoismus, der den anderen nur für sich selber braucht und daran eingeht; wirkliche Liebe aber verzichtet zugunsten der Beförderung des anderen. Verzichten beide, ist fraglich, ob Liebe sei, oder nicht vielmehr doch Verweigerung. Eine „romantischere" Terminologie hilft somit auch nicht weiter, es sei denn, sie könnte über bloße Versicherungen hinaus aufzeigen, wie Selbstverzicht sein Gegenteil effektiv (und nicht nur verbal) bewirkt.[49]

Das Unbehagen, das sich dem möglichen Versiegen sprachlicher Ressourcen gegenüber einstellt, ist durchaus signifikant. Es sollte allerdings beileibe nicht als Ausdruck herber Enttäuschung angesichts der schöngeistig-spekulativen, nun aber zerrinnenden Konstruktionen gewertet werden, sondern geradezu als ein ontologischer Index gelten, denn allemal geht es hier um mehr als bloße Worte, denen eigentlich nichts zu entsprechen braucht. Weil Sprache kein Ausdruck gesellschaftlich anerkannter Setzungen ist, und es sich bei sinnvollen Aussagen überhaupt nicht um letztlich gleichgültige Produkte menschlicher Erfindungsgabe handelt, sondern um Wirklichkeiten, die sich kraft ihrer eigenen Bestimmtheit selbst erschließen, droht ein Absolutes, das sich nicht wirklich darstellen läßt, von sich aus in Unbestimmtheit zu verschwimmen und setzt das eigene Sein aufs Spiel. Um den Preis ihrer selbstbestimmten Wirklichkeit ist eine absolute Freiheit daher nicht von ihrer Behauptung zu trennen, in der sie sich verbindlichen Ausdruck schafft, damit buchstäblich zur eigenen Form findet und in der sie ihre eigene Gegenwärtigkeit hat. Selbstbehauptung als entscheidendes, sich wechselseitig umgreifendes Verhältnis von Freiheit und Sprache im Absoluten kann also nur in der Expressivität des absoluten Geistes selbst gründen. Insofern sich diese allerdings reflexiv erstattet und damit als Form im eigenen Prinzip resorbiert zu werden droht, hängt folglich auch jede Aussage über das Absolute an dessen bestätigter Expression, in der sich die absolute Selbstgabe im vorherrschenden Überschwang ihrer grenzenlosen Freiheit noch über sich selbst hinaus manifestiert und jede Resorption ihrer Form unendlich überwindet. Die Logik der absoluten Freiheit impliziert somit einen Überschuß und mit diesem mehr als nur sich selbst, mehr als die rhythmische Wechselgabe von Expression und

[49] Bezüglich der Liebesgemeinschaft des dreifaltigen Gottes ist die Aussage richtig, daß die Liebe des Vaters die liebende Zuwendung des Sohnes um ihrer selbst und des Sohnes willen überwinden muß (vgl. EE, 183 f., 186 f.). Der Geist wiederum steht nicht darin für das Band der Liebe, daß er das Sein der Nullbilanz wäre, die aus Liebe Liebe verunmöglicht. Der Geist bestätigt über die Liebe des Sohnes hinaus diese und die Liebe des Vaters und setzt darin die eigene Voraussetzung wieder ein. Lieblos ist das freilich nicht.

Reflexion, in der das Absolute sich selbst erreicht und seine Identität genießt. Auf einen nun nicht mehr bloß formalen Nenner gebracht heißt das: Ontologische Geltung gewinnt das Absolute einzig durch Konfirmation seiner Affirmation![50] Auf dieses Niveau und zu dieser Einsicht erhebt sich die Bestimmung von Identität als Einheit von Identität und Differenz selber nicht. Fallen nämlich alle identitätslogischen Momente zusammen, ist noch nicht gewährleistet, daß überhaupt ist, was diese Logik aussagt.[51] Die ontologische Behauptung einer notwendigen Selbstüberschreitung des Absoluten ist daher weder widersprüchlich noch willkürlich, sondern hat ihre Legitimation darin, daß Notwendigkeit bezüglich des Absoluten ja im Grunde nichts anderes bezeichnen kann, als die Logik der absoluten Freiheit selbst. Notwendigerweise überschreitet somit diese Logik jede Notwendigkeit, die den Sinn der absoluten Freiheit einschränken wollte. Tatsächlich ist die ontologische Behauptung also ebenso zwingend wie unableitbar; sie ist „sozusagen transdeduktiv. Für das Notwendige ist die Überfülle zuviel, während sie gleichzeitig dessen eigene Bestätigung ist."[52] Der einzig mögliche, dafür aber durchaus zureichende Ausweis der bestätigten Selbstbehauptung des Absoluten ist diese selbst.

Wohlgemerkt bringt diese Bestätigung den einen Rhythmus von Selbstgabe und Rückgabe nicht aus dem Gleichgewicht, sondern verleiht ihm gleichsam erst sein Gewicht überhaupt. Die Gleichwertigkeit der vorbehaltlosen Selbstaussage mit ihrer restlosen Rückerstattung reduziert sich ohne den Mehrwert der bestätigten Selbstaussage auf ein reines Nichts, das jede Kontrastierung einebnet und aller Lebendigkeit ermangelt. Vom selbstüberschwenglichen Absoluten ist dafür allerhand zu sagen: Das vollbestimmte Selbst kehrt aus sich auf sein bestimmendes anderes zurück, das ganz im Selbst enthalten ist, und bestätigt es als anderes, was man als Selbstdifferenzierung aus Über-Identität bezeichnen könnte. Vollkommen abwegig ist aber der Gedanke, die Selbstgabe träfe in dieser Selbstüberschreitung auf eine andere Differenzierung als jene, welche die Selbstüberschreitung zur Voraussetzung hat; hier (an falscher Stelle) ein Drittes einzuführen hieße wahlweise entweder noch perfekterer Selbsteinschluß oder aber endlose Vervielfältigung. Darum kann es sich auch bei der die Rückgabe überwindenden Selbstgabe um keine zweite handeln, die mit einer neuerlichen Differenzierung ja nur ihr altes Problem entließe. Vielmehr gewährt die eine, sich selbst überschreitende Selbstgabe ihrer eigenen Differenzierung Bestand über die einheitsstiftende Identifizierung mit

[50] Vgl. EE, 184: „la confirmation de l'affirmation spirituelle est vérité positive de la négation de la négation, systématiquement exposée par Hegel. La négativité ontogénique n'a sa puissance affirmative qu'en s'inversant en absolue confirmation. Car pour n'être pas nulle à son résultat, la négation de la négation doit être *autre* en son redoublement, autre comme victorieuse positivité de l'acte spirituel. ‚Seul le positif est vrai' : aveu hégélien où se lit l'affirmation comme la fin de son absolu commencement."

[51] Analoges gilt von allen Bezugspunkten trinitarischer Ontologie wie *actus purus* oder *ipsum esse* (vgl. Gläßer, Religionskritik, Glaubensbegründung und interreligiöser Dialog, 190: „Identität der Differenz, reine Tautologie").

[52] EE, 185.

sich selbst hinaus. Ganz sie selbst ist die Selbstgabe somit erst durch eine Bestätigung ihrer selbst als Selbstgabe, die darin Verdoppelung und Wiedergabe ist, daß sie nicht wiederum in anerkennender Rückgabe auf die ursprüngliche Selbstgabe zurückfällt. Die Darstellung in sukzessiven Folgeschritten darf hier nicht täuschen: In dieser Wiedergabe setzt das Absolute aus frei bestimmter Überfülle nichts anderes als sein eigenes Wort wieder ein, und zwar kraft des Wortes und über dessen vollständige Zuwendung zum Ursprung hinweg. Absolute Reflexivität hat ihre Vollkommenheit in diesem Überschießen, in dem die eine Selbstgabe in Wiedergabe noch über ihre reflexive Zurückerstattung hinausgeht und sich mitsamt der Rückgabe als Expressivität bestätigt.

Der absolute Geist gibt sich ganz in expressiver Wendung, holt sich in der reflexiven Kehre seines Ausdrucks vollkommen ein und gibt sich in und aus dieser Selbstvergegenwärtigung an seine Selbstaussage wieder, ohne sie (und sich) „diesmal" reflexiv einzuholen. Damit erhält sich das Absolute zweifach in seinem vorbehaltlosen Wort, dessen Rückwendung die Identität des absolut Einen begründet, dessen Wiedereinsetzung als verbleibende Differenz aber sichert, daß diese Identität überhaupt ist. Ganz er selbst ist der absolute Geist erst darin, daß er geradezu noch mehr gibt, als nur sich selbst, da er sich in der Rückgabe vollständig zurückerhält und bei vollem Selbsterhalt gleichzeitig doch wiedergibt. In diesem verdoppelten, absoluten Geben, das sich nicht wiederum zurückerstattet, sondern als differenzierte Einheit von Selbstgabe und Rückgabe, mithin als Gabe schlechthin bestätigt, hat mit der letzten, das heißt rückkehrlosen Position des reinen Ausdrucks seiner selbst auch die Positivität des Absoluten erst ihren krönenden Abschluß. Das identische Sein des Absoluten verdankt sich der eigenen Differenz, die ontologischen Bestand aber ihrerseits erst darin gewinnt, daß sie über ihre Rückgabe hinaus wiedereingesetzt und als Wort bestätigt wird. Die Selbstbestätigung des Absoluten ist somit gleichermaßen Bestätigung des anderen an ihm selbst, und die Begründung des eigenen Wortes als differierendes Zweites Garant der Einheit des Absoluten hinsichtlich des Seins.

Mit der Wiedereinsetzung des Wortes als anderes findet sich auch bestätigt, was die Selbstgabe im Moment der Wiedergabe voraussetzt: Ohne Wiedergabe bleibt die unendliche Seinsmächtigkeit auf sich zurückgeworfen, so daß Selbstgabe und Rückgabe eigentlich erst durch die gemeinsame Setzung der Wiedergabe zu echten Voraussetzungen werden. Wenn sich das Absolute in Aufnahme dieser Voraussetzungen wiedergibt und darin die eigene Notwendigkeit überschreitet, bestätigt es sich folglich nicht nur in seiner Differenz, sondern verleiht auch seiner Identität Bestand über den gefährlichen Gleichstand hinweg, auf den sich die reine Wechselgabe zu reduzieren droht. Daß aber die Bestätigung der Differenz nicht mit der Differenz selber gleichzusetzen ist, sich damit also das Wort als Selbstbehauptung des Absoluten für sich genommen nicht selber behauptet, sondern (wie eine regenerierte Generation) über seine Wiedererstattung hinweg behauptet wird, und sich ferner Identität als entscheidendes ontologisches Kriterium von dem unterscheidet, wodurch Identität überhaupt ist, liegt auf der Hand. Die Wiedergabe als Bestätigung sowohl der Selbstgabe des Absoluten in sein Wort als auch der Rückgabe besitzt evidentermaßen eine Aktualität, die nicht die ihrer Voraussetzungen ist; mit diesen setzt aber die Wiedergabe auch deren Einheit und Verschiedenheit wieder ein und ordnet sich ihnen abschließend zu. Durch ihre rein bestätigende Wirkung beschließt die Wiedergabe die selbstlose Bewegung des Absoluten zu sich selbst über die Bewegung hinaus, in der sich Selbstgabe und Rückgabe zur Wechselgabe und zur gemeinsamen Setzung der Wiedergabe vereinen, wobei erst die Rückkehrlosigkeit des Wortes aus Wiedergabe dessen Zeugung und Rückwendung erhellt.

In ihrer eigenen Differenz setzt die Wiedergabe die reflexive Rückgabe voraus und unterscheidet sich nur darin, dafür aber auch deutlich genug von der ursprünglichen Selbstgabe, die sie dann mit der Wiedereinsetzung des Wortes bestätigt. Diese Bestätigung verändert also in keiner Weise das expressive Wesen der sich selbst reflektierenden Selbstgabe und erwirkt auch nichts anderes als die Selbstaussage des Absoluten in sein Wort. Die Wiedergabe läßt das Wort lediglich sein, dessen Aussagekraft vollauf genügt, wenn es nur bestätigt wird. Offensichtlich hat die bestätigende Instanz ihr Eigenes darin, daß sie gar nichts Eigenes für sich hat, sich also weder reflexiv erstattet noch expressiv behauptet, sondern Reflexivität und Expressivität als ihre Voraussetzungen in vollkommener Uneigennützigkeit wieder einsetzt. Was sie gibt und ihre Aktualität ausmacht, ist von der ursprünglichen Selbstgabe ausschließlich durch die vorausgesetzte Rückgabe unterschieden und somit nichts anderes als das, was die Selbstgabe kraft Rückgabe ist und mit ihr über diese hinaus sein soll. Von sich aus gibt die Wiedergabe nichts und fügt der Selbstgabe auch nichts hinzu, als schlicht – rückkehrlos und das heißt absolut – zu sein. In dieser Hinsicht ist die Wiedergabe das Sein der Selbstgabe des Absoluten in sein Wort, dem selbst nichts mehr hinzuzufügen ist. Insofern aber sich das Wort seinem Ursprung restlos zurückerstattet und darin seine eigene Aktualität hat, ermöglicht erst die Wiedergabe die Manifestation (bzw. die Hörbarkeit) des Wortes, während sich die bestätigende Instanz selbst wiederum nicht manifestiert.[53] Das erklärt auch, warum die Wiedergabe so schwer zu fassen ist: Sie ist eine Art reiner Energie, deren Sein ganz in der Wirkung besteht, das Wort über dessen Rückwendung hinaus und damit auch den unendlichen Austausch von Selbstgaben über diesen noch hinaus sein zu lassen und diskret hinter ihre Voraussetzungen zurückzutreten, womit sich die Wiedergabe als Gabe in ihrer reinsten Form erweist.

In Bestätigung der Selbstbehauptung des Absoluten wird das Wort über dessen Rückwendung hinweg wiedereingesetzt. Diese Wiedereinsetzung verändert

[53] Vgl. EE, 185 f.: „De même que toute parole humaine – lointaine analogie – est plus qu'elle-même dès lors qu'elle est son événement d'expression effective, ce qui n'ajoute rien à ce qu'elle dit et qui se décidait, se réfléchisait (sic) avant son acte, de même la Parole n'est pas sans sa parution, sans l'acte spirituel qui la fait être en la confirmant. Le Verbe n'est pas sans la positivité événementielle – éternel événement de l'avènement du Fils – du *proféré.* Expression qui se fait entendre, depuis sa silencieuse Réflexion, par l'acte gratuit qui, lui-même, ne se fait pas entendre."

in nichts das Wort, sondern bestätigt es als solches; die Wiedergabe ist also Gabe ausschließlich des Seins und erhält sich selbst in diesem. Weil die abschließende Wiedergabe nur kraft der vorausgesetzten Rückgabe von der ursprünglichen Selbstgabe unterschieden ist, und sich die eine Selbstgabe des absoluten Geistes somit gleichermaßen durch und zugunsten der eigenen Differenz nochmals, aber auf ungleich diskretere Weise differenziert, ist die verdoppelte Selbstgabe Aufgipfelung des spirituellen Prinzips, das heißt „Geist des Geistes" und damit Geist schlechthin. Als Selbstunterscheidung der absoluten Selbstgabe, die sich nur der erfolgten Rückgabe verdankt, vereint die Wiedergabe in singulärer Weise Gabe, Sein und Geist auf sich und unterscheidet sich damit deutlich, wenngleich zunächst nur passiv von der mit sich identischen Allgemeinheit der absoluten Selbstgabe, die sich besonderen Ausdruck als Wort verschafft.

Was die Wiedergabe bestätigt, nämlich die differenzierte Einheit von Selbstgabe und Rückgabe, wird erst durch sie zur Voraussetzung ihrer selbst als Wiedergabe; damit ordnet sie sich in abschließender Weise dem expressiven Wesen des sich selbst reflektierenden Absoluten zu und bewahrt Expressivität und Reflexivität in deren Einheit und Unterschiedenheit. Ihre souveräne Wirksamkeit besteht mithin nur aus dieser diskreten, gleichsam selbstvergessenen Wiedereinsetzung: Sie bestätigt ihr Gesetzt-Sein durch Selbstgabe und Rückgabe und vollendet damit den wesentlichen Rhythmus von Expressivität und Reflexivität, ohne ihn zu verändern oder inhaltlich ergänzen zu müssen, denn sie fügt ihm nichts hinzu, als das zu sein, wodurch sie selber ist. Was als die ureigenste Aktivität der Wiedergabe anzusehen ist, ist nichts anderes als die reflektierte Aktivität der ursprünglichen Selbstgabe, die sich aus Verdoppelung und Überschuß der Selbstgabe als Eigenes entgegennimmt, ohne selbst expressiv oder reflexiv zu sein; dadurch gewährt sie die intakte Wechselgabe in ihrem ontologischen Bestand. Die Wiedergabe hat somit durchaus ein Proprium, das sich von dem der Selbstgabe aber nur durch das vorausgesetzte Proprium der Rückgabe unterscheidet. Insofern sie also mit der Wiedereinsetzung des Wortes nur die unausschöpfliche Seinsmitteilung der ursprünglichen Selbstgabe bestätigt und sich selbst in diesem Sein erhält, ohne von sich aus – sei es reflexiv oder expressiv – wiederum Sein mitzuteilen, ist ein Zerfallen der einen, sich selbst reflektierenden Selbstgabe nicht zu befürchten. Ganz im Gegenteil stellt sich die Wiedergabe als Einheit von Selbst- und Rückgabe dar, deren gesamte Aktiva sie als Passiva auf sich vereint und aktiv bestätigt.

Dieser Überschwang der absoluten Selbstgabe ist reines Sein, das sich darin selbst als einzelnes entgegennimmt. Genau besehen ist die Wiedergabe aber als Sein schlechthin das Sein dessen, was sie selbst nicht ist, da sie sich weder expressiv behauptet noch reflexiv erstattet und daher auch nicht als der absolute Austausch selbst bezeichnet werden kann: Zur reinen Wechselgabe braucht es keine Wiedergabe, und das, wodurch die Wechselgabe ist, statt sich vielmehr aufzulösen, ist von ihr selbst zu unterscheiden. Das wirft die Frage nach dem Verhältnis auf, das Bestätigung und Selbstbestimmung unterhalten, wenn sich die Wiedergabe dem expressiven Wesen der reflexiven Selbstgabe gegenüber wie durch Wesenlosigkeit auszeichnet. Das Wesen der Wiedergabe geht nun darin auf, in selbstloser Weise das sein zu lassen, was die Selbstgabe samt ihrer immanenten Reflexion ist, sowie mit der Bestätigung der Selbstgabe über die Rückgabe hinaus auch diese Einheit zu bestätigen. Damit ist die Wiedergabe, wie Bruaire treffend ausführt, das „reine Gedächtnis" dessen, was sie selbst nicht ist, dafür aber voraussetzt und bestätigt. „Gedächtnis" bedeutet ja genau die Anwesenheit eines Vergangenen als Präsens, wobei diese Gegenwärtigkeit von dem Gehalt unterschieden ist, durch den sie selber ist. Das Absolute des Geistes betreffend, und das heißt im ontologischen Bereich schlechthin, kann das aber nur heißen, daß die Wiedergabe das Präsens dessen ist, was durch sie präsent ist und wodurch sie selber präsent ist, weil sie durch ihre rein bestätigende Wirkung und somit auf passive Weise das ist, was sie an Vorausgesetztem wiedereinsetzt; sie ist das, was sie bestätigt (nämlich absolute Reflexion), während sie durch den Ausfall eigener Expressivität und Reflexivität gleichzeitig von ihrer Voraussetzung unterschieden bleibt.[54] Ihr Wesen besteht also dahingehend aus dem ihrer Voraussetzung, daß sich das expressive Wesen der reflektierten Selbstgabe in Wiedergabe als eigene Gegenwärtigkeit, das heißt als anderes, wiewohl Nicht-Verschiedenes erhält, und in dieser „Differenz" – dem Sein des Wortes – die Wiedergabe selbst sich als Eigenes erhält.

Weil die vorbehaltlose Selbstgabe des Absoluten in sein Wort nicht an ihrer Rückgabe scheitert, sondern sich mit ihr in Wiedergabe „gedächtnishaft" erhält, und das Absolute in dieser „Zukunft" (bzw. in diesem absoluten Präsens) eigentlich erst zu wirklicher Selbstvergegenwärtigung findet, ist die Wesensmitteilung zwar erst kraft Bestätigung ganz, ohne jedoch eine Wesensmitteilung seitens der Wiedergabe einzuschließen. Nur Selbst- und Rückgabe teilen einander wechselseitig mit, wobei sich der Überschwang der Selbstgabe mitsamt der implizierten Rückgabe über sich selbst hinaus mitteilt und damit das Sein der eigenen Selbstmitteilung als Wort begründet. Dieses Sein der Selbstgabe des Absoluten in sein Wort ist aber nicht das vorausgesetzte Wort selbst, sondern die Wiedergabe, die sich aus der Wesensmitteilung der reflektierten Selbstgabe solcherart empfängt, daß sie durch Bestätigung Anteil an diesem Wesen hat, ohne dessen Vollzüge zu wiederholen. Das Sein des Absoluten, das sich durch das Wort und zugunsten des Wortes von sich selbst unterscheidet, schlägt sich abschließend als ein Nicht-Anderes, ein Drittes ontologisch nieder, das sich als Hypostase nicht eigens zu bestätigen braucht, weswegen das bestätigende Wesen der Wiedergabe tatsächlich als „Entleihung" bezeichnet werden kann.[55]

[54] Vgl. EE, 186: „il (sc. der einzelne Geist) est *mémoire pure* de ce qu'il n'est pas et présuppose en le confirmant. Ce qui signifie qu'il est ce qu'il présuppose, comme présupposition qu'il pose, re-pose : l'initiative paternelle du don de soi et son immanente réflexion (...) Mais indemne de réflexion en soi, à soi, de ce qu'il donne, il est la réflexion absolue de l'Autre en son principe, portant l'offrande restitutée (sic) de l'Engendré à la manifestation confirmée, étant *pure Lumière de son Sens.*"

[55] Vgl. EE, 186: „Mémoire pure, comme *présence* à soi de ce qui n'est pas soi, essence empruntée pour qu'être en soit confirmé."

„Gedächtnis" berührt aber nicht von ungefähr den wissentlichen Gehalt der absoluten Selbstanwesenheit. Das Absolute erkennt sich ganz in seinem Wort und gewinnt durch dessen aktive Reflexivität vollkommenes Selbstbewußtsein. Die Wiedergabe, die alle Tätigkeit des Absoluten insofern vollendet, als sie dessen aktive Selbstmitteilung passiv in sich schließt und durch Bestätigung im Sein erhält, ist von daher auch als Bewußtseinseinheit des absoluten Selbst zu verstehen, wobei die Wiedergabe „Gedächtnis" dieses Selbst ist, das sich aus diesem fraglos auch bewußt entgegennimmt.[56] An dieser Stelle müssen Bruaires Ausführungen der Vollständigkeit halber allerdings um einen wichtigen Aspekt ergänzt werden: Die Wiedergabe kann in ihrer Differenz wohl einzig beanspruchen, Bewußtsein nicht nur ihrer Voraussetzungen, sondern auch ihres eigenen Hervorgehens aus Selbst- und Rückgabe zu haben. Dem wissentlichen Gehalt nach unterscheidet sich die Wiedergabe kraft der Rückgabe von der ursprünglichen Selbstgabe sowie von der Passivität und Aktivität des wiedereingesetzten Wortes durch dessen Bestätigung, denn die bestätigende Instanz hat nicht nur Bewußtsein von dem, was sie bestätigt, sondern auch Bewußtsein ihres Bestätigens selbst! Wegen der Wiedergabe als Bewußtseinseinheit des Absoluten ist dann jedoch von einer „Mitteilung" dieses privilegierten Bewußtseins an das Absolute auszugehen, das sich selbst im Bewußtsein der Wiedergabe effektiv erhält und also darin einholt, ohne eine reflexive Tätigkeit der Wiedergabe eigens dafür bemühen zu müssen. Damit wäre eine „fruchtbringende" Tätigkeit des einzelnen Geistes denkbar, die in vollendender Weise zur göttlichen Perichorese beitrüge, ohne das Wesen selbst zu verändern.[57]

Als Bestätigung der absoluten Selbstgabe des unendlichen Geistes in sein Wort und Wiedereinsetzung des Wortes über dessen vollkommene Zuwendung zum Ursprung hinaus ist die Wiedergabe wie die ontologische Zäsur, die sich mit ihren Voraussetzungen zu dem einen, unendlich positiven Akt vereint, in dem sich das Absolute in Verdoppelung seiner vorbehaltlosen Expressivität bestätigt. Besteht der absolute Seinsakt im vollkommenen Austausch eines wech-

[56] Vgl. EE, 186, Anm. 1: „Répétons Bergson : ‚Conscience signifie mémoire', le soi du savoir de soi étant *pré*supposé. La conscience de soi de l'Esprit, ‚troisième' personne, est par mémoire du Soi qu'il n'est pas pour le faire être." Die unendliche Reflexivität des Prinzips wird auch durch das gezeugte Wort bewirkt, so daß die Wiedergabe wiederum Mitteilung des einen Wesens an den Geist ist, die der aktiven Bestätigung durch den Geist bedarf.

[57] Vgl. Gläßer, Verweigerte Partnerschaft?, 226: „indem der Geist in der Diskretion seines Gabeseins und seines Gebens nicht wiederum das göttliche Wesen mitteilt, ist er im Wissen um seinen Hervorgang aus dem Vater und dem Sohn sowie in der Kommunikation dieses Wissens an den Vater und den Sohn das eine individuelle und doch gemeinsame Bewußtsein Gottes, die personale, sich wissende Liebe Gottes." Vgl. auch ders., Religionskritik, Glaubensbegründung und interreligiöser Dialog, 195: „Auf diese Weise könnte in etwa verständlich werden, daß auch die Einheit des Bewußtseins und des Wirkens Gottes nicht Sache eines Wirwesens, sondern eine persönliche Angelegenheit ist, nämlich der Person des Heiligen Geistes. Dieser weiß um die Zeugung des Vaters, die Rückwendung des Sohnes, seinen eigenen Hervorgang durch die Hauchung sowie um seine bestätigende Zuwendung zum Vater und zum Sohn. Er nimmt sein Wissen vom Vater und vom Sohn und teilt es diesen in der Einheit mit seinem eigenen Wissen mit. Nicht das Wesen müßte in äquivoker Verwechslung des principium quo und der principia quae zum Träger der Einheit des göttlichen Bewußtseins und Wirkens erklärt werden."

selseitigen Gebens, so ist das reiterierte Geben nicht bloß „neuerliches", rückgabeloses Geben, sondern vielmehr der absolute Seinsakt, insofern er ist *(ipsum esse inquantum esse)*. Ohne Wiedergabe keine Gabe, kein Sein, kein Akt. Im Hinblick auf die Selbsterschließung des Absoluten darf man vielleicht noch hinzufügen: Ohne Wiederposition keine Exposition, wobei sich diese Aussage durchaus noch über den Nachvollzug der einen, dreifach individuierten Selbstgabe hinaus weiterverfolgen und verallgemeinern läßt.

Daß nämlich die Identität des Absoluten erst durch das diskrete Plus der Wiedergabe Geltung beansprucht und dieser effektive Anspruch nichts anderes ist als die Selbstaussage des Absoluten in sein Wort, das hallt geradezu in dem nach, worin die ganze Eindeutigkeit der Sprache besteht. Das wechselseitige Verhältnis von Selbstbestimmung und Bestätigung des Absoluten, das die eine Selbstgabe als Wort etabliert, führt sich als innere Bedingung aller positiv ausgesagten Bestimmtheit weiter, es „verlängert sich und drückt sich in der Positivität einer jeden Begrifflichkeit aus, eines jeden Identitätsbegriffs, der seinen absoluten Anfang, seine Wurzel und sein permanentes Prinzip in der absoluten Expression hat. Nichts autorisierte sonst, die Identität eines Begriffs als Sinn auszusagen, der ist."[58] Wie sich Selbst- und Rückgabe nicht wechselseitig auflösen, sondern kraft Wiedergabe zur tatsächlichen Identität des Absoluten verbinden und diese sich somit nur dank ihrer Bestätigung in ihrem expressiven Wort behauptet, so verlangt auch jedes weitere Identitätsurteil noch über die Identität als solche hinaus nach dem Eigenwert des entscheidenden und doch so unscheinbaren „ist". Das liegt wohl der klassischen Ideenlehre zugrunde: Begriffe sind nur darum notwendig, weil sich in ihnen Ideen durchsetzen, deren Sinn und ganze Eindeutigkeit diese aus ihrer unwandelbaren Identität beziehen. „Gleichheit" etwa wird nicht aus Ungleichem gewonnen, noch überhaupt aus vergänglichen Dingen, die niemals ganz gleich sind, sondern erlaubt erst diese Beurteilungen. Identitätsurteile setzen aber wiederum das voraus, wodurch Identität selber ist und sich als solche behauptet, denn Identität bedarf für die Unabweisbarkeit ihres Anspruchs noch der Bestätigung in ihrem eigenen Sein.[59] Es ist somit das schlichte Sein, das die Kopula „ist" bezeichnet, welches das ganze Gewicht einer behaupteten Identität ausmacht, ohne deren Gehalt jedoch das mindeste hinzuzufügen. Ganz im Gegenteil setzt die rein bestätigende Seinsinstanz für sich selbst die positive Bestimmtheit voraus, die sie bestätigt.

Alles was ist, jedes Sein bezeugt noch eine Präsenz, die allem Sein zugrunde liegt und von diesem jeweils unterschieden ist. Jede positiv bestimmte Wirklichkeit, auch die endliche, geschaffene Geistsubstanz, die sich selbst gegeben ist, um

[58] EE, 187.

[59] Vgl. Platon, Phaidon 74 a–75 c. Reminiszenz, die das apriorische Vorwissen seinem Gehalt nach zur Geltung bringt, impliziert als Seinserkenntnis den rein geistigen Akt, durch den das Sein selber ist und zu seinem Ausdruck findet. Seinsaussagen, die sich durch begriffliche Notwendigkeit auszeichnen, haben somit ihr Modell im ontologischen Argument, das mit der vorbehaltlosen Selbstaussage des Absoluten auch das notwendige Sein der absoluten Reflexion übersetzt, vgl. EE, 21 mit Anm. 1, 187 f.

sie selbst als Subjekt zu sein, hat diese reine Seinsinstanz zur Bedingung der eigenen Gegenwärtigkeit, weil die Identität des sich selbst gegebenen Seins noch das reine Sein benötigt, um das zu sein, was sie ist. Ihren Seinsgrund hat die menschliche Existenz somit nicht in einer unaufhörlichen Wiederholung des Schöpfungsaktes (was auf dessen Verzeitlichung als *creatio continua* hinaus- bzw. der Gabe zuwiderliefe), sondern in der reinen Aktualität des *esse simpliciter,* das jedem Sein erst verleiht, überhaupt und das zu sein, was es ist. Das stößt sich mit dem anfangs dargestellten Ursprung des endlichen Geistes „vor" der Bestätigung des Wortes nur unter der absurden Voraussetzung, daß man sich den einen Seinsakt des absoluten Geistes in zeitlicher Ausdehnung vorstellt. Die Möglichkeit des menschlichen Gabe-Seins, das seine Identität in verbleibender Differenz zur absoluten Identität hat, liegt ausschließlich in der Seinsmächtigkeit der noch nicht durch Wiedergabe bestätigten Selbstgabe, während die kontinuierliche Existenz der endlichen Gabe noch das „Mehr" als die Gabe selbst benötigt, das als reines Sein die Existenz bestätigt. Das, was das endliche Gabe-Sein ist, wird erst durch die rein geistige Seinsinstanz zur eigenen Gegenwärtigkeit erhoben. Und nur weil diese auch das Wort bestätigt, nimmt sich das menschliche Sein als Schöpfung im Wort entgegen und ist die sich selbst gegebene Gabe freier Geist, ohne Gott zu sein.

Die Frage nach dem Sein als solchem hat bekanntlich zur Formulierung der berüchtigten „ontologischen Differenz" geführt, bezeichnenderweise jedoch keine Antwort erhalten; das liegt sicherlich an der Verwechslung oder willkürlichen Gleichsetzung des Seins an sich mit Unbestimmtheit, die von einem puren Nichts kaum zu unterscheiden ist. Dieser Gleichsetzung liegt nicht erst die dogmatische Fixierung von Bestimmtheit auf Phänomenalität, sondern schon von jeher Plotins Weigerung zugrunde, das Eine als selbstbestimmten Geist zu begreifen: Man erfährt nichts über das „Sein des Seienden", weil auch das systematisch verfehlte Sein des zuhöchst Seienden nur selbstgefällige Sprachlosigkeit weckt. Damit bzw. wegen des ganz und gar unberücksichtigten Verhältnisses, das positive Bestimmtheit und Bestätigung nicht nur im selbstbestimmten Absoluten unterhalten, fällt der Vorwurf der „Seinsvergessenheit" auf seinen Urheber zurück. Befreit man aber die Frage nach dem Sein, das nur Sein ist, von diesem mystifizierenden Erbe negativer Theologie, kann die „ontologische Differenz" durchaus Sinn machen: Dann hat sie ihre Wahrheit „in der Differenz des Geistes, der nur Geist ist, der nur Sein ist, und der allein das Sein von allem, was ist, bestätigt. Sein dessen, was ist, Anwesenheit dessen, was anwesend ist, ist er der Geist im göttlichen Geist, Geist im Absoluten seiner selbst, aus dem heraus er jedes geistige Sein und jedes Sein für den endlichen Geist bestätigt."[60] Mit anderen Worten unterscheidet sich das Sein schlechthin nicht vom höchsten Seienden, sondern ist dessen innere, hypostatische Differenz: Die „ontologische Differenz" ist null und nichtig und ihre Problematisierung vollkommen bedeutungslos, wenn sie irgendein Sein bedeuten soll, das Gott nicht ist.

60 EE, 189 f. Zur vielbeanspruchten „ontologischen Differenz" und ihren Defizienzen vgl. PM, 5 ff.

Diese letzte Bloßlegung okkulter Theologie im Herzen der Philosophie bestärkt Bruaires These eines undurchschauten Ineinanders beider Disziplinen. Ist das wechselseitige Verhältnis jedoch etwas aufgehellt, leuchtet nicht nur die grundsätzliche Konvergenz von allgemeiner und spezieller Metaphysik auf; auch das konstruktive Zueinander von Philosophie und Theologie, das Bruaires Ansätze auszeichnet, führt zu Ergebnissen, die nun in ihrer ganzen Tragweite deutlich werden. So hat die sinnvolle Rede über den absoluten Geist, der allein Ursprung und Ziel der menschlichen Existenz sein kann, aus der Analyse der Gabe des endlichen Geistes heraus auf ein unendliches Geben im Absoluten selbst geschlossen und ist mit dem Begriff der Gabe auf den Inbegriff des Seins schlechthin gestoßen. Nicht zuletzt hat sich erwiesen, daß der endliche Geist, wenn er in übersteigendem Denken *(per viam eminentiae* oder *excellentiori modo)* seinen Ursprung als sein einzig mögliches Ziel versteht und sich auf diese doppelt bezeichnete Endlichkeit besinnt, sich selbst als persönlich Unerfülltes eigentlich nur dadurch begreift, daß er mit der absoluten Freiheit den Begriff einer persönlichen Seinsfülle erreicht, die nicht erst darin persönlich ist, daß sie ihn erfüllt. Das ist ein erkenntnistheoretisch höchst folgenreicher Hinweis darauf, daß die *via eminentiae* vielleicht nicht so sehr ein sich übersteigendes als vielmehr ein absteigendes Denken ist, das sich nur als absteigendes wirklich übersteigt.[61] Wie die menschliche Existenz sich nur darum in der Ewigkeit vollendet, weil die endliche Gabe aus Ewigem stammt und menschliche Geschichte letztlich eine Ableitung ewiger Vergangenheit, Gegenwart und Zukunft ist und selbst Spuren der Ewigkeit aufweist, oder die Gabe des endlichen Geistes ihren Verstehenshorizont im Absoluten hat, das sich als absolut freies Geben selbst erschließt und daher als solches verstehen läßt, so wird auch jede Erörterung der unendlichen Personalität des Absoluten nicht so sehr von der endlichen Personalität des Menschen ausgehen, als vielmehr umgekehrt den Weg von der absoluten Personalität zu der Gabe endlicher Personalität nehmen. Mit anderen Worten geht jede Analogie hier von „oben" aus: Der Mensch ist Person, weil es ihm gegeben ist, Person zu sein.[62] Das schließt nicht aus, daß aus dem rechten Verständnis der endlichen Person heraus wiederum Korrekturen an etwaigen Fehlverständnissen der absoluten Person angebracht werden können, wobei diese nicht gleich an die Erkenntnisgrenzen stoßen müssen, die nur die Analogie von „unten" betreffen. Weil das Selbstverständnis der endlichen Gabe an der Erkenntnis des Gebers hängt, Erkenntnis und Sein somit Geschenkcharakter haben, der Mensch sich selbst aber niemals völlig transparent ist und jede Aktualisierung des persönlichen Seins hinter diesem zurückbleibt, ist allerdings auch nicht zu erwarten, daß sich die unausschöpfliche Selbstgabe des Absoluten vollständig in menschliche Rede überführen läßt.

[61] Zur Idee einer positiven Philosophie als „philosophia descendens" in Schellings „Philosophie der Offenbarung" (1841/42) vgl. Hogrebe, Prädikation und Genesis, 124.

[62] Vgl. EE, 161f.: „si nous voulons parler d'analogie, c'est à condition de préciser que l'Absolu de l'esprit est vérité de l'être personnel, et qu'il ne nous est donné d'être une personne que dans l'exacte mesure où il nous est donné d'être esprit, où notre esprit est être-de-don."

Trotzdem sollte unendliche Personalität nicht hinter die endliche zurückfallen: Die Bestimmung der endlichen Gabe als konstitutiver Selbstbezug eines lebendigen Substanz-Subjekts, dessen schon personales Sein die unausschöpfliche, expressiv-reflexiv verfaßte Grundlage aller seiner Vollzüge bildet, bewahrt nicht nur vor gefährlichen Verkürzungen integren Menschseins, sondern hat in dieser Perspektive auch besondere theologische Relevanz.

Wenn sich also das Absolute als unendlicher Geist erweist, dessen freie Seinsmacht in vorbehaltlosem Geben besteht und in expressiver Selbstgabe und reflexiver Rückgabe aufscheint, wobei sich die Selbstgabe mitsamt der Rückgabe überschreitet, in der bestätigenden Wiedergabe vor dem eigenen Scheitern bewahrt und zur vollkommenen Selbstbehauptung im eigenen Wort findet, so ist es nicht mehr als das Absolute zu benennen, sondern als *der* Absolute, der sich kraft seines dreifach differenzierten, wesentlichen Selbstgabe-Seins endlichen Personen in seiner unendlichen Personalität zu verstehen gibt, ganz abgesehen davon, daß sich das dreifach differenzierte Geben mit dem christlichen Bekenntnis zu den drei göttlichen Personen deckt. Der eine Gott wird im Gegensatz zu Vater, Sohn und Geist eher selten als Person namhaft gemacht, obwohl er im Grunde ständig als solcher aus- und angesprochen wird. Es ist sehr bezeichnend, daß sich in den meisten trinitätstheologischen Traktaten statt dessen weiterhin die Rede von dem einen göttlichen Wesen durchhält. Scheinbar ist die Dreipersonalität Gottes im Vergleich zu seiner Einpersonalität deswegen kein Problem, weil Person als Relationsbegriff gilt, der Vielheit impliziert, was auf den einen Gott als Personalität bezogen daher eine notwendige Relationierung zu dessen Schöpfung und Offenbarung bedeuten müßte.[63] Aber das ist ausgeschlossen: Der Schöpfer ist auch ohne seine Schöpfung ganz er selbst, weil er nicht aus Notwendigkeit Schöpfer ist, und wenn er sich wirklich seinem Geschöpf offenbart, dann wohl so wie er ist, also unabhängig von seiner Offenbarung. Weder ist Offenbarung Bedingung ihrer selbst noch das Wirken Gottes aus einem ein- oder apersonal verstandenen Wesen abzuleiten. (Die Zuschreibung von Schöpfung und Offenbarung an eine einzelne göttliche Person unter Absehung von den anderen verbietet sich von selbst. Wenn, so ist es der ganze Gott, der sich offenbart. Und die Relationalität nur einer Person wäre mit den beiden anderen Personen nicht mehr zu vermitteln, es sei denn über das gemeinsame Wesen, was wiederum der exklusiven Attribution widerspräche.) Zudem ist deutlich geworden, daß

[63] Vgl. die Einschränkung der „Personalität des göttlichen Geheimnisses" auf liebevolle „Zuwendung" (D. Sattler, T. Schneider, Gotteslehre, in: T. Schneider [Hrsg.], Handbuch der Dogmatik, Bd. 1, Düsseldorf ^{2}1995, 51–119, 110) und die schon ängstliche Vermeidung des Wortes „Person" bei ansonsten durchaus personaler Beschreibung des göttlichen Wesens (vgl. J. Werbick, Trinitätslehre, in: Ebd., Bd. 2, 481–576). Diese Zurückhaltung liegt wohl nicht an der arianisch-antitrinitarischen Bestimmung des einen Gottes als Person durch den Sozinianismus. Zu den Versuchen, Personalität als Relationierung Gottes durch die geschaffene Welt zu verstehen, vgl. Tilliette, Le Christ de la philosophie, 158–164, 183–189 (Sohn wird erst durch Inkarnation, Geist erst durch Kreuzestod Christi wirklich personal). Belege für die Konsequenzen bei Gläßer, Verweigerte Partnerschaft?, 187 f. (von Christus gelöstes Wirken des Geistes als Prinzip der kirchlichen Institution), 238 f. („Sich-Töten-Lassen" Jesu als versöhnende Negation der Negation).

bei aller Verwiesenheit der Gabe auf den Geber keine seinshafte Relation im Sinne eines Austausches zwischen beiden besteht. Endliches Sein hat sich selbst in substantieller Unabhängigkeit zur Gabe, um für sich zu sein. Aber die endliche Gabe kann sich weder durch Selbstaufhebung zurückgeben noch dem Geber Sein mitteilen. Darum gibt sie sich in angeborener Freiheit weiter. Wenn die Gabe in freier Selbstannahme sich selbst und andere erreicht, sucht sie darin nach eigener Anerkennung und bewegt sich in dieser und durch diese hindurch auf ihre letzte Bestätigung zu. Selbstbezug und Weitergabe machen somit die Personalität des lebendigen Substanz-Subjekts aus, wobei diese sich nicht in ihren Aktuierungen erschöpft. Während also die Erwartung, dem Geber wiederzubegegnen, als realistische Hoffnung begründet werden kann, nach dem Tode am ewigen Sein des Absoluten teilzunehmen, ohne daß die Gabe ihr personales Sein einzubüßen hätte, stellt sich jede zwischenmenschliche Begegnung als Kommunikation ohne Kommunion dar, weil sie zur Ebene des Seins kaum bzw. nur partiell vordringt und immer nur das gibt, was die einzelne Gabe nicht ist. So ist Personalität auf der Seite der Menschen neben dem ohnehin nicht völlig transparenten, obgleich konstitutiven Selbstbezug beileibe nicht als so grundlegend relational zu verstehen, wie im Absoluten selbst, dessen Innerstes reine, seinshafte Selbstgabe und darin kommunionales Geschehen ist. Deswegen sind Theorien der Interpersonalität des Menschen auch nicht ohne weiteres auf das In- und Zueinander der göttlichen Personen zu übertragen.[64]

Der absolute Geist ist somit nicht Person in Relation zu einem anderen, sondern „persönlicher Geist in sich selbst und – der Wechselseitigkeit ontologischer Relationen nach, die er für und durch sich selbst ist – Relation in sich selbst“,[65] wobei die eine, dreifach differenzierte Selbstgabe jedes innerliche Getrenntsein ausschließt und in Gott nichts wie aus einer ursprünglichen Fraktur erst wieder zusammengefügt werden müßte, so als ob Relationen durch die Amalgamierung von Brüchen entstünden. Genauso wenig wird es sich beim wesenhaften Geben um irgendwelche Modifikationen einer überrelationalen Einheit handeln, denn die eine Selbstgabe besteht aus der Verschränkung ihrer drei jeweils vorbehaltlosen Individuierungen. Allerdings nennt Bruaire das „Person“, was in der theologischen Tradition als das „Wesen“ oder die „Natur“ bezeichnet wird, und faßt die grundlegende trinitarische These folgendermaßen zusammen: Gott ist in seiner Einheit und in seiner Dreifachheit personal, wie er auch in der Einheit seiner absoluten Personalität und als dritte Person Geist ist. Integres trinitarisches Denken wird darum nicht die Dreipersönlichkeit gegen die Einpersönlichkeit ausspielen, sondern die notwendige Wechselseitigkeit beider Aussagen berücksich-

[64] Im Unterschied zur vorbehaltlosen Selbstgabe, die Ein- und Dreipersonalität Gottes wesenhaft auszeichnet, bewahrt menschliche Intersubjektivität, so lange sie nicht durch Partizipation an Gottes eigener Natur vermittelt ist (vgl. 2 Petr 1,4), eher den ursprünglichen semantischen Befund von Person als Maske *(Prosopon)*: „l'autre ne s'exprime qu'en gardant son secret : la relation personnelle ne se tente qu'entre les masques“ (EE, 162).

[65] EE, 163.

tigen: „Gott ist durch die Dreifaltigkeit der Personen persönlich; Gott ist dreipersönlich, weil er eine Person ist.“[66]

An diese These einer wechselseitigen Bezogenheit von Ein- und Dreipersonalität reicht der oft erhobene Einwurf, das göttliche Wesen werde abstrakt und dinghaft verstanden, nicht heran. Ferner geht sie über die oberflächlich-exklusive, das heißt unsinnige Alternative hinaus, ob die in der göttlichen Natur subsistierenden Relationen im eigentlichen Sinne *(in recto)* als Personen bezeichnet werden dürfen, wohingegen die göttliche Natur selbst nur „Person“ durch Vermittlung *(in obliquo)* der drei Personen sei, oder nicht vielleicht doch besser umgekehrt. Ein Entweder-Oder ist hier zweimal falsch. Während der zweiten Möglichkeit Häresiegeruch anhaftet, weil die einseitige Ausfaltung der Dreipersönlichkeit aus einem (zumeist endlich-personal verstandenen) Wesen entweder zu vier Göttern führt, oder aber die drei Personen zu bloßen Modalitäten des einen Gottes verblassen müssen (mit der subordinatianistischen Variante von seinsmindernden Emanationen aus der im Vater ursprünglich realisierten Einheit Gottes), entgeht die erste nur knapp dem Verdacht, einen schleichenden Tritheismus zu begünstigen, weil nicht deutlich wird, was es denn mit dem einen, den drei Personen gemeinsamen Wesen auf sich habe, außer Bodensatz und kleinster gemeinsamer Nenner von Vater, Sohn und Geist zu sein.

Die Einzigkeit Gottes wie auch die Wirklichkeit der Personen hängen an dem Axiom, daß jede Person der eine Gott ist, und ihnen unterschiedslos alles eins ist, soweit nicht ein Gegensatz der Beziehung besteht (Anselm: *In Deo omnia sunt unum, ubi non obviat relationis oppositio)*. Die drei Personen unterhalten somit weniger Beziehungen, als daß sie vielmehr ihre Ursprungsverhältnisse sind, die sich voneinander deutlich und real, vom gemeinsamen Wesen aber nicht absolut *(secundum absolutum)*, sondern lediglich der Ordnung ihres Hervorgehens nach *(respectivum)* unterscheiden. Ist nun jedoch das göttliche Wesen nur über den Umweg der in ihm subsistierenden, nicht-akzidentellen Relationen personal, stellt sich die Frage, woher denn die Personen selbst wiederum das nehmen, was sie sind und einander in ihrem Beziehungsgefüge mitteilen. Doch nicht etwa aus der jeweils realisierten *Deitas?* Soll die Einheit der Personen mit dem Wesen durch ihre Subsistenz im göttlichen Wesen gewährleistet sein, darf der Eindruck nicht entstehen, als konstituierten erst die Lebensvollzüge der Personen das ihnen gemeinsame Wesen nach Art eines Zusammenschlusses.

Vorschnell wird die Ablösung der Trinitätslehre von der Heilsgeschichte angeprangert und eine bessere Darstellung der „immanenten“ Trinität von ihrer Rückbindung an die „ökonomische“ erhofft. Um denkerisch einzulösen, wie sich Gott seiner eigenen Wirklichkeit entsprechend zum Menschen verhält, müßte allerdings schon Klarheit über den je eigenen Beitrag der Personen *(actiones sunt sup-*

[66] EE, 166. Das unendlich personale Wesen ist dreipersönlich. Unendliche Reflexion ist dann auch Sache des Sohnes, und Vater und Sohn sind ein einziges Prinzip der Hauchung des Geistes, der ihre souveräne Bestätigung in Person ist, vgl. DS 850 (2. Konzil von Lyon über den Hervorgang des Hl. Geistes), DS 1300 (Konzil von Florenz, Dekret für die Griechen).

positorum) in bezug auf das göttliche Wesen und damit in bezug auf das Zu- und Voneinander der Personen überhaupt herrschen. Wo dem nicht so ist, droht die Unteilbarkeit des dreifaltigen Gottes in allen seinen Werken nach außen *(opera Trinitatis ad extra sunt indivisa)* sich zu einem unvermittelten Teamwork von drei distinkten Wirkweisen aufzulösen, deren jede dort beginnt, wo die andere aufhört.[67] Das Bekenntnis zur Dreifaltigkeit als dem Prinzip, in dem die göttlichen Personen *(principia quae)* kraft ihrer Wesensgemeinschaft *(principium quo)* je ihr Proprium wirken, wird im Ausgang von der „ökonomischen" Trinität offenbar genauso wenig eingeholt wie von der als abstrakt gescholtenen „immanenten" Darstellung her. Statt die Einheit des Wirkens der drei Personen mit der jeweils unverwechselbaren Funktion einer der Personen zu vermitteln, lavieren Appropriationen mitunter zwischen dem einen Wesen und den drei Personen hin und her, und Attributionen zählen auf, was die eine Person gemacht hat, ohne daß die beiden anderen daran beteiligt scheinen. Diese Unsicherheit spiegelt aber eine grundsätzlichere Schwierigkeit wider: Wenn der eine Gott wirkt, darf dieser Einheit nicht eine einzelne Eigenschaft *(proprietas)* ihres Wirkens zukommen, weil sie ansonsten als vierte Person neben den drei anzusehen wäre. Die drei Personen müssen aber mit ihren Proprien eine Einheit in ihrem Wirken darstellen, weil sich ansonsten das, was wirkt, als Teil einer nicht zur Einheit vermittelbaren Dreiheit ausnähme.

Das ungeklärte Verhältnis, das sich zwischen dem göttlichen Wesen als gemeinsamem Medium und den drei Personen als Handlungsträgern entspannt, ist vermutlich so lange nicht spekulativ zu erhellen, als noch ein unbereinigtes und überkommenes Dilemma besteht, das von außen an die Theologie (und das Herz des christlichen Glaubens) herangetragen wird. Letztlich steht hinter der wechselseitigen Unmöglichkeit, das Wesen und die Person jeweils im Übergang vom einen zum anderen zu erreichen, das bedenkliche Ansinnen, etwas von seinem Gegenteil aus verstehen zu wollen, so als ob sich Eigenschaften von Eigenschaftslosigkeit her erschlössen oder umgekehrt. Daß übrigens die Mißdeutung des Wesens als Einfachheit der Leere nicht gerade den Monotheismus erhebt, ist ohnedies klar. Damit scheint allen Schwierigkeiten, die Personen mit der göttlichen Natur zu vermitteln, die wechselseitige Preisgabe von Substanz und Subjekt (bzw. Sein und Akt) zugrunde zu liegen, die so modern wie zeitlos ist und nur schlecht einen ontologischen Terminus mit lebendigen Vollzügen zusammenzudenken vermag. Das läßt sich vortrefflich an dem Argument verdeutlichen, das der Bezeichnung des Wesens als Person entgegensteht. Wenn aber „Person" tatsächlich nur das Individuum bezeichnet, das von anderen Individuen verschieden ist, wird sich das Individuum nicht nur in Verschiedenheit artikulieren müssen, um seinen personalen Anspruch zu erheben; zwangsläufig wird sich auch das Gemeinsame der drei göttlichen Personen, die göttliche Natur zu einer Abstraktion verflüchtigen. Es liegt auf der Hand, daß hier ein anderer Person-

[67] Vgl. DS 1331 (Schöpfung, Inkarnation und Geistsendung, alles geschieht aus dem Vater durch den Sohn im Hl. Geist, drei Proprien, ein Prinzip). Vgl. Gläßer, Verweigerte Partnerschaft?, 187, Religionskritik, Glaubensbegründung und interreligiöser Dialog, 196 ff.

begriff zu instrumentalisieren wäre. Schon Bruaires Begriff der endlichen Person als differenzierte Einheit eines Substanz-Subjekts, das sich nicht aus disparaten und einander entgegengesetzten Bestandteilen zusammensetzt, geht aber über die Bestimmung von Personen als konkurrierenden Größen und damit über die unselige Zuordnung hinaus, an der die Trinitätstheologie leidet.

Ironisch muß stimmen, wie heimisch philosophische Fehlbegriffe von Personalität in der Theologie sind, und wie wenig das eigentlich bewußt ist. Der Rahmen, in dem sich der gläubig-denkerische Nachvollzug der Trinität bewegt, ist bekannt: Er verbindet die klassische Definition der Person *(Persona est naturae rationalis individua substantia*[68]) mit einem von Aristoteles inspirierten und von der christlichen Theologie nicht vollständig transformierten Substanzbegriff. „Substanz" ist ein schon bei Aristoteles zwiespältiger Begriff, dessen ursprüngliche semantische Zweideutigkeit als „erste" und „zweite" Substanz den einen Gott zu zerreißen droht, was schon in Übersetzungen deutlich zutage tritt: Meint Substanz das „Wesen" *(Ousia, substantia,* später trinitätstheologisch enger mit *essentia* wiedergegeben), wiederholt dieser Begriff schlicht die boethianische *natura rationalis,* die somit nur als individuelle der Tautologie entgeht. Individuelle, durch Vernünftigkeit vollkommen bestimmte Substanz ist aber mit Sicherheit nicht das, woran Aristoteles gedacht hat. Das hat Konsequenzen: Bezieht sich Substanz auf „Individuum" *(Hypostasis, substantia* bzw. *subsistentia)*, verlagert sich die Bedeutung von Substanz auf das hin, was man eigentlich „Subjekt" nennt *(Hypokeimenon, substantia* im Sinne von *suppositum)* und das nur insofern Substanz ist, als damit ein mit sich gleichbleibender Träger subjektiver Akte gemeint ist.[69] Alle Schwierigkeiten, nicht nur die göttlichen Personen mit dem göttlichen Wesen zu vermitteln, sondern auch genuin menschliches Sein und endliche Subjektivität zu verstehen, sind hier schon vorgezeichnet: Subjektivität erschöpft sich rein in nachvollziehbaren Akten, bzw. Akte begründen erst ihren Träger. Das Auseinanderreißen von Substanz und Subjekt hat zu einer unpersönlichen Auffassung des göttlichen Wesens beigetragen, damit den Substanzbegriff generell herabgewürdigt und gleichzeitig eine Exaltierung des modernen Subjektbegriffs bewirkt, der als bloß psychologische Selbstverifikations- und moralische Zurechenbarkeitsinstanz allerdings mit ontologischer Entleerung einhergeht. Daraus versandet rückwirkend auch die Rede von den in Gott subsistierenden Relationen in aporetische Konstruktionen, die das relationale Zueinander der göttlichen Personen ihrer Grundlage berauben.

Im Anschluß an Bruaires Begriff der differenzierten Einheit eines unendlich personalen Substanz-Subjekts ist die eine Selbstgabe in ihrer unendlichen Reflexivität, die doppelte Positivität ist, geeignet, dieses Dilemma aufzulösen, wobei das eine, dreifach differenzierte Geben als dreifach individuierte Geistsubstanz durch

[68] Boethius († 524), De pers. et duab. nat. c. 3 (PL 64, 1343 f.), vgl. Auer, Person, 18 („Person ist individueller Selbstand einer rationalen Natur").

[69] Vgl. Aristoteles, Metaphysik 1017 b (erste Substanz, *Hypokeimenon,* d. h. einzelnes, Zugrundeliegendes bei Thomas von Aquin, STh I 29, 2), 1028 b (zweite Substanz, *Ousia,* d. h. Allgemeines, STh I 29, 1).

Einsetzung der personalen Wirklichkeiten von Vater, Sohn und Geist zu bestimmter Klarheit findet. Dankenswerterweise hat Bruaire diese Einsetzung noch selber vorgenommen, wobei die syllogistische Anordnung nicht stören sollte: Der einzige, dreifach unterteilte Schluß, der alle Relationen zueinander in Beziehung setzt, ist geeignet, den Anschein von aufeinander abfolgenden Figuren zu korrigieren.

Schon die erste Relation des absoluten Geistes definiert sich durch vorbehaltlose Selbstgabe: Der Vater ist deren absolute Initiative, die sich dem Sohn in Zeugung mit unendlicher Seinsmacht mitteilt. Durch die wesensgleiche Rückgabe des Sohnes erhält sich der absolute Geist (nicht der Vater) als personale Einheit von Selbstgegenwärtigkeit und Selbstwissen. Dieser Austausch von Selbst zu Selbst kennzeichnet den geistigen Rhythmus, in dem sich der mit sich identische Gott (Universalität, Allgemeines) in besonderer Weise aussagt (Partikularität) und zu Form und verbindlichem Ausdruck findet. Somit macht die Wechselgabe die personale Einheit des absoluten Geistes aus. Die Gleichwertigkeit beider Bewegungen setzt aber für die positive Wirksamkeit der absoluten Freiheit noch die abschließende, rückkehrlose Bestätigung durch den Geist voraus. Zur absoluten Zeugungsinitiative gehört also die bestätigende Instanz, deren Differenz schon im Moment der väterlich individuierten Selbstgabe aufleuchtet. Der dritte Schluß hat daher die disjunktive Anordnung Geist – Vater – Sohn, wobei der Geist seinen Ausgang vom Vater für den Bestand des Sohnes und den der Wechselgabe nimmt.

Der Geist setzt den Vater als sein Prinzip voraus, geht aus ihm hervor und setzt gleichzeitig das Wort als göttliche Selbstbehauptung wieder ein. Damit ist auch die reflektierte Rückerstattung durch den Sohn vorausgesetzt: Der Geist geht aus Vater und Sohn hervor. Während die Selbstgabe über die Rückgabe hinaus bestätigt wird und das Wort etabliert, unterstreicht dieses wiederum kraft seiner wiedereingesetzten Gegenwärtigkeit den einzelnen Geist. Die wiederbehauptete Selbstbehauptung beweist geradezu den absolut singulären Akt der Selbstunterscheidung des absoluten Geistes als Differenz des einzelnen Geistes, womit der Sohn im Hervorgang des Geistes die Stelle des vermittelnden Prinzips einnimmt: Vater – Sohn – Geist (erster Syllogismus).

Diese Relation impliziert ihrerseits die wechselseitige Anerkennung von Vater und Sohn, die sich ohne die vermittelnde Position des Geistes allerdings auf ein Nichts reduziert. Durch die Bestätigung der Wiedergabe hat die Wechselgabe aber nicht nur ihre Wirklichkeit, sondern auch den inneren Kontrast: Die konstitutive Vermittlung des Geistes (zweiter Syllogismus: Sohn – Geist – Vater) bestätigt die Zeugung und erlaubt die Unterscheidung zwischen Zeugendem und Gezeugtem.

Der vollständige dritte Schluß enthält die beiden anderen in sich und faltet die persönliche und dreipersönliche Einheit des absoluten Geistes in ihrer ganzen Fülle aus: (Geist) – Sohn – Vater (Vater) – Geist – (Sohn).

In dieser Anordnung vereinigt sich die Abfolge der drei Schlüsse zu einem einzigen Schluß. Die dreifache Vermittlung einer jeden Person erweist sich als Dreiheit der persönlichen Einheit des Einzigen, der für und durch sich selbst sowohl Prinzip als auch Zweck seiner inneren Vermittlungen ist.

Literatur

T. W. ADORNO, Minima Moralia (1951), Frankfurt 1984
DERS., Negative Dialektik, Frankfurt ^{3}1982
J. ALFARO, Natura pura, in: LThK^{2}, Bd. 7 (1962), 809 f.
J. AMÉRY, Atheismus ohne Provokation, in: Widersprüche, Frankfurt 1980, 23–33
P. AUBENQUE, Le problème de l'être chez Aristote, Paris: PUF 1962
J. AUER, Person, Regensburg 1979
C. BAUEMKER, Die christliche Philosophie des Mittelalters, in: AAVV., Allgemeine Geschichte der Philosophie, Leipzig 1913, 338–431
H. U. VON BALTHASAR, Karl Barth, Einsiedeln ^{4}1976
K. BARTH, Kirchliche Dogmatik, Zürich 1932 ff.
H. M. BAUMGARTNER, Absolut, Absolutes, in: LThK^{3}, Bd. 1 (1993), 78–80
G. BENN, Mein Name ist Monroe, in: Neue Presse, 21.4.1956, 17
DERS., Gesammelte Werke, Bd. I, Wiesbaden 1960
M. BIELER, Karl Barths Auseinandersetzung mit der analogia entis und der Anfang der Theologie, in: Cath 40 (1986) 229–245
M. BLONDEL, L'Action (1893), Paris: PUF 1973
DERS., Y a-t-il une philosophie chrétienne?, in: RMM 38 (1931) 599–606
DERS., Lettres philosophiques, Paris: Aubier 1961
H. BLUMENBERG, Die Legitimität der Neuzeit, Frankfurt 1966
DERS., Substanz, in: RGG^{3}, Bd. 6 (1956), 456–458
E.-W. BÖCKENFÖRDE, Freiheit IV–V, in: StL^{7}, Bd. 2 (1986), 704–713
N. BOLZ, Philosophie IV. Strukturalismus, Diskursanalyse, Dekonstruktivismus, in: HWP, Bd. 7 (1989), 792–795
T. BORSCHE, Sprache I. Antike, in: HWP, Bd. 9 (1995), 1437–1453
B. BRECHT, Kalendergeschichten, Reinbek 1953
É. BRÉHIER, Y a-t-il une philosophie chrétienne?, in: RMM 38 (1931) 133–162
W. BREUNING, „Gott“: Fragen der Theologie an die Philosophie, in: J. MÖLLER (Hrsg.), Der Streit um den Gott der Philosophen, Düsseldorf 1985, 17–35
E. BRITO, Dieu et l'être d'après Thomas d'Aquin et Hegel, Paris: PUF 1991
W. BRUGGER, Philosophisches Wörterbuch, Freiburg 1967
J. BRUN, La pensée de Hegel selon Claude Bruaire, in: EPh 62 (1988) 309–313
F. BRUNNER, De l'opposition prétendue entre la philosophie et la théologie, in: StPh 45 (1986) 21–41
H. BUCHNER, Geist, in: HPhG, Bd. 1 (1973), 536–546
J.-P. CHANGEUX, P. RICOEUR, Ce qui nous fait penser, Paris: Odile Jacob 1998
G. CHANTRAINE, Luther et les fondements de la morale, in: La morale (013), 273–293
A. CHAPELLE, Hegel et la religion, 3 Bde., Paris: Éditions Universitaires 1963 ff.
DERS., L'itinéraire philosophique de Claude Bruaire : De Hegel à la métaphysique, in: RPFE 115 (1990) 5–12
DERS., Présence de Hegel en France : G. Fessard et Cl. Bruaire, in: RPFE 115 (1990) 13–26
M.-D. CHENU, Introduction à l'étude de saint Thomas d'Aquin, Paris: Vrin 1950
J. COLETTE, Bulletin de philosophie contemporaine. Hegel, in: RSPhTh 49 (1965) 705–719
M. CORVEZ, Claude Bruaire, Philosophie du corps, in: RThom 68 (1968) 637–644
D. CRYSTAL, Die Cambridge Enzyklopädie der Sprache, Frankfurt 1995
A. CUGNO, Le désir de Dieu dans „L'affirmation de Dieu“ de Claude Bruaire, in: RPFE 115 (1990) 27–33

H. Deku, Wahrheit und Unwahrheit der Tradition, St. Ottilien 1986
A. Diemer, Einführung in die Ontologie, Meisenheim/Glahn 1959
A. Döblin, Sigmund Freud zum 70. Geburtstag, in: Die Zeitlupe, Olten u.a. 1962, 80–88
D. Dubarle, Dieu avec l'être, Paris: Beauchesne 1986
M. Eckert, Gott – Glauben und Wissen. Friedrich Schleiermachers philosophische Theologie, Berlin 1987
L. Elders, Geheimnischarakter und Rationalität in der Trinitätslehre nach Thomas von Aquin, in: J. Stöhr (Hrsg.), Der dreifaltige Gott und das Leben des Christen, St. Ottilien 1993, 74–87
G. Fessard, Pax nostra. Examen de conscience internationale, Paris: Grasset 1936
Ders., La Dialectique des Exercices spirituels de Saint Ignace de Loyola, 3 Bde., Paris: Aubier 1956/1966, Lethielleux 1984
Ders., La division de la théologie et la dialectique du Païen et du Juif, in: De l'actualité historique, Bd. 1, Paris: DDB 1960, 243–291
L. Feuerbach, Das Wesen des Christentums (1841), Berlin ^{2}1984
J. G. Fichte, Vorlesungen über die Bestimmung des Gelehrten (1794), in: Akademie-Ausgabe, Bd. I, Stuttgart 1966, 25–68
Ders., Rechtslehre (1796/97), in: Akademie-Ausgabe, Bd. I, 313–360
N. Fischer, Die philosophische Frage nach Gott, Paderborn 1995
K. Flasch, Das philosophische Denken im Mittelalter, Stuttgart 1986
M. Frank, Fragmente einer Geschichte der Selbstbewußtseins-Theorie von Kant bis Sartre, in: Selbstbewußtseinstheorien von Fichte bis Sartre, Frankfurt ^{2}1993, 413–599
W. Franzen, Von der Existentialontologie zur Seinsgeschichte, Meisenheim / Glahn 1975
H. Fries, Die katholische Religionsphilosophie der Gegenwart, Heidelberg 1949
A. Gesché, La médiation philosophique en théologie, in: AAVV., Miscellanea Albert Dondeyne, Löwen 1974, 75–91
Ders., Le Dieu de la Bible et la théologie spéculative, in: EThL 51 (1975) 5–34
Ders., Claude Bruaire, Le droit de Dieu, in: RTL 6 (1975) 485–492
B. Geyer, Die patristische und scholastische Philosophie, Darmstadt ^{13}1956
P. Gilbert, L'acte d'être : un don, in: ScEs 41 (1989) 265–286
E. Gilson, L'esprit de la philosophie médiévale, Paris: Vrin 1932
Ders., La philosophie au moyen âge (1944), Paris: Payot 1986
Ders., Le thomisme, Paris: Vrin 1945
Ders., La possibilité philosophique de la philosophie chrétienne, in: RSR 32 (1958) 168–196
A. Glässer, Konvergenz. Die Struktur der Weltsumme Pierre Teilhards de Chardin, Kevelaer 1970
Ders., Verweigerte Partnerschaft?, Regensburg 1991
Ders., Von der Apologetik zur Fundamentaltheologie, in: Ders. (Hrsg.), Veritati et Vitae, Bd. 1, Regensburg 1993, 43–72
Ders., Die Bestimmung des Menschen. Schöpfung Erlösung Vollendung, in: P. Kaiser, D. S. Peters (Hrsg.), Organismus – Evolution – Mensch, Regensburg 1995, 143–222
Ders., Religionskritik, Glaubensbegründung und interreligiöser Dialog, Regensburg 2000
K. Gründer, Heideggers Wissenschaftskritik in ihren geschichtlichen Zusammenhängen, in: APh 11 (1961) 312–335
M. Gueroult, Etudes de philosophie allemande, Hildesheim 1977
G. Gusdorf, Traité de métaphysique, Paris: Colin 1956
K. H. Haag, Der Fortschritt in der Philosophie, Frankfurt 1983
J. Habermas, Legitimationsprobleme im Spätkapitalismus, Frankfurt 1973
Ders., Nachmetaphysisches Denken, Frankfurt 1988

N. HARTMANN, Neue Wege der Ontologie, Stuttgart 1949

R. HEEDE, Die göttliche Idee und ihre Erscheinung in der Religion, Münster 1972

G. W. F. HEGEL, Phänomenologie des Geistes (1807), Hamburg 1952

DERS., Wissenschaft der Logik (1812–1832), 4 Bde., Hamburg 1990 ff.

DERS., Enzyklopädie der philosophischen Wissenschaften (1830), Hamburg 1991

DERS., Vorlesungen über die Philosophie der Religion (1824–1831), 3 Bde., Hamburg 1993 ff.

M. HEIDEGGER, Sein und Zeit (1927), Tübingen [15]1984

DERS., Phänomenologie und Theologie (1927), in: Wegmarken, Frankfurt 1967

DERS., Vom Wesen des Grundes, Frankfurt [3]1949

DERS., Holzwege, Frankfurt 1950

DERS., Identität und Differenz, Pfullingen 1957

DERS., Nietzsche, Bd. I, Pfullingen 1961

H. HEIMSOETH, Die sechs großen Themen der abendländischen Metaphysik und der Ausgang des Mittelalters, Darmstadt [8]1987

P. HENRICI, Hegel und Blondel, Pullach 1958

DERS., Maurice Blondel als Leibniz-Schüler, in: StLeib. Suppl. V (1971) 156–168

DERS., Der Gott der Philosophen, in: Glauben – Denken – Handeln, Köln 1993, 84–97

DERS., Gotteslehre I. Philosophisch, in: LThK[3], Bd. 4 (1995), 922–923

V. HÖSLE, Ontologie und Ethik bei Hans Jonas, in: D. BÖHLER (Hrsg.), Ethik für die Zukunft, München 1994, 105–125

W. HOGREBE, Prädikation und Genesis, Frankfurt 1989

A. E. VAN HOOF, Logik des Christseins jenseits des Rationalismus, in: A. RAFFELT ET AL. (Hrsg.), Das Tun, der Glaube, die Vernunft, Würzburg 1995, 96–115

R. P. HORSTMANN, Einleitung, in: DERS. (Hrsg.), Seminar: Dialektik in der Philosophie Hegels, Frankfurt [2]1989, 9–30

W. HÜBENER, Descartes, in: TRE, Bd. 8 (1981), 499–510

W. JAESCHKE, Die Religionsphilosophie Hegels, Darmstadt 1983

E. JÜNGEL, Gott als Geheimnis der Welt, Tübingen 1977

DERS., Das Dilemma der natürlichen Theologie und die Wahrheit ihres Problems, in: Entsprechungen: Gott – Wahrheit – Mensch, München 1980, 158–177

F. G. JÜNGER, Wort und Zeichen, in: BAYERISCHE AKADEMIE DER SCHÖNEN KÜNSTE (Hrsg.), Die Sprache, Darmstadt 1959, 55–74

P. KAISER, Philosophie und Theologie, in: R. M. HÜBNER ET AL. (Hrsg.), Der Dienst für den Menschen in Theologie und Verkündigung (FS Bisch. Brems), Regensburg 1981, 19–31

I. KANT, Kritik der reinen Vernunft ([2]1787), Hamburg 1976

DERS., Werke, Bd. 1: Vorkritische Schriften bis 1768, Darmstadt [5]1983

F. KAPLAN, Le Dieu de Claude Bruaire, in: RPFE 115 (1990) 35–45

M. KAPPES, „Natürliche Theologie" als innerprotestantisches und ökumenisches Problem, in: Cath 49 (1995) 276–309

W. KASPER, Der Gott Jesu Christi, Mainz 1982

F. KAULBACH, Erkenntnis/Erkenntnistheorie, in: TRE, Bd. 10 (1982), 144–159

A. KELLER, Bruaire, Claude, L'affirmation de Dieu, in: ThPh 42 (1967) 261–263

W. KERN, Hegel, in: LThK[2], Bd. 5 (1960), 56–59

G. KRAUS, Gotteserkenntnis ohne Offenbarung und Glaube?, Paderborn 1987

A. KREINER, Ende der Wahrheit?, Freiburg 1992

K. KREMER, Die Problemsituation, in: DERS. (Hrsg.), Um Möglichkeit oder Unmöglichkeit natürlicher Gotteserkenntnis heute, Leiden: Brill 1985, 1–30

H. KRINGS, Freiheit I–III, in: StL^7, Bd. 2 (1986), 696–704
R. KÜHN, Metaphysik als Onto-do-logie, in: WiWei 50 (1987) 211–216
DERS., Französische Reflexions- und Geistesphilosophie, Frankfurt 1993
R. KUHLEN, Absolut, das Absolute, in: HWP, Bd. 1 (1971), 12–31
G. LAFONT, Le philosophe et la promesse, in: RTL 14 (1983) 356–371
B. LAKEBRINK, Kommentar zu Hegels „Logik", 2 Bde., Freiburg 1985
J. LAU, Der Jargon der Uneigentlichkeit, in: Merkur 52 (1998) 944–955
M. LAU, Das Unbehagen im Postfeminismus, in: Merkur 52 (1998) 919–928
D. LEDUC-FAYETTE, Désir et destin, in: EPh 62 (1988) 289–300
DIES., Du retour à l'origine, in: RPFE 115 (1990) 47–57
F. LEFÈVRE, L'itinéraire philosophique de M. Blondel, Paris: Aubier 1928
G. W. LEIBNIZ, Discours de Métaphysique (1686), Hamburg 1985
W. I. LENIN, Werke, Berlin 1960 ff.
A. LÉONARD, La structure du système hégélien, in: RPL 69 (1971) 495–525
DERS., Pensées des hommes et foi en Jésus-Christ, Paris: Lethielleux 1980
W. LESCH, Philosophie als Odyssee, in: G. FUCHS (Hrsg.), Lange Irrfahrt – große Heimkehr, Frankfurt 1994, 157–188
G. E. LESSING, Gesammelte Werke, Berlin 1956
E. LEVINAS, Totalité et infini, Den Haag: Nijhoff ^{4}1974
DERS., La trace de l'autre, in: En découvrant l'existence avec Husserl et Heidegger, Paris: Vrin 1982, 187–202
C. LÉVI-STRAUSS, La pensée sauvage, Paris: Plon 1962
H. DE LUBAC, Sur la philosophie chrétienne (1936), in: Recherches dans la foi, Paris: Beauchesne 1979, 127–152
H. DE LUBAC ET AL. (Hrsg.), Gabriel Marcel-Gaston Fessard. Correspondance 1934–1971, Paris: Beauchesne 1985
H. CARD. DE LUBAC, Meine Schriften im Rückblick, Einsiedeln 1996
H. LÜBBE, Religion nach der Aufklärung, Graz 1986
N. LUHMANN, Die Ausdifferenzierung der Religion, in: Gesellschaftsstruktur und Semantik, Bd. 3, Frankfurt 1989, 259–357
N. LUYTEN, Dichotomismus, in: LThK^2, Bd. 3 (1959), 351 f.
N. MALEBRANCHE, De la recherche de la vérité (1674), in: Oeuvres, Bd. I, Paris: Gallimard 1979, 3–1126
G. MARCEL, Journal métaphysique (1927), Paris: Gallimard 1968
DERS., Du refus à l'invocation, Paris: Gallimard 1940
DERS., Homo viator, Paris: Aubier 1944
J.-L. MARION, L'idole et la distance, Paris: Grasset 1977
DERS., De la „mort de Dieu" aux Noms divins : l'itinéraire théologique de la métaphysique, in: D. BOURG (Hrsg.), L'être et Dieu, Paris: Cerf 1986, 103–130
O. MARQUARD, Schwierigkeiten mit der Geschichtsphilosophie, Frankfurt ^{2}1982
DERS., Drei Bemerkungen zur Aktualität Heideggers, in: G. DAUTZENBERG (Hrsg.), Theologie und Menschenbild, Frankfurt 1978, 244–247
DERS., Abschied vom Prinzipiellen, Stuttgart 1981
DERS., Apologie des Zufälligen, Stuttgart ^{2}1996
DERS., Skepsis und Zustimmung, Stuttgart 1994
J.-F. MARQUET, Le philosophe devant le mystère de la Trinité, in: EPh 62 (1988) 323–327
DERS., Corps et subjectivité chez Claude Bruaire, in: RPFE 115 (1990) 71–78
K. MARX, Pariser Manuskripte (1844), in: Die Frühschriften, Stuttgart ^{6}1971

DERS., Misère de la philosophie (1847), Paris: Gallimard 1963
K. MARX, F. ENGELS, Werke, Berlin 1960 ff.
M. MERLEAU-PONTY, Phénoménologie de la perception, Paris: Gallimard 1945
DERS., Sens et non-sens, Paris: Nagel [5]1966
J. MÖLLER, Absolut, in: $LThK^2$, Bd. 1 (1957), 70 f.
DERS., Einleitung: Der unbewältigte Gott der Philosophen, in: DERS. (Hrsg.), Der Streit um den Gott der Philosophen, Düsseldorf 1985, 7–16
O. MUCK, Philosophische Gotteslehre, Düsseldorf 1983
G. L. MÜLLER, Hebt das Sola-fide-Prinzip die Möglichkeit einer natürlichen Theologie auf?, in: Cath 40 (1986) 59–96
F. NIETZSCHE, Werke, München [9]1982
L. OEING-HANHOFF, Geist, in: HWP, Bd. 3 (1974), 154–157
DERS., Intellectus agens / intellectus possibilis, in: HWP, Bd. 4 (1976), 432–435
H. OGIERMANN, Es ist ein Gott, München 1981
E. ORTIGUES, Le Discours et le Symbole, Paris: Aubier 1962
W. PANNENBERG, Systematische Theologie I, Göttingen [2]1988
DERS., Grundfragen systematischer Theologie II, Göttingen 1980
DERS., Metaphysik und Gottesgedanke, Göttingen 1988
DERS., Theologie und Philosophie, Göttingen 1996
B. PASCAL, Pensées (1670), Paris: Librairie Générale Française 1972
G. PATZIG, Agnostizismus 2. Philosophisch, in: RGG^3, Bd. 1 (1956), 175–176
A. PEPERZAK, Der Andere und die Metaphysik, in: A. HALDER ET AL. (Hrsg.), Religionsphilosophie heute, Düsseldorf 1988, 104–117
G. PICHT, Glaube und Wissen, München 1991
J. PIEPER, Scholastik, München [2]1986
S. PLOURDRE, Vocabulaire philosophique de Gabriel Marcel, Montréal: Bellarmin 1985
K. R. POPPER, Logik der Forschung, Tübingen [6]1976
E. POUND, ABC des Lesens (1934), Frankfurt 1960
E. POUSSET, Une relecture du traité de Dieu dans la „Somme théologique“ de saint Thomas, in: ArPh 39 (1976) 67–89
L. B. PUNTEL, Wahrheit, in: HPhG, Bd. 3 (1974), 1649–1668
DERS., Das Verhältnis von Theologie und Philosophie, in: J. ROHLS, G. WENZ (Hrsg.), Vernunft des Glaubens (FS Pannenberg), Göttingen 1988, 11–41
K. RAHNER, Hörer des Wortes, München [2]1963
DERS., Zum heutigen Verhältnis von Philosophie und Theologie, in: Schriften zur Theologie, Bd. X, Zürich u. a. 1972, 70–88
J. CARD. RATZINGER, Glaube, Philosophie und Theologie, in: Wesen und Auftrag der Theo-logie, Einsiedeln 1993, 11–25
F. RAVAISSON, De l'habitude (1838), Paris: Vrin 1984
M. RENAUD, La „Philosophie du corps“ selon M. Claude Bruaire, in: RPL 67 (1969) 104–142
T. RENTSCH, Metaphysikkritik, in: HWP, Bd. 5 (1980), 1280–1289
P. RICOEUR, Le volontaire et l'involontaire, Paris: Aubier 1949
DERS., Finitude et culpabilité, Bd. 1, Paris: Seuil 1960
DERS., Nature et Liberté, in: Existence et Nature, Paris: PUF 1962, 125–137
DERS., De l'interprétation, Paris: Seuil 1965
DERS., Philosophieren nach Kierkegaard, in: M. THEUNISSEN ET AL. (Hrsg.), Materialien zur Philosophie Sören Kierkegaards, Frankfurt 1979, 579–596
K. ROSENKRANZ, Georg Wilhelm Friedrich Hegels Leben (1844), Darmstadt 1998

M. Sales, Gaston Fessard, in: ChP, Bd. 3 (1990), 487–499

Ders., Fessard, in: LThK³, Bd. 4 (1995), 1249

H. J. Sandkühler (Hrsg.), Europäische Enzyklopädie zu Philosophie und Wissenschaften, 2 Bde., Hamburg 1990

J.-P. Sartre, L'être et le néant (1943), Paris: Gallimard 1976

J. M. Scannone, Sein und Inkarnation, Freiburg 1968

L. Scheffczyk, Die Theologie und die Wissenschaften, Aschaffenburg 1979

F. W. J. Schelling, Philosophische Untersuchungen über das Wesen der menschlichen Freiheit (1809), in: Sämmtliche Werke, Bd. VII, Stuttgart 1860, 333–416

Ders., Die Weltalter (1813), in: Schriften von 1813–1830, Darmstadt 1989, 1–150

R. Scherer, Einführung, zu: C. Bruaire, Die Aufgabe, Gott zu denken, Freiburg 1973, 3–5

H. R. Schlette, Strukturen des Christlichen, philosophisch, in: Aporie und Glaube, München 1970, 102–121

Ders., Vom Atheismus zum Agnostizismus, in: Ders. (Hrsg.), Der moderne Agnostizismus, Düsseldorf 1979, 207–223

H. M. Schmidinger, Philosophie, christliche, in: HWP, Bd. 7 (1989), 886–898

C. Schmitt, Der Begriff des Politischen (1932), Berlin 1963

Ders., Politische Theologie, München 1934

J. H. J. Schneider, Sprache II. Mittelalter, Renaissance, Humanismus, in: HWP, Bd. 9 (1995), 1454–1468

M. Seckler, Theologie, Religionsphilosophie, Religionswissenschaft, in: ThQ 157 (1977) 163–176

Ders., Der Begriff der Offenbarung, in: HFTh, Bd. 2 (1985), 60–83

Ders., Was heißt Offenbarungsreligion?, in: J. Rohls, G. Wenz (Hrsg.), Vernunft des Glaubens (FS Pannenberg), Göttingen 1988, 157–175

J. Simon, Zur philosophischen Ortsbestimmung theologischer Wissenschaft von ihrem Gegenstand her, in: ThQ 157 (1977) 204–207

P. Sloterdijk, Der starke Grund, zusammen zu sein, in: Die Zeit, 2.1.1998, Dossier, 9–12

G. Söhngen, Natürliche Theologie I., in: LThK², Bd. 7 (1962), 811–816

R. Sohm, Kirchengeschichte im Grundriß, Berlin ⁸1893

R. Spaemann, Die Frage nach der Bedeutung des Wortes „Gott“, in: IKaZ 1 (1972) 54–72

Ders., Niklas Luhmanns Herausforderung der Philosophie, in: N. Luhmann, Paradigm lost: Über die ethische Reflexion der Moral, Frankfurt 1990, 47–73

Ders., Personen, Stuttgart 1996

J. Splett, Die Trinitätslehre G. W. F. Hegels, Freiburg 1965

Ders., Agnostizismus, in: SM, Bd. I (1967), 52–55

Ders., Freiheits-Erfahrung, Frankfurt 1986

Ders., Agnostizismus, in: HRGF (1986), 7–10

Ders., Leben als Mit-Sein, Frankfurt 1990

Ders., Agnostizismus, in: LThK³, Bd. 1 (1993), 241 f.

H. Staudinger, M. Horkheimer, Um die Zukunft von Aufklärung und Religion, Wuppertal 1991

F. van Steenberghen, Ontologie, Einsiedeln 1953

S. Strasser, Jenseits von Sein und Zeit, Den Haag: Nijhoff 1978

G. Szczesny, Das sogenannte Gute, Reinbek 1971

P. Teilhard de Chardin, Le coeur du problème, in: L'avenir de l'homme, Paris: Seuil 1959, 339–349

M. Theunissen, Hegels Lehre vom absoluten Geist als theologisch-politischer Traktat, Berlin 1973

DERS., Negative Theologie der Zeit, Frankfurt 1991
X. TILLIETTE, In memoriam Claude Bruaire 1932–1986, in: GM 9 (1987) 237–248
DERS., Le rationalisme chrétien de Claude Bruaire, in: EPh 62 (1988) 315–322
DERS., La philosophie et l'Absolu, in: RPFE 115 (1990) 79–87
DERS., Quelques défenseurs de l'argument ontologique, in: AF 58 (1990) 405–420
DERS., Le Christ de la philosophie, Paris: Cerf 1990
DERS., La théologie philosophique de Claude Bruaire, in: Gr 74 (1993) 689–709
C. TROISFONTAINES, L'étude philosophique du christianisme suivant Maurice Blondel, in: AAVV., Miscellanea Albert Dondeyne, Löwen 1974, 93–106
L. TRUFFAUT, Traducteur tu seras, Brüssel: Éditions du Hazard 1997
F. ULRICH, Logik der Existenz und Offenbarung, in: ZPhF 23 (1969) 249–275
A. VERGOTE, Interprétation du langage religieux, Paris: Seuil 1974
H. VERWEYEN, Gottes letztes Wort, Düsseldorf 1991
J.-L. VIEILLARD-BARON, La notion d'esprit dans la philosophie chrétienne de Claude Bruaire, in: EPh 62 (1988) 301–308
F. WAGNER, Was ist Religion?, Gütersloh 1986
DERS., Was ist Theologie?, Gütersloh 1989
DERS., Zur gegenwärtigen Lage des Protestantismus, Gütersloh 1995
W. WEISCHEDEL, Der Gott der Philosophen, 2 Bde., München ^{2}1985
A. G. WILDFEUER, Bruaire, in: LThK^{3}, Bd. 2 (1994), 708
M. WINOCK, Le Siècle des intellectuels, Paris: Seuil ^{2}1999

Eichstätter Studien

Herausgegeben von Konstantin Meier und Erwin Möde

Band 38: *Josef Seger*
Der Bauernkrieg im Hochstift Eichstätt. (1997)
ISBN 3-7917-1536-4

Band 39: *Alexius J. Bucher / Dieter Stefan Peters* (Hg.),
Evolution im Diskurs.
Grenzgespräche zwischen Naturwissenschaft, Philosophie und Theologie. (1998)
ISBN 3-7917-1601-8

Band 40: *Markus Gumann*
Vom Ursprung der Erkenntnis des Menschen bei Thomas von Aquin.
Konsequenzen für das Verhältnis von Philosophie und Theologie. (1999)
ISBN 3-7917-1638-7

Band 41: *Bernhard Sill*
Ethos und Thanatos.
Zur Kunst des guten Sterbens bei Matthias Claudius, Leo Nikolajewitsch Tolstoi, Rainer Maria Rilke, Max Frisch und Simone de Beauvoir. (1999).
ISBN 3-7917-1659-X

Band 42: *Alfred Gläßer*
Religionskritik, Glaubensbegründung und interreligiöser Dialog.
Vom deutschen Idealismus zu Nietzsche und zur Postmoderne. (2000)
ISBN 3-7917-1697-2

Band 43: *Alexius J. Bucher*
Verantwortlich handeln.
Ethik in Zeiten der Postmoderne. (2000)
ISBN 3-7917-1698-0

Band 44: *Erwin Möde* (Hg.)
Leben zwischen Angst und Hoffnung.
Interdisziplinäre Angstforschung. (2000)
ISBN 3-7917-1699-9

Band 45: *Bernhard Mayer* (Hg.)
Jericho und Qumran.
Neues zum Umfeld der Bibel. (2000)
ISBN 3-7917-1731-6

Band 46: *Stephan E. Müller, Erwin Möde* (Hg.)
Des Menschen Unersättlichkeit.
Süchte als Herausforderung im interdisziplinären Dialog (2001)
ISBN 3-7917-1766-9

Band 47: *Alexius J. Bucher* (Hg.)
Welche Philosophie braucht die Theologie? (2002)
ISBN 3-7917-1794-4

Band 48: *Erich Naab*
Die Gegenwart Gottes in der Gnade.
Universalität und Relation der Gnade nach Eichstätter Theologen im 19. Jahrhundert. (2002)
ISBN 3-7917-1818-5

Band 49: *Jacek Machura*
Die paulinische Rechtfertigungslehre.
Positionen deutschsprachiger katholischer Exegeten in der Römerbriefauslegung des 20. Jahrhunderts. (2003)
ISBN 3-7917-1843-6

Band 50: *Maria Magdalena Elbl*
Eucharistie als Opfer der Kirche bei Maurice de la Taille. (2003)
ISBN 3-7917-1853-3

Band 51: *Paolo Sottopietra*
Wissen aus der Taufe.
Die Aporien der neuzeitlichen Vernunft und der christliche Weg im Werk von Joseph Ratzinger. (2003)
ISBN 3-7917-1857-6

Band 52: *Peter Paul Bornhausen*
Christlicher Rationalismus.
Anregungen der Philosophie Claude Bruaires (1932–1986) [2004]
ISBN 3-7917-1889-4

Verlag Friedrich Pustet · Regensburg